U0514653

■ 《资本论》专题研究丛书

全国中国特色社会主义政治经济学研究中心（福建师范大学）2022年重点项目研究成果

全国经济综合竞争力研究中心2022年重点项目研究成果

福建省"双一流"建设学科——福建师范大学理论经济学科2022年重大项目研究成果

福建省社会科学研究基地——福建师范大学竞争力研究中心2022年资助研究成果

《资本论》专题研究参考资料 7

社会再生产理论

主编：李建平　黄　瑾

执行主编：魏国江

中国财经出版传媒集团

经济科学出版社

Economic Science Press

图书在版编目（CIP）数据

社会再生产理论/李建平，黄瑾主编；魏国江执行主编．－－北京：经济科学出版社，2023.4

（《资本论》专题研究丛书．《资本论》专题研究参考资料；7）

ISBN 978 － 7 － 5218 － 4698 － 0

Ⅰ．①社…　Ⅱ．①李…②黄…③魏…　Ⅲ．①《资本论》－马克思著作研究②社会主义经济－再生产　Ⅳ．①A811.23②F048

中国国家版本馆 CIP 数据核字（2023）第 065266 号

责任编辑：孙丽丽　撒晓宇
责任校对：靳玉环
责任印制：范　艳

社会再生产理论

——《资本论》专题研究参考资料·7

主　　编　李建平　黄　瑾

执行主编　魏国江

经济科学出版社出版、发行　新华书店经销

社址：北京市海淀区阜成路甲 28 号　邮编：100142

总编部电话：010 － 88191217　发行部电话：010 － 88191522

网址：www. esp. com. cn

电子邮箱：esp@ esp. com. cn

天猫网店：经济科学出版社旗舰店

网址：http：//jjkxcbs. tmall. com

北京季蜂印刷有限公司印装

710×1000　16 开　24 印张　360000 字

2023 年 9 月第 1 版　2023 年 9 月第 1 次印刷

ISBN 978 － 7 － 5218 － 4698 － 0　定价：102.00 元

（图书出现印装问题，本社负责调换。电话：010 － 88191545）

（版权所有　侵权必究　打击盗版　举报热线：010 － 88191661

QQ：2242791300　营销中心电话：010 － 88191537

电子邮箱：dbts@ esp. com. cn）

绪　　论

社会总资本再生产理论（以下简称社会再生产理论）在马克思主义政治经济学中具有重要地位，马克思通过对社会总资本的生产和流通过程的分析，指出了资本主义社会的基本矛盾及其对再生产的影响，揭示了经济危机的必然性，为无产阶级革命和社会主义建设提供了指导。

社会再生产理论博大精深，对指导新时代的社会主义建设具有重要价值。国内外学者对马克思的社会再生产理论进行了深入研究，我国学者对该问题的研究有两个重要的高峰阶段，一是改革开放初期，学者开始研究马克思的社会再生产理论对中国经济建设的指导意义；第二个阶段是 2008 年全球经济危机以后，由于西方自由市场经济并不能促进经济长期稳定繁荣，西方部分学者开始反思资本主义制度的弊端与问题，法国经济学家托马斯·皮凯蒂（Thomas Piketty）的著作《21 世纪资本论》（*Capital in the Twenty – First Century*）就是典型代表；我国学者也开始重视对社会再生产理论在现代市场经济中的重要地位与应用的研究，发文数量逐年提高。2018 年美国为强制平衡外贸赤字单方面对中国商品加征关税，打断了全球产业链平衡，2019 年的新冠疫情冲击了全球经济，全球产业链、供应链出现较大不稳定性。我国提出构建新发展格局，学术界又深化了对社会再生产理论在构建新发展格局中的指导意义的研究，相关论文数量不断攀升（见图 1）。

对马克思社会总资本再生产理论的研究范围较广，根据中国知网数据的20 个主要研究主题，重点集中在马克思理论体系、再生产理论、扩大再生产理论与社会再生产理论（见表 1）。

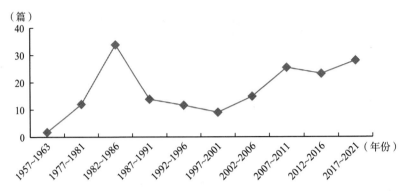

图1 关于马克思主义再生产理论不同阶段的年均发文量

资料来源：通过在中国知网检索"社会再生产"得。

表1   再生产理论主要研究主题及发文量

研究主题	发文量
马克思（298）	供给侧结构性改革（9）
再生产理论（69）	流通理论（8）
扩大再生产（26）	马克思社会再生产理论（7）
社会资本再生产理论（24）	经济增长（7）
社会再生产理论（21）	两大部类（7）
再生产（20）	国民经济（6）
《资本论》（12）	凯恩斯（6）
现实意义（11）	社会主义（6）
社会再生产（11）	扩大再生产实现条件（5）
马克思再生产理论（10）	社会资本再生产（5）

资料来源：通过在中国知网检索"社会再生产"得，时间截至2021年。

从20个次要研究主题看，研究主要集中在两大部类关系与平衡、扩大再生产、生产资料、社会总产品实现、再生产类型等方面（见表2）。研究内容深入到现代经济的各方面，尤其对各产业发展与社会主义经济中生产与消费的平衡问题有了更多关注。

纵观关于马克思再生产理论的学术成果，研究分别集中在马克思再生产理论的形成与主要思想、关于马克思再生产理论的争鸣、对再生产理论的丰富与拓展、马克思再生产理论的数理化及与西方经济学的比较、马克思再生产理论对中国经济社会发展的指导意义等方面。

表 2　　　　　　　　社会生产理论次要研究主题及发文量

研究主题	发文量
两大部类（52）	社会再生产理论（24）
扩大再生产（48）	第二部类（23）
生产资料（42）	第一部类（22）
社会总产品（40）	再生产过程（20）
社会再生产（39）	消费资料（18）
再生产理论（34）	社会总资本再生产（18）
简单再生产（31）	生活资料（17）
《资本论》（30）	社会主义（16）
可变资本（25）	消费资料生产（15）
不变资本（13）	国民经济（13）

资料来源：通过在中国知网检索"社会再生产"得，时间截至 2021 年。

一、对马克思何时研究社会再生产理论的争论

马克思的再生产理论拥有丰富的内涵，是马克思主义政治经济学的重要部分，该理论也是逐步形成与完善的。关于马克思再生产理论的形成与发展也是学者关注的重要内容。朱鹏华指出马克思再生产理论是马克思创作时间最长，也是最后完成的经济理论，同时也是一个未完成的开放理论。①

关于马克思社会总资本再生产的研究时间问题也是学术界的焦点。朱鹏华在研究中把马克思再生产理论的形成分为萌芽、形成、基本完成三个阶段，约 30 年时间。朱鹏华认为马克思于 1847 年出版的《哲学的贫困》中关于

① 朱鹏华、王天义：《马克思的社会资本再生产理论创作历程》，载于《马克思主义理论学科研究》2018 年第 3 期。

《经济表》的内容就开始了社会总资本的研究，"马克思对《经济表》的研究和评论，可以看成是为社会资本再生产理论埋下了种子"。1850～1853 年间马克思写下的《伦敦笔记》第Ⅶ笔记本中（1851 年 3 月）撰写的短文《反思》，在批判小资产阶级经济学家的（特别是蒲鲁东主义）经济危机理论的过程中，已经涉及社会资本再生产的理论问题。接下来的几年马克思并没有对社会总资本的再生产问题进行研究，对社会资本再生产理论开始正式阐述是从 1857 年底《政治经济学批判》的撰写开始，《1861～1863 年经济学手稿》是社会资本再生产理论创作史上非常重要的文献，重点分析了社会资本再生产问题。1870 年《资本论》第二册的第Ⅱ稿结束是社会资本再生产理论的形成的重要标志。① 但彭力却持不同意见，② 认为再生产理论是"马克思在写作 1861～1863 年手稿，特别是《剩余价值理论》这部手稿的过程中，在分析批判'斯密的教条'和吸收魁奈《经济表》的科学因素的基础上逐步形成的"。在《经济学手稿（1857～1858 年）》中，马克思并没有提出探讨社会资本再生产过程的任务。马克思在 1863 年 7 月 6 日给恩格斯的信中，第一次系统地阐述了自己关于社会资本再生产的理论。这个时间节点要比朱鹏华确定的时间晚 12 年。同时他认为马克思在撰写 1857～1858 年手稿时，还接受了斯密的教条。所以马克思对斯密的教条的批判是逐步形成的，但重要时间是在 1857～1863 年间。

　　王辅民则认为"实际上，在《手稿》（指《经济学手稿（1857～1858 年）》）中已形成了马克思对以后最终突破斯密教条且有非常重要意义的思想因素。但是，从《手稿》中尚不能得出马克思再生产理论已处于形成时期的结论"③。他认为"决不能根据某些论述认为马克思在《手稿》中还是完全接受了斯密教条、仍然停滞在斯密和李嘉图的认识水平上"④。马克思虽然在《经济学手稿（1857～1858 年）》中没有对斯密教条进行批判，但他获得了一

---

　　① 朱鹏华、王天义：《马克思的社会资本再生产理论创作历程》，载于《马克思主义理论学科研究》2018 年第 3 期。

　　② 彭力：《马克思何时开始研究社会资本再生产问题？——读〈政治经济学批判〉（1857～1858 年草稿）札记》，载于《教学与研究》1985 年第 1 期。

　　③④ 王辅民：《马克思的社会资本再生产理论与〈经济学手稿（1857～1858 年）〉——问题和争论》，载于《经济学家》1991 年第 4 期。

些新认知，为后来突破斯密教条奠定基础。

大谷祯之介等①试以 MEGA 所收录的马克思为《资本论》第 2 部所写作的 8 部手稿为文献基础，以再生产理论为中心，考察马克思逐步与古典政治经济学划清界线的过程。在第 8 稿中马克思指出，"隐含对伴随年度再生产进行的全转换过程的完全误解，因此还隐含了对其在部分程度上正确之实际基础的误解"② 的论述显然是马克思的自我批判。从第 8 稿第 1 层的写作到第 2 层的写作，中间经过第 5 稿、第 6 稿、第 7 稿对资本循环理论的三次努力修正。马克思这一自我批判清晰地表明，其已经彻底清除了古典派的余毒，形成了再生产理论基础。

二、马克思再生产理论相关问题争鸣

马克思的再生产理论有着深刻的时代背景，同时马克思的叙述方式和不同语言翻译的障碍导致很多学者对马克思理论的认识存在一定的差异，为此，学界也形成了热烈的讨论与争论。

卫兴华针对《学习马克思关于再生产的理论》③、《〈资本论〉辞典》④、《马克思主义辞典》⑤ 中的一些概念与思想指出对马克思再生产理论的分析存在三个误区，"一是普遍存在对内涵扩大再生产和外延扩大再生产范畴的认识误区。二是将外延型和内涵型的扩大再生产同粗放型和集约型的生产混同。三是对马克思这一重要观点的解读杂乱不清——所使用资本和所消费资本之差额的增大，成为决定积累规模的因素"⑥卫兴华根据马克思著作指出了这些理论的不准确之处及社会主义建设中需要注意的问题。

关于积累是扩大再生产的唯一源泉问题学者们也展开了讨论，胡正华⑦、

①②　大谷祯之介、陈浩：《从新 MEGA 第Ⅱ部门第 11 卷来看马克思对再生产理论的推进——以〈资本论〉第 2 部的艰辛创作历程为视角》，载于《政治经济学评论》2013 年第 2 期。

③　《学习马克思关于再生产的理论》，人民出版社、中国社会科学出版社 1980 年版。

④　宋涛主编：《〈资本论〉辞典》，山东人民出版社 1988 年版。

⑤　许征帆主编：《马克思主义辞典》，吉林大学出版社 1987 年版。

⑥　卫兴华：《澄清对马克思再生产理论的认识误区》，载于《中国社会科学》2016 年第 11 期。

⑦　胡正华：《积累是扩大再生产的唯一源泉》，载于《社会科学研究》1982 年第 1 期。

奚兆永[1]等认为只有积累才能进行扩大再生产，所以积累是扩大再生产的唯一源泉；但崔国华[2]、陈永正[3]、洪远鹏[4]、洪远朋等认为积累不是扩大再生产的唯一源泉，再生产中固定资本折旧、闲置的流动资本也可以用于扩大再生产。

关于"生产资料优先增长规律"问题，学者对我国实践中的生产资料发展问题进行了深入讨论。鲁济典针对苏联《政治经济学教科书》中的"在扩大再生产的条件下，生产资料生产的增长超过消费品生产的增长"，认为这种看法没有根据。[5] 孙恒志认为这种观点很值得商榷，生产资料优先增长不是普遍规律[6]。朱家桢[7]及李定中在《光明日报》上发表的《当代技术进步和生产资料优先增长》中也否定了社会主义社会生产资料优先增长，薛志贤[8]提出"从马克思再生产的理论得不出生产资料优先增长的结论""生产资料优先增长不是社会主义的经济规律"。祁晓东[9]提出"在《资本论》第2卷中，马克思深入地研究了资本再生产和流通过程，提出了关于第Ⅰ部类优先增长的理论"，认为该文立论的唯一根据是马克思所列举的扩大再生产第一例中公式（B）的最初两年的两大部类的增长。但生产实践中会出现第Ⅰ部类非优先增长现象。奚兆永[10]对朱家桢及李定中提出异议，范关坤也与薛志贤进行商榷，认为生产资料优先增长是马克思主义再生产理论中的一个重要原理。[11] 林子

---

[1]　奚兆永：《积累是扩大再生产的唯一源泉的原理不能否定》，载于《经济研究》1979年第9期。

[2]　崔国华：《积累不是扩大再生产的"唯一源泉"》，载于《财经科学》1981年第2期。

[3]　陈永正：《积累并非扩大再生产的唯一源泉》，载于《社会科学研究》1982年第1期。

[4]　洪远朋：《积累不是扩大再生产的唯一源泉——读〈资本论〉的体会兼答奚兆永同志》，载于《学术月刊》1980年第7期。

[5]　鲁济典：《生产资料生产优先增长是一个客观规律吗？》，载于《经济研究》1979年第11期。

[6]　孙恒志：《关于再生产理论研究的一点质疑》，载于《社会科学》1981年第5期。

[7]　朱家桢：《生产资料生产优先增长是适用于社会主义经济的规律吗？》，载于《经济研究》1979年第12期。

[8]　薛志贤：《生产资料的优先增长不是社会主义的经济规律》，载于《学术月刊》1980年第5期。

[9]　祁晓东：《关于第Ⅰ部类优先增长的规律及其实践意义——学习马克思主义再生产理论札记》，载于《经济问题探索》1981年第5期。

[10]　奚兆永：《生产资料生产优先增长是不适用于社会主义经济的规律吗？——与朱家桢、李定中同志商榷》，载于《中国经济问题》1980年第2期。

[11]　范关坤：《生产资料优先增长与社会主义基本经济规律——与薛志贤同志商榷》，载于《学术月刊》1980年第10期。

力、刘国光等也提出马克思提出的再生产公式揭示了一切社会再生产运动的普遍规律，甚至在共产主义的高级阶段也是有效的①。郝一生认为否定生产资料生产优先增长对于社会扩大再生产的指导作用是不对的。② 陈乃圣③也针对祁晓东的观点进行了商榷。

康亦农和许昌明④针对郭继严⑤提出的"马克思的再生产理论所阐明的不是社会生产的一般比例关系，不是社会生产按比例发展的规律"，以及针对简单再生产实现条件的评论"从价值平衡关系说，这两个公式无疑是正确的"，但它们"并不能说明物质补偿关系"两个问题进行了讨论。

三、理论丰富与拓展

一部分学者对社会再生产理论及生产过程中的各个环节从不同侧重点做出了丰富性解读与分析。

马克思在《资本论》中只分析了两部类间生产与消费的均衡，再生产过程实现的细化与具体化一直是学生关注的焦点。胡钧、唐路元⑥、王艺明⑦从不同角度对资本主义再生产过程进行了新的系统阐述，继而对于消费不足的问题提出从经济结构、分配关系等角度的全面考察。陶为群⑧扩展了马克思社会再生产公式，论述了有折旧的、有对外贸易的、对外贸易有折旧的马克思

---

① 林子力、刘国光等：《学习马克思关于再生产的理论》，人民出版社、中国社会科学出版社1980年第1版，第3页、第265页及第297页。
② 郝一生：《生产资料优先增长是客观经济规律》，载于《社会科学》1981年第5期。
③ 陈乃圣：《马克思再生产学说中的几个理论问题——与祁晓东同志商榷》，载于《经济问题探索》1982年第1期。
④ 康亦农、许昌明：《马克思的社会资本再生产理论不阐明生产的比例关系吗？》，载于《中国社会科学》1984年第3期。
⑤ 郭继严：《马克思的社会资本简单再生产实现条件的研究——兼论实现条件与一般比例平衡的关系》，载于《中国社会科学》1983年第1期。
⑥ 胡钧、唐路元：《对马克思再生产理论的新认识》，载于《当代经济研究》2000年第4期。
⑦ 王艺明：《对马克思主义再生产理论的分析与阐释》，载于《经济资料译丛》2021年第1期。
⑧ 陶为群：《拓展的马克思社会再生产公式中的总供需平衡》，载于《经济理论与政策研究》2018年。

社会再生产公式中的总供需平衡。何干强[1]探究社会再生产在流通领域的表现，通过货币流回规律阐述了社会再生产两大部类保持平衡必须具备的条件，为观察市场经济条件下产业结构是否平衡、发生危机的可能性以及社会多层内部关系实现平衡提供理论分析支持。安帅领、于金富[2]将马克思的社会总资本再生产问题与平均利润率形成问题结合起来，将剩余价值具体化为数个范畴，使社会总资本再生产理论从抽象形态上升为具体形态，进而拓展、深化马克思社会总资本再生产理论。

对两部类间的平衡与持续增长也有深入的研究。王会宗、陈小凤[3]对社会再生产中两大部类平衡协调发展规律作出分析。陶为群[4]、王艺明和刘一鸣[5]着眼于两大部类自动平衡增长的特性，将其作为出发点寻求社会扩大再生产的最优增长路径，从而推导证明出生产资料优先增长是最优增长的资本积累路径，后者还将两大部类利润率平均化考虑在内。朱殊洋[6]推导了两大部类不变资本增长率的均衡稳定关系，增长率大小取决于第一类资本有机构成函数的特点，因此，在经济起飞时期，生产资料优先增长贡献较大，在经济成熟期，平衡增长规律发挥作用。赵峰、赵翌辰、李帮喜[7]构建了中国宏观经济结构的两部类模型并进行经验分析，为宏观经济分析与管理提供理论基础。徐志向、丁任重[8]对"两部类"划分和"四部类"划分条件下经济增长的内在

① 何干强：《货币流回规律和社会再生产的实现——马克思社会总资本的再生产和流通理论再研究》，载于《中国社会科学》2017 年第 11 期。

② 安帅领、于金富：《论马克思"社会总资本再生产理论"的拓展与深化》，载于《海派经济学》2016 年第 2 期。

③ 王会宗、陈小凤：《〈资本论〉中两大部类协调发展思想的现实启示研究》，载于《〈资本论〉研究》2021 年。

④ 陶为群：《两大部类自动平衡增长的特性和最优增长路径》，载于《当代经济研究》2018 年第 11 期。

⑤ 王艺明、刘一鸣：《马克思主义两大部类经济增长模型的理论与实证研究》，载于《经济研究》2018 年第 9 期。

⑥ 朱殊洋：《两大部类增长速度对比关系的探讨——对生产资料优先增长问题的考察》，载于《经济学》（季刊）2009 年第 2 期。

⑦ 赵峰、赵翌辰、李帮喜：《马克思两大部类模型与中国经济的宏观结构：一个经验研究》，载于《中国人民大学学报》2017 年第 2 期。

⑧ 徐志向、丁任重、张敏：《马克思社会再生产理论视阈下中国经济"双循环"新发展格局研究》，载于《政治经济学评论》2021 年第 5 期。

规定进行推演，验证了中国经济的增长事实，认为消费将是未来经济增长的关键因素。

如何把马克思的社会总资本再生产问题应用到中国实践也是研究最多的领域。首先，有学者探讨了再生产视角下中国经济均衡发展理论。毕普云[①]梳理了关于总量均衡、结构均衡、货币资本等方面的理论用以解决我国当前社会再生产中存在的种种问题，实现宏观经济调控目标。李长春、高杉、谭克诚[②]、张衍[③]、施红、程静[④]和王晓东、谢莉娟[⑤]等论述了毛泽东将马克思主义社会再生产理论运用于我国具体经济下的实践经验，回顾了马克思社会资本再生产理论在中国的发展与探索，从社会再生产角度梳理了习近平新时代中国特色社会主义经济思想，并聚焦流通过程和流通产业，探索中国特色社会主义市场经济流通社会化的特殊规律。

其次，将社会再生产作为理论工具应用于中国经济实践也相当丰富。冯娟[⑥]、李丽辉、王吉（2020）[⑦]、徐志向[⑧]、王俊、苏立君[⑨]、杨嘉懿[⑩]从马克思社会再生产角度对我国"双循环"新发展格局作出理论阐述，对格局下高

① 毕普云：《当前我国社会再生产存在的问题及解决思路》，载于《中国党政干部论坛》2016 年第 12 期。

② 李长春、高杉、谭克诚：《论毛泽东对马克思社会再生产理论的运用和发展》，载于《学术论坛》2013 年第 9 期。

③ 张衍：《马克思社会资本再生产理论中国化探索：回顾与思考》，载于《当代经济研究》2019 年第 12 期。

④ 施红、程静：《从社会再生产角度看习近平经济思想的理论源泉和升华》，载于《理论视野》2022 年第 3 期。

⑤ 王晓东、谢莉娟：《社会再生产中的流通职能与劳动价值论》，载于《中国社会科学》2020 年第 6 期。

⑥ 冯娟：《新发展格局构建下的高质量发展：社会再生产视角》，载于《经济理论与经济管理》2022 年第 1 期。

⑦ 李丽辉、王吉：《马克思社会资本再生产理论对我国经济高质量发展的启示》，载于《〈资本论〉研究》2020 年第 16 期。

⑧ 徐志向、丁任重：《中国经济增长驱动因素识别研究——基于马克思扩大再生产理论的视阈》，载于《政治经济学评论》2020 年第 2 期。

⑨ 王俊、苏立君：《论国内国际双循环格局下的社会总产品实现问题——基于马克思社会总资本再生产理论的分析》，载于《当代经济研究》2020 年第 11 期。

⑩ 杨嘉懿：《社会再生产理论视域下扩大内需与供给侧结构性改革有机结合》，载于《党政干部学刊》2021 年第 12 期。

质量发展、建设开放型世界经济、社会总产品实现、扩大内需与供给侧结构性改革的平衡实现等问题提出具体解决建议。贺胜年、张琦①重点关注我国改革开放以来贫困和减贫的历史变迁。任颖洁和李成勋②、杨启莲和宋凡金③、吴义刚④、盖凯程和冉梨⑤等多数学者从再生产理论视角探索指导供给侧结构性改革的路径。

再次，把马克思再生产理论应用于现代新经济也有相当成果。张新春和张婷⑥、李碧珍等⑦分别对数字技术、数字经济条件下社会再生产出现的分层趋势和数字经济新技术范式对社会生产过程所形成的种种现象进行了分析，探究了数字技术下社会再生产的实质与影响，对经济社会发展给出建议。杜传忠、王亚丽和刘志鹏⑧基于社会再生产理论构建 PDTC 演进模型分析了互联网平台的演进路径。

最后，把马克思再生产理论应用到现代经济生活的各领域也有较多创新点。李洁⑨、张静竹⑩等分析了女性主义再生产理论，为当下中国社会面临的性别、家庭与劳动议题提供参考价值，并从社会再生产的角度深入讨论马克思主义女权主义的问题。随着生态环境问题的日益紧迫，学者也把该理论应

①　贺胜年、张琦：《中国贫困及减贫变迁的政治经济学分析——以马克思社会再生产理论的视角考察》，载于《云南民族大学学报》（哲学社会科学版）2017 年第 2 期。

②　任颖洁、李成勋：《马克思再生产理论视角的供给侧结构改革与中国产业升级研究》，载于《科学管理研究》2020 年第 6 期。

③　杨启莲、宋凡金：《用马克思社会再生产理论指导供给侧结构性改革》，载于《改革与战略》2020 年第 12 期。

④　吴义刚：《供给侧结构性改革：均衡增长的理论与逻辑——基于马克思扩大再生产理论的研究》，载于《当代经济研究》2019 年第 8 期。

⑤　盖凯程、冉梨：《〈资本论〉视域下的供给侧结构性改革——基于马克思社会总资本再生产理论》，载于《财经科学》2019 年第 8 期。

⑥　张新春、张婷：《数字技术下社会再生产分层：表现、实质与启示》，载于《教学与研究》2022 年第 2 期。

⑦　李碧珍、吴芃梅：《数字经济对社会生产与再生产过程的影响与重塑》，载于《当代经济研究》2021 年第 11 期。

⑧　杜传忠、王亚丽、刘志鹏：《社会再生产视角下互联网平台的演进路径》，载于《经济学家》2022 年第 1 期。

⑨　李洁：《重新发现"再生产"：从劳动到社会理论》，载于《社会学研究》2021 年第 1 期。

⑩　张静竹：《西方马克思主义女权主义的社会再生产理论探究》，沈阳建筑大学硕士学位论文，2019 年。

用到环境治理中。姚晓红和郑吉伟①分析了西方生态学马克思主义对资本主义社会再生产的生态批判，多维透视了资本主义社会再生产与生态原则的内在冲突，为我国生态文明建设提供了重要启示。严金强②、李忠民和姚宇③等将生态因素纳入再生产理论分析框架，构建生态与经济协调发展的再生产理论模型，分析经济与生态协调发展的再生产实现条件，认为低碳经济可持续发展的实现机制为资源环境部类优先发展，并从实物补偿、价值补偿、市场机制建立三方面给出发展路径建议。

此外还有学者把社会再生产理论应用到食品消费结构④、流通业发展⑤、金融业⑥等领域，研究其指导意义。总体来看，社会再生产理论内容丰富，指导性强，在经济社会的生产生活当中均能有很好的应用和体现，不少学者对其也进行了相应的理论丰富与实践拓展，进一步体现了社会再生产理论的当代价值。

四、马克思再生产理论的模型分析

马克思对资本主义社会总资本再生产的分析是通过图表说明的，但西方经济学的经济增长理论是通过数据模型实现的，我国也有学者通过数理模型把马克思的再生产理论通俗化、通用化。国内学者对于社会再生产模型的研究大致集中在马克思理论的模型化与中国实践问题的模型化。

第一种是对马克思社会再生产过程的验证分析和模型的拓展，对理论进

①　姚晓红、郑吉伟：《资本主义社会再生产的生态批判——基于西方生态学马克思主义的阐释》，载于《当代经济研究》2020 年第 3 期。

②　严金强：《基于再生产理论的生态与经济协调发展理论探讨》，载于《政治经济学报》2019 年第 3 期。

③　李忠民、姚宇：《马克思社会总资本再生产理论与低碳经济的发展》，载于《陕西师范大学学报》（哲学社会科学版）2010 年第 5 期。

④　谭晓丽：《社会再生产对食品消费结构升级的贡献——基于生产活动不同环节》，载于《食品工业》2019 年第 7 期。

⑤　易圣：《基于社会再生理论谈流通业发展与消费升级》，载于《商业经济研究》2018 年第 15 期。

⑥　王守义、吕致莹：《金融化、劳动力再生产与新发展格局构建》，载于《改革与战略》2021 年第 8 期。

行进一步探索。两大部类间的均衡问题一直是模型研究的重要对象。陶为群和陶川①，张衔②，赵峰、赵翌辰和李帮喜③，王艺明，刘一鸣，陶为群和陶川④等分别对马克思理论的模型化进行了研究，分别以《资本论》中的背景素材为例，建立了基于马克思再生产模型具体结构的扩大再生产模型多参数线性规划，并运用两阶段单纯形法，求得在不同的区间情形下，两大部类之间取值比例完整的、以参数表达的线性规划模型最优解；进一步对模型进行了技术性补充，通过对完全迂回性交换过程的分析，表明在分部类条件下，资本家的个人消费偏好和消费选择行为是资本主义再生产危机的一个内在因素，进一步揭示了资本主义再生产比例必然会受到破坏的某种内在机制；阐述了马克思两大部类再生产的基本模型、包含固定资产以及开放经济下的两部类生产模型，深入探析了从投入产出表到两大部类宏观模型的对应关系，并以此为基础构建了一个中国宏观经济结构的两部类模型；创新性地考虑了两大部类的利润率平均化，结合马克思的劳动价值理论、剩余价值理论、两大部类模型和社会再生产公式等多项理论，将马克思两大部类经济增长模型进行了拓展，构建了一个具有固定投入比例生产技术条件和固定资产投入的马克思主义两大部类模型；以马克思的两部类再生产理论为指导，参考经典方法对两部类扩大再生产模型中的投资乘数进行了推导与验证，并进一步拓展出投资乘数矩阵，确立了马克思两部类扩大再生产模型中的投资乘数概念、作用机制和计算式，更加反映了投资乘数由两大部类的结构所决定的经济实质。另外，崔晓露⑤将马克思社会再生产理论模型化，通过放宽第一部类有机

① 陶为群、陶川：《马克思扩大再生产模型的多参数线性规划与解》，载于《数量经济技术经济研究》2012 年第 10 期。

② 张衔：《马克思的社会资本再生产模型：一个技术性补充》，载于《当代经济研究》2015 年第 8 期。

③ 赵峰、赵翌辰、李帮喜：《马克思两大部类模型与中国经济的宏观结构：一个经验研究》，载于《中国人民大学学报》2017 年第 2 期。

④ 陶为群、陶川：《马克思两部类扩大再生产模型中的投资乘数》，载于《当代经济研究》2011 年第 6 期。

⑤ 崔晓露：《两部门扩大再生产模型探讨——基于马克思社会再生产理论》，载于《经济问题》2013 年第 5 期。

构成和积累率高于第二部类的假定，分析两大部类积累率与增长速度间的相互作用和影响规律，得出当第二部类有机构成在某一经济阶段提高，第二部类积累率高于第一部类时，第二部类消费资料产业有可能超过第一部类的增长速度而优先增长这一与现实发展更为符合的情况。

　　第二种集中于应用再生产模型对其他理论以及现实问题进行解释说明，把马克思的再生产理论用于其他领域进行模型分析。乔晓楠和王璟雯[①]从马克思社会总资本的再生产探究经济周期问题，构建马克思主义 RBC 模型分析社会再生产视角下经济周期特征。徐敏[②]引入总量平衡和结构均衡分析框架，并运用研发模型和拉姆齐模型模拟理论中的生产和消费函数对马克思扩大再生产理论进行拓展，证明家庭效应函数中的贴现率、家庭相对风险厌恶系数也是影响两大部类均衡的重要变量并给予了相应的建议。齐新宇和徐志俊[③]在马克思再生产模型的假定条件中仅仅包含了资本家和工人两个经济主体中加入政府部门的假设条件，对模型进行了拓展用以探究政府行为对于社会再生产的影响，最终得出政府可以通过税收和直接投资政策加快第一部类的增长速度，而对第二部类的政府行为会降低两大部类长期增长率的结论。李海明和祝志勇[④]通过将资本积累引入资本家偏好，对扩大再生产的实现条件进行扩展，运用动态最优模型对马克思扩大再生产的经济增长理论体系进行了重构，探讨实现体系稳定增长的基本参数条件。金梦迪[⑤]构建模型考察货币信用在社会再生产过程中的协调机制，助于理解宏观经济与金融体系的运行规律。刘

　　① 乔晓楠、王璟雯：《社会再生产视角下的经济波动：一个马克思主义 RBC 模型》，载于《南开经济研究》2019 年第 1 期。

　　② 徐敏：《马克思扩大再生产理论模型及其拓展性研究——基于研发模型及拉姆齐模型的分析》，载于《求索》2010 年第 12 期。

　　③ 齐新宇、徐志俊：《政府行为对两大部类增长率的影响——基于一个扩大的马克思再生产模型》，载于《马克思主义研究》2010 年第 3 期。

　　④ 李海明、祝志勇：《扩大再生产的动态最优模型——马克思经济增长理论的一个解说》，载于《经济科学》2012 年第 6 期。

　　⑤ 金梦迪：《货币信用在社会再生产平衡中的作用：协调与冲突——基于后凯恩斯主义存量—流量一致性模型视角》，载于《当代经济研究》2021 年第 3 期。

伟和方兴起①基于社会再生产理论扩展投入产出模型来分析宏观经济运行，继而认为宏观经济运行在常态下处于一种均衡约束下的非均衡状态。肖泽群和文建龙②运用马克思社会再生产理论基础，构建影响投资率的理论模型。孙世强和大西广通过分析日本马克思学界应用最优经济增长模型对马克思再生产公式的转型过程，实践印证了该模型视角下资本积累、扩大再生产的长期"零增长"并最终归于简单再生产的趋向。③

五、社会再生产理论的实践与应用

马克思所研究的对象为资本主义经济，但对中国特色社会主义道路有一定的指导价值。很多学者运用马克思再生产理论体系分析中国经济，形成了丰富的研究成果。成果主要集中在如下方面：

（1）经济按比例均衡发展研究。郭继严④、陈征⑤、叶大绰⑥、万文丽⑦、宋冬林和郭砚莉⑧、崔东顺⑨、郑志国⑩等分别对经济按比例均衡发展进行了深入研究。研究提出马克思再生产理论中的社会生产按比例发展规律同样适用于社会主义再生产，但不能照搬马克思关于社会资本再生产的公式和理论，当我国根据该理论进行经济建设时，就会取得显著的成效，否则经济工作往往会出现失误；同时认为社会再生产实现条件是生产资料的产需平衡和消费

① 刘伟、方兴起：《马克思社会资本再生产理论的再认识——基于均衡与非均衡的一种解析》，载于《当代经济研究》2013 年第 4 期。

② 肖泽群、文建龙：《马克思社会再生产理论与投资率问题的研究》，载于《马克思主义研究》2006 年第 12 期。

③ 孙世强、大西广：《日本马克思学界对社会再生产理论研究的新阐释及启示——基于最优经济增长模型视角》，载于《马克思主义研究》2014 年第 8 期。

④ 郭继严：《社会主义再生产的比例关系与农业、轻工业、重工业的关系》，载于《经济研究》1979 年第 11 期。

⑤ 陈征：《马克思的再生产理论和我国社会主义建设的实践》，载于《福建论坛》1981 年第 2 期。

⑥ 叶大绰：《社会再生产实现条件及其特点》，载于《中国社会科学》1985 年第 3 期。

⑦ 万文丽：《马克思的社会再生产理论与宏观经济调控》，载于《当代经济研究》2004 年第 2 期。

⑧ 宋冬林、郭砚莉：《可持续发展的分析框架与制度安排——依据马克思再生产理论双重补偿原理》，载于《北方论丛》2008 年第 3 期。

⑨ 崔东顺：《马克思再生产理论对宏观经济总量平衡的启示》，载于《税务与经济》2015 年第 5 期。

⑩ 郑志国：《国民经济三大部类结构演化规律——马克思的社会再生产理论继承与创新》，载于《马克思主义研究》2017 年第 2 期。

资料的产需平衡，提出并论证了其实现条件的四个特点；创造性提出马克思社会再生产理论含有供需均衡思想、结构均衡思想和固定资产更新与价值折旧均衡的思想，并分别阐述了在我国实践中忽略以上三种均衡所导致的后果及加快我国经济结构调整步伐的建议；在马克思的再生产理论的基础上，分析了在再生产过程中投入资源类型及其补偿可能性，得出在完全竞争市场上只要将未来损失的机会成本纳入供求市场价格体系中，就会实现价值补偿和实物补偿；揭示了国民经济三大部类结构演化的规律，对马克思的社会再生产理论进行创新，并指出深化和拓展对三大部类结构演化规律的认识有利于指导我国的发展。

（2）促进商品经济发展研究。闫雪梅[1]认为马克思的再生产理论包含商品经济生产的一般的研究，它揭示了商品经济条件下经济运行的一般规律，其基本原理对于认识我国社会主义市场经济条件下的国民经济运行仍然具有普遍的指导意义。

（3）宏观调控研究。马克思再生产理论清晰地说明各部门按比例协调发展的必要性，学者根据该理论提出我国经济计划性与调控的着力点。蔡仲旺和徐春华[2]指出在马克思经济学有计划按比例发展规律的指导下制订"五年计划"开创了国家计划经济和国民经济高速增长的先河，证明在社会主义建设的过程中只有不断把马克思总生产原理同中国具体实践相结合，才能促进经济社会的不断进步。肖泽群[3]运用马克思社会再生产理论建立和应用投资率理论模型，从中国和美国的实际经济运行状况分析这些因素对投资率大小的影响状况，得出中国现阶段调控投资必然要从影响投资率大小的经济结构因素、收入分配因素、年转移不变资本增长率以及完善市场机制四大方面出发。

（4）供给侧结构性改革研究。针对我国经济结构调整需求及经济发展问

---

[1]　闫雪梅：《马克思的再生产理论对我国经济结构调整的启示》，载于《经济师》2003年第1期。

[2]　蔡仲旺、徐春华：《马克思总生产原理对国民经济调控的启示——新冠疫情冲击下的恢复再生产问题》，载于《当代经济研究》2020年第6期。

[3]　肖泽群：《马克思社会再生产理论对我国宏观调控的启示》，载于《财贸研究》2008年第1期。

题，中央提出了供给侧结构性改革，许多学者对此利用马克思再生产理论进行了理论与实践分析。许梦博和李世斌[1]阐述了中国目前存在的供给侧结构问题导致的两大部类失衡的经济形势，认为中国供给侧结构性改革必须着眼于经济结构调整和优化和长期经济发展，并从制度供给、财力供给和劳动力供给三个方面提出建议。张峻山[2]认为马克思关于再生产理论可以指导"供给侧结构性改革"朝着社会主义的方向健康发展。张衔[3]认为我国现时期形成的供给侧结构性矛盾和一个时期以来的"三农"问题，本质上是农业、轻工业和重工业三大产业及其产业内部失调的反映，在社会主义市场经济中需要政府对国民经济进行必要的干预和调控。

（5）促进双循环的发展建议。2020年，面对世界疫情及国际贸易的不确定性，中央提出构建新发展格局，许多学者对此进行了研究。王俊和苏立君[4]从马克思社会总资本再生产理论出发，构建以"两大部类、两重循环、两个侧面"为特征的社会再生产分析框架。徐志向等[5]指出中国推动构建新发展格局的实质在于修复社会再生产的失衡，关键是要加快提高中高端消费资料生产部门的产品增速。

另外有许多成果从不同角度对马克思再生产理论在中国特色社会主义市场经济中的应用进行了分析。刘永凌[6]分析了我国人口再生产能力下降与人口年龄结构失衡迟滞经济增长的问题。齐昊、潘忆眉和王小军[7]关注了产业结构

---

[1] 许梦博、李世斌：《基于马克思社会再生产理论的供给侧结构性改革分析》，载于《当代经济研究》2016年第4期。

[2] 张俊山：《用马克思再生产理论指导我国的"供给侧结构性改革"》，载于《当代经济研究》2017年第7期。

[3] 张衔：《马克思社会资本再生产理论中国化探索：回顾与思考》，载于《当代经济研究》2019年第12期。

[4] 王俊、苏立君：《论国内国际双循环格局下的社会总产品实现问题——基于马克思社会总资本再生产理论的分析》，载于《当代经济研究》2020年第11期。

[5] 徐志向、丁任重、张敏：《马克思社会再生产理论视阈下中国经济"双循环"新发展格局研究》，载于《政治经济学评论》2021年第5期。

[6] 刘永凌：《马克思人的再生产理论对破解我国人口老龄化趋势的启示》，载于《学习与探索》2020年第9期。

[7] 齐昊、潘忆眉、王小军：《中国的不平衡增长周期：基于马克思再生产理论的分析》，载于《世界经济》2021年第6期。

和分配结构的相互影响及其周期性，并基于马克思社会总资本再生产理论进行了分析。谭晓军①通过对军需生产图式的分析得出缩小军需品生产为消费资料生产的扩大提供了可能性、军需生产的缩小可以促使其他部门的生产扩大等结论。李忠民和姚宇②、陈长和卢文璟③研究了马克思再生产理论在指导我国绿色发展中的重要价值，概括了包含资源环境的马克思社会总资本再生产理论的新扩展以及其内涵和机制。贺胜年和张琦④利用社会再生产理论研究了我国改革开放以来贫困和减贫的历史变迁。

---

① 谭晓军：《市场经济条件下军需产业地位的再确认——马克思再生产理论视角下的分析》，载于《社会科学辑刊》2006 年第 6 期。

② 李忠民、姚宇：《马克思社会总资本再生产理论与低碳经济的发展》，载于《陕西师范大学学报》（哲学社会科学版）2010 年第 5 期。

③ 陈长、卢文璟：《马克思再生产理论视阈中的"环境问题"》，载于《江汉论坛》2012 年第 7 期。

④ 贺胜年、张琦：《中国贫困及减贫变迁的政治经济学分析——以马克思社会再生产理论的视角考察》，载于《云南民族大学学报》（哲学社会科学版）2017 年第 2 期。

目　　录

第一编　理　论　史

马克思何时开始研究社会资本再生产问题？

——读《〈政治经济学批判〉（1857～1858 年草稿)》札记

彭　力[*]

　　社会资本再生产理论是马克思主义政治经济学的重要组成部分。这个理论是马克思在写作 1861～1863 年手稿、特别是《剩余价值理论》这部手稿的过程中，在分析批判"斯密的教条"和吸收魁奈《经济表》的科学因素的基础上逐步形成的。马克思在 1863 年 7 月 6 日给恩格斯的信中，第一次系统地阐述了自己关于社会资本再生产的理论。

　　但是，我国学术界对此却存在着不同的看法。有的同志认为，马克思在 1857～1858 年所撰写的政治经济学手稿是他对社会资本再生产问题的最早研究，或者说是他的再生产理论形成的一个重要阶段[①]。我们认为，这种见解并不符合马克思再生产理论的实际形成过程。在 1857～1858 年手稿中，马克思第一次系统阐述了自己的资本和剩余价值理论。他以"资本一般"为研究对象，依次分析了资本的生产过程、资本的流通过程和资本的结果，揭示了资本和剩余价值的本质。马克思说的"资本一般"，是指"作为必须同价值和货币相区别的关系来考察的资本"，"也就是使作为资本的价值同单纯作为价值或货币的价值区别开来的那些规定的总和"。因此，马克思在研究中只是从一般意义上或资本的本质规定上说明资本和剩余价值，对资本的流通过程的分析，也仅限于说明资本在运动过程中必然经历的形态变化，即资本的循环和周转，而没有考察社会上多数资本循环的同时性和连续性。换句话说，马克思在当时还没有把资本的生产过程和流通过程联系在一起当作一个总过程来

　　* 彭力：中国人民大学教授。
　　① 参见陈岱孙主编的《政治经济学史》（下册）和马健行、郭继严的《〈资本论〉创作史》（以下分别简称《史》和《创作史》）。

考察。马克思虽然指出资本既是 W—G—G—W，又是 G—W—W—G，但认为
这个问题只有在考察了多数资本之间的相互作用后才能切实加以讨论。因此，
在 1857～1858 年手稿中，马克思并没有提出探讨社会资本再生产过程的任
务。只有在《剩余价值理论》这部手稿中，马克思才"以同前人进行论战的
形式，阐述了大多数后来在第 2 卷（指《资本论》第 2 卷——引者）……手
稿中专门地、在逻辑的联系上进行研究的问题"。[①]

　　还应指出，马克思在撰写 1857～1858 年手稿时，还接受了斯密的教条。
按照斯密的观点，商品的价值仅仅分解为工资、利润和地租，而抛掉了生产
资料的价值。尽管斯密也承认在个别商品价值中有生产资料的价值，但这个
生产资料是前一个生产过程的产品，因此归根到底仍然可以分解为收入。马
克思在当时还没有察觉到斯密这种见解的错误。因此他拥护李嘉图根据斯密
的见解而做出的论断。马克思说："……人们指责李嘉图，说他只把利润和工
资看作生产费用的必要组成部分，而不把原料和工具中包含的资本部分也看
作生产费用的必要组成部分，这种指责是十分愚蠢的。因为原料和工具中的
原有价值只是被保存，所以就不会形成新的生产费用。至于谈到这些原有价
值本身，那么它们又全部归结为物化劳动——必要劳动和剩余劳动——工资
和利润。"[②] 斯密的教条阻碍了对社会资本再生产问题的考察。因为商品价值
中包含的不变资本价值如果得不到补偿，那么不仅不能进行扩大再生产，甚
至连简单再生产也不能维持下去。如马克思在后来指出的："亚当的混乱、矛
盾、离题，证明他既然把工资、利润、地租当作产品的交换价值或全部价格
的组成部分，在这里就必然寸步难行、陷入困境。"[③] 既然马克思认为斯密的
教条使斯密在考察社会资本再生产时"寸步难行、陷入困境"，而他在当时又
还同意斯密教条，怎么能说马克思已经开始研究社会资本再生产问题了呢？
事实上，马克思只有在批判了斯密教条的基础上，才可能创立他的社会资本
再生产理论，这是在《剩余价值理论》中实现的。

---

① 《马克思恩格斯全集》第 24 卷，第 4 页。
② 《马克思恩格斯全集》第 46 卷上册，第 336～337 页。
③ 《马克思恩格斯全集》第 26 卷 I，第 84 页。

认为马克思在 1857 ~ 1858 年手稿中已经考察了社会资本再生产问题的同志，以马克思在这个手稿中分析剩余价值实现问题时提出的一个例证作为论据，这是值得商榷的。马克思的例证如下①：在资本实现价值增殖的过程中，假定有 A、B、C、D、E 五个资本，每个资本的产品价值相同，即都为 100；产品价值构成的比例也相同，都是 $\frac{3}{5}c + \frac{1}{5}v + \frac{1}{5}m$（其中 c 又分为两种原料和机器）。每个资本代表一个生产部门，A、B 代表原料生产，C 代表机器生产，D 代表剩余产品生产，E 代表工人必要生活资料的生产。在交换过程中，E 的产品除 $\frac{1}{5}$ 留给自己支付工资外，其余 $\frac{4}{5}$ 分别与 A、B、C、D 产品的 $\frac{1}{5}$ 交换，从而实现自己的产品价值和剩余价值，并补偿了支出。A、B、C、D 各资本则将各自其余的 $\frac{4}{5}$ 产品相互交换，由此实现各自的价值和剩余价值。《史》和《创作史》认为，在这个例证中，马克思已经按实物形态把社会生产划分为四个部类和五个部门，分析了社会总产品的实现以及社会总产品各部分之间的比例关系。《史》还提出，这里已经分析了社会资本再生产简单形式和扩大形式的条件。他们认为，这些分析是马克思再生产理论中部类划分、产品实现和比例关系等原理的萌芽和出发点。② 这种看法是一种误解。如果仔细研究一下就会看出，马克思分析这个例证，根本不是为了说明社会资本的再生产，而是用以说明剩余价值的实现。

首先让我们看一下马克思在论述过程中是如何提出这个例证的。在 1857 ~ 1858 年的手稿中，马克思分析了资本的生产过程之后，就开始分析资本的流通过程。马克思已经看到，价值的实现是资本运动中至关重要的一环。如果产品价值不能实现，资本就不能顺利地完成形态变化，资本增殖的运动就要受到妨碍，甚至中断。因此，在《资本的流通过程》篇中，马克思着手研究剩余价值的实现，即资本增殖的条件。在研究中马克思论证了剩余价值的实

---

① 参见《马克思恩格斯全集》第 46 卷上册，第 432 ~ 437 页。
② 见《史》第 168 ~ 170 页；《创作史》第 278 ~ 280 页。

现与剩余价值的生产不同，它受到外部条件的制约，是由资本家相互交换其产品中代表剩余劳动的部分所完成的。马克思首先分析了在交换中某一资本的产品售价低于价值的情况。他举例说，假定由于某种原因迫使资本家 A 按低于价值的价格出售产品，那么，只要售价高于生产费用（c + v），他就仍能实现一部分剩余价值，如果产品售价等于生产费用，那就意味着由 A 生产的剩余价值转到了其他资本家手中。因为，对其他资本家来说，商品 A 售价的低廉，意味着工人必要工资的降低，从而其剩余劳动会增加。实际上，这种在交换中发生的剩余价值转移，不过是由于不同资本内部必要劳动和剩余劳动之比不同所引起的利润的平均化。这个问题属于对竞争的研究范围。但马克思在分析中已经证明，剩余价值的实现取决于不同资本中代表剩余价值的那部分产品的相互交换，而与产品的其他部分（如可变资本）的实现无关。在这个基础上，马克思抛开了竞争，进一步分析在价格与价值一致时，剩余价值如何在交换中实现。正是在这里，马克思运用了五个资本相互交换这个例子来说明问题。马克思对这个例子的研究，其重点始终放在剩余价值的实现上。马克思指出，对资本 E 来说，它从留给自己支付工资的部分中，不能得到任何利润。而资本 A、B、C、D 分别用来同 E 交换的 $\frac{1}{5}$ 也不能给他们带来利润，因为"同 E 进行的这种交换，只不过是 A、B、C 和 D 所预付的资本中代表必要劳动……的那一部分的间接形式"①。这就是说，各资本产品价值的 $\frac{1}{5}$ 是用来补偿 v 的，而其余的 $\frac{4}{5}$，有 $\frac{3}{5}$ 用于补偿不变资本。马克思分析的结论是：剩余价值的实现完全取决于各资本最后 $\frac{1}{5}$ 产品的相互交换。这个结论要表明，如果代表剩余价值的 $\frac{1}{5}$ 得不到实现，资本的增殖运动就必然遭到破坏。实际上，马克思对这个例证的分析，是他论证资本价值增殖的运动必然发生矛盾和破坏，从而资本主义生产过剩不可避免的一个环节。我们知道，

---

① 《马克思恩格斯全集》第 46 卷上册，第 433 页。

马克思在《资本的流通过程》篇的开始，就分析了资本主义的生产过剩问题。马克思批判蒲鲁东那种生产过剩来自"工人不能买回自己的产品"的错误论调，斥责他既丝毫不懂价值规定，也丝毫不懂价格规定。马克思指出，资本家所获得的利润不是来自其产品价格高于价值，而是来自实现商品价值中已经存在的剩余价值。接着，马克思就提出了上述例证，具体地说明剩余价值的实现。在紧接下去的一节中，马克思非常清楚地说，如果代表剩余价值的产品得不到实现，就会引起资本普遍的价值丧失或者说资本的消灭，即危机的来临。可见，马克思在这里论述问题的顺序是：剩余价值的生产→剩余价值的实现条件→危机的发生。从内容上看，这些分析与《资本论》第1卷第二十三章、第3卷第十五章中的论述是完全一致的。认为马克思对这个例证的分析是对再生产问题的研究这种看法，是值得考虑的。

应当看到，马克思在分析这个例证时所做的一些假定和提法，如部类划分、价值形态和实物形态划分、产品补偿等等，表面上看来确实很像对再生产的分析。大概正是由于这个原因，一些同志才误认为马克思在这里研究的是再生产问题。其实，由于分析的目的和角度不同，马克思在这一例证中做的假定和由此展开的分析，只适用于说明剩余价值的实现，而不能用于说明再生产，因为它们与后者所要求的那些前提的含义是不同的。只要稍加注意就会发现，马克思的分析中一个最明显的特点，就是不论划分部类、区分总产品的实物形态还是说明总产品各部分的比例，其标准都是与产品价值要素的构成比例一致的：$\frac{3}{5}c + \frac{1}{5}v + \frac{1}{5}m$ 是一切划分的基本出发点。马克思这样做的目的，显然是为了更清楚地说明剩余价值如何在交换中实现，而不是要阐明社会资本再生产的条件。下面，我们把马克思在这个例证中提出的部类划分、价值实现和产品比例这三个假定和分析与研究再生产问题所要求的假定和分析做一比较。

首先，马克思在例证中提出的部类划分与分析再生产的前提条件——两大部类划分，不是形式上的不同（即前者分为四个部类，而后者分为两个部类），而是实质上的不同。大家知道，两大部类划分，是科学地分析再生产问题的重要前提。这种区分的关键，不是部类数量的多少，而是产品在再生产中的不同职能。在此基础上，才能科学地说明社会资本的各个部分如何在价值上互相替代、实物上互相补偿。而在这个例证中，马克思划分部类的标准不是产品的不同职能，而是产品价值构成的比例。当然，马克思实际上并不是分了三个部类，而是分为四个部类，即不变资本分别由机器和原料两个部类代表，但这并不改变问题的实质，因为划分方式是按上述原则进行的。马克思之所以这样划分，只是为了更加符合现实。在这个例证中区分的部类，只是对应于产品价值构成的比例，把原来表现在单个资本内部的关系用几个资本的关系在外部表现出来，以便于分析剩余价值如何在交换中实现（因为交换总要涉及一个以上的资本）。这种分类显然与再生产分析所要求的分类不同。首先，再生产分析中的部类划分，要根据产品在再生产中的职能进行，因而它必须是确定的；而例证中的分类，从某种意义上来说是不确定的：既可以完全按价值构成比例把生产分为三个部类，分别代表 c、v 和 m，也可以进一步，用 n 个部类代表某一价值要素、从而把生产分为 $3 \times X$ 个部类，而无论怎样分都不影响对问题的分析。其次，再生产理论中的部类划分，提供了分析社会资本各部分之间价值替代、实物补偿的相互关系的条件，由此出发才能解决 $I(v+m)$ 和 IIc 的交换。而例证中的部类划分，其本身已经意味着总资本各部分之间能够互相替代和补偿。因为既然各部类产品价值构成比例相同，部类数量也与这种比例相同，那么交换中必然是各个部分相对应的交换。正如我们看到的，在这个例证中，各部类的产品都是代表 v 的部分，代表 c 和 m 的部分发生相互交换，而根本没有实物形态不同，而作为价值要素也不同的产品部分的交换（例如 $I(v+m)$ 和 IIc 的那种交换）。搞清了这个问题，他们对分析再生产时应该遇到的最大难点——实物补偿在这里根本就没有出现这一点，就不会感到奇怪了，因为这里本来就没有分析社会资本的再生产。

其次，马克思在例证中论证的资本在交换中实现剩余价值，并不是社会总产品的实现。产品实现问题，不过是社会资本再生产的同义语。研究这个问题的前提是对社会总产品从价值形态和实物形态两方面进行划分。经过这种划分，总产品的价值构成和实物构成是不一致的，即价值上分为 c、v 和 m，而实物上则分为生产资料和消费资料。而在这个例证中，马克思并未明确提出社会总产品的概念，而且尽管他把五个资本的产品从实物形态上做了区分，但这种区分和从价值上对产品的区分是一致的。用不同资本的产品分别表示各价值要素所得到的总产品，从理论上说只是个别产品的简单相加，而不是再生产意义上的社会总产品。因此，马克思在分析这个例证时，始终只着眼于说明不同资本的一定部分的相互交换，就实现了价值的某一要素，剩余价值的实现则有赖于各资本产品中最后 $\frac{1}{5}$ 即代表剩余价值的部分的相互交换。而资本的实物补偿则是在这种交换中自然完成的。显然，尽管这里分析的资本数量超过了一个，但它仍然只是对个别资本运动的考察，而不是对社会总产品实现的考察。因为分析社会总产品时，不能假定其各部分在实物形态上可以自然而然地得到实现，而恰恰需要研究实物形态与价值形态不同的各部分到底怎样通过相互交换而得到实现。

第三，马克思在这个例证中提出的各资本产品的比例关系，也不是社会总产品（从而再生产）的比例。《史》和《创作史》都认为，马克思在这里提到的比例关系就是社会总产品的比例①。《创作史》引证马克思的一段话作为论据："产品分割为原料、机器、必要劳动、剩余劳动相应的各个部分时，以及最后剩余劳动本身分割为一个用于消费的部分和另一个重新变为资本的部分时，都有固定的比例。资本的这种内部的概念上的分割，在交换中则表现为各资本彼此按照一定的和限定的比例进行交换。"② 这种引证是不恰当的。马克思在这里讲的产品比例关系，同样与产品价值构成比例一致，即资本在价值上按一定比例划分为 c（又分为原料和机器）、v 和 m，在产品上就按相同比例表现为分别代表这些部分的几个资本。这种比例只是个别资本产品内部价值要素比例的简单重复，而不是社会总产品的比例。因为就再生产而论，社会总产品的比例与产品价值构成的比例是不同的。例如，Ⅰc 和 Ⅱc、Ⅰ(v + m)

---

① 参见《史》第 170 页；《创作史》第 280 页。
② 同上。原文见《马克思恩格斯全集》第 46 卷上册，第 437 页。

和 Ⅱ（v + m）在量上可能完全不同。马克思的这段话，其实是对他本人关于剩余价值的实现有待于各类资本的产品中相当于剩余价值部分的相互交换这一结论的再次强调。这种比例关系用于说明剩余价值的实现是适用的，但它显然不是再生产所要求的比例。

通过上述分析可以看到，马克思在这个例证中提出的假定和分析与他研究再生产时提出的假定和分析有着明显不同。尽管马克思说明了五个资本的交换，但他的着眼点在于剩余价值的实现。从理论研究的范围看，马克思这里的分析，只限于资本的价值增殖运动，而不是那种把个别资本的相互联结，相互交错作为自身的一个环节的社会资本运动，即社会资本再生产过程。从对个别资本运动的研究转向对社会资本再生产的研究所需要的各种理论前提和假设，在这个例证中并没有出现。

最后，说马克思在分析这个例证时得出了再生产的实现条件，也是不对的。根据《史》的说法，马克思认为简单再生产的实现条件是："如果他们（指资本家——引者）消费掉了自己的全部剩余产品，他们在［生产过程］结束时的情况就会像在这个过程开始时一样。"① 而扩大再生产的实现条件是："一部分剩余产品被用于资本家的消费，另一部分则转化为剩余资本，以便推动新的劳动。"② 其实，这里是从直接生产过程的角度来阐述再生产的条件。它假定资本可以得到价值和实物补偿，并且仅限于剩余价值是全部用于资本家个人消费，还是有一部分用于积累。这里的提法，与《资本论》第一卷完全一致。不应当把它说成是从资本的流通过程的统一来分析的再生产的实现条件。

总之，马克思在 1857～1858 年手稿中提出的这个例证，所要说明的是剩余价值的实现，而不是对社会资本再生产问题的探讨。值得提出的是，如果马克思在这个例证中研究的真是社会资本再生产问题，并得出了如《史》和《创作史》所说的那些重要思想，那末他在《剩余价值理论》中就应该在此

① 见《史》第 169 页。原文见《马克思恩格斯全集》第 46 卷上册，第 435 页。
② 见《史》第 170 页。原文见《马克思恩格斯全集》第 46 卷上册，第 169～436 页。

基础上进一步展开分析。但事实并非如此。在《剩余价值理论》中，马克思对再生产的研究完全是"重起炉灶"的。他从斯密的教条给研究社会资本再生产问题带来的一片混乱中开始摸索，经过反复分析、比较，最后才得出了社会资本再生产理论中的部类划分、不变资本补偿等重要原理。这说明至少马克思本人并不认为他在1857~1858年手稿中对这个例证的分析就是对再生产问题的研究。

我们认为，研究马克思经济学说的形成过程，不能脱离他在某一时期总的思想状况。否则就容易根据马克思的某些提法加以引申，把它们提到马克思当时并没有达到的理论高度。这对研究马克思经济学说的形成过程是不适当的。

（原文发表于《教学与研究》1985 年第 1 期）

马克思的社会资本再生产理论
与《经济学手稿（1857～1858年）》

——问题和争论

王辅民*

关于《经济学手稿（1857～1858年）》（以下简称《手稿》）在马克思再生产理论形成史上的地位问题，在学术界存在着严重的意见分歧。有学者认为，马克思的《手稿》是以"资本一般"为研究对象的，还没有提出探讨社会资本再生产问题的任务；马克思这时还完全接受"斯密教条"，不可能对社会资本再生产过程作出分析；而《手稿》中那些被认为是研究了这个问题的地方则又是出于对马克思的误解；因此，说《手稿》中马克思已经开始研究社会资本再生产问题，是错误的。[1] 有的学者则认为，马克思在《手稿》中不仅研究了社会资本再生产问题，而且也已经明确提出他的再生产理论的一些重要的原理，从而标志着马克思再生产理论已处于形成时期。[2] 那么，究竟应该怎样看待这个问题以及围绕这个问题所展开的争论呢？

一

需要首先弄清"资本一般"概念与社会资本再生产理论的关系问题。更确切地说，需要首先弄清马克思《手稿》中提出的"资本一般"框架，是能够容纳还是从根本上排除了对社会资本再生产理论的分析。上述前一

---

　* 王辅民：中国社会科学院经济研究所副研究员。

　① 参见彭力：《马克思何时开始研究社会资本再生产问题》，载于《教学与研究》1985年第1期。
　② 参见赵洪：《〈政治经济学批判（1857～1858年草稿）〉在马克思再生产理论形成史上的地位》，载于《东北师大学报》1982年第4期。

部分学者认为，既然马克思在《手稿》中以"资本一般"为研究对象，而"资本一般"所处理的又是单个资本，那么，社会资本自然被排除在分析范围之外了。因而也就谈不上对社会资本再生产问题的研究。在他们看来，"资本一般"即单个资本，社会资本即许多资本。这其实是一种严重的混淆和误解。不独有偶，即使上述后一部分学者中，也有不少陷入同样的误解。例如，有的文章就在"许多资本"之后直截了当地写上"即社会总资本"。① 可见，这种误解是相当流行的。我认为，不可轻视这种误解。因为由对这个问题误解而导致对整个马克思再生产理论及其应用范围误解的情况，在历史上和现实中都时有发生。因此，阐明这个问题，不仅有助于我们对马克思再生产理论形成史的研究，而且对正确理解这种理论本身也有重要意义。

马克思在《手稿》中指出，"准确地阐明资本概念是必要的，因为它是现代经济学的基本概念，正如资本本身——它的抽象反映就是它的概念——是资产阶级社会的基础一样。明确地弄清楚［资本主义］关系的基本前提，就必然会揭示出资产阶级生产的一切矛盾，以及这种关系超出它本身的那个限界"。② 作为《资本论》草稿的《手稿》，为纯粹地考察和准确地阐明资本概念，特别提出"资本一般"的概念。这实际上也是马克思的科学抽象法在《手稿》中的具体应用。

什么是"资本一般"？马克思在《手稿》中并没有对此作集中的和系统的论述，而是零星地散见于《手稿》的各个地方。但是，只要我们把这些论述联系起来加以考察，也就不难得出关于这一概念的完整图像。概括说来，"资本一般"即资本本身。第一，它必须同价值和货币等更为一般的概念区别开来；第二，它必须同价值和货币等资本的具体关系即资本的实际运动（用《手稿》中所使用的逻辑术语说，就是资本的特殊性和资本的个别性）区别开来；最后，它还必须同土地所有制和雇佣劳动区别开来。

---

① 参见赵洪：《〈政治经济学批判（1857～1858年草稿）〉在马克思再生产理论形成史上的地位》，载于《东北师大学报》1982年第4期。

② 《马克思恩格斯全集》第46卷上册，第295页。

　　"资本一般"，一方面，"仅仅表现为一种抽象"；但是，另一方面，它本身又"是一种现实的存在"。① 换句话说，它和任何一般的东西一样，"一方面只是观念中的特征。同时也是一种同特殊事物和个别事物的形式并存的，特殊的现实形式"。② 对前面的叙述，许多人可以比较容易地理解。但对马克思这里的叙述，不仅资产阶级"政治经济学并不理解"，③ 甚至我们的一些同志也并没有真正弄懂。马克思这里实际表明，"资本一般"不仅反映了在观念中被抽象出来的每一种资本作为资本所共有的规定性以及每一种资本的特性的抽象特点，而且也反映了作为单个资本总和而与单个资本并存的现实的社会总资本的一般特点。马克思在其他地方也指出，"我们在这里考察的是资本本身，也可以说是全社会的资本"。④ "考察资本一般，并不是单纯的抽象。例如，如果我考察某个国家内与总雇佣劳动（或者也与地产）相区别的资本，或者说，我把资本当作与另一个阶级相区别的一般经济基础来考察，那我就是在考察资本一般。"⑤ 可见，不能把"资本一般"与单个资本等同起来，即使是那种仅仅代表每一种资本的共性的被抽象出来的单个资本。这种单个资本可以作为"资本一般"的载体。但是作为"资本一般"载体的却不仅仅是这种单个资本，而是还有社会总资本。

　　马克思谈到"资本一般"概念时指出，"我们研究的是资本的产生过程"。⑥ 马克思这时还提出了"正在生成的资本"⑦ 和"完成了的资本"⑧ 两个概念，并把两者严格区别开来。这两个概念与"资本一般"和竞争两个概念是相对应的，基本是一致的。作为"资本一般"概念载体的社会总资本，

---

① 《马克思恩格斯全集》第 46 卷上册，第 444～445 页。
②③ 《马克思恩格斯全集》第 46 卷上册，第 445 页。
④ 《马克思恩格斯全集》第 46 卷上册，第 313 页。
⑤ 《马克思恩格斯全集》第 46 卷下册，第 382 页。
⑥ 《马克思恩格斯全集》第 46 卷上册，第 270 页。
⑦ 《马克思恩格斯全集》第 46 卷下册，第 246 页。
⑧ "从概念上来说，竞争不过是资本的内在本性，是作为许多资本彼此间的相互作用而表现出来的并得到实现的资本的本质规定，不过是作为外在必然性表现出来的内在趋势"（《马克思恩格斯全集》第 46 卷上册，第 397～398 页。重点是引者加的，马克思稍后使用了"完成了的资本"这一说法）。

它的运动即再生产过程自然应该而且可以在"资本一般"即"正在生成的资本"的范围内展开。马克思后来在《剩余价值理论》手稿中对此作了明确指示："我们必须在叙述完成了的资本——资本和利润——之前叙述流通过程或再生产过程，因为我们不仅要叙述资本如何进行生产，而且要叙述资本如何被生产出来。但是，实际运动——这里说的是以发达的、从自己开始并以自己为前提的资本主义生产为基础的实际运动——是从现有资本出发的。因此，对于再生产过程以及在这个过程中得到进一步发展的危机的萌芽，在论述再生产的这一部分只能作不充分的论述，需要在《资本和利润》一章中加以补充。"① 顺便指出，马克思这段话，对确定社会资本再生产理论在后来《资本论》体系中的位置和结构，具有非常重要的意义。事实上，马克思的这一设想在后来的《资本论》体系中得到实现，再生产过程在第 2 卷中阐述，第 3 卷中理论上升到更具体的层次，在再生产理论上对第 2 卷作了进一步补充。让我们回到本题上来。事实上，对社会总资本就其总体上阐明它的若干形式规定，是并不超出"资本一般"范围内的。因此，那种把社会总资本与许多资本等同起来，从而认为"资本一般"概念本身从根本上排除了对社会资本再生产问题的分析，是不正确的。

我们看到，就是后来《资本论》第 2 卷第三篇中对社会资本再生产问题的论述，也可以说基本上没有超出原来"资本一般"的抽象水平。《资本论》第 1 卷以及第 2 卷的第一、二两篇中的许多假定，在第三篇中也是同样适用的，例如商品按价值出售、商品的价值和价格不变、剩余价值率相同、没有对外贸易和信用等等。这些都说明，马克思这里完全舍象了竞争。要说有什么不同的话，只是扩大再生产，因为这里剩余价值再转化为资本，出现了积累，条件被改变了。

也许有人会说，马克思在《手稿》中毕竟未对再生产理论进行系统论述。这是对的。但是，我们不能苛求这时的马克思。依我看，《手稿》中未对再生产理论作系统论述，这与其说是受"资本一般"概念的束缚，倒不如说受他

① 《马克思恩格斯全集》第 26 卷第 1 册，第 586 页。

当时对这个问题认识水平的限制。只要看看马克思写作 1861～1863 年经济学手稿时，虽然仍然是以"资本一般"为研究对象，但却对再生产理论作了相当深刻的研究，就可以明白了。

二

我在以前的文章中曾经指出："斯密教条是横在社会资本再生产理论研究道路上的一个主要障碍。马克思对社会资本再生产理论的研究始终伴随着对斯密教条的批判。可以说，马克思对斯密教条的认识和批判程度，从一个方面反映了他对社会资本再生产理论的发展成熟程度"①。我们现在探讨马克思在《手稿》中对再生产理论的研究状况，自然必须考察他在该手稿中对斯密教条的认识和态度。然而，众多的研究马克思再生产理论形成史的著作，在肯定马克思《手稿》中对再生产理论研究进展的同时，却很少面对这个问题，或根本避开这个问题。相反地，那些否认《手稿》中研究了再生产问题的同志，倒是紧紧地抓住它作为自己立论的根据，并向前者发起挑战。也许是这个问题比较棘手的原因吧。

马克思在《手稿》中对斯密教条究竟采取什么态度和有怎样的认识呢？在《手稿》中，马克思直接谈到斯密教条的地方并不多。他在一处谈到人们对李嘉图的批评时，直接触及这个问题："人们指责李嘉图，说他只把利润和工资看作生产费用的组成部分，而不把原料和工具中包含的资本部分也看作生产费用的必要组成部分，这种指责是十分愚蠢的。因为原料和工具中的原有价值只是被保存，所以就不会形成新的生产费用。至于谈到这些原有价值本身，那么它们又全部归结为物化劳动——必要劳动和剩余劳动——工资和利润。"② 从这一段文字看，马克思严厉地批评了人们对李嘉图的指责，明显地站在李嘉图一边，从而也维护了李嘉图所承袭的斯密教条。那些否认马克思在《手稿》中研究了再生产理论的同志，正是由此而得出结论的。

---

① 《马克思的社会资本再生产理论与〈反思〉手稿》，引自《〈资本论〉与现代经济问题》，上海人民出版社 1990 年版。

② 《马克思恩格斯全集》第 46 卷上册，第 336～337 页。

如果仅仅以此为根据，这一结论似乎也没有什么不对。然而，事情远不是这么简单。

首先，让我们看看马克思《手稿》的这一部分讲的是什么问题以及他对这个问题所达到的认识水平。马克思是在《手稿》的《资本章》第一篇中的"不变资本和可变资本"标题下写出上述一番话的。这部分一开头，马克思就指出："我们所谈过的始终只是资本的两个因素，活的工作日的两个部分，其中一部分代表工资，另一部分代表利润，即一部分代表必要劳动，另一部分代表剩余劳动。那么，资本的其他两部分，即体现在劳动材料和劳动工具中的那些部分，哪里去了呢？……劳动材料和劳动工具作为资本的组成部分是不是劳动必须补偿的呢"①？马克思在《手稿》的这一部分里，首先研究的就是这个问题，即不变资本的补偿问题。可见，马克思对这个问题是十分重视的，他没有在斯密和李嘉图已经止步的地方停留下来，即置不变资本的补偿问题于不顾，而是提出来进行专门的考察。他以纺织部门为例进行分析，并明确认为，产品价值中不仅包含工人的活劳动所创造的新价值（v + m），而且也包含不变资本价值（c）。事实上，马克思并没有把不变资本价值排除在产品价值构成之外。那么，不变资本价值是如何补偿的呢？马克思指出："工人补偿原有劳动时间是通过劳动行为本身，而不是通过为此追加特殊的劳动时间"②。他还进一步指出，"至于原料和工具所包含的劳动时间与此（指新价值的创造——引者）同时被保存下来，这种情况并不是劳动的量的结果，而是劳动作为劳动的质的结果"③，"或者说，是由于它作为劳动同那些包含过去劳动的使用价值发生关系"④，"劳动活动具有殊的质，即通过在已经物化的劳动量上追加新的劳动量，同时把物化劳动在其物化劳动的质中保存下来"⑤。我们知道，马克思在这部手稿中已基本制定了劳动二重性的学说。这里实际上已试图用这种学说来阐释商品价值的形成和不变资本价值的补偿问

① 《马克思恩格斯全集》第 46 卷上册，第 322～323 页。
② 《马克思恩格斯全集》第 46 卷上册，第 326 页。
③ 《马克思恩格斯全集》第 46 卷上册，第 329 页。
④ 《马克思恩格斯全集》第 46 卷上册，第 334 页。
⑤ 《马克思恩格斯全集》第 46 卷上册，第 334～335 页。

题，已经以还比较原始的形式表述了下面的重要原理：劳动作为已经化为没有质的区别而只在量上被计算的抽象劳动、形成商品价值；劳动作为具有特定质的具体劳动，生产商品的使用价值，并把原有生产资料的价值转移到新产品中去。因此，商品中便包含了新创造的价值和被转移的不变资本的价值。马克思的这一思想因素具有多么重要的意义，可以从马克思后来在《资本论》第 2 卷中批判斯密教条时的一段话中看出来，马克思在那里指出："亚·斯密的第一个错误，是把年产品价值和价值产品等同起来……从而赶走了年产品中的不变价值部分。这种混淆本身建立在他的基本观点的另一个错误上：他没有区分劳动本身的二重性"①。可以说，马克思这里所取得的思想成果，已开始触动了斯密教条的根基，离最终突破斯密教条的顽固堡垒已经为期不远了。

那么，何以解释我们上面引述的马克思直接接触到斯密教条所说的那番话呢？马克思在这部分手稿开头提出问题之后，也说过类似的话："我们再用前面举过的例子来说，有一笔资本 100 塔勒，其中棉 50，工资 40，工具 10，40 塔勒工资 = 4 小时物化劳动，而现在资本家让工人劳动 8 小时，那么情形就可能变成这样：工人好像应该再生产出工资 40 塔勒，剩余时间（利润）40塔勒，工具 10 塔勒，棉花 50 塔勒，总计 140 塔勒，但是工人只再生产出 80塔勒（李嘉图受到许多指责，说他只把利润和工资看成生产费用的组成部分，而不把机器和材料看成生产的组成部分）"②，显然，他认为工人除了再生产出工资和利润外，还要再生产出劳动材料和工具的价值，即认为劳动材料和工具的价值还要通过追加劳动来补偿，是错误的。相反地，李嘉图认为工人只是再生产出工资和利润（v = m），则是正确的。因此，就工人活劳动创造新价值来说，马克思反对人们对李嘉图的指责，明确站在李嘉图一边，不能说有什么不对。但是，另一方面，就整个产品价值来说，李嘉图却忽视了不变资本的补偿。在这一点上，李嘉图又是完全错误的，完全承袭了斯密的错

---

① 《马克思恩格斯全集》第 24 卷，第 418 页。
② 《马克思恩格斯全集》第 46 卷上册，第 323 页。

误教条。① 尽管像我们上面已经指出的,马克思在《手稿》的这一部分中对不变资本的补偿问题几近获得正确解决,但也应该承认,由于斯密教条渊源流长和根深蒂固,马克思不可能一下子完全摆脱它的束缚并对其错误获得十分清楚的认识,因此开始时还没有也不可能对这种错误展开正面批判。相反地,倒是在他阐述自己崭新思想的同时,还不时表露出传统教条对他的影响和禁锢。这主要表现在两个方面。第一,他认为,不变资本价值只是被保存,并不花费资本分文,因而也不计入生产费用。然而,他忘了,不变资本价值的保存固然不花费资本什么,但不变资本价值本身既然还存在,就不能不计入生产费用。第二,他紧接上述引文之后,又写下关于单纯的自然物质的一段话,② 显然是受斯密论证的影响,企图把不变资本最后归结为单纯的自然物质。因为只有如此,他所说的不变资本价值"又全部归结为物化劳动——必要劳动和剩余劳动——工资和利润"才能说得通。然而,不变资本毕竟不能归结为单纯的自然物质。③ 我们看到,当马克思阐明不变资本价值通过具体劳动被保存下来时,他把不变资本价值纳入产品价值构成之中,形成对斯密教条的强大冲击;而当他认为不变资本价值只是被保存而不计入生产费用以及把不变资本归结为单纯的自然物质时,又把不变资本价值从后门放走了,重又投到产品价值全部归结为工资和利润的斯密教条的阴影之中。由此可以看出斯密教条影响之深,以致马克思这时虽然已形成与之相对立的崭新思想,却还暂时认识不到它的革命意义,甚至还要把它强制纳入斯密教条的框架之内。其实,出现这样的思想矛盾也并不奇怪,这正是马克思最终实现思想飞跃的前奏。

---

① "年产品中所有作为可变资本构成工人收入,作为剩余产品构成资本家的消费基金的部分都归结为新加劳动,而产品中其余所有代表不变资本的部分只归结为被保存的过去劳动,仅仅补偿不变资本。因此,那种把年产品中所有作为收入,作为工资和利润(包括利润的分枝——地租和利息等,也包括非生产劳动者的工资)消费的部分都归结为新加劳动的看法是正确的,而把全部年产品都归结为收入,归结为工资和利润,即归结为新加劳动中某些部分的总和的看法却是错误的"(《马克思恩格斯全集》第26卷第1册,第273~274页)。

② 《马克思恩格斯全集》第46卷上册,第337页。

③ 马克思后来对斯密的论证作了详细的和深刻的批判,参见《马克思恩格斯全集》第24卷,第414~415页。

　　其次，值得注意的是，马克思虽然如上所述还有为斯密教条辩解之虞，但他在《手稿》的各个相关的地方，事实上可以说都未忽视不变资本的问题。我们前面已经举过这方面的例证。也许有人会说，上面的例子中指的是单个资本，就单个资本来说斯密也同样有"第四部分"。那么就请看看马克思在《资本章》第二篇中所举五个资本家的著名例子中的一段话吧："假定产品价值各部分之间的比例是：原材料价值占 2/5，机器价值占 1/5，工资价值占 1/5，剩余价值占 1/5，而在剩余产品中，一半用于［资本家的］消费，一半用于新的生产，那么，［每个］资本内部的这种分割在交换中就表现为［总产品］在例如五个资本之间的分配。"① 这就是说，总产品中也必然包括一定比例的原料和机器的价值即不变资本的价值。马克思这时虽然还没有在理论上对斯密教条正面展开批判，但是，在这里，不论是自觉地或是不自觉地，马克思已经在事实上对斯密教条有了一定程度的突破。马克思后来在《手稿》中还就这个问题作了一段论证："尽管在一个生产过程中，劳动仅仅从价值上保存我们前面称为不变的资本部分，但在另一个生产过程中，劳动必须把这一部分资本再生产出来，因为在一个生产过程中以材料和工具的形式表现为前提的东西，是另一个生产过程的产品，而这种更新，这种再生产必须不断地同时进行。"② 可见，马克思事实上并没有完全被斯密教条所束缚住手脚。

　　此外，还必须注意马克思在《手稿》写作过程中出现的思想发展和变化。马克思写作手稿的时间并不长，但思想进展却很快。在对斯密教条的态度和认识上，也是一样。马克思在我们提到的那番话以后不久，又一次援引了同一个例子③："如果赚到的 40 塔勒再次在同样的前提下作为资本执行职能……那么，40 塔勒的 3/5，即 24 塔勒又花在材料和工具上，2/5 花在劳动上，结果又不过是 16 塔勒工资的加倍，变成了 32 塔勒。因此，16 塔勒是工资的再生产，16 塔勒是剩余劳动；因而在生产结束时共有 40 + 16 = 56 塔勒利润或 40%［利润率］。这样，总资本 140 塔勒在同样情况下就会生产出 196 塔勒。

----

① 《马克思恩格斯全集》第 46 卷上册，第 437 页。
② 《马克思恩格斯全集》第 46 卷下册，第 262 页。
③ 见前页注②。

不应该象在大多数经济学著作中那样假定：说什么这 40 塔勒全部投在工资上，用于购买活劳动，因而在生产结束时会提供 80 塔勒。"① 这可以看作马克思后来批判斯密教条的滥觞。② 而当马克思在第五册笔记的第 33 页上又一次谈到李嘉图的指责时，思想更是发生了很大变化；"拉姆赛指责李嘉图忘记了固定资本（除了生活资料基金以外，构成资本的就是这种固定资本，在拉姆赛那里，固定资本除了工具以外，同时还包括原料）是应该在资本家和工人之间分配的那个总额中扣除的……事实上，因为李嘉图没有在物化劳动同活劳动的关系的活的运动中来理解这种关系——这种关系不应该从一定量劳动的各个份额中引伸出来，而应该从剩余劳动的创造中引伸出来，——他也没有理解资本的各个组成部分之间的相互关系，所以在他那里造成一种假象，好像全部产品都分解为工资和利润，以致资本本身的再生产也算作利润"③。马克思这里不仅没有像以前那样反对这种对李嘉图的指责，而且相反地转向对李嘉图进行批评，指出李嘉图不是从剩余劳动的创造中得出剩余价值，只着眼于产品中那些被分解的各项收入部分的分配比例和利润的大小，这样就把产品价值仅仅归结为收入即工资和利润，而没有给工具和原材料留下地盘，从而根本上排除了不变资本的价值。马克思这里明确表述了产品价值仅仅分解为工资和利润而不包括不变资本价值是一种错觉和误解，实际上首肯了拉姆赛对李嘉图的指责，从而把立足点转移到对斯密教条的批判上来。因此，

---

① 《马克思恩格斯全集》第 46 卷上册，第 344 页（重点是引者加的）。马克思后来在《剩余价值理论》中对李嘉图等经济学家的这种错误进行了更为明确的批判："这和亚当·斯密等人的看法一样。而实际上，这里必定也涉及这样一些商品的生产消费，这些商品构成不变资本亦作为劳动工具或劳动材料被消费，或者说，这些商品通过消费转化为劳动工具和劳动材料。认为资本积累是收入转化为工资，就是可变资本的积累，这种见解从一开始就是错误的，也就是片面的。这样，经整中积累问题就得出了错误的解释"（《马克思恩格斯全集》第 26 卷第 1 册，第 537 页）。另见《资本论》第 2 卷中："政治经济学关于规模扩大再生产的错误见解"一节（见《马克思恩格斯全集》第 24 卷，第 645～648 页）。

② 列宁指出："亚·斯密（继他之后的经济学家也一样）错误地把资本的不变部分排出于产品价格之外，是同错误地理解资本主义经济中的积累，即同错误地理解扩大再生产和额外价值之转化为资本有关的。亚·斯密在这里也抛掉了不变资本，认为所积累的、转化为资本的那部分额外价值完全为生产工人所消费，就是说完全用于工资，而事实上，积累的那部分额外价值是用作不变资本（生产工具、原料和辅助材料）和工资的"（《列宁选集》第 1 卷，第 171 页）。

③ 《马克思恩格斯全集》第 46 卷下册，第 49 页。

有人说马克思只是在《剩余价值理论》手稿中才第一次察觉斯密教条的错误，是不能成立的。当然，马克思这里还没有展开论述，但它却为以后对斯密教条展开全面深入的批判作了铺垫。我们看到，马克思在 1861～1863 年再次谈到这一问题时，态度就非常鲜明了："拉姆赛理解的'固定资本'，不仅包括工具等等，而且包括原料，总之，就像我在各生产领域内称为不变资本的东西。当李嘉图谈到产品分为利润和工资的时候，他总是假定，预付在生产上并在生产中消费了的资本已经扣除。然而拉姆赛基本上是对的。李嘉图对资本的不变部分没有作任何进一步的分析，忽视了它，犯了重大的错误……"①

总的来看，马克思在写作《手稿》的初期，思想和理论上都还受斯密教条的相当影响和禁锢。但是，尽管如此，马克思这时也没有完全滞留于斯密和李嘉图的原有水平，而是在事实上注意到不变资本的补偿问题；特别是他已经开始尝试应用他所制定的劳动二重性原理阐明不变资本是如何补偿的，形成了对以后最终突破斯密教条具有非常重要意义的思想因素。至于写作《手稿》的后期阶段，马克思已摆脱斯密教条的束缚，并进而对斯密教条采取了批判态度。当然，对斯密教条的全面深入的批判，那还是后来手稿和著作中的事。因此，绝不能说马克思在《手稿》中还是完全接受了斯密教条的，还是完全地停滞在斯密和李嘉图和认识水平上。这种仅仅抓住马克思在开初受斯密教条束缚时所作的某处论述而不顾他当时的整个思想状况和后期阶段上的发展而作出的结论，是不能令人信服的，也是不能接受的。

三

如何理解马克思在《资本章》第二篇《资本的流通过程》中通过五个资本家的实例所阐明的思想，是马克思再生产理论形成史研究中又一个争论的热门话题。有的研究者认为，这里包含有社会生产分为两大部类、资本主义再生产的一些比例关系等思想萌芽。另一些学者认为，这里已经提出了马克思再生产理论的一些最重要的原理，从而标志着马克思再生产理论已处于形

_____

① 《马克思恩格斯全集》第 26 卷第 1 册，第 86～87 页。

成时期。还有一些研究者相反地认为，马克思这里只是分析剩余价值的实现条件而不是社会资本再生产的实现条件，因而这里还没有研究社会资本再生产问题。

我们先来看看后面这种观点。我觉得，他们提出的问题是十分奇怪的。在他们看来，分析剩余价值的实现条件并不牵涉社会资本再生产的实现条件，两者似乎可以也必须分割开来。照此说来，不变资本的补偿也可以而且必须同社会再生产的实现条件分割开来了，因为不变资本同剩余价值一样，都是产品价值的组成部分，它们的实现属于同一性质的问题。然而，这些作者们又不是这样看待的。正像我们前面已经指出，他们为了给自己的结论寻找根据，在前面紧紧抓住不变资本的补偿与社会资本再生产问题的联系（就他们认为两者联系在一起这一点来说，是正确的）；而现在，为了同样的目的，他们却又硬要把剩余价值的实现与社会资本再生产问题分开。事实上，同不变资本的情形一样，剩余价值作为产品价值有机部分，它的实现本身就属于产品价值实现的范围，是与产品价值的实现密不可分的。分析剩余价值的实现，必然要涉及产品价值的实现；而如果不结合产品价值的实现的分析，剩余价值的实现是根本无法讲清的。

马克思这个例子是在《手稿》《资本章》第二篇中列举的，第二篇讲的是什么呢？马克思指出，资本表现为所使用资本的价值保存过程、资本的价值增殖过程和生产出来的产品的价值实现过程的统一。在《资本章》第一篇《资本的生产过程》中，考察的是前两个过程或这个统一过程的第一和第二两个方面。而在第二篇《资本的流通过程》中，正像马克思在该篇开头就指出的，是"考察使资本成为资本的那个过程的第三个方面"，[①] 即生产出来的产品的价值实现过程。因此，大前提是产品的价值实现。若就马克思列举的这个例子而言，也是旨在批判蒲鲁东把"工人不能买回自己的产品"归结为生产过剩原因的谬论。也许有人会说，蒲鲁东说"工人不能买回自己的产品"，是因为他认为产品价值中加进了资本家的利息，因而蒲鲁东提出的实际上只

———————————

① 《马克思恩格斯全集》第46卷上册，第384页。

是剩余价值实现的困难。这是不错的。但是，不要忘了，蒲鲁东把产品价值等同于工资，这就从产品价值中不仅排除了不变资本价值。列宁正确地指出，俄国的民粹派同蒲鲁东一样，"他们没有认识到自己从旧经济学家那里承袭来的糊涂观念不仅妨碍着阐明额外价值的实现，而且也妨碍着阐明不变资本的实现，就是说，他们的'困难'在于不理解资本主义社会产品的整个实现过程"①。因此，要批判蒲鲁东，就不能不谈社会资本再生产问题。这也许就是马克思在后来的著作中论及社会资本再生产问题时屡屡提起批判蒲鲁东这一谬论的原因。② 我们知道，马克思在批判蒲鲁东的过程中，同时也揭示了生产过剩危机的真正原因，这就更不能不借助于再生产理论这一科学基础了。因此，马克思这里不能不谈及而且事实上也确实谈及了社会资本再生产问题（我们下面就要具体论述），尽管马克思这时还未形成详细论述这个问题的计划。

下面我们对马克思所举的图例作一点分析。我们假定、读者对马克思《手稿》中这部分的叙述都是熟悉的，不再作详细交代。

马克思在《手稿》第四册笔记第 37 页上的图例如下③：

	付给劳动的报酬	原料	机器	剩余产品	［产品价格］
A 原料的生产者	20	40	20	20	100
B 原料的生产者	20	40	20	20	100
C 机器的生产者	20	40	20	20	100
E 工人的必要生活资料的生产者	20	40	20	20	100
D 剩余产品的生产者	10	20	10	10	50

紧接上述图例之后，马克思对图例作了说明，阐述了产品是如何实现的。

---

① 《列宁选集》第 1 卷，第 181 页。
② 《马克思恩格斯全集》第 26 卷第 1 册，第 95 页；第 24 卷，第 434 页；第 25 卷，第 954 页等。
③ 《马克思恩格斯全集》第 46 卷上册，第 435 页。

现根据马克思自己的说明，可制作出如下示意图（只是图例的最后一行先予
撇开，因为它暂时还与我们要说明的问题无关）：

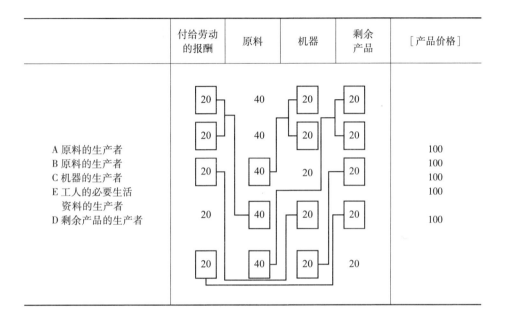

	付给劳动的报酬	原料	机器	剩余产品	［产品价格］
A 原料的生产者 B 原料的生产者 C 机器的生产者 E 工人的必要生活 资料的生产者 D 剩余产品的生产者	20 20 20 20 20	40 40 40 40 40	20 20 20 20 20	20 20 20 20 20	100 100 100 100 100

为了进行比较，我们将马克思在《资本论》第 2 卷中的简单再生产公式
也列举出来，只是将其中的具体数字换算为上述图例中的数字。需要指出的
是，我们这样做只是为比较的方便，而并不是认为图例可以归结为公式。

第一部类：

Ⅰ.180c+60v+60m=300

第二部类

Ⅱ.120c+40v+40m=200

经过比较，我们可以得出如下几点认识：

第一，图例和公式，叙述范围都是简单再生产。马克思在对图例的说明
中指出："如果他们（指五个资本家——引者）消费掉了自己的全部剩余产
品，他们在［生产过程］结束时的情况就会象在这个过程开始时一样，他们

的资本的剩余价值就好像没有生长出来。"①

第二，图例和公式的抽象程度，或者说它们的前提条件是基本一致的：只有资产阶级和无产阶级两个阶级，商品的价值与价格相等，商品的价值与价格保持不变、剩余价值率为百分之百，撇开对外贸易等等。

第三，图例和公式对社会总产品的物质构成的划分和分类不同，但又有联系，可以明显地看出由前者到后者的发展轨迹。以下图来表示（粗线和细线分别表示图例中的各项与公式中的大部类、分部类之间的关联）：

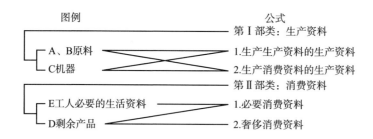

可以看出，公式中的两大部类划分正是图例中五项划分的进一层的抽象和概括。由图例中的五项划分到公式中的两大部类划分，只是一步之遥了。我们这样说，绝不仅仅是逻辑推论，而且也是有马克思的思想发展为根据的。马克思在《手稿》的导言中，已经把生产消费和个人消费区别开来，② 的确是在叩响大门了。但门里门外还是有区别的，马克思在《手稿》中毕竟还没有作出进一步的概括。因此，还不能说马克思这时已经把总产品分为两大部类。至于图例中的各项与公式中各部类，倒是同级的，也可以看出后者是由前者演化而来的某些迹象。但是，也可以看出，两者相差还比较远，特别是图例中的 A、B、C 三项与公式中第 I 部类的两个分部类则差距更大。因此，将图例中的某一项直接归结为公式中某一分部类，例如将图例中的 D 项直接等同于第 1 部类的第二个分部类，是错误的。而认为从图例中的 A、B 项似乎

①《马克思恩格斯全集》第 46 卷上册，第 435 页。
②《马克思恩格斯全集》第 46 卷上册，第 27～28 页。

可以看出后来公式中第 1 部类中两个分部类的划分，也是十分牵强的。

第四，图例和公式对总产品价值构成的划分，较之对总产品物质构成的划分，是更为接近了。这里可以说已基本不存在抽象程度不同的问题。要说有些区别的话，那就是图例中的划分还是四项而不是像公式中那样划分为三项，其中的原料和机器还没有最后归结为不变资本。事实上，马克思在《手稿》的一些地方不仅已经使用了不变资本、可变资本和剩余价值概念，而且甚至还使用了 C、V、M 的符号。只是在草稿中，概念的使用还不那么固定和规范化。这正是《手稿》中不够成熟的地方。在公式中，概念的应用和表述是更加精确和完善了。

第五，马克思在图例中涉及产品实现条件问题时指出：产品的实现要求，"产品分割为原料、机器、必要劳动、剩余劳动相应的各个部分时，以及最后剩余劳动本身分割为一个用于消费的部分和另一个重新变为资本的部分时，都有固定的比例。资本的这种内部的概念上的分割，在交换中则表现为各个资本彼此按照一定的和限定的比例进行交换"。"资本内部的这种分割既规定了可以进行交换的量，也规定了这些资本中每一个资本进行交换和生产所必须保持的比例。"① 至于这种比例本身，即量的规定性，马克思这里并没有作出一般性的结论。事实上，当马克思还没有把总产品从物质上最终归结为两大部类和从价值上最终明确为三个组成部分时，要作出一般性的结论是不可能的。但是，这里毕竟正确地提出了问题。这个问题是马克思后来在《资本论》第 2 卷中论述简单再生产公式时，获得最终解决的。当马克思具备了各项思想前提之后，终于找到了问题的正确答案，将简单再生产条件下社会产品的实现条件归结为 $I(v+m)=IIc$。有的同志按照马克思后来才最终解决的社会产品物质上分为两大部类和价值上分为三个组成部分，将图例进行归并或演算、取得与 $I(v+m)=IIc$ 相一致的数式或结果，于是就认为马克思的图例中似乎已经包含了后来关于产品实现条件的结论的思想。我认为，这样做是不能说明问题的，因为它的前提条件本身在当时还不完全具备。

---

① 《马克思恩格斯全集》第 46 卷上册，第 437 页。

　　此外，图例最后一行以及对它的说明，涉及到扩大再生产问题，揭示了积累是扩大再生产的源泉，在扩大再生产条件下剩余劳动和必要劳动、积累和消费以及社会生产内部其他比例关系的思想等。也许由于马克思认为这个问题不属于这里要讨论的范围吧，很快便中断了这方面的论述。

　　从上面的分析可以看出，马克思《手稿》中的图例与后来的简单再生产公式有着很多思想上的联系，图例中也包含有后来公式的若干思想因素。从这种意义上看，说图例是公式的胚胎或原型，未尝不可。但是，另一个方面，图例中还没有最终分析出社会生产的两大部类，对社会产品价值分为三个组成部分也缺乏明确的表述，更没有得出简单再生产实现条件的一般性结论。因此，还不能说马克思这时已经制定了他的再生产理论的最重要的原理，从也不能得出《手稿》标志着马克思再生产理论已处于形成时期的结论。

（原文发表于《经济学家》1991 年第 4 期）

第二编　理论争鸣

澄清对马克思再生产理论的认识误区

卫兴华 *

创建和发展中国特色社会主义政治经济学，是以马克思的政治经济学为其首要理论思想来源的。中国特色社会主义政治经济学是对马克思主义政治经济学的继承与创新。它既要根据时代的变化和中国改革与发展的实践，与时俱进地致力于马克思主义政治经济学的发展与创新，又需要系统准确地理解与把握马克思主义经典作家阐述的经济学基本原理和方法。然而，纵观当前学界的理论研究，这两方面都既有成就，又存在欠缺。

马克思的政治经济学博大精深，对马克思主义经典作家经济学的学习与研究，贵在学好用好，学好才能用好。如果学错或学歪了，不但不能正确地指导实践，还会形成对实践的误导。本文就学界研读马克思再生产理论存在的三个认识误区，进行辨析。一是普遍存在对内涵扩大再生产和外延扩大再生产范畴的认识误区。二是将外延型和内涵型的扩大再生产同粗放型和集约型的生产混同。三是对马克思这一重要观点的解读杂乱不清——所使用资本和所消费资本之差额的增大，成为决定积累规模的因素。本文从马克思有关论著的整体性和系统性上，按其深层次的原本理论思想进行梳理，以消除认识误区，回归其真谛。

目前，我国进入经济发展的新常态，应对经济下行压力，需要加快转变发展方式，进行供给侧结构性改革，尤其要努力增加合理有效的投资，更好地发挥投资对经济增长的关键作用，全面激发制造业投资活力，增强制造业核心竞争力的质量和效益。准确把握马克思再生产理论，对于实现上述任务具有重要的指导意义。

———————————

* 卫兴华：中国人民大学教授。

一、内涵扩大再生产和外延扩大再生产的认识误区

社会主义的根本任务是发展生产力，即扩大生产规模和不断提高劳动生产率。这涉及马克思在《资本论》中提出的扩大再生产的两种方式：内涵扩大再生产和外延扩大再生产。长期以来，在政治经济学的教学与研究中，一般把内涵扩大再生产解读为利用新的技术设备提高生产效率；而把外延扩大再生产解读为在原有的生产技术水平上扩大生产规模，不存在新科技的应用和效率的提高，并被说成是马克思的观点和原理。然而，这实际上是对马克思原意的误读和错解。为了说明这种错误的普遍性，有必要引证一些具有权威性的论著与辞典中的解读，以探明究竟。

20 世纪 80 年代初，鉴于我国以往一段时期发展中出现"左"的失误，全国组织学习《资本论》第 2 卷，重点为马克思关于再生产的理论。配合这次学习，中央有关部门组织几位经济学家撰写了《学习马克思关于再生产的理论》一书，作为全国学习读本。书中关于内涵扩大再生产和外延扩大再生产的解读，被当作马克思的观点宣讲，产生了广泛影响。该书提出："所谓外延的扩大再生产，是指单纯依靠增加生产要素的数量，即依靠增人、增资、增设备、增投料，扩大生产场所来扩大生产规模。这里没有生产技术的进步，没有生产要素质量的变化，没有社会生产效率的提高。所谓内含的扩大再生产，是指生产规模的扩大是依靠生产技术的进步，依靠生产要素质量的改善，依靠提高活劳动和生产资料的效率取得的。"① 从这种解读中可以看出，所谓外延扩大再生产就是单纯依靠增加投入来扩大生产规模，不提高生产效率，是原有水平的重复建设。而所谓内涵扩大再生产，则不提增加投入，似乎只在原有投入条件下，提高技术水平和生产效率来扩大生产规模。在以后出版的各种论著和重要辞典中，都重复这种解读，只是在文字表述上有所差别而已。例如，《〈资本论〉辞典》中这样解读：外延扩大再生产是指"在生产技

---

① 《学习马克思关于再生产的理论》，人民出版社、中国社会科学出版社 1980 年版，第 285～286 页。

术和生产要素的质量和劳动生产率不变的条件下，单纯依靠增加生产要素的数量……增加投资，增加设备，增加原材料和劳动力，并扩大生产场所而实现的扩大再生产"。① 内涵扩大再生产是"依靠生产技术进步，改善生产要素的质量，提高生产要素的利用率来实现的扩大再生产"，② 也没有提到投入的增加。再如，《马克思主义辞典》中这样讲：内涵扩大再生产是"依靠提高生产资料的效率和劳动效率而扩大生产规模"，外延和内涵两种扩大再生产的"区分不在于有没有积累，有没有追加投资，而在于这个积累是用于单纯地增加生产条件的数量，还是用于提高生产条件的素质和效率。前者是外延的扩大再生产，后者是内涵的扩大再生产"。③ 还有其他多本论著和经济学辞典的解读雷同，就不一一引证了。内涵与外延两种扩大再生产的方式，是马克思在《资本论》中提出的新概念。为了准确地把握其本意，需要弄清下面几个问题。

第一，扩大再生产，无论是内涵的还是外延的，都需要有新的资本投入。即使通过技术改造、利用新的技术设施，搞内涵扩大再生产，也需要有一定的资本投入。

第二，增加资本投入，扩大生产，主要靠资本积累，即剩余价值资本化。预付资本额增大即增加新的资本投入，可以扩大生产，但本文不能认同曾经流行的提法——以为"积累是扩大再生产的唯一源泉"。无论从马克思的原意看，还是从经济发展的实际情况看，固定资本的折旧费，也可用于扩大生产。

第三，马克思在《资本论》第2卷中，有两处论述了内涵与外延的扩大再生产问题。一处是阐述，不通过剩余价值资本化的积累，而是利用固定资本的折旧费投入原企业，进行扩大再生产。另一处是阐述，扩大再生产需将积累的资本或用于建设新工厂，或用于扩大原企业的规模。只有将这两处的论述联系起来理解，才能准确把握马克思关于这个问题的本意。但在有关论

---

① ② 宋涛主编：《〈资本论〉辞典》，山东人民出版社 1988 年版，第 604 页。
③ 许征帆主编：《马克思主义辞典》，吉林大学出版社 1987 年版，第 155 页。

著和辞典中，一般只根据前一处的论述，即利用固定资本的折旧费扩大企业生产规模，而做出内涵与外延扩大再生产相区别的论断。而且对这一处论述的解读也存在纰漏。

第四，需要将马克思这一关于固定资本折旧的论述，与企业扩大再生产的实际情况联系起来解读。请仔细阅读马克思在《资本论》第 2 卷第二篇"资本周转"第 8 章"固定资本和流动资本"中所讲的一段话："固定资本价值中这个转化为货币的部分，可以用来扩大企业，或改良机器以提高机器效率。这样，经过一段或长或短的时间，就有了再生产，并且从社会的观点看，是规模扩大的再生产。如果生产场所扩大了，就是在外延上扩大；如果生产资料效率提高了，就是在内涵上扩大。"① 有必要说明"如果生产场所扩大了，就是在外延上扩大"这句话的含义。这里马克思并没有说，生产场所扩大排斥效率的提高。从企业的实际情况看，增加投入无论靠资本积累或靠折旧费，二者既可以简单地扩大厂房或车间，增加同类机器设备，以扩大生产规模，而未伴随效率的提高；又可以在扩大场所的同时，增添先进的机器设备，利用新的技术，提高生产效率，实现再生产的扩大。即外延扩大生产，并不必然排斥效率的提高。如果企业新投入的资本，不用于扩大场所，也不用于增加机器设备，在此情况下，就只能用于企业内部的技术改造与革新，用技术含量高的新机器设备置换部分已经折旧完了的旧机器设备。这就是一个企业内部利用折旧费投入所进行的内涵扩大再生产。从一个企业看，外延扩大再生产不一定排除新机器设备的利用和效率的提高。内涵扩大再生产也可以在技术设备和效率不变的情况下实现。比如，原来企业的工人劳动实行两班制轮换，在工作场所不扩大、机器设备不变的情况下，现在改成三班制劳动，生产资料（原材料等）和劳动的投入增加了，但技术和效率并未提高。

第五，不能忽略《资本论》第 2 卷第二篇第 17 章"剩余价值的流通"中的论述，马克思写道："积累，剩余价值转化为资本，按其实际内容来说，就是规模扩大的再生产过程，而不论这种扩大是从外延方面表现为在旧工厂之

---

① 《马克思恩格斯文集》第 6 卷，人民出版社 2009 年版，第 192 页。

外添设新工厂，还是从内涵方面表现为扩充原有的生产规模。"① 这里论述的资本积累，不再是仅从一个企业内部考察生产的扩大，而是既从企业内部又从企业外部建立新工厂两个维度的考察。事实上，无论资本主义国家或社会主义国家，进行扩大再生产有两点是共同的。其一，利用折旧基金的扩大再生产，一般只在企业内部进行。由于折旧基金比积累的资本在量上相对较小，难以建立新的工厂，只能用于在原企业扩大场所、增加机器设备，或是对整个企业进行技术改造，提高资本效率。在扩大生产场所、增添少量机器设备的场合，并不排除改用技术水平提高了的先进机器设备。其二，从社会角度来看的企业发展和扩大，可以根据资本积累的规模，将新增加的资本或是用于扩大原企业的生产，或是扩建新的工厂。扩大原企业就属于内涵型；扩建新企业就属于外延型。这里不涉及以有无技术和效率的提高为标准，划分内涵型和外延型扩大再生产的问题。从实际经济发展情况来看，进行扩大再生产，无论采取扩大原有企业的方式，或是新建企业的方式，既可以只是原有技术水平和机器设备的扩大，又可伴随先进机器设备的增加或更新，它们的技术和效率也提高了。从社会生产力、科技水平不断提高的发展规律来说，建立新工厂或扩大原企业，新的资本投入都会力求采用技术水平较高的机器设备。

马克思主义的经济理论，必须既符合经济发展实际，又能指导实际。我国经济新常态下正在进行的供给侧结构性改革，以科技创新为驱动，重在提高发展的质量与效率，提高产品的质量和效能，既要减少和消除产能过剩的重复建设，又要创建高新技术产业。无论搞内涵扩大再生产或外延扩大再生产，都需要遵循上述马克思相关论述的原则。如果错误地认为外延扩大再生产，无论是建立新企业，还是扩大原企业工作场所、增添新的机器设备，都没有新科技的运用和效率的提高，以此指导实践，必然碰壁，且与经济增长方式的转变相悖。

二、错将"外延""内涵"与"粗放""集约"等同

长期以来，我国学界认为"外延"与"粗放"同义，"内涵"与"集约"

---

① 《马克思恩格斯文集》第6卷，第355页。

同义。基于这种误解，前些年中央提出我国经济增长方式由粗放型转向集约型时，有些学者认为，这也就是我国的经济发展由外延型转向内涵型。这种推理既不符合马克思主义经济理论的本意，也不符合中国社会经济发展的实际。

由于这种误解出自有影响乃至权威性的论著和辞典，因而有必要引证其中的一些有关讲解，以辨明究竟。《学习马克思关于再生产的理论》读本这样宣讲："所谓内含的扩大再生产……有时也把它叫做'集约的'扩大再生产，而把外延的扩大再生产叫做'粗放的'扩大再生产。"[1] 也就是说，这是同一内容的两种称谓。内涵的扩大再生产等于集约的扩大再生产；外延的扩大再生产等于粗放的扩大再生产。《〈资本论〉辞典》这样解释：内涵的扩大再生产"是一种向生产的深度发展，向集约的方向发展的扩大再生产，因此有时也称之为'集约的扩大再生产'"；[2] 外延的扩大再生产"是以生产的广度发展为特征的，因此又称之为'粗放的扩大再生产'"。[3] 《现代经济辞典》的"集约扩大再生产"词条将其解释为"可视同内涵扩大再生产"；[4] "粗放扩大再生产"词条被解释为"可视同外延扩大再生产"。[5] 总之，众口一词，几乎找不到不同解读的论著。

学界之所以把"外延"与"粗放"、"内涵"与"集约"这两对概念等同起来，追根溯源，主要有两方面的原因。一是在外文如德文和英文中，"粗放"与"外延"是同一单词（extensive），"集约"与"内涵"也是同一单词（intensive），据此将其含义等同。但是，无论是中文还是外文，一字多义或一词多义的解读都很多。马克思用德文写的著作，把这两对概念的不同含义是区分清楚了的。逻辑学关于概念"外延"与"内涵"的定义，不能置换成经济学概念的"粗放"和"集约"。二是由于把马克思外延与内涵的扩大再生产理论解释得不准确，随之就易被理解为与"粗放"和"集约"是同义的。

---

① 《学习马克思关于再生产的理论》，第 286 页。
②③ 宋涛主编：《〈资本论〉辞典》，第 431、604 页。
④⑤ 刘树成主编：《现代经济辞典》，凤凰出版社、江苏人民出版社 2004 年版，第 482 页、第 149 页。

如上所述，错误的解读把外延扩大再生产视为没有技术进步和没有效率提高的重复建设，而把内涵扩大再生产视为必然是依靠提高技术水平和提高生产效率来扩大生产规模。目前讲到粗放型生产，一般是指高投入、高消耗、低产出、低质量、低效益；而讲到集约型生产，则必然是低投入、低消耗、高产出、高质量、高效益。于是，很容易既将"粗放"同错解的"外延"混同，又把"集约"与错解的"内涵"混同。在误读的前提下，讲外延型生产，就以为只是扩大生产规模，没有技术进步和效率的提高，因而也是粗放型生产；讲内涵型生产，就以为只是以技术和效率的提高增加产出，因而也是集约型生产。

现在需要弄清集约与粗放的本意及其内涵的发展。集约与粗放最初涉及农业经营的两种方式。粗放经营意味着扩大耕地面积以增加产量，集约经营意味着在同一块土地上增加投入、提高单位面积产量。马克思说过："所谓集约化耕作，无非是指资本集中在同一块土地上，而不是分散在若干毗连的土地上。"① 至于追加投资的效率如何，原来并无固定关联。集约和粗放作为一种经营方式，其概念在李嘉图的著作中也提到过，但与马克思的观点不完全一致。根据马克思的论述，最初在农业中的粗放经营并非现在人们所一般理解的、效益低下的"广种薄收"；集约经营也并非一定是精耕细作，提高了原有土地单位面积产量和效率。对农业生产中的集约经营和粗放经营的概念及其含义，要有历史的和整体的考察与把握。当一个国家或地区存在大量未被占有并待开垦的土地时，可以通过扩大耕地面积增加产出，这便是粗放经营。新开垦的土地既可能是中等地、劣等地，也可能是优等地。这也是马克思符合历史实际情况的观点。如果新耕作的土地比较肥沃，收益自然会提高，这便是高效率的粗放型经营。而李嘉图认为，农业发展是由优等地向劣等地发展，其间要等到优等地和中等地都被占用完，才向劣等地发展。马克思则认为，即使新耕作的土地不是优等地，但这种土地"至少已在土壤表层积累了许多易溶解的植物养料，以致无须施用肥料，甚至只需粗放耕作，也能长期

---

① 《马克思恩格斯文集》第 7 卷，人民出版社 2009 年版，第 760 页。

获得收成"。① 扩大这种土地耕种面积成本低，是广种多收。即使单位面积产量不很高，但因成本低，剩余产品率会提高。马克思说："一个家庭可以粗放耕作比如说100英亩。每英亩的产量虽然不大，但100英亩将提供相当多的剩余产品。"② 从人类发展的历史看，由粗放经营转向集约经营，是各国都会经历的。在可耕土地尚未被完全开垦时，粗放经营较显著；当耕地被充分开发、完全占用后，自然需要重视集约经营，提高单位面积产量。在科学技术水平不变的条件下，加倍投入资本通常无法获得加倍或更高的收入。现在讲集约经营，是通过科技创新、管理创新提高单位面积产量，既重视产量，更重视效率与效益。

不仅如此，当无法继续扩大耕地面积时，人们会在原不宜耕作的山林地带等开荒造田，甚至毁林造田。这种广种薄收的粗放型经营，往往是低技术、低效益的。当代随着生产力发展和科技不断创新，发达国家的农业生产致力于应用现代化科技，大幅提高农业劳动生产率。这是新的集约经营方式，集约经营概念的内涵也随之发展了。随着经济发展，农业粗放和集约的经营方式被扩展和应用到其他生产部门，尤其是工业部门。我国提出转变增长方式，由粗放型增长方式转变为集约型增长方式，主要是就工业部门来讲的。即优化资源配置，重视科技创新，降低成本，提高质量和效率。由于把被误解的"内涵"与现代意义上的"集约"等同，把被误解的"外延"与当前讲的"粗放"等同，中央提出的增长方式由粗放型向集约型的转变，就被错解为由外延型向内涵型增长的转变。其实，外延扩大再生产可与集约经营相统一，内涵扩大再生产也能与粗放经营相统一。

例如多年前新建的上海宝钢，是外延扩大再生产，但它利用先进技术设备，绝非粗放型经营。再如我国的高铁建设，也是应用最先进技术的外延扩大再生产，与粗放经营无关。从实践上看，主张由外延扩大再生产转向内涵扩大再生产是悖理的。统计资料显示，我国每年都有大量新增企业，截至2016年7月，全国各类市场主体已达8078.8万户，在大众创业下企业数量逐

---

① ② 《马克思恩格斯文集》第7卷，第756页。

月上升，仅 2016 年前六个月平均每天新登记的企业就高达 14000 户。这种外延扩大再生产能否定或限制吗？我们反对低水平重复建设，提倡老企业挖潜改造、提高效率。但这绝不意味着，应排斥外延扩大再生产，不要增加新的各类企业。实施创新驱动发展战略，无论内涵扩大再生产还是外延扩大再生产，都要增加资本投入，着力于科技创新、制度创新、管理创新，以提高质量与效率。我国积极兴建的高新技术产业，既是外延扩大再生产又是集约经营，是两者的内在结合。

再回到农业生产上来。不应简单地将提高亩产量视作集约经营，而是要计算投入产出比，计算效率、效益的高低。改革开放前有过追求"亩产千斤"的热潮。有的地方靠大量投入达到千斤指标，但效益和实惠下降，甚至亏损，出现了越高产越穷的不正常现象。同样，工业生产也不能以产量、GDP 论英雄，应重在降低成本，提高质量、效率与效益，提高科技含量，提高劳动生产率。这才谈得上集约型生产。在一定条件下，"粗放"和"外延"、"集约"和"内涵"，又有相合之处。就农业生产来说，如搞毁林开荒，在贫瘠的土地上扩大耕种面积，是外延扩大再生产，也是当前讲的粗放经营。而精耕细作、采用新技术，提高单位土地面积产量，是内涵扩大再生产与现代集约经营的统一。但不同概念依然具有各自原本的内涵，并不等同。

三、所用资本与所费资本之差增大对积累作用的理解盲区

马克思在《资本论》第 1 卷第七篇"资本的积累过程"第 22 章"剩余价值转化为资本"阐述扩大再生产问题时，提出了决定资本积累量的几个因素，其中一个因素是"所使用的资本与所消费的资本之差额的增大"。这个差额的增大怎样会成为扩大资本积累的因素呢？对这个问题的解读，国内外的专家学者们一直模糊不清。

马克思是这样阐述的："随着资本的增长，所使用的资本和所消费的资本之间的差额也在增大……。劳动资料在或长或短的一个时期里，在不断反复进行的生产过程中，用自己的整体执行职能……，而它们本身却是逐渐损耗的……，也就是一部分一部分地把自己的价值转移到产品中去……。它们越

是整个地被使用而只是部分地被消费，那么，它们就越是像我们在上面说过的自然力如水、蒸汽、空气、电力等等那样，提供无偿的服务。被活劳动抓住并赋予生命的过去劳动的这种无偿服务，会随着积累规模的扩大而积累起来。"① 所使用的资本是指投入生产的机器设备厂房等全部固定资本。所消费的资本，是指根据固定资本的使用年限和磨损状况逐年转移到新产品中的价值部分，也就是折旧基金。有学者曾将所消费的资本解读为，扣除价值转移部分后尚存的固定资本价值部分，这显然是误读。②

为分析问题方便起见，这里只考察作为固定资本主要部分的机器。假定开办新工厂，投入 10 台机器，每台机器 10 万元，共 100 万元，机器的寿命期为 10 年，每年转移到新产品中的价值共 10 万元。即所使用的资本为 100 万元，第一年消费的资本为 10 万元，下一年，机器的价值又转移 10 万元，以此类推。假定生产 6 年后，价值转移 60 万元。这时所使用的资本和所消费的资本差额为 40 万元。只利用 40 万元价值的 10 台机器，继续发挥着原值 100 万元机器的功能。机器的原价值逐年转移，但其使用价值即机器的功能并不随着其价值转移的程度而同步减弱。这与无偿使用的自然力一样。而且，预付资本额越大，所使用资本和所消费资本的差额就越大。如果机器为 20 台，总价值为 200 万元，每年转移价值为 20 万元，6 年后，价值转移共计 120 万元，与所使用资本的差额为 80 万元。即折旧后总价值只剩 80 万元的 20 台机器，仍能发挥原值 200 万元机器的基本功能。

问题只讲到这里是不够的。"差额的增大"怎样会成为决定资本积累扩大的因素呢？无代价地利用自然力，能成为决定资本积累扩大的因素吗？由于马克思在这里没有具体和明确地说明这一问题，形成了后人理解的难点。

中外有些政治经济学教材乃至《资本论》导读、解读之类的著作，讲到资本积累问题，竟对《资本论》上述所讲的、决定资本积累扩大的因素只字未提。有的虽然提到了，但仅重复《资本论》的原话，没有任何说明。当考

---

① 《马克思恩格斯文集》第 5 卷，人民出版社 2009 年版，第 701～702 页。
② 参见洪文达：《资本积累与无产阶级贫困化》，华东人民出版社 1954 年版，第 21 页。

茨基还是马克思主义者时，他写的《马克思的经济学说》① 一书虽然讲到了决定资本积累的因素，但对"差额增大"这一因素完全避开不提。因为他没有弄清马克思的原意。有的著作用自己的语言解释《资本论》的有关论述，但依然没有回答需解释的问题。

我国一位受尊敬的《资本论》翻译家和研究者，在《关于马克思的"资本论"》一书中，讲解了所使用资本与所消费资本差额增大的关系，但关于差额增大怎样扩大积累的解释，显然不中腠理。他说："这个差额愈大，即固定资本消耗得愈少，产品价值或价格中用来补偿资本耗费的部分也就愈少。其结果或是产品变得低廉。"② 他又讲：由于商品变得低廉，资本家一方面可以减少其消费基金，增大积累基金；另一方面会降低劳动力的价值，增加剩余价值，扩大积累规模。其实，固定资本价值转移的减少与商品价格的高低无关。而且，马克思这里是从单个企业来考察的，"差额的增大"影响不了整个社会商品的价格，更降低不了劳动力价值。

固定资本的价值转移，实际上涉及折旧费怎样利用的问题。马克思对工厂管理怎样具体处理固定资本折旧费，原先并不熟知，需请教恩格斯。1862年8月20日马克思写信给恩格斯："你是实践家，有一点必定知道得很清楚，这就是假定某个企业在开业时，它的机器价值等于一万二千英镑，这些机器平均使用十二年，如果每年投到商品上一千英镑，那么机器的价值在十二年内就得到补偿。亚·斯密以及他的追随者都这样说，但是事实上这只是一个平均数，能使用十二年的机器，和有十年生命或有十年役力一匹马相似，虽然这匹马在十年以后要用新马来替换，但是如果说这匹马每年要死去 1/10，这在事实上毕竟是不对的。……机器在第二年比第一年运转得更好。无论如何，在这十二年中，总不是每年都要以实物形式替换机器的 1/12 吧？预定每年用来补偿机器 1/12 的基金将怎样办呢？这笔基金实际上不就是用于扩大再生产的，同收入转化为资本的一切情况无关的积累基金吗？"③

① 考茨基：《马克思的经济学说》，区维译，生活·读书·新知三联书店 1958 年版。
② 郭大力：《关于马克思的"资本论"》，中共中央高级党校，1957 年版，第 129 页。
③ 《马克思恩格斯〈资本论〉书信集》，人民出版社 1976 年版，第 168~169 页、第 169 页。

1862 年 9 月 9 日，恩格斯给马克思回信说："关于机器损耗……虽然我确信，在这个问题上你走入了歧途。要知道，损耗期并不是一切机器都相同的。但这个问题等我回来以后再详谈。"① 然而恩格斯把回复拖延了。过了几年，到 1867 年 8 月 24 日，马克思写信给恩格斯再次提出这一问题。"我在好几年前曾写信告诉你，在我看来积累基金就是这样形成的，因为资本家在用流回的货币补偿固定资本以前，在这期间已经使用了这种流回的货币。你曾经在一封信中有些粗略地表示反对这种看法。后来我发现，麦克库洛赫把这种折旧基金说成是积累基金。我确信麦克库洛赫决不会想出什么正确的东西来，所以就把这件事丢开了。……你作为一个厂主一定会知道，在必须以实物形式去补偿固定资本以前，你们是怎样处理那些为补偿固定资本而流回的货币的。你一定要回答我这个问题（不谈理论，纯粹谈实际）。"② 1867 年 8 月 26 日，恩格斯初步回答了马克思的问题，并且承诺改天将做出详细回答，并将附上计算表。他表示要询问几个工厂主，看处理办法是否具有一般性。"问题在于：在机器的最初费用为 1000 英镑的情况下，第一年扣除 100 英镑，按照惯例，第二年是扣除 1000 英镑的 10% 呢，还是扣除 900 英镑的 10%，依此类推。我们用的是后一种办法……这使计算变得非常复杂。"③ 第二天即 8 月 27 日，恩格斯用较长的篇幅并列了两个计算表，回答了马克思。因恩格斯的图表计算复杂，篇幅又长，这里不便引证。可以肯定的是，马克思早已从理论上考虑到，固定资本转移的价值即折旧基金可以用作积累基金，只是对怎样具体处理不知详情。他向恩格斯的询问，最初没有得到认同和正面回答。再加上马克思看到作为庸俗经济学家的麦克库洛赫，也把折旧基金作为积累基金，心中以为"狗嘴里长不出象牙来"，便放下了这一观点。但马克思毕竟还得弄清楚这一问题，最终通过恩格斯的调查研究，用具体事例给予了解释。这证明马克思原有的理论推断是符合实际的。但《资本论》第 1 卷出版时，对折旧基金怎样转化为积累基金还未得到具体材料的佐证，所以马克思只做

---

① 《马克思恩格斯〈资本论〉书信集》，人民出版社 1976 年版，第 168～169 页、第 169 页。
②③ 《马克思恩格斯文集》第 10 卷，人民出版社 2009 年版，第 269～270 页、第 270 页。

了抽象的说明。而在《资本论》第 2 卷中，马克思明确指出，折旧基金成为积累基金，可以用于内涵扩大再生产或外延扩大再生产。

马克思写道："虽然固定资本，如上所述，继续以实物形式在生产过程中发生作用，但它的价值的一部分，按照平均损耗，已经和产品一起进入流通，转化为货币，成为货币准备金的要素，以便在资本需要以实物形式进行再生产时来补偿资本。固定资本价值中这个转化为货币的部分，可以用来扩大企业，或改良机器以提高机器效率……，从社会的观点看，是规模扩大的再生产。……这种规模扩大的再生产，不是由积累——剩余价值转化为资本——引起的，而是由从固定资本的本体分出来、以货币形式和它分离的价值再转化为追加的或效率更大的同一种固定资本而引起的。"① 年预付总资本规模越大，所使用资本和所消费资本的差额越大，会有更多的折旧基金用于积累。在前例中，假定某企业有 10 台机器，共计 100 万元。可使用 10 年，每年折旧 1/10，即 10 万元。现在从次年折旧起，每年用 10 万元折旧费增添一台新机器。因为新增机器也要折旧，愈往后折旧费就越高于 10 万元，可增加更多的机器，扩大生产。如果机器扩大为 20 台，共计 200 万元。即便依然使用 10 年，所使用资本与所消费资本的差额扩大了。原来所使用资本为 100 万元，每年消费 10 万元。现在所使用资本为 200 万元，每年消费 20 万元，差额扩大了一倍，折旧费也增大了一倍，可以有加倍的折旧基金用于积累基金。可见，所用资本和所费资本差额的增大这一因素，在马克思所指出的决定积累规模的诸因素中，并不是无足轻重的，它对积累规模的扩大有着重要作用。因此，马克思和恩格斯才多次予以论述。

总之，解读马克思的著作，学好理论真谛，必须从整体性和系统性上把握其完整的科学理论观点，还必须联系社会经济发展的实际，显示理论的科学性。对马克思的再生产理论，既要准确把握其真意，用以指导我国经济发展，又要根据我国经济发展的实践进程，由表及里地进行理论发展与创新。我国提出科学发展观，着力于创新驱动发展，践行创新、协调、绿色、开放、

---

① 《马克思恩格斯文集》第 6 卷，第 192 页。

共享的新发展理念。其中，投资尤其是固定资本更新的升级换代，是必须牢牢抓住的关键环节。澄清对马克思再生产理论的认识误区，把握和运用马克思的再生产理论，对于中国特色社会主义政治经济学的理论系统化和供给侧结构性改革实践的深入，都有重要的现实意义。

（原文发表于《中国社会科学》2016 年第 11 期）

马克思的社会资本再生产理论
不阐明生产的比例关系吗？

康亦农　　许昌明*

《中国社会科学》1983 年第 1 期上郭继严同志的《马克思的社会资本简单再生产实现条件的研究》一文，有许多独到见解。但有两个问题值得商榷。

一、郭文说，"马克思的再生产理论所阐明的不是社会生产的一般比例关系，不是社会生产按比例发展的规律。马克思对社会资本再生产过程的分析恰恰是以社会生产按比例进行作为前提条件的。……不可想象，马克思会把既定的、当作假定前提加以舍象了的东西当作论证的主题"。他认为，再生产理论所阐明的只是"社会总产品是如何按价值和按实物形式实现的问题。"我们浅见，此议不妥。

马克思的再生产理论，确实是以研究社会总产品的实现问题为核心的，但同时也相应地研究社会生产的一般比例关系、研究社会生产按比例发展规律。

其一，所谓实现，正如郭文所说，即是在再生产过程中，社会总产品的各部分通过交换能够按价值和按实物形式得到补偿。但实现之所以能顺利进行，就在于社会总产品的各部分保持着一定的比例关系，相互平衡。这就要求研究社会总产品按什么样的比例平衡才能使社会总产品通过交换按价值和按实物形式得到补偿。离开了社会生产按比例平衡进行，实现条件便无从谈起。诚然，马克思的再生产理论是把社会生产按比例进行作为假定前提的。但是，第一，这种假定与社会再生产理论也包括对社会生产的一般比例关系的研究并不矛盾。因为只有在把社会总产品和社会生产是按比例分配作为既

---

* 康亦农：安徽企业管理学院副教授。许昌明：安徽省计委经济研究所研究人员。

定前提的基础上，才能进一步研究出按什么样的比例分配，才能真正发现实现的规律；第二，通过交换而遂行的实现，是生产按比例进行的结果和反映。因此不能否定马克思的再生产理论所阐述的同时也是社会生产按比例发展的规律；第三，讲实现论是"抽象"的，只是由于社会再生产是一个川流不息、错综复杂的运动过程，马克思为了纯粹地研究两大部类之间的实现问题，暂时对其他一般比例关系加以舍象，这并不等于全部再生产理论。

不错，列宁在《再论实现问题》一文中曾指责司徒卢威"毫无根据地把实现论叫做按比例分配的理论"①。对此如何理解？列宁这样说，一是因为实现论是研究流通问题的，而按比例分配则是关于生产领域的理论，二者不能直接等同；二是司徒卢威的说法"必然会引起误解"，使人们误认为实现论断言资本主义社会中产品总是按比例分配或者能够按比例分配。其实马克思的实现论所揭示的与其说是资本主义社会总产品的实现条件，毋宁说是其实现的困难。这只是证明列宁反对把实现论称为按比例分配理论，而绝不意味着他认为马克思的社会再生产理论不包括社会生产的一般比例关系。恰恰相反，列宁本人把技术进步因素纳入马克思的扩大再生产公式以论证第Ⅰ部类生产增长更快这一社会生产一般比例关系问题。

其二，从马克思的再生产理论本身看，也是包括研究社会生产的比例关系问题的。

首先，马克思为探求社会再生产规律，"把全部资本分成两大部类：第Ⅰ部类生产资料；第Ⅱ部类生产个人消费资料"②。这就明确告诉我们，两大部类之间的关系，不仅是产品交换平衡的关系，而且首要的是生产比例平衡的关系。

其次，马克思科学地揭示了简单再生产条件下两大部类年产品基本交换关系的"三大要点"：一是"第Ⅱ部类工人的工资 500v 和资本家的剩余价值 500m，……将在第Ⅱ部类内部同第Ⅱ部类的产品交换。"二是"第Ⅰ部类的

① 《列宁全集》第 4 卷，第 60 页。
② 《马克思恩格斯全集》第 25 卷，第 946 页。重点号是引者加的。

1000v＋1000m，……必须同第Ⅱ部类产品的其余的、数量与它们相等的不变资本部分2000c交换。"三是"还剩下4000Ⅰc。……要通过第Ⅰ部类的各个资本家之间的互相交换来解决"①。这里所阐述的固然是实现条件，但它也表明着社会生产的各部分之间存在着客观的比例关系。

再次，马克思在阐述简单再生产理论时，事实上也是把实现条件同一般比例平衡关系紧密联系在一起论述的。有关这方面的内容，我们可以在《资本论》第2卷的第446页、第453～455页、第457页、第473～474页、第521页、第524～527页、第556～558页、第583页等多处见到。例如他曾明确指出："必要消费资料的生产和奢侈品的生产之间的比例关系，是以Ⅱ（v＋m）在Ⅱa和Ⅱb之间的分割为条件的，从而也是以Ⅱc在（Ⅱa）c和（Ⅱb）c之间的分割为条件的。"② 在分析补偿固定资本的产品实现条件时，也曾明确写道："劳动在第Ⅰ部类的分配比例必须保持不变。"③ 等等，都可证实。

二、郭文在谈到Ⅱ（c＋v＋m）＝Ⅱ（v＋m）＋Ⅰ（v＋m）和Ⅰ（c＋v＋m）＝Ⅰc＋Ⅱc时说，"从价值平衡关系说，这两个公式无疑是正确的"，但它们"并不能说明物质补偿关系"。其主要理由："在'第二公式'即Ⅱ（c＋v＋m）＝Ⅰ（v＋m）＋Ⅱ（v＋m）公式中，等式两端从实物形态来看是，第Ⅱ部类生产的全部产品同第Ⅰ部类产品中的v＋m部分加上本部类产品中v＋m部分相交换。在这一等式中仅Ⅱc同Ⅰ（v＋m）的交换是物质补偿关系；而这一等式中的另一部分，即Ⅱ（V＋m），同时出现在等式两端，自身与自身'交换'，实际上是没有交换。'第二公式'并未说明（v＋m）④ 这部分产品能否在实物形式上得到实现。同样，'第三公式'即Ⅰ（c＋v＋m）＝Ⅰc＋Ⅱc公式，也只说明了第Ⅰ部类中的v＋m部分同第Ⅱ部类的c存在物质补偿关系，并不能说明第Ⅰ部类中c这部分产品能否在实物形式上实现。"

我们认为，实际上Ⅱ（c＋v＋m）＝Ⅰ（v＋m）＋Ⅱ（v＋m）和Ⅰ（c＋v＋m）＝Ⅰc＋

---

① 《马克思恩格斯全集》第24卷，第441页。
②③ 《马克思恩格斯全集》第24卷，第457、521页。重点号是引者加的。
④ 原文如此。疑有笔误。因为从上下文看，这里（v＋m）宜改为Ⅱ（v＋m）。

Ⅱc，不仅是价值平衡关系，而且也包含着按实物形式实现的内容。以Ⅰ(c + v + m) = Ⅰc + Ⅱc为例，从表面上看来，这一公式好像是"自身与自身'交换'，实际上是没有交换"，但这一公式所包含的真实经济含义是，不仅Ⅱc能通过与Ⅰ(v + m)的交换按价值和按实物形式得到补偿，而且Ⅰc也能通过互相交换按价值和按实物形式得到补偿。马克思在说明简单再生产实现条件的三大要点的第三要点时，就曾明确指出，作为第Ⅰ部类新创造的年总产品组成部分之一的Ⅰc，"它们由生产资料构成，只能用于第Ⅰ部类，以便补偿该部类消费掉的不变资本，因此，要通过第Ⅰ部类各个资本家之间的互相交换来解决"①。郭文之所以会作出不正确的结论，其原因在于，他在分析这一公式时（并非在所有场合）忽视了从事第Ⅰ部类产品生产的有需要互相交换、补偿的众多的资本家。

关于公式Ⅰ(c + v + m) = Ⅰc + Ⅱc所包含的经济意义，我们还可以从另一个角度理解。马克思把Ⅱ(v + m)在本部类内部实现、Ⅱc同Ⅰ(v + m)在两部类间交换实现以及Ⅰc在本部类内部实现，称作简单再生产实现条件的三大要点。这三大要点既然是社会总产品各部分的实现条件，因而每一要点的内容都是该部分社会产品能够按价值和按实物形式补偿。而公式Ⅰ(c + v + m) = Ⅰc + Ⅱc实际上不过是对第二要点和第三要点的综合。因此，这一公式的两端不仅在价值上是平衡的，而且在实物上也是平衡的。公式Ⅱ(c + v + m) = Ⅰ(v + m) + Ⅱ(v + m)也是如此。

可见，郭文上述论断是错误的。并且，由于"第二公式"和"第三公式"分别概括了简单再生产实现条件的第一、二要点和第二、三要点，因此，它们合起来便能概括三大要点的全部要求。

（原文发表于《中国社会科学》1984年第3期）

---

① 《马克思恩格斯全集》第24卷，第441页。

列宁对马克思再生产理论的卓越贡献

王晓东[*]

提起列宁的再生产理论，人们即会想到第一部类比第二部类增长快的著名论断，这的确是列宁对马克思再生产理论的一个突出贡献。但是，列宁的贡献决不仅限于此，他在其他许多方面提出宝贵而新鲜的见解，丰富了马克思的再生产理论。例如，列宁不仅十分重视生产力中技术进步对于两大部类变动趋势的决定性影响，并且强调了生产关系或一定的社会经济结构对两大部类变化的制约作用，从生产力和生产关系的统一上来把握它的运动过程。这不能不说是列宁的一个卓见，也不能不说是人们认识列宁的再生产理论时所容易忽视或遗漏的一个重要方面。

对某些思想理论的认识，把它放在特定的历史环境下分析也许会更清晰，并不容易曲解。因此，本文打算按照历史逻辑的顺序考察列宁的再生产理论，从中发掘其闪光的思想价值。

列宁关于再生产理论的大量文章写于 19 世纪末，主要是揭示资本主义的再生产规律。并且这些著作几乎都是以同民粹派和"合法马克思主义者"进行论战的形式出现的。直到 20 世纪第一个十年间，列宁批判罗·卢森堡的错误时才接触并论述了社会主义再生产的某些规律。

一、批判民粹派

19 世纪末代表俄国小资产阶级观点的民粹派认为，俄国由于广大农民的破产造成国内市场的萎缩，没有国内市场，资本主义社会产品无法实现，由

---

[*] 王晓东：全国人大常委会办公厅研究室。

此得出资本主义在俄国不能发展的结论。列宁则认为，小生产的破产非但不能说明国内市场的缩小，相反证明国内市场的扩大。市场问题成为当时争论的一个焦点。

列宁具有代表性的再生产理论著作《论所谓市场问题》就是这一争论的产物。这篇著作是列宁于 1893 年在彼得堡马克思主义小组会讨论工学院学生、小组成员之一格·勃·克拉辛的"市场问题"一文时写成的。当时克拉辛企图用马克思主义的观点去反对民粹派的观点，结果他的文章中有许多对马克思再生产理论的曲解和糊涂观念，不仅不能很好地反对民粹派，反而有些观点与民粹派同流合污。为此列宁在自己的文章中特别予以澄清。列宁指出，市场问题同社会产品的实现理论紧紧联系在一起。于是，俄国资本主义的发展——市场问题——实现论，就构成了列宁研究再生产问题的契机和线索。

列宁严格地以马克思再生产理论为依据，重申了马克思《资本论》中再生产的基本原理，如社会总产品从价值上划分为三个部分，从实物上划分为生产资料和消费资料两大部类，以及简单再生产和扩大再生产的实现公式等。列宁将两大部类的实现问题概括为再生产的核心问题，并把马克思的再生产理论称之为"实现论"，即社会再生产实现条件和实现过程的理论。

克拉辛也是从"资本主义生产占普遍和绝对的统治"这一假设前提出发，阐述马克思的《资本论》第 2 卷第三篇的内容的，但却得出错误的结论。列宁指出克拉辛的错误主要有三点：（1）"在制造生产资料的生产中，……积累的进行既不依赖消费品生产的运动，也不依赖任何个人的消费"；（2）"资本主义积累的主要运动现在和过去（最早时期除外）都不依赖任何直接生产者，不依赖任何阶层的个人消费"；（3）"如果从一方面说，对于资本主义社会，典型的是为积累而积累，是生产消费而非个人消费，那末从另一方面说，对于它，典型的正是为生产资料而生产生产资料"①。列宁严厉批判克拉辛的生

---

① 《列宁全集》第 1 卷，第 68 页。

产不依赖消费的错误观点，指出："积累'不依赖'消费品的生产是不行的，因为要扩大生产就需要新的可变资本，因而也就需要消费品。"① 列宁接着指出，如果克拉辛是想通过说"资本主义的历史发展中生产资料的生产比消费品的生产占优势"，来说明资本主义不同于以往的社会特点，那么，作者表达的意见是"不够清楚的"，列宁说："与其批判作者表达得不够清楚的意见，倒不如直接请教马克思，看看能否从他的理论中做出第一部类比第二部类'占优势'的结论，看看优势一词究竟应当如何理解。"② 于是引出了列宁自己对马克思再生产公式的变化条件的研究，这个变化条件就是技术进步。

列宁引了马克思的再生产公式后指出："从上面所引的马克思的公式来看，根本不能得出第一部类比第二部类占优势的结论，因为这两个部类在这里是平行发展的。这个公式未予注意的正是技术进步。如马克思在'资本论'第 1 卷中所证明的，技术进步表现于可变资本与不变资本之比（V/C）逐渐缩小，而在这个公式中却是把这个比例当做不变的。"③ 列宁认为，在《资本论》第 1 卷有资本有机构成不断提高之意，而马克思在第 2 卷分析扩大再生产的公式时则把它抽象掉了。列宁把两处思想结合起来，把技术进步和有机构成不断提高引入扩大再生产公式，做了连续四年的扩大再生产公式的推演，从而得出崭新的结论。列宁假定第一部类有机构成的提高快于第二部类，这是符合生产资料与消费资料的自身生产类型及特点的，与马克思假定第一部类有机构成为 4∶1，第二部类有机构成为 2∶1 的思想是相一致的。只不过马克思是把有机构成当作静态，列宁是当作动态来分析的。列宁假定第一部类积累时的有机构成三年分别为 1∶10、1∶21、1∶26，第二部类积累时的有机构成三年分别为 1∶6、1∶9、1∶11。由此，列宁把四年连续扩大再生产公式中反映出来的社会总产品各部分的增长情况作了一张表。稍作加工，情形如下：

---

① ② 《列宁全集》第 1 卷，第 68 页。
③ 《列宁全集》第 1 卷，第 69 页。

	制造生产资料的生产资料Ⅰc		制造消费资料的生产资料Ⅰv+m		消费资料Ⅱ(c+v+m)		社会总产品	
	数量	比上年增长(%)	数量	比上年增长(%)	数量	比上年增长(%)	数量	比上年增长(%)
第一年	4000	——	2000	——	3000	——	9000	——
第二年	4450	11.25	2100	5	3070	2	9620	7
第三年	4950	23.75	2150	7.5	3134	4	10234	14
第四年	5467.5	36.7	2190	9.5	3172	6	10828.5	20

　　由此列宁得出结论说："增长最快的是制造生产资料的生产资料生产，其次是制造消费资料的生产资料生产，最慢的是消费资料生产。"[①] 于是列宁把马克思两大部类平衡增长的公式变成第一部类优先增长的公式。这里列宁还把第一部类的产品明确划分为两类，即为生产资料再生产提供的生产资料和为消费资料再生产提供的生产资料。这两种生产资料增长的速度也有所差异。这些结论是列宁对马克思再生产理论的重大贡献。尽管列宁自己一再谦虚地表明，它们的得出也是根据马克思理论的本身，即"根据不变资本有比可变资本增长得更快的趋势的规律也能得出上面的结论，因为所谓生产资料增长最快，不过是把这个规律运用于社会总生产时的另一种说法而已"[②]。列宁在自己的著作中曾多次引用过马克思《资本论》中资本有机构成不断提高的论述，但在运用上列宁却有自己的独创。马克思再生产公式的重心是阐明两大部类增长之间存在一种制约关系，从而阐明社会总产品的实现条件。列宁则是在这种制约关系中又加上技术进步和有机构成提高的条件，说明两大部类的增长虽然是互相制约的，但它们不是平行增长的，第一部类比第二部类增长得快。

　　非常值得关注的是，列宁在阐明生产资料生产增长快的规律时，一方面依据了资本主义时代生产力发展的新特点；另一方面还阐明这一规律同资本

---

①②　《列宁全集》第1卷，第71页。

主义特殊的社会经济结构的关系。他指出："资本主义生产创造了无可比拟地超过以往各个时代的高度发展的技术"①，"技术愈发展，手工劳动就愈受排挤而为许多愈来愈复杂的机器所代替，就是说，机器和制造机器的必需品在国家全部生产中所占的地位愈来愈大"②，可见，生产资料增长快的规律首先是生产力发展到特定历史阶段的产物，即"机器劳动的代替手工劳动（一般指机器工业时代的技术进步）要求加紧发展煤、铁这种真正'制造生产资料的生产资料'生产"③。此外，这一规律还受到资本主义社会性质的制约。列宁在自己的文章中多处谈到，"资本发展的规律就是不变资本比可变资本增长得快，也就是说，新形成的资本愈来愈多地转入制造生产资料的社会经济部门。……因而，个人消费品在资本主义生产总额中所占的地位日益缩小。这是完全符合资本主义的历史'使命'及其特殊的社会结构的：前者正是在于发展社会的生产力（为生产而生产）；后者则使居民群众不能利用生产力"④。"资本主义所造成的社会生产力发展的另一特点，是生产资料（生产消费）的增长，远远超过个人消费的增长：我们曾经多次指出这个现象是如何表现在农业与工业中。这个特点是从资本主义社会中产品实现的一般规律所产生的，是与这个社会的对抗性质完全适应的。"⑤ 也就是列宁后来所说的，资本主义生产剧烈地扩大了，但没有相应地扩大消费，由此形成尖锐的矛盾，它存在于资本主义的现实当中，"是一种同资本主义的本性和资本主义社会经济制度的其他各种矛盾相适应的矛盾"⑥。所以，列宁是把资本主义的生产力与生产关系统一起来研究生产资料增长快的规律的，前者是这一规律产生的原因和基础，后者是制约这一规律运动状态的重要条件。

列宁在《论所谓市场问题》一文中制作了一张关于资本主义起源和形成的图表，从历史发展的角度论证了资本主义再生产的实现与市场关系问题，其中含有一些非常有价值的思想。列宁在表中确定了六个发展时期，体现出

---

① 《列宁全集》第1卷，第72页。
②③ 《列宁全集》第1卷，第88页。
④ 《列宁全集》第2卷，第122页。
⑤⑥ 《列宁全集》第3卷，第547~548页、第35页。

两个变化过程：（1）直接生产者的自然经济转化为商品经济；（2）商品经济转化为资本主义经济的再生产过程。列宁根据这一图表做出三点结论和两点补充，阐明了资本主义发展与实现社会产品的市场扩大的关系：第一，市场和社会分工是分不开的，资本主义"技术进步必然引起生产的各部分的专业化、社会化，因而使市场扩大"①。第二，"人民大众的贫穷化"不仅不阻碍资本主义的发展，相反表现了资本主义的发展，是资本主义的条件并加强资本主义，因为它使更多的消费品（如农民原来自己做鞋而现在不得不去买鞋）、生产资料以至劳动力都被卷入到市场中去。第三，资本主义固然要以生产资料的快速增长来扩大市场，同时资本主义的消费品生产也是要不断增加的，它不仅是因为扩大再生产需要追加工人而增加消费，而且是因为全体居民和工人阶级的需求水平是不断增长的，"这种增长的造成，一般是由于产品交换的频繁，……造成这种情形的，还有工人无产阶级的密集，这种密集提高着这个阶级的觉悟程度和自尊心，使他们有可能与资本主义制度的掠夺趋向作有效的斗争。欧洲的历史十分有力地说明了这一需求的上升的规律"②。马克思在阐明扩大再生产的问题时曾假定劳动力的价值是不变的，而列宁则指出随着广大劳动者需求水平的上升引起资本主义消费资料生产的扩大。这一论断与两大部类特别是第二部类产品的实现关系密切，可称为对马克思再生产理论内容的补充。

　　资本主义再生产的另一重要方面，是生产资料在市场上如何实现。列宁针对民粹派关于农民破产，没有国内市场因而资本主义社会产品无法实现的论调，在《评经济浪漫主义》等文章中批判性地回答了这一问题。民粹派是俄国的经济浪漫主义者，他们错误地认为，年产品的价值是由用于个人消费的收入来构成的，年产品中只有用于工人和资本家消费的部分能够实现，而其余部分则无法在国内市场上找到销路，并且由于国外市场已被其他国家瓜分完毕，所以俄国资本主义就不能发展。列宁指出，在社会总产品划分与实

①　《列宁全集》第1卷，第85页。
②　《列宁全集》第1卷，第89页。

现问题上，民粹派实际上是重复了西斯蒙第的错误，追溯到斯密那里就是丢掉了不变资本 C 的部分。民粹派把产品实现的困难只归结于实现剩余价值，似乎不变资本实现是不困难的。其实生产中的实现困难，正在于不变资本如何实现。过去西斯蒙第等人把实现同个人消费等同起来，看不到生产消费同个人消费的区别，把社会生产只归结于个人消费，并"由于不懂得生产为自己造成市场，于是产生了额外价值不能实现的学说"①。

列宁的《俄国资本主义的发展》是继《论所谓市场问题》和《评经济浪漫主义》之后又一篇重要论著，其中列宁除理论分析外，还用了大量的实证材料说明俄国资本主义市场的扩大。列宁认为，从马克思的实现论得出的结论是资本主义国内市场的扩大，这种扩大"与其说是靠消费品，不如说是靠生产资料，换句话说，生产资料的增长超过消费品的增长"②。列宁正是依据资本主义的不变资本比可变资本增长得快，从而生产资料部类的增长快于消费品部类的增长的规律原理，得出结论说："资本主义国内市场的扩大，在某种程度上并'不依赖'个人消费的增长，而更多地靠生产的消费。"③ 并且，这也是由资本主义特殊的积累和消费的矛盾关系所决定的。资本家为了攫取更多的剩余价值，具有无限制的积累欲，这种积累欲必须靠生产资料市场的不断扩大来满足。但是，这样一来绝不是说资本主义的个人消费就无关紧要。第二部类就可以任其自由缓慢发展。列宁讲："如果把这种'不依赖性'理解为生产消费完全脱离了个人消费，那就错了，因为前者能够而且也应该比后者增长得快些（其'不依赖性'也仅限于此）；但是不言而喻，生产消费归根到底总是同个人消费相关联的。"④ 可见，列宁所说的"不依赖"是从第一部类的增长快于第二部类的意义出发，针对民粹派只看到个人消费而看不到生产消费对资本主义市场扩大的重要影响而言的。

总之，列宁在批判民粹派时一方面根据生产资料增长快的原理，强调了资本主义市场的扩大主要依赖于第一部类即生产资料生产的迅速增长，另一

① 《列宁全集》第 2 卷，第 115 页。
② 《列宁全集》第 3 卷，第 33 页。
③④ 《列宁全集》第 3 卷，第 33～34 页。

方面又从马克思关于两大部类相互制约的原理出发，指出第二部类即消费资料生产的重要性，并提到随着资本主义条件下人民群众的消费水平的不断提高，也要求第二部类生产的相应扩大。这不仅澄清了民粹派自己糊涂并散布的一系列错误观点，而且表明列宁对马克思再生产理论研究的深入、灵活的运用和发展。

二、批判"合法马克思主义者"

19 世纪末列宁着重批判的另一个派别是"合法马克思主义者"。"合法马克思主义者"一方面利用马克思主义批判民粹派，另一方面又在马克思主义旗号下对马克思主义进行歪曲和修正。他们提出与民粹派相反的意见，认为俄国资本主义能够自行创造市场，即使没有国外市场，俄国资本主义也照样可以发展起来，并且能够实现平衡增长。列宁 1898 年和 1899 年的两篇文章《市场理论问题评述》和《再论实现论问题》，就是集中地批判"合法马克思主义者"的两个代表：杜冈·巴拉诺夫斯基和司徒卢威的资本主义发展"均衡论"观点的。

杜冈·巴拉诺夫斯基硬说马克思的《资本论》第 2 卷和第 3 卷之间存在矛盾，认为第 2 卷的再生产图式表明资本主义可以均衡地发展，只是到了第 3 卷马克思才根据自己的危机理论提出了生产和消费的矛盾。他认为，应当在上述两者之间作一次选择，声称自己选择了第 2 卷的说法，并对马克思的理论进行了歪曲和修正。列宁斥责说，断言《资本论》第 2 卷和第 3 卷之间有矛盾是没有任何根据的。马克思在阐明社会资本再生产的条件时，从未说过资本主义在这个问题上不存在矛盾。恰恰相反，马克思十分重视资本主义生产和消费的矛盾，强调生产对消费的依赖性，认为，不变资本的流通虽然不进入个人消费领域，"但是归根到底它还是受个人消费的限制，因为不变资本的生产并不是为了本身的需要而进行的，这仅仅是由于生产个人消费品的部门需要更多的不变资本"①。资本主义社会明显存在着生产和积累的无限扩大

---

① 转引自列宁《市场理论评述》，引自《列宁全集》第 4 卷，第 44 页。

趋势同由于劳动人民贫困化而出现的消费有限性的矛盾，正是这一矛盾使资本主义再生产不能顺利进行。马克思阐明社会资本再生产实现规律的目的之一也正在于说明资本主义再生产不能正常地实现，而必须通过经济危机和社会财富的巨大浪费的形式来实现。

司徒卢威不仅要修正马克思的再生产公式，而且断言，应用马克思的再生产公式可以证明在资本主义条件下扩大再生产不仅是可能的，而且不会中断。他的一个做法就是直接把马克思的实现论与按比例分配社会劳动相等同，借以否定资本主义生产与消费相矛盾的原理。首先，列宁批判司徒卢威把资产阶级经济学家的市场理论同马克思的实现论混为一谈。指出资产阶级的市场理论是产品与产品相交换，不存在生产过剩的问题，而实现论是讲社会总资本的再生产和流通是怎样进行的。列宁说，"无论是马克思或者是同司徒卢威发生论战的阐述马克思理论的著作家，都没有从这一分析中得出生产和消费协调的结论，相反地，他们着重指出了资本主义所固有的矛盾，这些矛盾不能不在资本主义的实现中表现出来"①。其次，列宁批判了司徒卢威毫无根据地把实现论当作按比例分配的理论。实现论和按比例分配社会劳动是有直接联系的，但毕竟是两回事。列宁认为，抽象的实现论以按比例分配为假定前提，而不等于其本身。并且抽象的实现论所提出的再生产实现条件与资本主义的现实过程又是两回事。"抽象的实现论假设而且应当假设，在资本主义生产的不同部门之间，产品是按比例分配的。但是，实现论这样假设决不是断言在资本主义社会中产品总是按比例分配……价值论假设而且应当假设供求是均衡的，但是价值论决没有断言在资本主义社会中经常可以看到或有可能看到这种均衡"②。列宁特别强调，马克思所揭示的实现论反映资本主义发展的普遍规律，但它是一个抽象理论，这一抽象表明资本主义的理想形式，而不表明资本主义的现实。马克思曾指出：我们的目的就是把资本主义生产方式的内部组织，仅仅在它的所谓理想的、平均的形式中表现出来。正因为

---

① 《列宁全集》第4卷，第58~59页。
② 《列宁全集》第4卷，第61页。

如此，我们在分析资本主义经济的时候，决不能以抽象代替具体，认为资本主义现实也是如此理想。列宁讲："甚至在社会总资本的再生产和流通是理想般匀称的情况下，生产的增长和消费的有限范围之间的矛盾也是不可避免的。何况实际上实现过程并不是理想般匀称的，而是通过'困难'、'波动'、'危机'等等来进行的。"① 列宁明确指出，马克思的实现论内容及目的本身在于阐明资本主义社会再生产和流通过程的一般规律和要求，同时也阐明资本主义所固有的矛盾构成再生产顺利实现的障碍。因此，马克思的理论不仅帮不了"合法马克思主义者"的忙，反而表明了资本主义制度的历史暂时性和过渡性。

三、批判罗莎·卢森堡

罗莎·卢森堡堪称马克思主义理论家，1913 年她发表了描述资本再生产的著作——《资本的积累》一书。卢森堡认为，《资本论》第 2 卷仅仅提出扩大再生产的资本积累问题，而没有解决这些问题。卢森堡在书中有关部分对布尔加科夫、杜冈·巴拉诺夫斯基和列宁（原文称伊林）关于社会再生产的争论进行了全面"评价"，尤其是对列宁的《评经济浪漫主义》一文提出了批评。应当承认，卢森堡对马克思的社会再生产理论有一些独到见解，例如她提出生产资料增长快的规律适用于社会主义，并提出相应的根据。但是她对马克思和列宁的再生产理论有许多歪曲，对列宁的批评也是没有根据的。列宁在 1913 年读了卢森堡这本书（该书发表当年），对这本书作了许多批注，批注中针对卢森堡的许多观点提出质疑和批判。这一年列宁还专门准备了关于论罗·卢森堡《资本的积累》一书的文章提纲草稿和材料（这两部分材料在列宁逝世后才发现，康文收集在《列宁文集》俄文版第 38 卷。它们分别发表在我国《经济学译丛》1983 年第 4 期和 1979 年第 2 期上）。

（一）列宁关于对卢森堡一书的批注

我国只发表了列宁对卢森堡《资本的积累》一书批注的片断，文字虽少，

---

① 《列宁全集》第 4 卷，第 71 页。

但可窥见列宁当时关于社会再生产问题的几点新思想。

首先，卢森堡把列宁的观点同布尔加柯夫和巴拉诺夫斯基的错误观点混为一谈。她认为，无论在什么地方只要有技术进步在生产中起决定性作用，第一部类比第二部类增长快的规律就起作用，指责列宁等人却"从这个规律中发现了资本主义经济的基本特点，即作为一种经济制度，它是以生产本身为目的，而人类消费只是附带性质的"①。其实卢森堡没有真正理解列宁的思想。列宁在发现资本主义技术进步条件下第一部类增长快规律的同时，不仅强调了资本主义生产对消费的依赖作用（如前所述），而且还注意到了这一规律在资本主义条件下的特殊表现形式。卢森堡则把第一部类增长快的规律完全地归结于生产力发展的特点，丝毫不考虑资本主义生产关系会对这一规律产生一定的影响作用，是有片面性的。列宁运用矛盾普遍性和特殊性关系的原理，把生产同消费的一般矛盾与资本主义生产和消费的特殊矛盾结合在一起，从生产力和生产关系二者统一上来研究和阐明第一部类增长快的规律，这不能不说胜卢森堡一筹。由此列宁在批注上完全不同意卢森堡的武断。

其次，卢森堡指责列宁等人只注意到生产资料生产增长快全部"只是资本主义的表现"，而她自己则认为"这是人类劳动的普遍规律。它既适用于所有前资本主义生产形态，也适用于未来的社会主义社会"。列宁斥之为"胡说八道！"② 因为列宁并没有否定而是肯定生产资料增长快的规律适合于社会主义，同时列宁也不同意说它是适用于"一切社会形态下的普遍规律"③，因为它在前资本主义社会是不适用的。

再次，卢森堡依据社会主义将出现无可比拟的技术进步，得出"在社会主义制度下，生产资料比消费资料（应当）增长得更快"的结论。对此列宁也不同意。列宁认为，社会主义条件下随着生产有机构成的提高，第一部类增长快的规律仍然起作用，但不会比资本主义"更快"。原因后面要谈到。

总之，列宁既反对把生产资料增长快的规律说成全部只是资本主义的表现，也不同意说它是一切社会形态下的普遍规律。列宁承认这一规律适用于

①②③　《经济学译丛》1983 年第 4 期，第 1 页。

社会主义，但又不同意卢森堡所说的社会主义生产资料比资本主义增长得更快的观点。关于生产资料增长快的规律在资本主义社会和社会主义社会的各自表现特点如何，列宁在批注上只是提出问题，指出卢森堡的错误，以后在着手准备评卢森堡一书时的提纲和材料时才进一步表明自己的观点和主张。

（二）列宁关于论罗·卢森堡《资本积累》一书的文章提纲草稿和材料

提纲部分由于只有一些小标题暂且不谈。作为材料部分的，是列宁说明各种社会经济形态的社会总产品结构变化的表式。列宁一共有四个表式，前三个都是不大成熟的，是为后面做准备的，第四个表式是比较体现列宁本意的最后方案（表略）。列宁在表中划分了三种不同的社会经济形态：前资本主义2000年，资本主义200年，社会主义100年，分别指明它们各自扩大再生产的规律和特点。这比起马克思只是一种社会条件下的抽象形态的扩大再生产公式来说，丰富而且具体多了。同时，在探索再生产的新的规律方面也有很大进展。从列宁的表式中可以得出若干重要结论：

（1）生产资料增长快的规律不适于前资本主义社会。前资本主义社会的平均生产有机构成为1∶1。它表明该时期生产力水平低下，还处于手工劳动的生产阶段，在生产中不可避免地大量使用人力，因而生产资料生产增长得相对缓慢。消费资料在社会总产品中的比重大于生产资料部分。卢森堡认为生产有机构成不断提高、生产资料增长快的规律适用于人类一切社会，是人类劳动的普遍规律。相反，列宁认为，生产有机构成提高的规律只是机器生产以后才出现的，是手工劳动受到机器的排挤，反映到生产的技术构成和价值构成上时呈现出的结果。列宁的观点是与马克思《资本论》的思想相一致的。马克思认为：资本主义机器工业以前的生产中，客观因素和主观因素的对比关系发展得十分缓慢，以至当时根本谈不上这种对比关系的有规律的稳定的发展。马克思还讲过：不仅在人类先前的各个时代，甚至在资本主义生产的童年时期，由于技术进步十分缓慢，而技术进步的普及尤其缓慢，所以社会资本构成的变化是微乎其微的；列宁假定前资本主义社会生产有机构成不变，并不是说那时没有技术进步，也不是否定生产资料的生产会逐步得到发展，而是因为其缓慢，并未构成生产有机构成的明显提高，所以便不存在卢森堡认为其应当存在的生产资料增长快的规律。

（2）关于不同社会生产有机构成提高的规律。列宁的表中，生产有机构成在前资本主义社会、资本主义社会和社会主义社会分别为 1∶1、10∶1和 20∶1。除了前资本主义社会的有机构成大体不变之外，后两种社会的生产有机构成是随着技术进步而不断提高的。然而提高的速度却有所不同，资本主义较之前者提高了 9 倍，社会主义较之前者提高 1 倍。那么，是不是说社会主义的技术进步较之资本主义慢呢？不是的。这里列宁是用价值构成而不是用直接的生产技术构成来表示生产有机构成的，有机构成的提高与技术进步不能完全等同，因为技术进步可以使生产资料的单位价值降低，从而使生产的技术构成提高可能大大超过其价值构成的提高。并且，列宁所说的社会主义是指资本主义高度发展以后的社会主义，而不是指落后国家的社会主义。社会主义技术进步的速度会明显地快于资本主义，但生产有机构成提高的速度不一定快于资本主义。这里起作用的因素有：第一，资本主义用大机器一下子取代过去笨重的手工劳动，必然造成不变资本 C 的迅速扩大，即出现基数小、增长倍数多的状况；第二，社会主义生产目的改变，消灭了资本主义特有的生产与消费的矛盾，劳动者的工资普遍大幅度提高，引起 V 的比重扩大；第三，在新的技术进步的基础上，扩大再生产由粗放型转为集约型，生产资料 C 的利用效果比资本主义时代显著提高。这些因素都会减缓社会主义生产有机构成提高的趋势。

（3）社会主义第一部类的增长仍然快于第二部类，但是两大部类增长的差距将比资本主义缩小。

在列宁的表式中，第一部类的全部价值应等于 C 的补偿基金加上积累基金，第二部类的全部价值应等于工资 V 加上 m 中除积累外的消费部分。由此，资本主义发展的 200 年生产资料增长为过去的 44 倍，消费资料的增长为过去的 6 倍，第一部类的领先系数为 44/6 = 7.3。① 在社会主义发展的 100 年中，

---

① 第一部类的领先系数 = 第一部类的增长速度/第二部类的增长速度。

生产资料和消费资料的增长分别为资本主义的 94 倍和 60 倍，第一部类的领先系数为 94/60＝1.6。换句话说，资本主义第一部类的增长速度比第二部类快 6.3 倍，而社会主义第一部类的增长速度只比第二部类快 0.6 倍。可见，社会主义两大部类增长速度的差距明显缩小了。这是列宁关于生产资料增长快的规律在社会主义条件下表现出来的一个重要特点。原因有三个：第一，社会主义的消费水平和需求程度更高。资本主义条件下，资本家通过压缩工人消费来增加利润，同时为增加积累而盲目地扩大生产资料生产。这一行为助长了单纯由技术进步所带动的第一部类增长快的趋势。社会主义则把大多数人的消费提到首要位置上来，换句话说，在同等国民收入水平的情况下，由于生产关系的原因，社会主义用于消费的比相对要大。第二，社会主义的技术进步将使劳动生产率的提高由单纯地节约活劳动发展到同时大量节约物化劳动的时期，从而减缓 C∶V 的提高程度，第三，从列宁的表式来看，社会主义时期 m 中用于生产积累的比重要小于资本主义，资本主义为 50%，社会主义只有 30%，于是，社会主义 m 中用于消费基金的再分配比重必然大于资本主义，这也会促进社会主义第二部类的增长速度相应加快。

（4）积累率的凹型变为凸型。在列宁草拟的四个表式中，表二和表三的剩余产品积累率，在前资本主义时期为 50%，资本主义时期为 33%，社会主义时期为 66.7%。而在代表列宁成熟思想的表四中则作了改动，三个时期依次为 25%、50% 和 30%。由两头高中间低变成中间高两头低。这一修改是有重大价值的。资本主义的积累高于前资本主义是显而易见的。因为随着资本主义剩余价值的增多，资本家个人的消费是有限的，必然要拿出相当大一部分投入扩大再生产以谋求更多的利润和进行竞争，并且再生产投资中的很大一部分必然会寻求和依赖生产资料的市场。社会主义的积累小于资本主义，这也是列宁符合逻辑的推断。在表四中，社会主义的 m 并不小，与资本主义的 m 一样都是 V 的 2 倍，其绝对值还要大于资本主义，但社会主义的积累率却低于资本主义。其原因上面已经提到，不再赘述了。

结论表明，列宁既没有像"合法马克思主义者"那样把生产资料增长快的规律限为资本主义的特有规律，也不同意卢森堡关于社会主义生产资料增长得更快的说法，而是在肯定生产资料增长快的规律适用于社会主义的前提下，又指出社会主义在生产有机构成提高的速度减缓等条件下将出现两大部类增长速度差距缩小的趋势。

如果把列宁对马克思再生产理论的卓越贡献简单概括一下，那么突出表现在：他不限于抽象地研究和坚持马克思的再生产公式，而注重结合实际，赋予这个理论更加具体化的科学内容。他把资本主义时代生产力发展的规律、技术进步及资本有机构成提高引入扩大再生产公式，得出了生产资料比消费资料增长快的规律性结论。而且还把这一规律运用于不同的社会经济形态当中，并同生产的社会性质结合起来，进行比较分析，指出它们的特殊表现形式，从而丰富了马克思再生产理论的内容，为后人的研究开辟了新径。

（原文发表于《马克思主义研究》1986 年第 2 期）

第三编　理论丰富与拓展

论马克思"社会总资本再生产理论"的拓展与深化

安帅领　于金富[*]

一、马克思社会总资本再生产理论的假定条件

马克思在《资本论》第 2 卷第三篇研究了社会总资本的再生产问题并提出了著名的社会总资本再生产理论，但是，从整体来看，这一理论仍然处于抽象阶段。马克思指出，《资本论》第三册的内容不是对直接生产过程和流通过程统一的一般的考察，相反，这一册要揭示和说明资本运动过程作为整体考察时所产生的各种具体形式，包括资本和剩余价值的各种形态。因此，从总体而言，《资本论》第 1、2 卷的全部理论包括社会总资本再生产理论在内都是一般理论而远非具体理论，它们都有一个从抽象形态走向具体形态的问题。然而，马克思在《资本论》第 3 卷中并没有就社会总资本再生产的具体理论展开详细分析。因此，遵循马克思的从抽象到具体、从一般到特殊、从简单到复杂的叙述逻辑，我们非常有必要把马克思社会总资本再生产的一般理论推向具体化，从而不断丰富和完善马克思经济学的基本理论体系。

马克思在《资本论》第 1、2 卷中的社会总资本再生产理论和单个资本再生产理论一样是建立在诸多假定的基础上的，唯一的区别是，社会总资本再生产不仅是价值补偿，而且是物质补偿，而单个资本的再生产则并不考虑这些问题。马克思在《资本论》第 2 卷第三篇分析社会总资本再生产问题的假定有：第一，假定整个社会只有两个阶级，即工人阶级和产业资本家阶级；第二，假定产业资本家按照商品的价值出售商品；第三，假定产业资本家占有全部的剩余价值；第四，假定生产资本的组成部分不发生任何价值革命；

　＊　安帅领：河南大学经济研究所。于金富：河南大学黄河文明与可持续发展研究中心。

第五，假定所有资本的周转时间均没有差别，比如一年周转一次；第六，假定不变资本都是全部加入资本的年产品。

在上述六个假定条件下，马克思以举例的方式在《资本论》第 2 卷第三篇中对社会总资本再生产的实现过程和实现条件进行了纯粹的、抽象的研究。在研究过程中，马克思指出，实现的过程会被两种情况掩盖，商业资本和货币资本会在产业资本的流通过程中作为特殊类型的资本家的经营对象出现；剩余价值——必然总是首先在产业资本家手中——分成不同的范畴。作为这些范畴的承担者出现的，除产业资本家以外，还有土地所有者（地租的承担者）、高利贷者（利息的承担者）等，同时还有政府及其官吏、食利者等。这些家伙在产业资本家面前是作为买者出现的，而他们作为买者使产业资本家的商品转化为货币。马克思在《资本论》第 3 卷《关于生产过程的分析》中也指出，在第 2 卷第三篇的社会总资本再生产那里，剩余价值还没有在它的收入形式上即利润和地租形式上加以阐明，因而还不能在这些形式上研究。同时，商品的价值还没有转化为生产价格。也就是说，在这里，社会总资本再生产问题的研究是在纯粹的、抽象的层面进行的，它必须与《资本论》第 3 卷的有关理论结合在一起从而走向具体化。

二、利润率平均化条件下的社会总资本再生产理论

正如上面所述，《资本论》第 3 卷的研究对象是资本运动的具体考察，具体而言，是社会总资本运动的具体考察。之所以说是"社会总资本运动"而不是"单个资本运动"的具体考察，是因为马克思在《资本论》第 3 卷中以五个产业部门为例分析了利润率的平均化和价值转化为生产价格问题。马克思指出，由于投在不同生产部门的资本有不同的有机构成，因而，由于等量资本按可变部分在一定量总资本中占有不同的百分比而推动极不等量的劳动，等量资本也就占有极不等量的剩余劳动。不同生产部门中占统治地位的利润率，本来是极不相同的。这些不同的利润率，通过竞争而平均化为一般利润率。很明显，马克思在这里是以"社会总资本"作为研究对象的。当然，这个社会总资本暂时仅仅包括产业资本。因而，《资本论》第 2 卷第三篇社会总

资本再生产理论和《资本论》第 3 卷利润率平均化理论的研究对象都是"社会总资本"，只不过前者研究再生产问题，后者研究利润率平均化问题。

接下来的问题是，如何把"社会总资本的再生产问题"与"社会总资本的利润率平均化问题"结合在一起去研究呢？我们可以三个生产部门为例研究这个问题：第一，假定整个社会有 A、B、C 三个生产部门，它们的资本额都是100；第二，假定三个生产部门的资本有机构成分别是 90/10、80/20、40/60；第三，假定 A、B 两个生产部门是生产资料部类，C 部门是消费资料部类；第四，假定剩余价值率都是1；第五，假定生产资本的组成部分不发生任何价值革命；第六，假定所有资本的周转时间没有差别，一年周转一次；第七，假定不变资本都是全部加入资本的年产品；第八，假定两大部类满足社会总资本扩大再生产的前提条件和平衡条件。那么，就有如下公式：

$$
\begin{aligned}
&\text{A.}\ 90c + 10v + 10m \\
&\text{B.}\ 80c + 20v + 20m \\
&\text{C.}\ 40c + 60v + 60m
\end{aligned}
\tag{1}
$$

其中，c、v、m 分别代表不变资本、可变资本、剩余价值。

由此，A 部门的利润率是10%，B 部门的利润率是20%，C 部门的利润率是60%，平均利润率是30%。由于 A、B 两个部门的利润率低于平均利润率，而 C 部门的利润率高于平均利润率，因而 A、B 两个部门的资本就会抽逃到 C 部门，假定从 A 部门抽逃走 20 单位资本、从 B 部门抽逃走 10 单位资本到 C 部门，这样一来就会导致 A、B 两个部门产品的供给量小于需求量，从而价格上升、利润率上升；而 C 部门产品的供给量大于需求量，价格下降，利润率下降，从而各个部门都获得 30% 的平均利润率。正如马克思所指出的，资本会从利润率较低的部门抽走，投入利润率较高的其他部门。通过这种不断地流出和流入，资本在不同部门之间根据利润率的升降进行分配，供求之间就会形成这样一种比例，使不同的生产部门都有相同的平均利润，因而价值也就转化为生产价格。在科学的分析进程中，一般利润率的形成，是从产业资本和它们之间的竞争出发的；一般利润率只是不断地作为一种趋势、作为一种使各种特殊利润率平均化的运动而存在。在这里，资本家之间的竞争——这种竞争本身就是这种平均化运动——就在于他们逐渐把资本从利润长期低于平均水平的部门抽出，并逐渐把资本投入高于平均水平的部门；或是逐渐按不同的比例把追加资本分配在这些部门当中。资本的不断趋势是，通过竞争来实现总资本所生产的剩余价值的分配的这种平均化，并克服这种平均化的一切障碍（一般利润率）。这个前提是建立在社会总资本在不同生产部门之间的不断变动的成比例的分配上，建立在资本的不断流入和流出上，建立在资本由一个生产部门转移到另一个生产部门的可能性上。总之，建立在资本在这些不同生产部门（对社会总资本各独立部分来说，就是同样多的可使用的投资场所）之间的自由运动上；平均利润率是在互相竞争的资本家势均力敌的时候出现的；竞争可以造成这种均势，但不能造成这种均势下的利润率，它导致某一商品价格，在这一价格下，每个资本都按比例与它的量提供相同的利润。我们可以以公式的方式来表示，按照我们的假定，有如下公式：

$$A. \quad 72c + 8v + 8m$$
$$B. \quad 72c + 18v + 18m$$
$$C. \quad 52c + 78v + 78m \tag{2}$$

但是，A、B 两个部门产品的供给量小于需求量，从而价格上升、利润率上升；C 部门产品的供给量大于需求量，从而价格下降、利润率下降。因此，有如下公式：

$$A. \quad 72c + 8v + 24P$$
$$B. \quad 72c + 18v + 27P$$
$$C. \quad 52c + 78v + 39P \tag{3}$$

其中，P 代表平均利润。

总而言之，这一时刻，第一，A、B、C 三个生产部门的利润率都是 30%，从而都获得平均利润；第二，社会总价值等于社会总生产价格，即 $\Sigma(c+v+m) = 390 = \Sigma(c+v+P) = 390$；第三，A、B、C 三个生产部门都形成均势或均衡，即 A、B、C 三个生产部门的供给量都等于需求量，从而社会总供给等于社会总需求，从而社会总资本扩大再生产的实现条件依然满足；第四，社会总资本扩大再生产的实现条件就从 Ⅰ（v + Δv + m/x）= Ⅱ（c + Δc）（其中 Δc、Δv、m/x 分别表示追加的不变资本、追加的可变资本、产业资本家的个人消费，Δc + Δv + m/x = m）转化成为 Ⅰ（v + Δv + P/x）= Ⅱ（c + Δc）（其中 Δc，Δv，P/x 分别表示追加的不变资本、追加的可变资本、产业资本家的个人消费，Δc + Δv + P/x = P）；第五，第二年的扩大再生产在公式（3）的基础上进行。因此，在上述例子中，三个生产部门利润率平均化的过程就是社会总资本扩大再生产顺利实现的过程，这两个过程是合一的。

反观马克思在《资本论》第 2 卷第三篇中的扩大再生产的第一例公式，可以发现，马克思在利用这一公式进行扩大再生产研究时并没有考虑利润率的平均化问题。这一公式是：

$$Ⅰ \ 4000c + 1000v + 1000m = 6000$$

$$Ⅱ \ 1500c + 750v + 750m = 3000$$

其一，这一公式的两大部类的利润率是不同的。第 Ⅰ 部类的利润率是 1/5，第 Ⅱ 部类的利润率是 1/3，因而，第 Ⅱ 部类的利润率高于第 Ⅰ 部类。其次，第 Ⅰ 部类的资本必然会抽逃到第 Ⅱ 部类，通过竞争而获得平均利润率。但是，马克思并没有分析这一问题。如果我们把马克思《资本论》的全部理论作为一个整体来考察，这样的分析难免带有缺憾。解决这一问题的出路可能有两个：第一，修改这个第一例公式，假定两大部类的资本有机构成和剩余价值率都相同；第二，维持这个第一例公式不变，但是，正如上面分析的那样，把社会总资本扩大再生产和利润率平均化过程结合起来进行分析。

而扩大再生产的第二例公式则不存在这样的问题，第二例公式是：

$$Ⅰ \ 5000c + 1000v + 1000m = 7000$$

$$Ⅱ \ 1430c + 285v + 285m = 2000$$

很显然，两大部类的利润率都是 1/6，资本不会从一个部类转移到另一个部类。

然而，上述的平均利润率还不是完成形态的平均利润率，还应考虑到商人资本的加入。第一，这里的商人资本是社会总资本中处在流通领域内执行职能的货币资本。马克思指出，商品经营资本，只要它以商品资本的形式存在，从社会总资本的再生产过程来看，显然不过是产业资本中商品资本存在和执行职能的部分，我们现在就资本的总再生产过程要考察的，也只是这种货币资本。第二，商人资本不直接生产价值和剩余价值，但是它间接有助于价值和剩余价值的增加。马克思指出，商人资本既不创造价值，也不创造剩余价值；既然它有助于流通时间的缩短，它就能间接地有助于产业资本家所生产的剩余价值的增加和利润率的提高。第三，商人资本虽不直接生产剩余价值或利润，但是它要与产业资本一样按照自己大小的比例从总利润中分得一份。马克思指出，因为产业资本的流通阶段，与生产一样，形成再生产过程的一个阶段，所以在流通过程中独立的执行职能的资本，也必须与在各不同生产部门中执行职能的资本一样，作为一个决定因素参加一般利润率的形成，并获得年平均利润。第四，不仅如此，由商人预付的商业纯粹性流通费用也会作为商人资本同产业资本一起参加平均利润率的平均化，同时，这笔费用既不创造产品，也不创造价值，它是社会总剩余价值的一种扣除或者说是必须牺牲的部分。马克思指出，预付在买卖上的资本，既不创造产品，也不创造价值，它相应地缩小预付资本生产的执行职能的范围，这就好像是把产品的一部分转化为一种机器，用来买卖产品的其余部分，这种机器是流通费用，它是产品的一种扣除；预付在簿记上的资本是从生产过程中抽出来的，属于总收益的扣除部分。

但是，社会总剩余价值的扣除还未结束。其一，只与已经实现的价值相关的纯粹货币技术性中介业务产生的流通费用必须首先从社会总剩余价值中扣除。马克思指出，货币的收付、差额的平衡、往来账的登记、货币的保管，这些纯粹技术性业务，会引起特殊的流通费用，它也是产品的一种扣除。但是，这些业务不是对商品交换起中介作用，而是对商业资本家和产业资本家已经实现的价值起中介作用，因而，这些业务不属于再生产的总过程。

其二，土地所有权还要从社会总剩余价值中分割一部分作为租金，用于支付地租、土地资本的折旧和利息。马克思指出，土地为了再生产或采掘的目的而利用，空间是一切生产和一切人类活动的要素，因而土地所有权必然要求得到的贡赋，即地租；建立在资本主义生产方式基础上的产业地租或商业地租同依附制度下的货币地租不同，它们只是超过平均利润的余额，我们所指的平均利润，它已经由于从总利润或总剩余价值中扣除地租而受到限制，地租的扣除是前提；土地所有权和现实的生产过程无关，它的作用只限于把已经生产出来的剩余价值的一部分，从资本的口袋里转移到它自己的口袋里，它是对平均利润的限制，并把剩余价值的一部分转移到土地所有者阶级手中。同时，土地所有者还必然要求投资在土地上的土地资本的折旧和利息。马克思在谈到商业级差地租时还指出，如果那些使商人能加速资本周转的条件本身是可以买卖的，例如店铺的位置，那么，他就要为此支出额外的租金，也就是说，把他的一部分超额利润转化为地租。

其三，从社会总剩余价值中还必须扣除保险基金用于应付意外和风险。马克思指出，在再生产正常状态下，只有一部分新追加的劳动用在生产消费资料不变资本的补偿上，这部分不变资本在再生产过程中，从物质方面来看，总是处在各种会使它遭到损失的意外和风险中，因而，剩余价值的一部分必须充当保险基金。

其四，从社会总剩余价值中还必须扣除准备金以消除在生产过程的干扰。马克思指出，如果商品资本不正常地停滞在它向货币形式转化的过程中；或者在这种转化完成之后，货币资本必须转化成的生产资料的价格上涨超过了资本循环开始的水平，就需要准备金来保证资本的循环过程照常进行。准备金是处在积累的预备阶段中的资本的组成部分，是没有转化为能动资本的剩余价值的组成部分。

其五，资产阶级国家还要从社会总剩余价值中分割一部分作为赋税。马克思在否定农业绝对地租是农产品生产价格一部分时指出，由于最坏的土地也提供农业地租，是不是可以得出结论说，土地产品的价格必然是一种使农业地租像在赋税那样的形式上被包含在内的生产价格，只不过这种赋税由土地所有者征收，而不是由国家征收呢？也就是说，最坏土地支付地租，是否像税金加到课税商品的价格中去一样，加到这种土地的产品的生产价格（按照假定，它调节一般的市场价格）中去，也即是否作为一个与农产品价值无关的因素加到农产品的生产价格中去。答案是否定的。从中可以看出，马克思认为，国家征收的赋税包含在课税商品的生产价格中。因此，国家也是对平均利润的限制，并把社会总剩余价值的一部分转移到官吏等手中。

因此，如果假定上述剩余价值或利润已经是商业资本介入后、已经发生了价值增加的状态，那么社会总剩余价值、社会总平均利润，进一步讲，每一生产部门的平均利润 P 就会进一步被分割为产业平均利润、商业平均利润、商业纯粹性流通费用、货币技术性流通费用、产业和商业地租、土地资本的折旧和利息、保险基金和后备金、赋税等，也即平均利润 P = 产业平均利润 + 商业平均利润 + 纯粹性流通费用 + 产业和商业地租 + 土地资本的折旧和利息 + 保险基金和后备金 + 赋税。

因此，社会总资本扩大再生产的实现条件就从 I（v + Δv + P/x）= II（c + Δc）转化成为 I（v + Δv + 产业平均利润/x + 商业平均利润 + 商业纯粹性流通费用 + 货币技术性流通费用 + 产业和商业地租 + 土地资本的折旧和利息 + 保险基金和后备金 + 赋税）= II（c + Δc）（其中，Δc、Δv、产业平均利润/x 分别表示追加的不变资本、追加的可变资本、产业资本家的个人消费，Δc + Δv + 产业平均利润/x = 产业平均利润）。

三、平均利润进一步分割条件下的社会总资本再生产理论

假定职能资本家（产业资本家和商业资本家）是资本的非所有者，他依靠生息资本从事经营，那么，平均利润就会进一步被分割为利息和企业主收入。首先，这里的生息资本是社会总资本中的货币资本，它以平均利润率的完全形成作为前提。马克思指出，不管怎样，必须把平均利润率看成利息的有最后决定作用的最高界限。马克思还指出，在阐述的过程中，以后凡是说到一般利润率或平均利润时，要注意我们总是就后一种意义而言，即只是平均利润率的完成形态而言。其次，这种单纯的量分割会转变为质的分割。马克思指出，不论能动资本家所使用的资本是不是借入的，也不论货币资本家的资本是不是由他自己使用，情况都是一样的。每个资本的利润都被分割成两个不同质的、互相独立的、互不依赖的部分，即利息和企业主收入；用自有的资本从事经营的资本家，同用借入的资本从事经营的资本家一样，把他

的总利润分为利息和企业主收入。第三，马克思认为，商业资本参加利润率平均化之后形成的完成形态的平均利润率对产业资本和商业资本来说是相同的，在只考察这个平均利润的时候就不再需要区分产业平均利润和商业平均利润了。

因此，社会总资本扩大再生产的实现条件就从Ⅰ（v + Δv + 产业平均利润/x + 商业平均利润 + 商业纯粹性流通费用 + 货币技术性流通费用 + 产业和商业地租 + 土地资本的折旧和利息 + 保险基金和后备金 + 赋税）= Ⅱ（c + Δc）（其中，Δc、Δv、产业平均利润/x 分别表示追加的不变资本、追加的可变资本、产业资本家的个人消费，Δc + Δv + 产业平均利润/x = 产业平均利润）转化成为Ⅰ（v + Δv + 利息 + 企业主收入 + 商业纯粹性流通费用 + 货币技术性流通费用 + 产业和商业地租 + 土地资本的折旧和利息 + 保险基金和后备金 + 赋税）= Ⅱ（c + Δc）（其中，产业平均利润/x + 商业平均利润 = 利息 + 企业主收入）。

四、农业资本介入条件下的社会总资本再生产理论

第一，上面分析的社会总资本实际上只包括工业资本和服务业资本，并不包括农业资本，因而对社会总资本再生产问题的考察仍有局限。马克思指出，我们要考察资本投入农业而产生的一定的生产关系和交换关系，不作这种考察，对资本的分析就是不完全的。因此，社会总资本还必须包括农业资本。第二，这里的农业是指人们赖以生产和生活的主要植物性产品的生产部门，如小麦等。因此，这里的农业既可以作为第一部类即生产资料部类，也可以作为第二部类即消费资料部类。第三，当资本投在土地上，土地所有权就成为一种权力和限制，出现在资本面前。马克思指出，土地所有权限制资本自由投入农业，只有在完全排斥或部分排斥剩余价值一般平均化为平均利润的条件下才允许资本投入农业。那么很明显，在农业中，由于商品的价值超过其生产价格就会产生超额利润，这个超额利润就会转化为绝对地租，而与平均利润（这里的平均利润还是初始形态的而非完成形态的平均利润）相对立而独立起来。也就是说，农业剩余价值不参与利润率的初步平均化过程，当然，这里的平均利润率也是初始的平均利润率。第四，农业中存在的农业

级差地租会从社会新创造的价值，即 v + m 中扣除。马克思指出，农业级差地租是"虚假的社会价值"，它是社会在土地产品上过多支付的东西。第五，由具有独特性质土地农产品的垄断价格提供的农业垄断地租也必须从社会新创造的价值，即 v + m 中扣除。马克思指出，垄断地租，只要它不是对工资的扣除，因而不形成任何特殊的范畴，它就必然间接地总是剩余价值的一部分，它是同这种具有垄断价格的商品进行交换的其他商品的剩余价值的一部分。

因此，在扩大再生产条件下，社会总资本扩大再生产的实现条件就必须进行新的调整。它必须从 I（v + Δv + 利息 + 企业主收入 + 商业纯粹性流通费用 + 货币技术性流通费用 + 产业和商业地租 + 土地资本的折旧和利息 + 保险基金和后备金 + 赋税）= II（c + Δc）（其中，产业平均利润/x + 商业平均利润 = 利息 + 企业主收入）转化成为 I（v + Δv + 利息 + 企业主收入 + 商业纯粹性流通费用 + 货币技术性流通费用 + 产业和商业地租 + 土地资本的折旧和利息 + 保险基金和后备金 + 赋税 + 农业级差地租 + 农业垄断地租）+ I 农业（v + Δv + 农业平均利润/x + 农业绝对地租）= II（c + Δc）+ II 农业（c + Δc）（其中，这里的农业既包括一般农业，也包括具有独特性质的特殊农业；这里的农业平均利润为初始形态的平均利润而非完成形态的平均利润；这里的农业 Δc、Δv、农业平均利润/x 分别表示农业追加不变资本、农业追加可变资本、农业资本家个人消费，Δc + Δv + 农业平均利润/x = 农业平均利润），也就是说，在考虑农业生产部门的情况下，必须有 I 农业（v + Δv + 农业平均利润/x + 农业绝对地租）= II 农业（c + Δc）这一条件，才能保证社会总资本再生产的顺利进行。当然，在这里，初始形态的农业平均利润还可以比照初始形态的产业平均利润而进一步分割为利息、企业主收入、商业纯粹性流通费用、货币技术性流通费用、土地资本的折旧和利息、保险基金和后备金、赋税、农业垄断地租等项目。

至此，我们以扩大再生产为例并遵从抽象到具体的逻辑论述了马克思社会总资本再生产理论，并使其从抽象形态转化为具体形态。这里既考虑了社会总资本的不同形式，即产业资本、商业资本、生息资本、农业资本，又考虑了社会总剩余价值的不同形式，即利息、企业主收入、纯粹性流通费用、货币技术性流通费用、产业和商业地租、土地资本的折旧和利息、保险基金和后备金、赋税、农业绝对地租、农业级差地租、农业垄断地租等。最终，在既定的假设条件下，社会总资本扩大再生产的实现条件就从 I（v + Δv + m/x）= II（c + Δc）这一抽象、简单公式转化成为 I（v + Δv + 利息 + 企业主收入 + 纯粹性流通费用 + 货币技术性流通费用 + 产业和商业地租 + 土地资本的折旧和利息 + 保险基金和后备金 + 赋税 + 农业级差地租 + 农业垄断地租）+ I 农业（v + Δv + 农业平均利润/x + 农业绝对地租）= II（c + Δc）+ II 农业（c + Δc）这一具体、复杂的公式。除此之外，整个社会还存在一些既不创造产品，也不创造价值和剩余价值的独立行业，如广告业、簿记业、制币业、银行业、保险业、证券业、股票交易所、博彩业等，它们的成本和平均利润要么属于商业纯粹性流通费用或货币技术性流通费用，要么是工资、利息、企业主收入、各类地租、保险基金和后备金、赋税的一部分，上面的分析完全可以把它们包括在内而不必单独与两大部类的生产部门相对立。

实际上，马克思在《资本论》第 3 卷《关于生产过程的分析》中对社会总资本再生产理论也进行了具体分析。马克思以简单再生产为例指出，如果再生产过程正常进行，并且其他条件不变，也就是撇开积累不说，那么第 I 部类的工资、利润和地租的价值总额，就必须等于第 II 部类的不变资本部分的价值。否则，不是第 II 部类不能补偿它的不变资本，就是第 I 部类不能把它的收入由不能消费的形式转化为可以消费的形式。但是，这一分析还存在以下问题：第一，平均利润率的形成过程是否要同社会总资本的再生产过程结合起来研究？如果要结合研究，那么如何结合？第二，剩余价值的分割仅限于平均利润和地租吗？第三，剩余价值是在先扣除地租等项目之后转化为平均利润还是先转化为平均利润然后再扣除地租等项目？第四，社会总资本是否包括农业资本？如果包括农业资本，那么它会对利润率平均化过程和社会总资本的再生产过程产生怎样的影响？这些问题是必须进一步阐明的。我们遵循马克思的叙述逻辑并依据马克思的相关理论，在上面对这些问题进行了初步回答。由上面的分析可以看出，《资本论》第 2 卷第三篇的社会总资本再生产理论和《资本论》第 3 卷的全部理论实际上是一个有机整体，它们一起为马克思所计划的《资本论》续篇即国家、对外贸易和世界市场理论提供理论基础。

【参考文献】

［1］黄盛：《马克思的社会资本再生产理论及其现实意义》，载于《经济纵横》2008 年第 12 期。

［2］林世昌：《生产方式的结构及其变革的规律性》，载于《马克思主义研究》1987 年第 1 期。

［3］刘伟、方兴起：《马克思社会资本再生产理论的再认识——基于均衡与非均衡的一种解析》，载于《当代经济研究》2013 年第 4 期。

［4］《资本论》第 2 卷，人民出版社 2004 年版。

［5］《资本论》第 1 卷，人民出版社 2004 年版。

［6］《资本论》第 3 卷，人民出版社 2004 年版。

［7］王国青：《马克思主义政治经济学教研中的"税收误区"和"税收盲区"释疑》，载于《财政研究》2008 年第 2 期。

［8］姚慧琴：《马克思宏观经济增长运行理论及其现实意义——对马克思社会资本扩大再生产理论的再研究》，载于《西北大学学报》（哲学社会科学版）1999 年第 4 期。

（原文发表于《海派经济学》2016 年第 2 期）

马克思社会再生产理论与投资率问题的研究

肖泽群　文建龙*

我国当前投资率过高问题又凸显出来，对如何控制投资率过高问题，仍存在较大的争议。本文根据马克思社会再生产理论，探索投资率问题，为解决现实问题提供理论依据和政策建议。

一、对扩大再生产条件下投资率模型的推导

在马克思社会再生产理论中，"Ⅰ. 生产资料：具有必须进入或至少能够进入生产消费的形式的商品。""Ⅱ. 消费资料：具有进入资本家和工人阶级的个人消费的形式的商品"[①]。这就意味着，第Ⅰ部类产品的价值所表示的是社会投资的量，第Ⅱ部类产品的价值所表示的是社会消费的量。但是，这里所指的消费量和投资量不是指相应部类产品增加值的总和，而是指相应部类最终产品价值的总和，即总产值。因此，应除去Ⅰc、Ⅱc中的中间产品，并假设计入增加值Ⅰc、Ⅱc分别为Ⅰθc、Ⅱθc（其中 $0 < \theta < 1$），其中增加值中的消费与投资比例（α）可以表示为：

$$\alpha = \frac{Ⅱ(\theta c + v + m)}{Ⅰ(\theta c + v + m)} \tag{1}$$

一般说来，消费率和投资率是相对一年计算的。所以，为了分析问题的标准化，这里分析消费与投资的比例（α）也以一年为标准。假设第Ⅰ部类不变资本的年周转次数 n_{11}、可变资本的年周转次数为 n_{12}，第Ⅱ部类不变资本的年周转次数为 n_{21}、可变资本的年周转次数为 n_{22}，则消费与投资的比例（α）为：

---

* 肖泽群：同济大学经济与管理学院。文建龙：同济大学职业技术教育学院。

① 《资本论》第2卷，人民出版社1975年版，第438～439页。

$$\alpha = \frac{n_{21}\theta_2(c_2 + \Delta c_2) + n_{22}(v_2 + \Delta v_2) + n_{22}m'_2(v_2 + \Delta v_2)}{n_{11}\theta_1(c_1 + \Delta c_1) + n_{12}(v_1 + \Delta v_1) + n_{12}m'_1(v_1 + \Delta v_1)} \tag{2}$$

扩大再生产的实现条件为：$\mathrm{I}\,(v + m) = \mathrm{II}\,c + \mathrm{I}\,\Delta c + \mathrm{II}\,\Delta c$[①]，则年扩大再生产的实现条件变为：

$$n_{12}(v_1 + m_1) = n_{21}c_2 + n_{11}\Delta c_1 + n_{21}\Delta c_2 \tag{3}$$

又由于 $r = \dfrac{c}{v}$，$m' = \dfrac{m}{v}$，$p' = \dfrac{nm'}{r+1}$，则：

$$a = \frac{\left[n_{12} + p'_1(r_1 + 1) - n_{11}r_1\dfrac{\Delta v_1}{v_1}\right]\left[n_{21}\theta_2 r_2 + n_{22} + p'_2(r_2 + 1)\right]}{n_{21}r_2\left(1 + \dfrac{\Delta v_1}{v_1}\right)\left[n_{11}\theta_1 r_1 + n_{12} + p'_1(r_1 + 1)\right]} \tag{4}$$

假设年投资率为 I'，年消费率为 C'，则有：

$$\mathrm{I}' = \frac{1}{a+1} \tag{5}$$

根据马克思关于平均利润率的论述，各部门的利润率会趋于相等（即 $p'_1 = p'_2 = p'$），将（4）式代入（5）式，且令 $\dfrac{\Delta v_1}{v_1} = \lambda$，得：

$$\mathrm{I}' = \frac{n_{21}r_2(1 + \lambda)\left[n_{11}\theta_1 r_1 + n_{12} + p'(r_1 + 1)\right]}{\begin{array}{l}\left[n_{11}\theta_1 r_1 + n_{12} + p'(r_1 + 1)\right]\left[n_{21}\theta_2 r_2 + n_{22} + p'(r_2 + 1)\right.\\ \left. + n_{21}r_2(1 + \lambda)\right] - \left[n_{11}r_1\lambda + n_{11}\theta_1 r_1\right]\left[n_{21}\theta_1 r_2 + n_{22} + p'(r_2 + 1)\right]\end{array}} \tag{6}$$

但是像（6）式这样一个复杂的模型，很难直接看出投资率与上述七个因素的关系。又由于对投资率的研究是属于宏观研究，而目前的统计数据也没有直接提供 r_1、r_2、λ、n_{11}、n_{12}、n_{21}、n_{22}、θ_1、θ_2 等数据，因此，为简化（6）式，可以假设 $n_{11} = n_{21} = n$，$n_{12} = n_{22} = N$，$r_1 = r_2 = r$，$\theta_1 = \theta_2 = \theta$，则（6）式变化为：

$$\mathrm{I}' = \frac{nr(1 + \lambda)}{N + nr + p'(r + 1)} \tag{7}$$

为了分析年劳动者报酬（V）占国民收入（Q）的比例（μ）与年平均利

---

① 鲁从明：《〈资本论〉的思想精华和伟大生命力》，中共中央党校出版社 1998 年版，第 261 页。

润率的关系，可以假设年利润（P）①占国民收入的比例为 κ，固定资产折旧（θnc）占国民收入的比例为 η，则：$\mu = \dfrac{V}{Q}$，$\kappa = \dfrac{P}{Q}$，$\eta = \dfrac{\theta nc}{Q}$，$\mu + \kappa + \eta = 1$，由此可以得出：

$$p' = \frac{(1 - \mu - \eta)N}{u(r + 1)} \tag{8}$$

将（8）式代入（7）式得：

$$I' = \frac{u(1 + \lambda)}{\dfrac{(1 - \eta)N}{nr} + u} \tag{9}$$

由于 $\dfrac{(1 - \eta)N}{nr} = \dfrac{(1 - \eta)Nv}{nc} = \dfrac{(1 - \eta)u\theta}{\theta nc/Q} = \dfrac{(1 - \eta)\theta u}{\eta} = \left(\dfrac{1}{\eta} - 1\right)\theta u$，所以（9）式可简化为：

$$I' = \frac{\eta(1 + \lambda)}{(1 - \eta)\theta + \eta} \tag{10}$$

由于 $\dfrac{d I'}{du} > 0$，$\dfrac{d I'}{d\eta} > 0$，$\dfrac{dI'}{d\dfrac{(1 - \eta)N}{nr}} < 0$，$\dfrac{dI'}{d\theta} < 0$，$\dfrac{dI'}{d\lambda} = \dfrac{nur}{(1 - \eta)N + unr} = $ 常

数（>0），所以，I' 与 μ、η 成正相关的关系，与 $\dfrac{(1 - \eta)N}{nr}$、θ 呈负相关的关系，与 λ 呈正比的关系。

由于 r、n、N 和 p′在目前的统计指标中难以直接测算出来，又根据（8）、（9）式和 $\dfrac{(1 - \eta)N}{nr} = \left(\dfrac{1}{\eta} - 1\right)\theta u$，可知 r、n、N 和 p′这四个因素变动的情况，可以通过 μ、η、θ 这三个因素变动反映出来，这样，投资率的分析不仅仅停留在理论分析框架内，还可以扩展到运用各国的实际经济运行数据进行分析。

简言之，投资率理论模型是从实体经济的角度揭示了影响投资率大小的因素及其发展趋势。这与凯恩斯的需求管理理论存在一些明显差异。如前所述，需求管理理论强调短期的财政和货币政策的运用，以达到调整投资的目

---

① 实际上这里的年利润包括生产税净额和营业盈余两部分，即国内生产总值－（劳动者报酬＋固定资产折旧）。

的。运用投资率理论模型，在短期内，调整投资率，特别是调整固定资产投资，也可运用需求管理理论的财政和货币政策。不同的是，投资率理论模型还特别强调了 μ、η、$\theta(r$、n、N 和 p') 这三个因素对投资的影响。因而调整投资率，仅仅运用需求管理理论有它的局限性，而投资率理论模型还可以通过运用相关政策来调整 μ、η、θ、$\lambda(r$、n、N 和 p') 这四个因素，以达到调整投资需求和消费需求的目的。

二、对投资率模型的分析

如上所述，投资率大小是由 η、θ 和 λ 三个因素综合作用的结果。

1. 对第 I 部类扩大再生产程度 (λ) 的分析

从理论上讲，消费品的需求状况决定第 II 部类产品的投资变动，而这一变动，又决定第 I 部类 a（即为第 II 部类生产生产资料的产业）的投资变动情况，第 I 部类 a 变动再决定第 I 部类 b（为第 I 部类 a 和 b 生产生产资料的产业）的投资变动情况。简言之，λ 取决于第 II 部类产品的需求情况。但是，实际的经济运行状况却变得异常复杂。λ 受到第 II 部类产品的需求情况影响，这既要考虑消费的可支配收入水平及其消费倾向，又要考虑各类产品的消费需求弹性。除此之外，λ 还受到虚拟经济、政府政策以及投资者的信心及偏好的影响。所以，虽然 λ 最终取决于到第 II 部类产品的需求状况，但在短期内，其变动没有定势，有时为负，有时为正，其大小取决于这些因素的综合作用。正因为如此，在短期内，政府可以采取相关的措施，影响 λ 的升降，从而调控投资率的升降。由于现有的统计体系没有直接对第 I 部类扩大再生产程度（λ）进行统计，为便于估算，可将 λ 近似为固定资产投资增长率。

2. 对固定资产折旧所占份额 (η) 的分析

投资率与 η 呈正相关，即投资率随 η 提高而提高。因此，调整投资率，可以通过调整固定资产折旧占 GDP 的比例来达到这一目标。一般而言，固定资产是企业生产经营的重要物质手段，是企业赖以生存和发展的根本保证，它既是盈利的基础，也是投入的大项。一个企业的固定资产常常占到总资产的一半以上，资产折旧费又常常占到总成本的一半以上。我国在 1992 年、

1995 年、1997 年和 2000 年的 η 值均大于同年美国、日本、韩国的 η 值。这说明中国需要消耗比美国、日本和韩国更多的固定资产，才创造相同的利润，这就意味着中国固定资产的使用效率和经济增长质量比美国、日本和韩国更低。

3. 对固定资产折旧占转移的不变资本的比例（θ）的分析

θ 值是指固定资产折旧占转移的不变资本的比例。θ 值越高，固定资产折旧占转移的不变资本的比例就越高，中间投入的比例相应地就越低。根据科斯的解释，一个企业将扩大规模至在企业内部组织一个额外交易的成本等于通过在公开市场上交换的方法进行相同交易或者组织另一个企业的成本时为止。由于中间投入的产品就是指企业在公开市场上交换得来的，因而其比例高低可以从整体上反映企业的规模或产业集中度。由于固定资产折旧在转移的不变资本的比例越高，中间投入的比例就越低，产业或企业外购的流动资产比重就越低，因而企业规模或产业集中度越高，所以，θ 值也可以从整体上反映企业规模或产业集中度。同时，社会分工和专业化的不断发展，这对企业规模扩大或产业集中是一种负作用，即社会分工和专业化的发展会减缓企业规模的扩大或产业集中的程度。可见，θ 值还反映了产业集中度和分工（或专业化）发展这两种作用力相互作用的结果。另外，如果中间投入比重高，反映的是企业外购的流动资产比重高，这在一定程度上意味着增加值率低，投入产出效益低，即经济增长质量低。1992 年后，我国在逐步建立市场经济体制过程中，中小企业的快速发展，从整体上使企业规模或产业集中度降低，这种降低的作用是双刃剑，一方面，有利于增强市场机制的作用，从而使计划经济更快转轨到市场经济上来；另一方面，却增加了交易成本，降低了投入产出效益。这也是转轨中必然的发展过程，以及在这个过程中必须付出的成本，但也为我们提出了转轨过程中必须注意引导企业做大做强，节约交易成本，提高企业效益，从而从整体上推动产业集中度的提高，提高经济增长质量。由投资率模型可知，在其他因素不变的情况下，θ 值越高，投资率就越低。所以，推动企业规模的壮大，促进产业集中度的提高，可以降低投资率。

三、对我国宏观调控的启示

很明显，上述结论都是以完善的市场机制为前提的。市场机制不完善或缺失，可能会使这些变化趋势不明显或者不复存在。因此，针对我国现状，调控投资必然要从影响投资率大小的因素和完善市场机制两大方面出发，才能取得实质成效，否则可能是治标难治本，甚至标本也难治。

长期以来，我国基本上存在消费率过低、投资率过高的国民经济运行格局。一方面，在人均 GNP 400 美元[①]以前，我国消费率均低于钱纳里"标准结构"近 20%；另一方面，绝大多数国家的消费率没有降至 70% 以下，有高储蓄率之称的东亚国家消费率最低也在 62%，而我国在 20 世纪 90 年代后消费率均在 60% 以下。[②] 消费率过低，相应地投资率就必然过高。而投资率过高，对宏观经济的运行会带来相当大的负作用，即带来最终消费需求不足，从而使经济运行在生产资料（特别是投资品）生产和基本建设之间循环，使经济运行陷入投资替代消费的周期性投资过热的非良性循环，使整个国民经济运行效率低下，资本和资源消耗大，与可持续发展不相协调。因此，我国宏观调控的一项重要任务就是降低投资率，提高消费率。作为宏观调控政策，不能为降低投资率而不惜代价地采取一切措施，而应根据上面的分析采取恰当的措施才能取得实质成效。

1. 控制固定资产投资规模

根据（9）式，可知，I' 与 λ 呈正比的关系。所以，降低投资率的重要手段是控制固定资产投资规模。一是鼓励长线产品的企业更新改造，严格控制这些企业的新建扩建。二是严格控制新上项目，使固定资产投资增速降下来。当然，在控制固定资产投资规模过程中，不能为降低投资率而不惜手段，

---

① 1964 年美元价。注：折算根据《1985 年世界发展报告》第 174 页，该报告公布的按当年美元统计的中国 1983 年人均 GNP 300 美元；该报告公布的美国通货膨胀指数是：以 1964 = 100，1983 年 = 311.6（报告第 175 页）；按该指数将 1983 年美元折合成 1964 年美元，中国 1983 年人均 GNP 为 96.3 美元。其余各年按 1983 年数字和各年的环比指数推出。

② 肖泽群：《以科学发展观协调投资与消费的比例关系》，载于《宏观经济管理》2004 年第 11 期。

而应当根据产业结构调整规律，制定科学的产业政策，严格控制高耗能、高污染的产业，鼓励成长性高的环保型产业的发展。

2. 提高固定资产使用效率

根据（10）式，降低投资率，也可以通过降低 η 值这一途径来实现。在 θ 和 λ 不变的情况下，提高固定资产使用效率，降低 η 值，则可以降低投资率。美国的发达程度比我国要高，在现有科学技术水平下，其 η 值比我国低，这并不表明我国整体科学技术水平很高，并不表明我国资本有机构成很高，而是表明我国固定资产使用效率较低和产业结构重型化。因此，我国提高固定资产使用效率的空间还很大，还有很多工作需要做。当前，提高我国固定资产使用效率的途径主要有：一是做好投资前期的科学决策，减少投资失误。二是注重更新改造投资，提高原有固定资产的使用效率，降低基本建设投资比例。三是规范各地招商引资优惠政策，使各种生产要素价格真正反映市场机制形成的价格，从而减少投资错配，优化产业布局，最终达到提高固定资产使用效率，提高国民经济运行效率。四是优化产业结构，使农轻重比例协调。

3. 提高产业集中度，减少中间投入的比例

根据（10）式，可以通过提高 θ 值来降低投资率。由于 θ 值是指固定资产折旧占转移的不变资本的比例。θ 值越高，固定资产折旧占转移的不变资本的比例就越高，中间投入的比例相应地就越低。根据科斯的解释，一个企业将扩大规模至在企业内部组织一个额外交易的成本等于通过在公开市场上交换的方法进行相同交易或者组织另一个企业的成本时为止。由于中间投入的产品就是指企业在公开市场上交换得来的，因而其比例高低可以从整体上反映企业的规模或产业集中度。由于固定资产折旧在转移的不变资本的比例越高，中间投入的比例就越低，产业或企业外购的流动资产比重就越低，因而企业规模或产业集中度越高，所以，θ 值也可以从整体上反映企业规模或产业集中度。另外，如果中间投入比重高，反映的是企业外购的流动资产比重高，这在一定程度上意味着增加值率低，投入产出效益低，即经济增长质量低。实际情况是，我国产业集中度不高，主要表现为区域产业结构趋同，企业规

模普遍偏小，大量企业存在规模不经济，特别是适合于大规模生产的产业（如汽车、机械、石化、钢铁等）没有适度集中，涌入了大量规模不经济的中小企业，导致产业或企业中间投入比例过高，提高了交易成本。因此，一方面要采取鼓励措施，提高适合于大规模生产的产业集中度，减少中间投入，降低交易成本，提高经济增长质量；另一方面，打破"行政性垄断"，依靠市场力量，提高产业集中度。

4. 转变政府职能，为市场经济提供良好的发展环境

这是我国调整投资率的治本之策。在目前体制下，各地加快发展的冲动非常强烈，特别是发展相对滞后的地区。这当然是达到又快又好发展的必要条件。但是仅有这种强烈的发展冲动，盲目上项目，盲目攀比增长速度，则会扭曲市场机制的功能，形成投资高涨、投资错配的局面。要扭转这种传统发展模式，就应当转变政府职能，完善市场经济体制，使政府经济职能主要转移到社会需要解决而企业和市场解决不了和解决不好的问题上来。其中最突出的职责是依法维护产权独立和经济自由的经济制度，完善市场机制和维护市场秩序，解决市场和企业难以解决的问题，减少和消除市场机制造成的消极后果和负面影响。但是，由于我国市场机制还不完善和各级政府经济职能与市场机制还不很适应，导致一些市场机制扭曲或者缺失。这是推动投资率高涨的体制性原因。例如，从理论上看，在人均收入较低的情况下，边际消费倾向较高，但是实际情况正好相反。目前我国存在社会保障、医疗和住房等领域的问题，导致人们的预期消费较高，从而出现边际消费倾向较低，储蓄率很高，这样在各级政府投资冲动强烈及其对项目评审权力、土地批租权力和贷款影响力较大的情况下，就促使作为日益市场化的银行面对如此局面不得不放贷，从而使高储蓄率转化为高投资率，使居民最终消费率处在低位运行，从而推动产业结构重型化，最终形成投资替代消费的增长模式。

（原文发表于《马克思主义研究》2006 年第 12 期）

货币流回规律和社会再生产的实现

——马克思社会总资本的再生产和流通理论再研究

何干强 *

马克思在《资本论》中所阐述的社会总资本的再生产和流通，无论是社会简单再生产，还是社会扩大再生产，都是结合货币流回规律来进行的。他指出，全社会存在生产资料和消费资料两大生产部类，各生产部门在商品价值和实物形态两方面，必须形成平衡的比例关系，并以货币流通为中介，进行相互补偿和更新的交换，才能实现社会总资本的再生产。在这个过程中，"当再生产（无论是简单的，还是规模扩大的）正常进行时，由资本主义生产者预付到流通中去的货币，必须流回到它的起点（无论这些货币是他们自己的，还是借来的）。这是一个规律"①。这就是社会再生产中的货币流回规律。深刻理解这个规律及其与社会再生产过程的一般联系，对于研究社会主义市场经济的宏观运动具有重要指导意义。但是国内外经济学界对货币流回规律的研究比较薄弱。本文从《资本论》原著研究的角度，力求弥补这个缺陷，以纪念《资本论》第 1 卷德文版首次发表 150 周年。

一、文献综述

（1）国外研究状况。西方宏观经济学未为本文主题提供相关的研究文献。面对当代资本主义经济的一系列矛盾，西方宏观经济学涌现了"新古典综合"、货币主义、新古典宏观经济学、真实经济周期理论、新凯恩斯主

---

  * 何干强：南京财经大学经济学院教授。本文为作者主持的国家社科基金一般项目"《资本论》宏观经济分析方法及其中国化研究"（11BJL007）的主要阶段性成果之一。

① 《资本论》第 2 卷，人民出版社 2004 年版，第 511 页。关于货币流回规律，马克思在该卷第 3 篇"社会总资本的再生产和流通"中多处提到，参见第 446、459、507、533 页。

义、后凯恩斯主义和奥地利学派等多个流派。按照西方学者的说法，"所有
学派在界定自己时"，都承认自己的理论与凯恩斯宏观经济思想的联系，要
么是某种发展，要么是复活。① 凯恩斯主义虽然很重视与货币流通相联系的
"总供给"和"总需求"的平衡；但是，由于缺乏《资本论》基于唯物史
观揭示的"劳动二重性"基本观点，不能从商品使用价值和价值两方面，
分析产业部门间的比例关系，因而不可能研究马克思的"货币流回规律"。
有的西方主流经济学者从宏观研究了社会生产与货币流通的关系，但是终
究没有认识到马克思揭示的货币流回规律和社会再生产实现之间的内在
联系。②

国外研究《资本论》一些影响较大的注释性著作，虽在解读第 2 卷第三
篇第 20 章的"Ⅴ. 货币流通在交换中的中介作用"一节时，论述到货币流回
规律，但是对该章更重要的"Ⅺ. 固定资本的补偿"一节，所阐述的货币流
回规律与固定资本补偿之间的内在联系，以及对第三篇第 21 章如何结合货币
流回规律，揭示社会扩大再生产实现条件的逻辑联系，其解读和研究都显得
不足，尤其对马克思在第 21 章第Ⅲ节的"3. 积累时Ⅱc 的交换"和第Ⅳ节
"补充说明"，更缺乏阐释。③

苏联经济学界是重视马克思社会再生产理论的，但主要关注社会再生产
实现的一般条件，即两大部类之间的各种比例关系。20 世纪 50 年代第一版
《政治经济学教科书》论述资本主义"社会资本的再生产"时，提到"社会
产品的实现，就是它的商品形式变为货币形式"，却未提到货币流回规律；尽

---

① 参见布莱恩·斯诺登、霍华德·R. 文：《现代宏观经济学：起源、发展和现状》，佘江涛、魏
威、张凤雷译，凤凰出版传媒集团、江苏人民出版社 2009 年版，第 13 页。

② 参见 Augusto Graziani. *The Monetary Theory of Production*. Cambridge：Cambridge University Press，
2003；Carl E. Walsh. *Monetary Theory and Policy*. 3d edition，Boston：The MIT Press，2010；John Hicks. *A
Market Theory of Money*. Oxford：Oxford University Press，1989；Steve Keen. The Dynamics of the Monetary
Circuit，in Jean – François Ponsot and Sergio Rossi，eds. *The Political Economy of Monetary Circuits*. New York：
Palgrave Macmillan Press，2009.

③ 参见日本民主主义科学者协会编：《〈资本论〉解说讲座》，何仲珉、丘锷峦、罗任一译，三
联书店 1957 年版，第 229 ~ 272 页；卢森贝：《〈资本论〉注释》第 2 卷，赵木斋、瞿松年译，三联书
店 1963 年版，第 217 ~ 219 页、第 223 ~ 234 页。

管在论述社会主义制度"国民经济有计划（按比例）发展的规律"时，提到"货币平衡表"，但未阐释货币流回规律与社会再生产实现的关系。[①] 当时为了在恶劣国际环境中优先发展重工业，苏联对社会化生产实行以行政手段为主的中央集权产品管理体制，经济政策注重对国民经济平衡表编制的经验研究。物质生产领域的资源配置，主要通过国家财政预算在部门、地区和企业间有计划地再分配（调拨）来实现，信贷资金仅起辅助作用。面对两大部类日益复杂的实物和价值补偿关系，经济学界认为，国家能够"自觉利用价值规律"，凭借中央管理体制分配物质消耗补充基金及其流动基金、消费基金、积累基金和储备的综合平衡，满足国民经济有计划按比例发展规律的要求。尽管有学者注意到商品货币关系对两大部类比例关系不平衡发展的影响，如固定资产积累的规模在很大程度上取决于基建投资额与折旧基金的比例，在补充基金的绝大部分用于补充流动基金价值量的前提下，折旧基金大于当年更新的固定资产价值量的差额，可作为积累的源泉，但由于上述产品管理体制、国家预算控制下的企业缺乏自主权，以及计划对货币流通量的集中调节，以致经济学界长期忽视对马克思关于两大部类平衡关系中货币流回规律的系统研究。[②] 直至1990年，由苏联科学院组织著名经济学家集体编写的《政治经济学：高等学校教科书》，仍未把社会再生产和货币流回规律联系起来。[③]

在西方国家有关马克思政治经济学的研究论文中，虽然有人涉及社会总资本再生产理论中的货币流通和流回现象，但未深入阐明货币流回规律的实质内容。例如，唐纳德·哈里斯（Donald Harris）讨论了以货币形式表现的利润率变动对两部类间资本投资量的影响。[④] 约翰·罗默（John Roemer）考察

[①] 苏联科学院经济研究所编：《政治经济学教科书》，中共中央马克思恩格斯列宁斯大林著作编译局译，人民出版社1955年版，第219页、第221～223页、第457～458页。

[②] 参见图列茨基：《国民经济计划和平衡问题》，柳谷岗等译，一禾校，三联书店1963年版；中国科学院经济研究所国民经济综合平衡组编：《苏联经济学界关于国民经济平衡表的理论与方法论问题论文选集》，科学出版社1959年版。

[③] См：Медведев В. А.，Авалтин Л. И.，ОЖерельев О. И. и др. ПолитиЧескаЯэКОНОМИЯ：учеб НИК ДЛЯ ВV30В，М.：ПолитиЗлаТ，1990，с. 68－70.

[④] Donald J. Harris. On Marx's Scheme of Reproduction and Accumulation. *Journal of Political Economy*，1972，80（3）：505－522.

了社会再生产中工人用于消费的工资之货币流通，对商品出售的影响。① 安德鲁·特里格（Andrew Trigg）论述到资本家在社会再生产的交换中，预付出去的货币，最终会回到资本家手中，触及货币流回规律的现象。② 意大利货币循环学派认为，该学派的思想来源之一是"马克思传统"，并把经济过程描述成一系列"货币流"的按序循环。③ 可是，他们都没有真正从货币在两大部类的交换中起中介作用的角度，阐释货币流回规律如何反映固定资本价值补偿和实物补偿，以及社会总资本扩大再生产和流通的实现，即没有触及货币流回规律的本质，没有研究货币流回规律与社会总资本再生产实现之间的内在联系。

（2）国内研究状况。新中国成立以来，经济学界对《资本论》原著的研究较广泛深入，出版了不少有特色、有深度的解读《资本论》原著的著作。这些著作力求按原著的原义解释货币流回规律。④ 但它们主要侧重文字的简要解读，读者往往较难理解；且对第2卷第21章第Ⅲ节的"3. 积累时Ⅱc的交换"和第Ⅳ节"补充说明"所阐述的货币流回规律阐释不够。改革开放前，学者对《资本论》社会再生产理论的应用性研究，重点在于解决计划经济体制下社会主义经济建设的实际问题，在关于社会总资本的再生产和流通理论的假设前提、社会简单再生产和扩大再生产的关系、生产资料和消费资料两大生产部类相互补偿的辩证关系、社会扩大再生产的条件和类型、固定资本的再生产规律、生产资料生产优先增长是否为客观规律、内含扩大再生产和外延扩大再生产的关系、生产与消费的关系、短期投资和长期投资的关系、社会再生产积累的源泉和积累率的确定、国民经济综合平衡、经济结构在现实经济中的含义和调整等

---

① John E. Roemer. Marxian Models of Reproduction and Accumulation. *Cambridge Journal of Economics*, 1978，2（1）：37 – 53.

② Andrew Trigg, Marxian Reproduction Schema. *Money and Aggregate Demand in a Capitalist Economy*. London：Routledge，2006：33 – 49.

③ 参见袁辉：《意大利货币循环学派对宏观经济学的贡献》，《经济学动态》2016 年第5 期。

④ 参见陈征：《〈资本论〉解说》第2 卷，福建人民出版社1997 年版，第396 ~417 页；北京大学经济系《资本论》教学组：《〈资本论〉释义》第2 卷，北京出版社1982 年版，第273 ~288 页；厦门大学经济系《资本论》讲解编写组：《〈资本论〉讲解》第3 册，青海人民出版社1981 年版，第488 ~512 页。

许多方面，取得了不少研究成果。① 但是，与上述苏联经济学界的情况相似，由于受到把计划经济与市场经济相对立观念的束缚，这些研究侧重的主要是生产领域产业结构的比例关系，而对货币流回规律及其与社会再生产实现之间的内在关系，则很少研究，或把货币流回规律与货币流通规律等同起来。②

进入改革开放新时期，随着党的工作重心转移到经济建设和对商品流通的重视，上述状况开始有了根本性改观。1979 年，许涤新题为《论社会主义的生产、流通与分配——读〈资本论〉笔记》的专著，在第二篇第四章第四节"货币流通在两大部类间交流中的作用"中，以马克思的简单再生产图式为基础，较详细地诠释了《资本论》第 2 卷的有关章节，并总结道："马克思的关于再生产过程中货币归流的原理，在社会主义生产方式中，还是客观存在的。"③ 1980 年，在全党学习《资本论》第 2 卷的热潮中，由林子力、刘国光等九位专家编写的《学习马克思关于再生产的理论》简明读本，节录了原著中马克思对货币流回规律的较多论述并附文作了简明阐释，发行量达 30 万册。附文正确地指出，人们长期忽视了社会主义经济仍然是商品经济，"以为只要用国家计划来直接组织整个社会的生产和全部经济生活，就可以保证国民经济的按比例发展"，殊不知"国民经济比例关系的失调，也是通过市场问题表现出来的"。④ 遗憾的是，它们没有阐明市场实现问题是通过社会再生产中的货币流回规律集中显现出来的。1981 年，刘国光论述了"社会产品实现过程中的货币流通"和"流通中货币的投入和流回"，明确阐释了马克思的货币流回规律和社会再生产实现的关系；可惜在论述原著"积累时 Ⅱ c 的交换"时，没有从理论上进一步展开分析。⑤ 这一时期对国民经济综合平衡问题的研

---

① 参见《经济研究》编辑部编：《建国以来社会主义经济理论问题争鸣（1949～1984）》（上），中国财政经济出版社，第 316～956 页、第 588～607 页、第 622～650 页、第 71～766 页。

② 参见林继肯：《社会扩大再生产和货币流通》，载于《中国经济问题》1963 年第 6 期。

③ 许涤新：《论社会主义的生产、流通与分配——读〈资本论〉笔记》，人民出版社 1979 年版，第 333～334 页。

④ 林子力等：《学习马克思关于再生产的理论》，人民出版社、中国社会科学出版社 1980 年版，第 270 页。

⑤ 刘国光等：《马克思的社会再生产理论》，中国社会科学出版社 1981 年版，第 40～54 页、第 88～91 页。

究，涌现了许多重要的学术成果。例如，李成瑞提出，"首先要做到积累与消费的总量和比例大体恰当"，"同时要做到生活资料与生产资料两大部类以及两大部类内部各个部门发展的数量和比例大体恰当，这样才有足够的力量回笼货币"。① 这就阐明了社会再生产的合理比例，对表现在财政和信贷平衡中的货币流回所起的决定作用。黄达等把"货币收支总体"作为研究对象，并引入生产部门提取折旧"作为更新基金"，分析"为了更新固定资产"购买材料和设备的流程，较详细地研究了"货币运动与物资运动在再生产过程中的相互依存情况"，紧密结合现实的国民经济运行，具体研究了货币流回规律的表现。② 这些研究以中国经济改革的重大现实问题为导向，阐释马克思的货币流回规律与社会再生产实现的关系，但展开诠释《资本论》的相关原理，并非当时研究的侧重点。在正确确立社会主义市场经济体制的改革方向之后，有学者明确提出，应当充分重视货币流回规律的作用，并进行了一定的研究，虽然不够系统深入。③ 近年来，有的学者开始专题研究"货币流回规律"，却往往仍然未能把货币流回规律与货币流通规律、生息资本运动规律区分开来。④

　　总体而言，对马克思揭示的货币流回规律与社会再生产的关系，在国内外经济学界的研究中尚未引起应有的重视。而正如本文下面要论证的，马克思揭示的货币流回规律是在商品生产普遍化的社会中，社会再生产得以实现的一般表现形式，并对观察宏观经济运行状态具有重要的方法论意义。马克思正是通过对社会再生产起中介作用的货币能否流回到投入者手中这一矛盾的考察，进而发现要实现社会再生产两大部类实物和价值的补偿，它们之间必须保持一定的比例关系。从经济实践要求科学理论指导来看，弄清货币流回规律与社会再生产关系的原理，已经成为解决当前宏观经济结构性失衡的

---

① 李成瑞：《货币发行与宏观经济控制》，载于《中国社会科学》1985 年第 4 期。

② 黄达等：《社会主义财政金融问题》下册，中国人民大学出版社 1981 年版，第 506 页、第 507 ~ 517 页。

③ 参见何干强：《〈资本论〉的基本思想与理论逻辑》，中国经济出版社 2001 年版，第 215 ~ 216 页、第 224 ~ 235 页（页码按 2005 年第 2 次印刷）；杨斌林：《再生产平衡表研究》，中国经济出版社 2002 年版，第 55 ~ 58 页。

④ 参见卢江、杨继国：《马克思"货币流回规律"理论论述及其应用》，载于《当代经济研究》2011 年第 3 期；杨继国：《货币资本回流规律与虚拟经济危机》，载于《当代经济研究》2013 年第 5 期。

迫切需要。

习近平总书记在 2017 年 7 月 26 日省部级主要领导干部迎接党的十九大专题研讨班的重要讲话中强调，"到 2020 年全面建成小康社会，实现第一个百年奋斗目标"，"特别是要坚决打好防范化解重大风险、精准脱贫、污染防治的攻坚战"。① 在三大攻坚战中，列为首要的是"防范化解重大风险"。防范金融风险，做强实体经济，又是首要的重中之重。习近平在中共中央政治局第 40 次集体学习时告诫全党，"维护金融安全，是关系我国经济社会发展全局的一件带有战略性、根本性的大事"。② 他还指出，在国内外经济下行压力下，"大量资金流向虚拟经济，使资产泡沫膨胀，金融风险逐步显现，社会再生产中的生产、流通、分配、消费整体循环不畅。这是一个绕不过去的历史关口"③。"当前，我国经济运行面临的突出矛盾和问题，虽然有周期性、总量性因素，但根源是重大结构性失衡。概括起来，主要表现为'三大失衡'"，即"实体经济结构性供需失衡"、"金融和实体经济失衡"以及"房地产和实体经济失衡"；在第二大失衡的情况下，"不能把结构性供需矛盾当作总需求不足，以增发货币来扩大需求，因为缺乏回报，增加的货币资金很多没有进入实体经济领域，而是在金融系统自我循环，大量游资寻求一夜暴富，再加上监督人员同'金融大鳄'内外勾结，去年发生的股市异常波动就与此有关。在这样的背景下，金融业在经济中的比重快速上升，而工业特别是制造业比重下降"。④ 为了从理论上解析"重大结构性失衡"现象的深层矛盾，需要由表及里地进行大量研究，其中尤其需要从简单再生产到扩大再生产，较完整地阐释马克思揭示的货币流回规律与两大部类比例关系平衡之间内在关系的原理，包括对《资本论》第 2 卷上述章节揭示的固定资本补偿规律的诠释。

---

①　习近平：《高举中国特色社会主义伟大旗帜　为决胜全面小康社会实现中国梦而奋斗》，载于《人民日报》2017 年 7 月 28 日第 1 版。

②　习近平：《金融活经济活　金融稳经济稳》，2017 年 4 月 26 日，http：//news. xinhuanet. com/politics/2017 - 04/26/c_1120879349. htm，2017 年 7 月 30 日。

③　中共中央文献研究室编：《习近平关于社会主义经济建设论述摘编》，中央文献出版社 2017 年版，第 90 页。

④　中共中央文献研究室编：《习近平关于社会主义经济建设论述摘编》，第 113 ~ 114 页。

这正是本文力求解决的任务。

二、货币流回规律的科学含义

（1）货币流回规律是商品生产普遍化社会中存在的客观规律。应用唯物史观研究社会再生产实现条件，马克思把社会生产的实物形态分为生产资料生产 I 和消费资料生产 II 这两大部类。他抓住劳动二重性这个理解商品生产的枢纽，把实物形态的价值形态分别以 c、v、m 表示不变资本、可变资本和剩余价值。他揭示了社会再生产的商品交换必然经过三大途径：$I(v+m)=IIc$，$II(v+m)=II(v+m)$，$Ic=Ic$；并强调这些交换，都是以货币流通为中介的。为了清晰地解释这种中介作用，马克思撇开信用制度，"假定只有贵金属货币的流通"，并且"只有现金买卖这一最简单的形式"，"国内现有的货币量（假定流通速度等不变），既要足以适应现实流通的需要，也要足以适应贮藏货币的储备的需要"。① 排除这些掩盖本质联系的因素，展现的就是社会再生产的实现必然表现为货币流回规律的实质。马克思关于社会简单再生产"货币流通在交换中的中介作用"的有关论述，② 见图1。

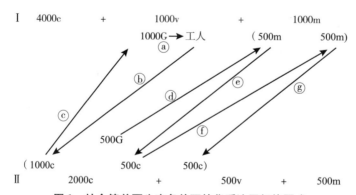

图1　社会简单再生产条件下的货币流回规律图式

注：→表示用货币购买商品。工人出卖的是劳动力商品。

---

① 《资本论》第2卷，第536～537页、第562～563页。
② 《资本论》第2卷，第458～470页。

图 1 显示，Ⅰ（1000v + 1000m）= Ⅱ2000c，这说明简单社会再生产的基本比例关系是平衡的。在假定数据的条件下，两大部类商品的大宗交换，通过图中的七个流程来实现。图标ⓐ表示，生产资料的第Ⅰ部类的资本家把Ⅰ1000G 货币作为工资，购买雇佣工人的劳动力商品。图标ⓑ表示，雇佣工人用这些工资购买第Ⅱ部类资本家生产的Ⅱ1000c 消费资料商品。图标ⓒ表示，第Ⅱ部类资本家用出售Ⅱ1000c 商品换回的货币，到第Ⅰ部类购买资本家的Ⅰ1000v 生产资料商品。这样，1000G 货币就媒介了Ⅰ1000v 和Ⅱ1000c 的商品交换，流回到第Ⅰ部类的资本家手中。同样假定，第Ⅱ部类资本家预付500G 货币启动Ⅱ1000c 和Ⅰ1000m 之间的商品交换，经过图中的流程ⓓ、ⓔ、ⓕ和ⓖ，这 500G 必然流回到第Ⅱ部类资本家手中。不难理解，在社会再生产两大部类比例关系保持平衡的条件下，遵循价值规律决定的等价交换原则，无论由第Ⅰ部类还是由第Ⅱ部类的资本家（在市场经济一般条件下，就是商品生产者）预付购买商品的货币，货币都会流回到预付者手中，否则就不是等价交换了。可见，只要两大部类的产品价值构成保持一定的平衡比例关系，货币就必然流回到预付者手中。因此，在商品生产普遍化的社会中，马克思揭示的货币流回规律是社会再生产必然存在的规律。

（2）不能把货币流通规律与货币流回规律混为一谈。这是理解货币流回规律应当注意的。固然，这两个规律有共性：货币流通规律表现为货币在商品交换中起中介作用。货币流通"是由商品本身的形式变换引起的"，[①] "货币运动的单方面形式来源于商品运动的两方面形式"，[②] 因而"货币运动只是商品流通的表现"，[③] 或商品流通的结果。而货币流回规律也指货币在社会再生产的商品交换中起中介作用，同样服从商品流通与货币流通的因果联系。在社会再生产中，社会总资本采取货币资本、生产资本和商品资本三种基本形态运动。它们都要通过执行货币一般职能、生产一般职能和商品一般职能，才能执行资本增值的职能。社会总资本的商品资本和货币资本在运动中，仍

---

① 《资本论》第 1 卷，人民出版社 2004 年版，第 137～138 页。
② 《资本论》第 1 卷，第 137 页。
③ 《资本论》第 1 卷，第 138 页。

然要遵循一般商品流通和货币流通规律。正因为如此，在社会总资本的再生产和流通过程中，才会产生货币流回规律这种宏观经济现象。从共性这方面看，可以说，货币流回规律是社会总资本运动遵循商品流通、货币流通一般规律的宏观表现。但是，这两个规律毕竟有原则区别。在社会再生产中，形式上的商品流通，在内容上是商品资本的流通，商品生产者预付的货币，实质上是货币资本，其循环和周转包含着剩余价值的实现。因此，货币流回规律是社会总资本增值运动的表现形式，它与表现商品等价交换规律的货币流通规律在本质上是不同的。这种本质区别，西方资产阶级学者往往看不清楚。

（3）不能把生息资本运动与货币流回规律混为一谈。这两者也有共同点，都表现为资本投资者投放的货币资本回到自己手中，都与资本实现价值增值相联系。但是，两者有本质区别：生息资本运动的货币流回对单个投资者而言，体现的是生息资本与职能资本之间的再分配关系；而货币流回规律却是社会再生产运动中的现象，并与社会再生产各产业部门的比例关系紧密联系。

三、结合货币流回规律揭示固定资本补偿规律

（1）解决固定资本补偿问题，方能充分揭示社会再生产的实现条件。马克思在唯物史观指导下，一旦发现了货币流回规律，就用以指导揭示社会再生产的实现条件。这体现出货币流回规律具有方法论的指导意义。马克思在论证 $I(v+m)=IIc$ 为实现社会简单再生产的基本条件时，先撇开不变资本（c）中固定资本与流动资本的差别。但是，一旦引入固定资本因素，这一条件就不充分了。因为在一定时期，固定资本的实物形态是作为整体，执行使用价值职能作用的；而其价值则逐步损耗，并转移到生产的商品中。这些损耗的价值随着商品销售，实现为货币，并沉淀下来作为折旧基金。只有当固定资本的使用价值寿命终结，折旧基金的积累达到重新购买新固定资本的数额时，固定资本才能实现整体的实物更新。这样，在社会再生产中，就有可能造成价值补偿与实物补偿之间不平衡的矛盾。马克思对这里的困难所做的

精辟分析，可用图 2 简要说明。在图 2 中，Ⅰ（1000v + 1000m）= Ⅱ2000c 意味着，社会简单再生产具备平衡的基本条件。但是，由于在不变资本Ⅱ2000c 中，存在Ⅱ200c(d) 这种体现固定资本损耗价值（折旧）的商品，社会简单再生产的实现就遇到了困难。

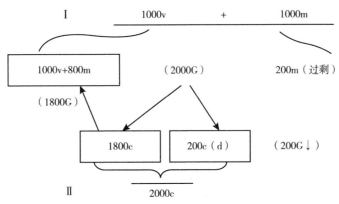

图 2　固定资本补偿对社会再生产提出的困难问题

注：200c（d）表示第Ⅱ部类体现固定资本损耗价值的商品。→表示货币流通方向或购买，↓表示货币沉淀或流通停滞。

按照社会简单再生产两大部类的交换途径，Ⅱc 商品与Ⅰ(v + m) 商品之间的交换，应由第Ⅰ部类的消费者购买Ⅱc 消费资料。假定第Ⅰ部类投入 2000G 货币，购买Ⅱ2000c 商品；在第Ⅱ部类的 2000c 中，有体现固定资本损耗价值的商品 200c(d)。于是，第Ⅱ部类生产者在 2000c 商品售出后，换回的 1800G 货币，会到第Ⅰ部类购买Ⅰ(v + m) 中的 1800 生产资料商品即 Ⅰ(1000v + 800m)；而另外的Ⅱ200G 货币，则因Ⅱ200c(d) 售出后，作为固定资本的折旧基金，会在第Ⅱ部类沉淀下来，当年不再用于购买第Ⅰ部类的生产资料。这样，第Ⅰ部类就会有 200m 商品发生过剩。可见，引入了固定资本补偿因素，第Ⅰ部类预付的货币中就会有 200G 不能回到第Ⅰ部类，货币流回规律受到阻碍，社会再生产遂不能正常实现。

（2）研究解决货币流回规律受阻问题的途径。在引入了固定资本补偿后，上面马克思假设的情况使货币流回受阻，势必使第Ⅰ部类有 200m 的生产资料商品不能售出，以致社会再生产不能实现。那么，能否由第Ⅱ部类付出货币，以解决Ⅱc(d)的货币化问题？初看起来，让第Ⅱ部类预付货币来解决本部类商品的实现或货币化，似乎是荒谬的，但是，这却是合理的假设。马克思指出，现实经济中总是存在两部分生产者，在一定时点上，一部分生产者已经需要用逐年积累起来的折旧基金货币购买固定资本，进行实物更新；而另一部分生产者则仍正在通过卖出商品，使损耗的固定资本价值货币化，形成折旧基金。假设第Ⅱ部类的前一部分生产者用货币Ⅱc(1)G到第Ⅰ部类购买固定资本实物，第Ⅰ部类再用卖出固定资本换回的这部分货币，到第Ⅱ部类购买另一部分生产者的、体现固定资本损耗价值的消费资料商品Ⅱc(2)d，就可以遵循货币流回规律，使社会再生产得到实现。

（3）揭示社会再生产的固定资本补偿规律。随后，马克思对这种假定的合理性作了详细论证。在社会简单再生产符合Ⅰ(1000v+1000m)=Ⅱ2000c的基本条件、社会总产品价值中的其他商品交换已经实现的条件下，他着重分析了与固定资本补偿Ⅱc(d)的实现有关的两大部类交换的三种假定情况。"（a）仍然作为余额以第Ⅱ部类的商品形式存在的400，有一个份额为第1部分和第2部分（假定各占1/2）补偿不变资本的一定量的流动部分；（b）第1部分已经把他的全部商品出售，所以，第2部分还有400要出售；（c）除了承担损耗价值的200外，第2部分已经把全部商品出售。"① 马克思展开了详细深入的论述，思路清晰；但是语言的论述的确有些费解。现用以下图式解读a、b、c三种情况，就容易理解了。

情况（a）：马克思在具体论述中，假设在两大部类其他交换完成后，第Ⅱ部类剩400商品；由该部类预付货币用于实现本部类200Ⅱc(2)d，并用于补偿本部类上述两部分生产者等量体现Ⅱc不变资本中的流动资本商品。这可用图3（a）来说明。

---

① 《资本论》第2卷，第515~516页。

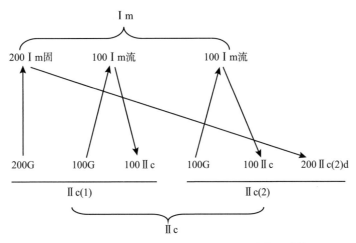

图 3 (a)　　固定资本补偿中Ⅱc(d) 实现的第一种情况

注：→表示货币购买的流向，"固"表示用作固定资本的商品，"流"表示用作流动资本的商品。以下同类图式不再重复说明。

不难看出，在假设数据下，两大部类的商品交换只要遵循途径Ⅱc(1) 200G→Ⅰm200（第Ⅰ部类固定资本商品）→Ⅱc(2)200d，即由第Ⅱ部类付出货币，使本部类Ⅱc(2)d 货币化，就能够在遵循货币流回规律的条件下得以实现。这里的前提是，第Ⅱ部类 c（第 1 部分）生产者购买固定资本要素投入的货币价值额，应当等于第Ⅱ部类 c（第 2 部分）生产者待出售的、体现固定资本损耗（折旧）的商品价值量，可以简要地表示为：Ⅱc(1)G = Ⅱc(2)d。

情况（b）：假设Ⅱc(1) 已经出售全部商品；Ⅱc(2) 还有 400 商品待售（包括 200 Ⅱc(d) 和 200 需要补偿流动资本的商品），要由该部类预付货币来实现，见图 3 (b)。

如图 3 (b) 所示，在这种情况下，由第Ⅱ部类付出货币，使本部类Ⅱc(2)d 货币化，完全可以实现遵循货币流回规律。其前提条件同样是：Ⅱc(1)G = Ⅱc(2)d。

情况（c）：对此情况，马克思又假设了以下两种情况。

其一，假设第Ⅱ部类Ⅱc(2) 生产者只剩Ⅱc(2)d 商品待实现；Ⅱc(1) 生产者的预付货币除了用于实现这部分商品，还用于实现Ⅱc(1) 补偿流动资本的商品。这可用图3（c-1）来表示。

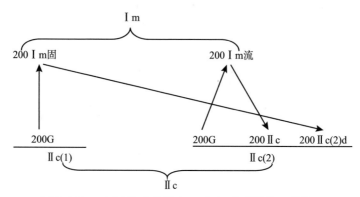

图3（b）　　固定资本补偿中Ⅱc(d) 实现的第二种情况

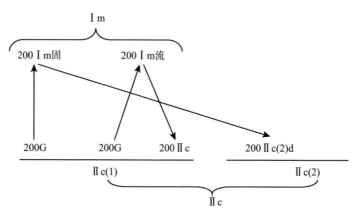

图3（c-1）　　固定资本补偿中Ⅱc（d）实现的第三种情况之一

　　其二，假设第Ⅱ部类Ⅱc(2) 生产者只剩Ⅱc（2）d 商品待实现；由第Ⅰ部类投入货币购买Ⅱc(2)d；由第Ⅱ部类投入货币，实现第Ⅰ部类的商品，见图3（c-2）。

　　图3（c-1）显示，由第Ⅱ部类付出货币，遵循了货币流回规律，使本部类Ⅱc(2)d 实现了货币化。图3（c-2）的情况比较特殊，作为交换中介的货币是由两大部类分别付出的，虽然第Ⅱ部类付出的货币留在了第Ⅰ部类，但是第Ⅰ部类购买Ⅱc(2)d 的货币，却留在第Ⅱ部类，这依然遵循了货币流

回规律。因此，情况（c）两种交换过程的实现，前提仍然是：Ⅱc（1）G =
Ⅱc（2）d。

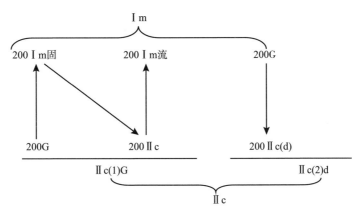

图 3（c−2） 固定资本补偿中Ⅱc（d）实现的第三种情况之二

上述 a、b、c 三种情况都清楚地表明，在社会简单再生产比例关系符合
Ⅰ（v + m）= Ⅱc 的基本条件下，让第Ⅱ部类预付货币，以解决自己部类的商
品Ⅱc（d）的实现或货币化，这个假设是合理的。其前提是本部类一部分生产
者用于固定资本实物更新的、已经积累的折旧基金货币价值量Ⅱc（1）G，应当
等于本部类另一部分生产者待出售的、体现固定资本价值损耗（折旧）的商
品价值量Ⅱc（2）d。这就是社会再生产中的固定资本补偿规律。为了充分论证
这个规律的存在，马克思还专门分析了在社会简单再生产中发生Ⅱc（1）G 与
Ⅱc（2）d 不相等的多种情况，及其可能的补救办法。①

实际上，第Ⅰ部类同样存在固定资本补偿问题，也要解决Ⅰc（1）G 和
Ⅰc（2）d 的关系问题。既然社会简单再生产的实现，要求Ⅰc 内部形成各产业
间相互平衡的内部结构，即Ⅰc = Ⅰc，而内部各生产者之间的交换也要遵循
货币流回规律，那么，只有Ⅰc（1）G = Ⅰc（2）d，才能使Ⅰc 的产品价值全部
得到货币化。因此，从两大部类的交换总体看，在一定时期内（通常是一

① 参见《资本论》第 2 卷，第 519~523 页。有关论述不太难懂，本文不再详细展开。

年），要实现包含固定资本补偿的社会再生产，两大部类各自用于固定资本实物更新的货币价值量，都必须等于体现固定资本损耗价值（折旧）的商品价值量。即不仅要求 $IIc(1)G = IIc(2)d$，而且要求 $Ic(1)G = Ic(2)d$。

（4）充分认识固定资本补偿关系不平衡带来的后果。马克思深刻地揭示，在资本主义条件下，即使"在不仅生产规模不变，而且特别是劳动生产率也不变"的社会简单再生产前提下，只要两大部类不变资本中需要实物更新的固定资本较上一年发生了变动，"危机——生产危机——还是会发生"。[①] 他以第 II 部类为例，引入固定资本和流动资本的比例关系，对此作了深入论证。[②] 假设寿命完结、需要进行实物更新的固定资本价值量为 $IIc(1)x$；仍在生产中起职能作用的固定资本，其总价值分为两部分。一为留在固定资本实物中的价值 $IIc(2)y$；二为已经转移到产出的商品中的损耗价值量 $IIc(2)d$。于是，第 II 部类生产中作为不变资本的固定资本的总量为：$IIc(1)x + [IIc(2)y + IIc(2)d]$，这是一个定量。而在社会再生产过程中，寿命完结的固定资本价值 $IIc(1)x$ 与仍在起职能作用的固定资本价值 $[IIc(2)y + IIc(2)d]$ 之间，会发生此增彼减的相应变化。既然第 II 部类不变资本中的固定资本和流动资本之和是一个定量，那么，只要 $IIc(1)x$ 和 $[IIc(2)y + IIc(2)d]$ 这两部分的比例发生了变化，就会破坏固定资本与流动资本之间原有的比例关系，使货币流回规律受到破坏，以致不能正常实现社会再生产。因为如果第 II 部类总的固定资本中，与去年相比，有更大一部分已经寿命完结 $[即 IIc(1)x 变大]$，从而需要实物更新，那么，仍在起作用的那部分固定资本 $[IIc(2)y + IIc(2)d]$，必然会按照同一比例减少。这样一来，遵循 $IIc(1)x \rightarrow Im 固 \rightarrow IIc(2)d$ 的必然交换途径，就会引起下列情况。

第一，在 $IIc(1)x$ 变大时，势必要求第 I 部类为第 II 部类供应的商品总额中，有较大部分由固定资本商品（$Im 固$）构成。而第 I 部类为第 II 部类提供的不变资本商品 IIc 是一定的，故第 I 部类为第 II 部类提供的流动资本商

---

① 《资本论》第 2 卷，第 523 页、第 524 页。

② 原著这部分的论证比较难懂，以下是根据原著有关论述所作的解读。参见《资本论》第 2 卷，第 523 ~ 524 页。

品（Ⅰm流）只能变小。然而，Ⅱc需要的流动资本商品（即原料、半成品、辅助材料）却不能有变化，它也是一个定量。于是问题来了，由于第Ⅰ部类减少了为Ⅱc提供的流动资本商品，第Ⅱ部类就不能继续顺利地再生产。

第二，在Ⅱc(1)x变大时，为了实现固定实物更新，第Ⅱ部类会有较多的货币G流到第Ⅰ部类，以便再流回第Ⅱ部类购买消费资料商品。但是，由于Ⅱc(1)x的变大，［Ⅱc(2)y＋Ⅱc(2)d］这部分必然会减少，从而Ⅱc(2)d商品量也会减少。这样，Ⅱc(1)x流到第Ⅰ部类、用以购买固定资本商品的货币G，就会有较大的部分因买不到第Ⅱ部类的商品Ⅱc(2)d，而在第Ⅰ部类沉淀下来。于是，货币流回规律被破坏，社会再生产不能正常实现。以上研究的是Ⅱc(1)x变大的情况。马克思指出，"有了以上的阐述，对于相反的情况"，即Ⅱc(1)x变小的情况，"就无须再进一步考察了"①。可见，社会再生产正常实现的充分条件，必须包括固定资本补偿所要求的，用于实物更新的货币量和体现折旧基金的商品量之间的平衡，以及相应的固定资本与流动资本之间的平衡。

《资本论》把货币流回规律与社会简单再生产结合起来研究的逻辑思路，为我们深入研究社会总资本的再生产和流通，提供了唯物史观的辩证方法。从生产决定流通来看，货币流回规律是社会再生产各部门的比例关系平衡对流通领域的客观要求；从流通对生产的反作用来看，根据货币能否正常流回，可以发现社会再生产各生产部门之间比例关系是否平衡。马克思正是依据货币流回规律，发现了简单再生产实现的充分条件，并结合货币流回规律，进一步揭示了社会总资本扩大再生产的实现条件。

四、结合货币流回规律研究社会扩大再生产

（1）社会扩大再生产要解决货币积累和实际积累的平衡问题。社会总资本是全社会所有单个资本的综合。马克思遵循唯物史观的方法，从单个资本循环和积累的必然进程开始分析，把这种现实作为研究社会扩大再生产的逻

---

① 《资本论》第2卷，第524页。

辑起点。单个产业资本循环进行积累或扩大再生产有两个前提。一是资本家能把体现剩余价值的商品卖出去，实现货币化，实行一定数额剩余价值的货币积累。二是社会上（市场上）能提供扩大再生产的物质条件，使资本家用积累起来的货币化的剩余价值，能够买到追加的生产要素（生产资料和劳动力），实行实际积累。撇开资本的"原始积累"不说，从产业资本再生产的角度来看，单个资本必然要先进行货币积累（卖出商品），再进行实际积累（重新购买生产要素），才能进行再生产。社会总资本的扩大再生产也必然经过这样的路径。这就提出了一个困难问题：如果所有的资本家同时进行货币积累，只卖不买，那么，买者从何而来？或者说，资本家要扩大再生产，如何进行货币积累和实际积累呢？实现社会简单再生产是实现社会扩大再生产的前提和基础，而扩大再生产首先要解决提供追加的生产资料问题。于是，马克思在社会总产品的商品资本循环基础上，结合货币流回规律，研究第Ⅰ部类能否在社会简单再生产基础上，进行货币积累和实际积累，以解决社会总资本的扩大再生产问题。

（2）第Ⅰ部类积累问题的解决。在分析第Ⅰ部类的货币积累时，马克思指出，解决上述"买者从何而来"的问题，其实并不存在困难。因为第Ⅰ部类有许多产业部门和企业，它们各自的扩大再生产在现实中并不是同步的。总有一些资本家（A）当年要出售体现剩余价值的生产资料商品，进行货币积累（用ⅠmAW表示）；也总有另一些资本家（B）历年积累起来的货币，当年已达到一定额度，需要购买追加的生产资料，进行扩大再生产的实际积累（用ⅠmBG表示），这就是买者的来源。第Ⅰ部类是生产资料的生产部类。如果该部类的资本家B用ⅠmBG这部分货币，去购买资本家A的ⅠmAW这部分商品，那么第Ⅰ部类资本家A就可以实现货币积累（货币贮藏）。如果A实现货币积累与B实现实际积累的价值额相等，即ⅠmAW = ⅠmBG，就能实现以货币为中介的相互交换生产资料商品的平衡。

马克思的分析表明，第Ⅰ部类扩大再生产进行实际积累的条件，包含在该部类的简单再生产之中。因为在简单再生产条件下，Ⅰm（第Ⅰ部类体现剩余价值的产品价值）在价值形态上用于补偿资本家个人消费，在实物形态上则是用于补偿第Ⅱ部类不变资本Ⅱc的生产资料。第Ⅰ部类要从简单再生产过渡到扩大再生产，Ⅰm这个价值部分的实物形态中，只要减少为第Ⅱ部类生产的生产资料，而多生产一些本部类实际积累所需要的生产资料就能解决。这样，虽然第Ⅰ部类产品价值总量Ⅰ（c＋v＋m）没有增加，但只要在实物形态的结构上作出调整，就可以进行扩大再生产的实际积累。当然，这种实际积累，除了要生产追加的生产资料，还要解决追加劳动力的问题。马克思在《资本论》第1卷已经论证了资本主义社会的相对人口过剩规律，因此，追加劳动力的来源总是由社会准备好的。

（3）根据货币流回规律，发现社会扩大再生产必须解决的困难。马克思在分析第Ⅰ部类扩大再生产的货币积累和实际积累后，接着分析第Ⅱ部类扩大再生产的积累。第Ⅱ部类同样存在两类资本家，一类进行货币积累（卖而不买，用ⅡmAW来表示），一类进行实际积累（单纯的买，用ⅡmBG来表示）。但是，第Ⅱ部类是生产消费资料的部类，要从简单再生产过渡到扩大再生产，从实际积累角度来看，不可能在本部类进行，而只能到第Ⅰ部类购买追加的生产资料。由此出现了问题：如果第Ⅱ部类进行实际积累的资本家，用往年积累起来的、打算购买追加生产资料的货币资本ⅡmBG，到第Ⅰ部类购买进行货币积累的资本家ⅠA的商品（ⅠmAW），那么，货币流回规律就会被破坏，社会再生产将受到阻碍。这可以用图4来说明。

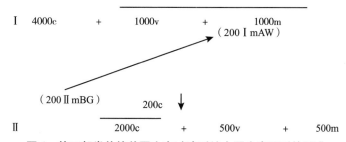

图4 第Ⅱ部类从简单再生产过渡到扩大再生产遇到的困难

注：→表示货币流通途径；↓表示商品在本部类沉淀下来，无法卖出。

如图 4 所示，Ⅰ（1000v + 1000m）= Ⅱ2000c，假定固定资本补偿的比例关系是平衡的，符合实现简单再生产的条件。可是，第Ⅱ部类一旦要进行实际积累，向扩大再生产过渡，就会连简单再生产也无法正常进行。因为资本家ⅠA进行货币积累，只卖而不买，即卖出生产资料商品之后，不会再到第Ⅱ部类去买商品。假定第Ⅱ部类用剩余价值中已经积累的货币（200 ⅡmBG），到第Ⅰ部类购买生产资料商品（200 ⅠmAW），那么，这部分货币就会被ⅠA积累起来，不会再通过到第Ⅱ部类购买消费资料商品，流回到第Ⅱ部类。这样一来，货币流回规律就被破坏了。第Ⅱ部类按照Ⅰ（v + m）= Ⅱc 的交换途径，本该卖给第Ⅰ部类的消费资料商品（200 Ⅱc），也会因卖不出去而沉淀下来，结果连简单社会再生产都无法实现。

马克思结合货币流回规律分析第Ⅱ部类的积累后发现，全社会的总产品在Ⅰ（v + m）= Ⅱc 简单再生产的产品价值构成的组合上，要进行扩大再生产是不可能的；在社会总产品价值量 ［Ⅰ（c + v + m）+ Ⅱ（c + v + m）］ 一定的前提下，只有形成新的产品价值结构关系，才有可能进行社会扩大再生产。这就为研究社会扩大再生产的前提条件和实现条件奠定了理论基础。在分析过程中，马克思透过商品流通的阻塞现象，发现了生产领域产业结构的失衡，并找到其中的原因。这启发我们，必须加深理解唯物史观关于生产与流通的辩证关系，并应用于宏观经济研究。

五、全面揭示社会扩大再生产的实现条件

（1）马克思在社会扩大再生产研究中强调的问题。在上述研究基础上，马克思得出结论，能否实现社会扩大再生产，这与社会总产品的绝对量无关，其物质前提在于，已生产出来的社会总产品的各种产品价值要素，应形成一定比例关系的组合。[①] 他进而指明，这种组合必须符合扩大再生产的前提条件。即从生产资料生产的方面看：Ⅰ（v + m）> Ⅱc；从消费资料生产的方面

---

① 参见《资本论》第 2 卷，第 569 ~ 570 页。

看，$\mathrm{II}(c+v+m)>\mathrm{I}(v+m/x)+\mathrm{II}(v+m/x)$。① 在此基础上，马克思用具体例证，阐释了社会扩大再生产的基本实现条件——两大部类产品价值应当形成一定的比例关系组合。一般政治经济学教科书根据原著的论述证明，两大部类产品价值结构形成的这种比例关系应符合：$\mathrm{I}(v+m/z+m/x)=\mathrm{II}(c+m/y)$，这里不再重述论证过程。②

值得提出的是，马克思在研究中强调"积累时 $\mathrm{II}c$ 的交换"，③ 因为在社会的扩大再生产中，难点在于弄清第 II 部类追加的不变资本是如何实现的。马克思在指出"在积累时，首先要考察的是积累率"，以及"积累资本分成可变资本和不变资本的比例会发生变化"的重要性之后，对两大部类在 $\mathrm{I}(v+m/x)$ 和 $\mathrm{II}c$ 之间的交换关系，进行了等于、大于、小于三种情况的归纳性分类概述；在第 IV 节引入了货币积累和实际积累予以"补充说明"。④ 这样就揭示了货币流回规律与社会扩大再生产实现条件的全面关系。弄清这各类关系，对于认识市场经济一般条件下生产与流通的关系，具有重要的方法论指导意义。但是，经济学界以往对《资本论》第2卷第21章第 III 节的"3. 积累时 $\mathrm{II}c$ 的交换"和第 IV 节"补充说明"这两部分，却研究不够。为此，有必要对 $\mathrm{I}(v+m/x)$ 和 $\mathrm{II}c$ 之间的交换作深入分析。

（2）结合货币流回规律，理解社会扩大再生产两大部类之间的交换途径。以下引入货币流回规律来研究，仍用图式论述。为简化计，两大部类要进行的货币积累分别表示为 $\mathrm{I}mAW$ 和 $\mathrm{II}mAW$，两大部类要进行的实际积累分别表示为 $\mathrm{I}mBG$ 和 $\mathrm{II}mBG$。根据本文第四部分的论述，不难理解，在社会总产品的产品价值结构符合社会扩大再生产实现条件$\mathrm{I}(v+m/z+m/x)=\mathrm{II}(c+m/y)$ 的

---

① 关于社会扩大再生产的前提条件是前一个还是这两个，我国经济学界有争议，但不影响本文论述的主题，这里不多涉及。公式中采用的符号：m/y 表示追加的不变资本价值，m/z 表示追加的可变资本价值，m/x 表示资本家用于个人消费的价值。即 $m=m/y+m/z+m/x$，剩余价值 = 追加的不变资本价值 + 追加的可变资本价值 + 资本家用于个人消费的价值。这些表述符号是经济学界20世纪60年代初就采用的，参见刘国光：《社会主义再生产问题》，三联书店1980年版，第145页。

② 在教科书中，$\mathrm{I}(v+m/z+m/x)=\mathrm{II}(c+m/y)$ 这个等式通常表述为：$\mathrm{I}(v+\Delta v+m/x)=\mathrm{II}(c+\Delta c)$。

③ 《资本论》第2卷，第586~589页。

④ 《资本论》第2卷，第586~590页。

基础上，两大部类资本家 A 用于货币积累的商品价值额（体现剩余价值），应当等于资本家 B 用于实际积累的货币价值额（体现剩余价值）。即 I mAW + II mAW = I mBG + II mBG。否则，两大部类之间产品价值结构的比例关系将会被破坏。

在原著中，马克思分析 I（v + m/2）和 II c 的交换时，假定积累率 = 1/2，并用语言简要论述。本文则用图式，撇开固定的积累率，引入货币积累与实际积累的关系，从更一般的角度考察 I（v + m/x）和 II c 的交换。从图式中可以比较清晰地看出，在 I（v + m/x）和 II c 之间的价值量分别处于等于、大于、小于的三种情况下，货币积累和实际积累的分布是各不相同的。三种情况的图式如下。

第一种情况：I（v + m/x）= II c 时的社会扩大再生产，见图5。

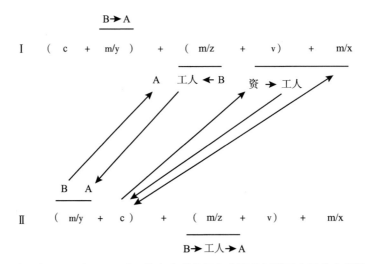

图5　当 I（v + m/x）= II c 时，结合货币积累和实际积累的两大部类之间的交换

注：→表示两大部类之间进行交换时的货币流通途径；A 表示资本家出售商品进行货币积累，B 表示资本家购买商品进行实际积累；"资"表示资本家付出的可变资本；"工人"表示雇佣工人在资本主义经济中出卖的是劳动力商品。以下图示不再重复说明。

从图5可以看出，两大部类交换是在 I（v + m/z + m/x）= II（c + m/y），即社会扩大再生产基本平衡的条件下进行的。其中，在 I（v + m/x）= II c 的情况下：

　　——第Ⅰ部类追加的不变资本Ⅰm/y 这部分的货币积累和实际积累，在本部类中进行，经过Ⅰ(m/y)BG 和Ⅰ(m/y)AW 的交换来实现，要求Ⅰ(m/y)BG = Ⅰ(m/y)AW。第Ⅱ部类追加的可变资本Ⅱm/z 这部分的货币积累和实际积累，也在本部类中进行，经过Ⅱ(m/z)BG（支付给追加劳动力的工资货币）和Ⅱ(m/z)AW（本部类的消费资料商品）的交换来实现，要求Ⅱ(m/z)BG = Ⅱ(m/z)AW。

　　——Ⅰ(v + m/x)和Ⅱc 之间的商品交换，其途径实际上与社会简单再生产的交换相似。即第Ⅰ部类生产Ⅰv 商品的资本家付出可变资本货币，购买本部类雇佣工人的劳动力商品，工人以工资货币到第Ⅱ部类购买消费资料商品Ⅱc，第Ⅱ部类资本家得到这部分货币后，到第Ⅰ部类购买生产资料Ⅰv 商品，用于补偿生产中消耗掉的那部分Ⅱc。这使第Ⅰ部类预付的这部分货币流回到第Ⅰ部类。或者，由生产Ⅱc 一部分商品的资本家预付货币，购买第Ⅰ部类Ⅰv 商品，生产这部分商品的资本家得到货币，付给本部类出卖劳动力商品的雇佣工人，工人到第Ⅱ部类购买消费资料商品，使货币流回到第Ⅱ部类。Ⅰm/x 与Ⅱc 中的另一部分商品交换，在两大部类资本家之间进行，任何一方预付货币作为交换的中介，货币都会回到预付的一方。

　　——第Ⅰ部类体现追加可变资本的Ⅰm/z 商品与第Ⅱ部类体现追加不变资本的Ⅱm/y 商品之间的交换。其途径是：第Ⅰ部类进行实际积累的货币Ⅰ(m/z)BG，作为工资付给本部类的追加工人，追加工人用工资货币，到第Ⅱ部类购买进行货币积累的资本家 A 手中的Ⅱ(m/y)AW 消费资料，这部分货币留在第Ⅱ部类；而第Ⅱ部类资本家 B 进行实际积累的货币Ⅱ(m/y)BG，到第Ⅰ部类购买资本家 A 进行货币积累的生产资料商品Ⅰ(m/z)AW，作为追加的不变资本，这部分货币留在第Ⅰ部类。显然，这些交换在要求Ⅰm/z = Ⅱm/y 的条件下，还要求Ⅰ(m/z)BG = Ⅱ(m/y)AW，以及Ⅱ(m/y)BG = Ⅰ(m/z)AW。

　　经过上述途径，两大部类在交换中既实现了货币积累和实际积累，使社会扩大再生产得以正常进行，又都遵守了货币流回规律。从图式中不难看出，两大部类之间实物和价值的补偿，从生产资料的角度来看，Ⅰ(v + m/z + m/x) = Ⅱ(c + m/y)；从消费资料的角度来看，Ⅱ(c + v + m) − Ⅱ(v + m/z +

m/x) = Ⅰ(v + m/z + m/x)，其间货币积累和实际积累的价值量相等。这些都是社会扩大再生产的实现条件。当然，先决条件是每个部类的固定资本补偿平衡关系的实现，为集中说明社会扩大再生产的情况，这一前提在图式中没有直接表现出来。

顺便指出，马克思阐述这种情况时曾提到，"Ⅰ$\left(v + \dfrac{m}{x}\right)$必须总是小于Ⅱ(c + m)，其差额就是第Ⅱ部类的资本家阶级在Ⅱm中无论如何必须由自己消费的部分"[①]。按照这段话中"就是"的论述，用公式表达应是：Ⅱ(c + m) − Ⅰ(v + m/x) = Ⅱm/x。但是，实际上：Ⅱ(c + m) − Ⅰ(v + m/x) = Ⅱm/x + Ⅰm/z + Ⅱm/z。[②] 显然，原著这段话有笔误或疏忽，需要校正。[③] 在详细说明上述第一种情况之后，以下的几种社会扩大再生产的图式就比较容易理解了。

第二种情况：Ⅰ(v + m/x) > Ⅱc 时的社会扩大再生产，见图6。

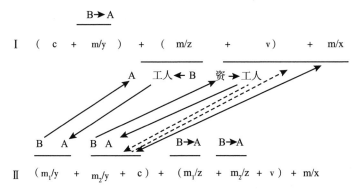

图6　当Ⅰ(v + m/x) > Ⅱc时，结合货币积累和实际积累的两大部类之间的交换

---

① 《资本论》第2卷，第588页。

② 因为Ⅱc = Ⅰ(v + m/x)，Ⅱm = Ⅱm/z + Ⅱm/y + Ⅱm/x，故Ⅱ(c + m) − Ⅰ(v + m/x) = [Ⅰ(v + m/x) + (Ⅱm/z + Ⅱm/y + Ⅱm/x)] − Ⅰ(v + Ⅰm/x) = Ⅱm/z + Ⅱm/y + Ⅱm/x。而Ⅱm/y = Ⅰm/z，故Ⅱ(c + m) − Ⅰ(v + m/x) = Ⅱm/z + Ⅰm/z + Ⅱm/x。这个公式的含义是，实现社会扩大再生产，第Ⅱ部类生产的消费资料商品价值Ⅱ(c + v + m)，除了提供两大部类在简单再生产条件下工人的消费资料（Ⅰv + Ⅱv）和第Ⅰ部类资本家的消费资料（Ⅰm/x），还要提供本部类资本家的消费资料（Ⅱm/x）和两大部类扩大再生产用于追加工人的消费资料（Ⅱm/z + Ⅰm/z）。

③ 张薰华教授最早做了校正（参见张薰华：《试校〈资本论〉中某些计算问题》，载于《中国社会科学》1980年第3期）。本文通过这里和后面几种情况的论证，认为不能把这个公式看成是唯一的，把马克思这段话中的"就是"改成"大于"，更为准确。

我们知道，在扩大再生产的条件下，两大部类体现剩余价值的商品 m，在扣除资本家个人消费 m/x 后，都需要分为追加的不变资本 m/y 和追加的可变资本 m/z 两部分；而扩大再生产也要遵循两大部类交换的三大途径。图 6 显示，在 $\text{I}(v + m/z + m/x) = \text{II}(c + m/y)$ 基本条件下，按照 $\text{I}(v + m/x) > \text{II}c$ 的假设，（1）$\text{II}c$ 还要加上本部类追加的不变资本 m/y 的一部分，才能够与第 I 部类的 $\text{I}(v + m/x)$ 实现商品等价交换；（2）第 I 部类追加的可变资本 $\text{I}m/z$ 要到第 II 部类购买消费资料，又只能与第 II 部类补偿不变资本价值的商品交换。这样，第 II 部类剩余价值中用于追加的不变资本 $\text{II}m/y$，就需要达到一定的数量，并依据（1）和（2）不同的货币流通渠道分为两个部分，即 $\text{II}m/y = \text{II}(m_1/y + m_2/y)$。如图 6 所示，如果两大部类要实现商品等价交换，就应当使 $\text{I}(v + m/x) = \text{II}(c + m_2/y)$ 和 $\text{I}m/z = \text{II}m_1/y$。根据资本有机构成（不变资本与可变资本之比）的原理，追加不变资本既然分为两部分 $\text{II}(m_1/y + m_2/y)$，那么与此相适应，追加的可变资本 $\text{II}m/z$ 也要相应地分为两部分，即 $\text{II}m/z = \text{II}(m_1/z + m_2/z)$。因此，第二种情况的两大部类的交换途径、货币积累和实际积累，以及货币流回规律的实现等情况，就比第一种情况复杂。图 6 有助于解读马克思在第 21 章 "Ⅳ. 补充说明" 这一节中比较难于读懂的论述。

从图 6 可以看出，在两大部类之间的交换中，$\text{I}m/z$ 和 $\text{II}m_1/y$ 之间的交换，是通过 $\text{I}(m/z)BG \rightarrow$ 付给追加工人的工资 $\rightarrow \text{II}(m_1/y)AW$，以及 $\text{II}(m_1/y)BG \rightarrow \text{I}(m/z)AW$ 的货币流通途径来实现的。这要求 $\text{I}(m/z)BG = \text{II}(m_1/y)AW$、$\text{II}(m_1/y)BG = \text{I}(m/z)AW$、$\text{I}(m/y)BG = \text{I}(m/y)AW$ 和 $\text{II}(m_1/y)BG = \text{II}(m_1/y)AW$。该图式显示，$\text{I}(v + m/x)$ 与 $\text{II}(c + m_2/y)$ 的交换有如下三个部分。

其一，第 I 部类资本家付给工人工资，工人的一部分到第 II 部类购买消费资料商品，使 $\text{II}(m_2/y)AW$ 资本家实现货币积累；而第 II 部类进行实际积累的另一部分资本家，则用 $\text{II}(m_2/y)BG$ 的货币，到第 I 部类资本家那里购买生产资料商品 $\text{I}v$ 的一部分。这部分货币流回到第 I 部类。这里要求 $\text{II}(m_2/y)BG = \text{II}(m_2/y)AW$。

其二，第Ⅰ部类工人中的另一部分用得到的货币工资，到第Ⅱ部类购买一部分Ⅱc的消费资料商品，而资本家则用出售商品得到的货币，到第Ⅰ部类购买生产资料商品Ⅰv的一部分，货币就流回到第Ⅰ部类。在图式中这部分交换的货币流通途径用虚线表示，以显示与前一部分工人的货币流通途径的区别。

其三，第Ⅰ部类体现Ⅰm/x的生产资料商品，与第Ⅱ部类Ⅱc中剩下的消费资料商品交换。这是资本家之间的交换，任何一方预付的货币，都会流回到自己手中。图式中的这部分交换用双箭头的货币流通途径来表示。

从图6中可以看出，要遵循货币流回规律，实现社会扩大再生产，两大部类各自在本部类的内部交换还要求：Ⅰ（m/y）BG ＝ Ⅰ（m/y）AW、Ⅱ（m_1/z）BG ＝ Ⅱ（m_1/z）AW 和Ⅱ（m_2/z）BG ＝ Ⅱ（m_2/z）AW。

不难看出，在Ⅰ（v＋m/x）＞Ⅱc 的情况下，同第一种情况一样：

Ⅱ（c＋m）－Ⅰ（v＋m/x）＝Ⅱm/x＋Ⅰm/z＋Ⅱm/z。[①]

第三种情况：Ⅰ（v＋m/x）＜Ⅱc 时的社会扩大再生产。在这种情况下，第Ⅱ部类的Ⅱc 不能像前两种情况那样——只要通过和Ⅰ（v＋m/x）的交换，就能实现自己的再生产，它还必须与第Ⅰ部类追加的可变资本进行交换。原著对此论述比较简要。经笔者研究，它包括以下两种情况。

（1）当Ⅰ（v＋m/x）＜Ⅱc，且Ⅰ（v＋m/z＋m/x）＞Ⅱc 时，两大部类的交换情况，可以用图7（a）来表示。

图7（a）显示，按照Ⅰ（v＋m/x）＜Ⅱc，且Ⅰ（v＋m/z＋m/x）＞Ⅱc 的假设条件，要使两大部类之间遵循货币流回规律，实现追加不变资本与追加可变资本的货币积累和实际积累，并通过两大部类产品价值各部分的价值补偿和实物补偿，实现社会扩大再生产，就应当将Ⅰm/z 分成两部分，即Ⅰm/z ＝ Ⅰ（m_1/z＋m_2/z），使Ⅰ（m_2/z＋v＋m/x）＝Ⅱc；同时使Ⅰm_1/z ＝ Ⅱm/y。在这

---

① 在这种情况下，如图6所示，Ⅰ（v＋m/x）＝Ⅱc＋Ⅱm_2/y，Ⅱc ＝ Ⅰ（v＋m/x）－Ⅱm_2/y，故Ⅱ（c＋m）－Ⅰ（v＋m/x）＝［Ⅰ（v＋m/x）－Ⅱm_2/y＋（Ⅱm/x＋Ⅱm/y＋Ⅱm/z）］－Ⅰ（v＋m/x）＝Ⅱm/x＋（Ⅱm/y－Ⅱm_2/y）＋Ⅱm/z ＝ Ⅱm/x＋Ⅱm_1/y＋Ⅱm/z；而Ⅱm_1/y ＝ Ⅰm/z，故Ⅱ（c＋m）－Ⅰ（v＋m/x）＝Ⅱm/x＋Ⅰm/z＋Ⅱm/z。

种情况下，两大部类的商品实现交换会出现更多的场景。就 I m_1/z 和 II m/y 之间的交换来看，第 I 部类 I (m_1/z)BG 这部分追加的可变资本，其实际积累要通过购买追加的雇佣工人劳动力商品完成，这部分工人则用工资货币到第 II 部类购买消费资料，使资本家 II (m/y)AW 用于追加不变资本的商品实现货币积累。第 I 部类用于追加可变资本的商品 I (m_1/z)AW 要实现货币积累，则通过 II c 的一部分资本家 B 用进行实际积累的 II (m/y)BG 货币对它们的购买来完成。根据图式，可以用同样的方法结合两大部类之间的商品交换，阐释两大部类其他部分的交换是如何遵循货币流回规律的。限于篇幅，不再赘言。在此类情况下，由于 II c = I $(m_2/z + v + m/x)$ 和 II m/y = I m_1/z，仍然可以得出：II $(c+m) - I(v+m/x) = $ II $m/z + $ II $m/x + $ I m/z。

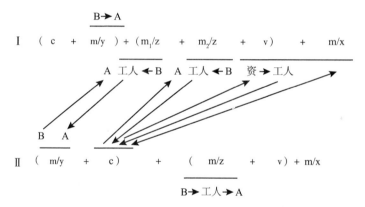

图 7（a）　当 I（v + m/x）< II c，且 I（v + m/z + m/x）> II c 时，

结合货币积累和实际积累的两大部类之间的交换

（2）当 I（v + m/x）< II c，且 I（v + m/z + m/x）= II c 时，两大部类的交换情况可用图 7（b）来表示。

图 7（b）所示场景是一种很特殊的情况。即在具备 I（v + m）> II c 的社会扩大再生产的前提条件下，社会扩大再生产只表现在第 I 部类；而第 II 部类仅维持简单再生产。其间第 I 部类 I m/z 这部分追加可变资本的货币积累和实际积累，通过与 II c 的交换来完成。这种情况过去经济学界没有探讨过。

这时，Ⅱm 全部用于资本家的个人消费，即 $Ⅱ(c+m)-Ⅰ(v+m/x)=Ⅱm+Ⅰm/z$，而与前面的差额有所不同。但无论如何，$Ⅱ(c+m)-Ⅰ(v+m/x)$ 的差额，总是大于第Ⅱ部类资本家用于其个人消费的剩余价值部分。

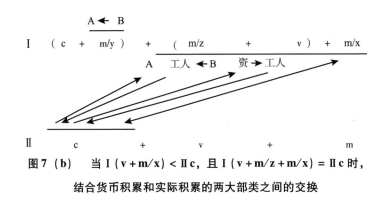

图 7（b） 当 $Ⅰ(v+m/x)<Ⅱc$，且 $Ⅰ(v+m/z+m/x)=Ⅱc$ 时，

结合货币积累和实际积累的两大部类之间的交换

综上所述，马克思正是根据货币流回规律，以及资本积累过程必须经过货币积累和实际积累的现实过程，发现社会扩大再生产的基本前提和各种实现条件的。他揭示出，当社会扩大再生产的前提条件具备时，社会总产品的产品价值构成，还必须在两大部类之间形成一定的组合比例关系；在产品价值结构的比例关系平衡时，每个部类为追加不变资本和追加可变资本所进行的货币积累和实际积累，还必须实现平衡，这样才能使社会扩大再生产得以顺利进行；而货币流回规律则是各种情况下社会扩大再生产实现的共同表现。[①]

六、重要的方法论指导

马克思把货币流回规律与社会再生产的实现结合起来研究，为我们创新当代中国马克思主义的宏观经济学，并用以指导社会主义宏观经济调控的实践，提供了重要的方法论指导。

---

① 关于两大部类之间的简要交换图式，曾刊载于何干强：《〈资本论〉的基本思想与理论逻辑》，第 231~234 页。本文对图式作了较大改进。

（1）宏观经济研究必须重视货币流回规律。马克思的上述分析具有时代意义。其一，在社会化大生产的条件下，经由社会再生产两大部类的交换途径，各产业部门之间复杂的比例关系必须保持平衡，马克思揭示的这些规律具有一般性。他在论述第Ⅰ部类Ⅰc＝Ⅰc的内部交换时明确指出，"如果生产是社会的，而不是资本主义的，那么很明显，为了进行再生产"，"这些产品同样会不断地再作为生产资料在这个部类的各个生产部门之间进行分配"，"在这个部类的不同生产场所之间发生一种不断往返的运动"。① 这里关于交换规律一般性的论述，同样适用于两大部类其他部分的交换。其二，在商品生产普遍化的社会，社会再生产中的货币流回规律具有一般性。马克思在论述货币流通作为社会再生产的中介所需要的货币量时指出，"这里惟一必要的前提是：总要有足够的货币使年再生产量的不同要素进行交换。这个前提不会因为一部分商品价值由剩余价值构成而受影响。假如全部生产归工人自己所有，从而他们的剩余劳动只是为自己的而不是为资本家的剩余劳动，那么，流通的商品价值量也还是那么多，并且在其他条件不变的情况下，这个商品价值量的流通所需的货币量也还是那么多"②。也就是说，在商品生产社会，如果"全部生产归工人自己所有"，这会改变由资本主义生产关系决定的价值产品 $\sum$（v＋m）的内部分割（因为工人只能得到劳动力商品的价值v），但是不会改变已生产的社会总产品的价值量 $\sum$（c＋v＋m），因而不会改变货币流通规律本身，当然也不会改变社会再生产中起中介作用的货币流回规律。上述两个规律的"一般性"决定了在市场经济社会，货币流回规律与社会再生产的关系的一般性。因此，马克思结合货币流回规律深入揭示社会再生产实现条件的方法，对于研究宏观经济运动具有一般方法论的重要指导意义。马克思正是在揭示货币流回规律的基础上，才深入揭示了社会固定资本补偿和社会扩大再生产的实现条件。这就启发我们，研究社会主义市场经济的宏观运动，应当高度重视货币流通与产业结构的相互关系，透过货币流通渠道

① 《资本论》第2卷，第473页。
② 《资本论》第2卷，第532页。

受阻的现象，发现生产领域产业结构的比例失衡。这正是唯物史观方法论在宏观经济研究中的科学要求。

（2）宏观经济的货币流通状况是观察产业结构是否平衡的晴雨表。货币流回规律是市场经济条件下社会再生产正常实现在流通领域的表现，因而成为观察、判断社会产业结构比例关系是否平衡的晴雨表。《资本论》是在撇开信用制度的前提下，阐释货币流回规律的。然而，一旦我们认识了这个规律，就可以引入银行信用制度，进一步通过中央银行这个全社会的货币发行和流回中心，认识现实宏观经济的运动状态。现代市场经济一般形态都存在发达的银行信用制度，全社会的货币流通、货币资本流通都与中央银行紧密联系。企业的货币资本一般都存入银行，全社会企业投入资本循环流通环节的货币资本，都会以银行作为起点或终点，从银行取出，在企业资本流通环节结束后又存入银行。如果宏观经济运行比较稳定，全社会商品流通正常进行，那么企业投入流通的货币资本就会遵循货币流回规律返回自身，又返回到银行。在一定时期，中央银行投入流通的货币能否顺利流回，成为判断这一时期宏观经济产业结构平衡与否的基本依据。陈云在主持新中国财经工作时指出："只要财政收支和信贷是平衡的，社会购买力和物资供应之间，就全部来说也会是平衡的。"[1] 他提出的这个观察宏观经济综合平衡的着眼点，可以说正是遵循了货币流回规律的要求。可见，中央银行如果能够把遵循货币流回规律贯彻到具体业务中，在簿记方法上作出必要的改革，就可以掌握全社会产业结构是否平衡的晴雨表。

当然，要以货币流回规律指导中央银行的实践工作，还要下功夫促成抽象原理向具体政策的转化。马克思和恩格斯都指出，对银行的信贷，应区分"通货的贷放"和"资本的贷放"。[2] 同时，现实经济使用的是纸币，还存在外汇与本国货币的兑换等种种具体因素。这势必使马克思在以金属货币流通为前提、撇开信用制度等限制条件下，所揭示的货币流回规律，不会以纯粹

---

[1] 《陈云文选》第 3 卷，人民出版社 1995 年版，第 52~53 页。
[2] 《资本论》第 3 卷，人民出版社 2004 年版，第 486 页、第 516~517 页。

形式直接表现出来。但是，复杂的表层现象终究是本质联系在具体条件下的表现形态。只要弄清货币流回规律与社会再生产的本质联系，我们就能遵循唯物辩证法，从抽象上升到具体，弄清中央银行与现实纸币运动的各种辩证关系。因此，认识货币流回规律的具体表现形态，使中央银行掌握宏观经济运动状态的晴雨表，是具有现实可能性的。

（3）全面理解社会再生产内部多层关系实现平衡的辩证法。马克思揭示的货币流回规律，贯穿了唯物史观关于生产决定流通、流通对生产反作用的基本原理。在市场经济中，只有当社会生产各部门的投入产出形成一定的比例关系，全社会的货币流通才能顺畅无阻，这些比例关系至少包括以下方面。①体现为社会总产品的产品价值构成，是否保持一系列比例关系的平衡（各生产部门产能关系的平衡）。②固定资本更新过程中的价值补偿和实物补偿关系，是否保持平衡。③全社会固定资本和流动资本的相互关系，是否保持平衡。④追加的不变资本和追加的可变资本，两者的货币积累和实际积累，是否保持相互关系的平衡。马克思的分析启发我们，这些多层面的关系并不是简单的并列，而有其内在的规定性。上述①是同一时空的、涉及由社会化大生产要求和生产关系决定的基本比例关系。其后的②是时空上有先后联系的、涉及生产技术层面和资本周转速度的比例关系。①和②又对③的比例关系起决定作用，或者说，③的比例关系必须适应①和②。而①、②和③的比例关系是形成④比例关系的基础，④作为时空上先后联系的、涉及资本积累的比例关系，必须适应①、②和③的比例关系。在①、②、③和④这四层关系中，最深层的是①这层关系（即两大部类之间以及各部类内部的多种关系）中，价值产品Ⅰ（v+m）和Ⅱ（v+m）的内部分割关系。这种分割是生产资料所有制关系的体现，是由一定社会形态的根本经济制度决定的。其次才是②和③体现的固定资本和流动资本的关系，再次是④体现的追加投资在时空先后上的关系。货币流回规律反映的是所有这些关系的综合平衡，是它们在商品流通一般领域的客观要求和表现形态，因而成为宏观经济运动状态的表征。弄清这些内在联系，显然有助于由表及里、由此及彼地认识社会主义市场经济宏观运动的现象与本质。

（4）充分认识市场经济一般形态存在发生危机的可能性。如何认识经济危机现象，是马克思宏观经济分析的一个关注点。他指出，简单商品流通已经"包含着危机的可能性"。① 这是由商品的内在矛盾决定的。但在商品生产居于社会生产从属地位的时代，商品流通不是社会生产的普遍前提，还不会引起全社会的生产过剩经济危机。然而，在市场经济一般形态中，社会再生产以商品流通为中介，只要各产业部门比例关系出现不平衡，又不能采取补救措施，经济危机就会从可能性变为现实性。在资本主义经济中，生产具有自发性，"平衡本身就是一种偶然现象"。② 例如，只要固定资本补偿关系 Ⅱc(1)G < Ⅱc(2)d，社会再生产比例关系出现较大的不平衡，这种宏观经济失衡就会在微观上导致个别私有制企业资本循环的障碍乃至破产，一旦涉及面扩大，就会引发全社会的经济危机。因此，这类不平衡最终"意味着危机"。③ 需要指出，本文所阐释的《资本论》第 2 卷的相关理论，其分析舍象了信用制度、对外贸易、与黄金脱钩的纸币、技术进步引致的资本有机构成和劳动生产率的提高、价格围绕价值的波动、货币流通速度和积累率的变化等一系列现实经济制度的结构和条件，它们的存在和发展，使资本主义生产方式具有能够经常克服暂时紊乱的张力。马克思在这里揭示的社会再生产原理仍处在"从抽象上升到具体"的途中。但资本主义生产方式的基本矛盾，决定了它不可能从根本上阻止这类不平衡的系统性扩散，不能避免周期性和结构性的经济危机发生。

（5）高度重视公有制对调整产业结构的基础作用。马克思认为，社会再生产的资本主义形式一旦废除，其各产业部门比例关系的不平衡也会发生，但是，新社会却有条件避免发生经济危机。由 Ⅱc(1)G < Ⅱc(2)d 而产生的"这种过剩本身并不是什么祸害，而是利益"。④ 原因在于，"寿命已经完结因而要用实物补偿的那部分固定资本（这里是指在消费资料生产中执行职能的固定资本）的数量大小，是逐年不同的。如果在某一年数量很大（像人一样，

---

① 《资本论》第 1 卷，第 135 页。
② 《资本论》第 2 卷，第 557 页。
③④ 《资本论》第 2 卷，第 525 页。

超过平均死亡率），那在下一年就一定会很小。在其他条件不变的前提下，消费资料年生产所需的原料、半成品和辅助材料的数量不会因此而减少；因此，生产资料的生产总额在一个场合必须增加，在另一个场合必须减少。这种情况，只有用不断的相对的生产过剩来补救；一方面要生产出超过直接需要的一定量固定资本；另一方面，特别是原料等等的储备也要超过每年的直接需要（这一点特别适用于生活资料）。这种生产过剩等于社会对它本身的再生产所必需的各种物质资料的控制。"① 而社会主义经济基础则使这种"控制"具备了基本条件。公有制经济基础可以从根本上保障单个企业利益与全社会整体利益的一致性，因而宏观经济调控中心只要能够合理调节，就可以使这一时期的相对生产过剩，用于补救下一时期因同一原因必然发生的相对生产不足，从而把这种过剩变为利益。当然，马克思所说的"资本主义形式一旦废除"，是指建立了完全公有制的新社会。中国社会主义初级阶段市场经济的所有制基础，还不是全社会的公有制。但公有制占主体地位的经济基础，有条件使市场经济的宏观调控从"全国一盘棋"出发，遵循货币流回规律，通过对社会再生产比例关系的一定调节，避免或化解危机的发生。总之，社会主义市场经济的宏观调控，必须坚持以马克思的宏观经济思想为科学指导，才能贯彻落实好习近平总书记上述关于坚决打好防范化解重大风险的攻坚战、维护金融安全的要求。

（原文发表于《中国社会科学》2017 年第 11 期）

---

① 《资本论》第 2 卷，第 526 页。

两大部类自动平衡增长的特性和最优增长路径

陶为群 *

一、引言

从经典的马克思社会再生产公式可以推导出，两大部类再生产具备一定条件能够实现自动平衡增长这一特性。也就是：如果让生产资料部类优先积累并确定积累率，再由消费资料部类根据生产资料部类的积累率相应地确定本部类积累率，则无论生产资料部类积累率怎样，只要保持积累率不变，那么消费资料部类积累率在第二年就能够自动实现与生产资料部类积累率平衡匹配，使得从第三年起两大部类以相等的、不变的速度增长。有研究将此称为马克思经济增长模型的自控特性。[①] 也有研究认为，这一特性是马克思的投资函数的逻辑所内含的。[②] 实质上，两大部类自动平衡增长的特性是由于经典的马克思社会再生产公式具有特别的结构所导致。

两大部类自动平衡增长的特性通常被用于研究社会扩大再生产的持续平衡增长问题。譬如，有研究根据这一特性提出社会扩大再生产中各年每个部类的不变资本积累、可变资本积累、不变资本和可变资本演化以及增长率的表达式。[③] 还有研究指出并证明，两大部类平衡增长和自动平衡增长都必须具备同一个确切条件。[④]

---

* 陶为群：中国人民银行南京分行。

① 张忠任：《马克思经济增长模型的自控特性及其启示》，载于《当代经济研究》1995 年第 4 期。

② 森岛通夫：《马克思经济学——价值与增长的双重理论》，中国社会科学出版社 2017 年版，第 116 ~ 120 页。

③ 吴易风、白暴力：《马克思经济学数学模型研究》，中国人民大学出版社 2012 年版，第 182 ~ 188 页。

④ 陶为群：《两大部类平衡增长的充要条件及其应用》，载于《政治经济学报》2015 年第 2 期。

　　两大部类自动平衡增长的特性可以被用于研究社会扩大再生产的最优增长即动态优化问题。对于持续的社会扩大再生产过程设立某个目标函数，寻求使目标函数获得最优值的路径，就构成一个寻求最优路径的动态优化问题。把社会扩大再生产获得动态最高增长率作为目标函数，则能够形成动态最高增长率的资本积累路径就是最优增长路径。在经典的马克思两大部类再生产公式中，每个部类的资本有机构成和剩余价值率都固定不变，从而总产值（总产品）的各构成部分之间保持固定不变的比例关系。于是，当社会扩大再生产根据两大部类自动平衡增长特性进入平衡增长状态后两大部类之间的比例不变，社会扩大再生产的整个结构就也固定不变。也就是说，社会扩大再生产的整个结构趋于收敛。所以，两大部类自动平衡增长的特性能够导致社会扩大再生产的整个结构自动收敛。但是，由于生产资料部类保持不同的积累率导致社会扩大再生产的自动平衡增长收敛到不同的结构状态，就存在不同的结构收敛状态孰优孰劣的比较问题。

　　两大部类自动平衡增长的特性可以成为寻求社会扩大再生产的最优平衡增长路径的出发点和落脚点。首先，因为社会扩大再生产的增长率是两个部类的增长率的加权平均，所以，只有当生产资料部类获得最高增长率，才能够形成社会扩大再生产的最高（最优）增长率；其次，根据两大部类自动平衡增长的特性，社会扩大再生产的最高增长率必定是平衡增长率，因为，只有当生产资料部类获得最高增长率才能够形成社会扩大再生产的最高增长率，而当生产资料部类获得最高增长率并保持不变，在第二年两个部类就能够自动形成相匹配的平衡增长积累，使得第三年起两大部类以相等的、不变的速度增长，从而，生产资料部类所获得的最高增长率就成为社会扩大再生产的最高平衡增长率，同时也是社会扩大再生产的最高增长率；最后，要使生产资料部类获得最高增长率，就必须使生产资料优先增长。所以，两大部类自动平衡增长的特性可以成为寻求社会扩大再生产的最优平衡增长路径的出发点和落脚点，并且生产资料优先增长合乎逻辑地成为最优平衡增长的资本积累路径。

二、生产资料优先增长的可行路径与条件

"生产资料优先增长"是列宁首先提出的一个著名论断。列宁运用马克思再生产公式，提出在资本有机构成提高的情况下，"增长最快的是制造生产资料的生产资料生产，其次是制造消费资料的生产资料的生产，最慢的是制造消费资料的生产"。① 这一著名论断后来成为理论经济学的一个重大命题。列宁在作出生产资料优先增长论断时，对生产资料做了分类，将其划分为"制造生产资料的生产资料"和"制造消费资料的生产资料"两种不同的产品。不过，这一命题后来被作了引申，很多研究只是针对生产资料、消费资料两大部类研究生产资料优先增长问题；还有研究提出，"即便没有技术进步，生产资料也可以优先增长"。②

对于经典的马克思两大部类扩大再生产公式，可以利用两大部类自动平衡增长的特性，运用引申的生产资料优先增长命题，从逻辑上判断生产资料优先增长是社会再生产最优增长的资本积累路径。"生产资料优先增长"是一种特别的资本积累模式。生产资料优先增长需要以社会扩大再生产持续进行作为前提。在社会扩大再生产持续进行中，资本积累使社会总资本的数量与结构发生变化，但是两个部类的资本积累又受到既定的两大部类比例的约束，因此，社会扩大再生产的持续进行需要通过可行的资本积累路径，而形成并维持这样的路径必须具备一定条件。社会扩大再生产持续进行的可行的资本积累路径与条件，也是生产资料优先增长的可行路径与条件。笔者曾提出并证明了社会扩大再生产持续进行的可行路径与相应的充分必要条件，③ 为研究生产资料优先增长产生的理论性结果提供了基本条件。

按照经典的马克思社会再生产公式，社会生产部门划分成生产生产资料、消费资料的两个部类，分别记为第 I、第 II 部类。第 j 部类在 t 年初时点的总资本分解成用于购买生产资料的不变资本、购买劳动力的可变资本两个部分，

---

① 《列宁全集》（第 1 卷），人民出版社 1984 年版，第 66 页、第 69~72 页。
② 余斌：《生产资料优先增长与按比例配置资源》，载于《马克思主义研究》2014 年第 6 期。
③ 陶为群：《两大部类扩大再生产的按比例发展定理》，载于《经济数学》2015 年第 2 期。

分别记为 $C_j^{(t)}$ 和 $V_j^{(t)}$，$C_j^{(t)}$ 和 $V_j^{(t)}$ 都是每年周转一次，其中 j = I，II（下同）；$V_j^{(t)}$ 带来剩余价值 $M_j^{(t)}$。第 j 部类产品当中消耗的不变资本对于可变资本的固定不变倍数 h_j 表示该部类的资本有机构成。剩余价值 $M_j^{(t)}$ 与可变资本 $V_j^{(t)}$ 之间保持固定不变的比率，以 e_j 表示，该比率即为第 j 部类的剩余价值率。以 $Y_j^{(t)}$ 表示第 j 部类的新创造价值，是 $V_j^{(t)}$ 与 $M_j^{(t)}$ 之和。每个部类的不变资本与新创造价值之和是总产值。对确定了含义的字母前面加符号 Δ 表示在当年再生产过程中所形成的增量，以 $M_{xj}^{(t)}$ 表示第 j 部类投资者把本部类的剩余价值中用于个人消费的部分。由于剩余价值 $M_j^{(t)}$ 是形成本部类的新增资本和投资者的剩余价值消费的唯一来源，所以有剩余价值使用的行为方程：

$$\Delta C_j^{(t)} + \Delta V_j^{(t)} + M_{xj}^{(t)} = M_j^{(t)} \quad j = I，II \tag{1}$$

实现社会扩大再生产式需要两大部类之间实现产品交换，因此存在两大部类产品交换条件：

$$C_{II}^{(t)} + \Delta C_{II}^{(t)} = V_I^{(t)} + \Delta V_I^{(t)} + M_{xI}^{(t)} \tag{2}$$

笔者曾证明，这个两大部类产品交换条件与社会再生产公式中的生产资料、消费资料总产品平衡条件具有等价性。[①] 将剩余价值使用的行为方程式（1）代入产品交换条件式（2），得到两大部类不变资本积累平衡方程，该方程实质上也是资本积累平衡方程：

$$\Delta C_I^{(t)} + \Delta C_{II}^{(t)} = Y_I^{(t)} - C_{II}^{(t)} \tag{3}$$

扩大再生产是有剩余价值用作资本积累，成为新增不变资本和可变资本。以 $\mu_j^{(t)}$ 表示第 j 部类的剩余价值积累率，那么 $\mu_j^{(t)}$ 是扩大再生产的决策变量。剩余价值使用的行为方程式（1）可以改写成：

$$\Delta C_j^{(t)} + \Delta V_j^{(t)} = \mu_j^{(t)} M_j^{(t)} \tag{4}$$

因为每个部类内部总产值的各构成部分之间保持固定不变关系，得到变量替换式：

$$\Delta C_j^{(t)} = M_j^{(t)} \frac{h_j}{1 + h_j} \mu_j^{(t)}，j = I，II \tag{5}$$

---

① 陶为群：《用按比例规律推导社会扩大再生产的必要条件——揭示社会扩大再生产的生产可能性边界》，载于《创新》2017 年第 2 期。

用两大部类新创造价值之间的比例，即：

$$\varphi^{(t)} = Y_{\text{II}}^{(t)} / Y_{\text{I}}^{(t)} \tag{6}$$

可以总体表示两大部类之间的结构，$\varphi^{(t)}$ 实质上是代表社会总资本在两个部类的分布结构。$\varphi^{(t)}$ 和资本有机构成 h_j 以及剩余价值率 e_j 共同体现了两大部类社会再生产系统的完整结构。

由于总产值增量的各构成部分之间也保持同样的固定不变关系，将式（5）和式（6）代入资本积累平衡方程式（3），得到：

$$\frac{h_{\text{I}} e_{\text{I}}}{(1 + h_{\text{I}})(1 + e_{\text{I}})} \mu_{\text{I}}^{(t)} + \frac{h_{\text{II}} e_{\text{II}}}{(1 + h_{\text{II}})(1 + e_{\text{II}})} \varphi^{(t)} \mu_{\text{II}}^{(t)} = 1 - \frac{h_{\text{II}}}{1 + e_{\text{II}}} \varphi^{(t)} \tag{7}$$

可以把 $\mu_{\text{I}}^{(t)}$ 作为自由变量，从式（7）解出 $\mu_{\text{II}}^{(t)}$：

$$\mu_{\text{II}}^{(t)} = \frac{1 + h_{\text{II}}}{e_{\text{II}}} \left\{ \frac{1 + e_{\text{II}}}{h_{\text{II}} \varphi^{(t)}} \left[1 - \frac{h_{\text{I}} e_{\text{I}}}{(1 + h_{\text{I}})(1 + e_{\text{I}})} \mu_{\text{I}}^{(t)} \right] - 1 \right\} \tag{8}$$

式（8）表明由于存在资本积累平衡方程式（3），第 II 部类积累率 $\mu_{\text{II}}^{(x)}$ 可以被第 I 部类积累率 $\mu_{\text{I}}^{(t)}$ 所确定，式（8）可以称为第 II 部类积累率函数。

根据每个部类总产品的各价值构成部分之间的固定不变关系和变量替换式式（5），得到新创造价值增长率与积累率之间的关系式：

$$\frac{\Delta Y_j^{(t)}}{Y_j^{(t)}} = \frac{e_j}{1 + h_j} \mu_j^{(t)} \quad j = \text{I}, \ \text{II} \tag{9}$$

第 j 部类的资本利润率是剩余价值 $M_{\text{I}}^{(t)}$ 与资本（$C_j^{(t)} + V_j^{(t)}$）之间的比率，是 $e_j / (1 + h_j)$。式（9）表明每个部类的新创造价值增长率是资本利润率与积累率的乘积。新创造价值增长率可以在一般意义上代表经济增长率。

资本积累使下一年的社会总资本分布结构变化。按照 $\varphi(t)$ 的定义式即式（6）可得：

$$\varphi^{(t+1)} = \frac{Y_{\text{II}}^{(t)} + \Delta Y_{\text{II}}^{(t)}}{Y_{\text{I}}^{(t)} + \Delta Y_{\text{I}}^{(t)}} = \frac{Y_{\text{II}}^{(t)} (1 + \Delta Y_{\text{II}}^{(t)} / Y_{\text{II}}^{(t)})}{Y_{\text{I}}^{(t)} (1 + \Delta Y_{\text{I}}^{(t)} / Y_{\text{II}}^{(t)})} \tag{10}$$

将式（6）、式（9）和第 II 部类积累率函数式（8）代入式（10），得到下一年的两大部类比例演化函数。

$$\varphi^{(t+1)} = \frac{1 + e_{\text{II}}}{h_{\text{II}}(1 + e_{\text{I}})} \left[\frac{1 + h_{\text{I}} + e_{\text{I}}}{[1 + \mu_{\text{I}}^{(t)}] e_{\text{I}} / (1 + h_{\text{I}})} - h_{\text{I}} \right] \tag{11}$$

式（11）的特别形式表明，当年第Ⅰ部类积累率完全确定了下一年的两大部类比例。这是由于第Ⅱ部类积累率函数式（8）特别的函数形式所导致，而第Ⅱ部类积累率函数特别的函数形式又是由于马克思社会再生产公式具有的特别结构所导致。所以归根结底，两大部类比例演化函数的特别形式是由于马克思社会再生产公式具有的特别结构所导致。

关于社会扩大再生产持续进行的可行路径与相应的充分必要条件的研究结果已经证明：对于任何 t 年，在第Ⅰ部类资本利润率不高于第Ⅱ部类即 $e_I/(1+h_I) > e_{II}/(1+h_{II})$ 的情形下，社会扩大再生产持续进行的充分必要条件是：

$$\varphi^{**} \leqslant \varphi^{(t)} < \varphi^{max} \tag{12}$$

式（12）中，$\varphi^{min} = \dfrac{1}{1+e_I}\left(\dfrac{1+e_{II}}{h_{II}}\right)\dfrac{1+e_I/(1+h_I)}{1+e_{II}/(1+h_{II})}$，$\varphi^{max} = \dfrac{1+e_{II}}{h_{II}}$。

第Ⅰ部类积累率 $\mu_I^{(t)}$ 的定义域是：

$$\max\left\{0,\ \frac{(1+h_I)(1+e_I)}{h_I e_I}\left[1-\frac{\varphi^{(t)}}{\varphi^{max}}\left(1+\frac{e}{1+h_{II}}\right)\right]\right\}$$

$$\leqslant \mu_I^{(t)} \leqslant \min\left\{\frac{(1+h_I)(1+e_I)}{h_I e_I}\left(1-\frac{\varphi^{(t)}}{\varphi^{max}}\right),\ 1\right\} \tag{13}$$

并且满足 $\mu_I^{(t)} > 0$。而在第Ⅰ部类利润率高于第Ⅱ部类即 $e_I/(1+h_I) > e_{II}/(1+h_{II})$ 的条件下，社会扩大再生产持续进行的充分必要条件是：

$$\varphi^{**} \leqslant \varphi^{(t)} < \varphi^{max} \tag{14}$$

式（14）中，$\varphi^{**} = \dfrac{\varphi^{max}}{1+e_{II}/(1+h_{II})}\left[1-\dfrac{h_I}{1+e_I}\left(\dfrac{e_{II}}{1+h_{II}}\right)\right]$，并且第Ⅰ部类积累率 $\mu_I^{(t)}$ 的定义域是：

$$\max\left\{0,\ \frac{(1+h_I)(1+e_I)}{h_I e_I}\left[1-\frac{\varphi^{(t)}}{\varphi^{max}}\left(1+\frac{e}{1+h_{II}}\right)\right]\right\}$$

$$\leqslant \mu_I^{(t)} \leqslant \min\left\{\mu_I^*,\ \frac{(1+h_I)(1+e_I)}{h_I e_I}\left(1-\frac{\varphi^{(t)}}{\varphi^{max}}\right)\right\} \tag{15}$$

并且满足 $\mu_I^{(t)} > 0$。

式（15）中 $\mu_I^* = \dfrac{e_{II}(1+h_{II})}{e_I(1+h_I)}$，经济含义是第Ⅱ部类利润率与第Ⅰ部类利

润率之间的比值。式（13）和式（15）代表在两个不同条件下社会扩大再生产持续进行的资本积累的可行路径。

三、生产资料优先增长使两大部类比例在某年收敛成为常数

根据经济学原理，在社会扩大再生产持续进行的过程中，生产资料优先增长使得生产资料在社会总产品中占比相对不断增大，从而使从初始年后的第 2 年起，两大部类比例 $\varphi^{(t)}$ 相对不断缩减，所以从第 2 年起两大部类比例 $\varphi^{(t)}$ 相形成的数列 $\{\varphi^{(t)}\}$ 是单调递减的。并且，因为社会扩大再生产持续进行必须满足持续进行的充分必要条件式（12）或者式（14），所以两大部类比例 $\varphi^{(t)}$ 不可低于式（12）或者式（14）中的下限，也就是单调递减的数列 $\{\varphi^{(t)}\}$ 有 $\varphi^{\min}$ 或者 φ^{**} 作为下界。根据单调递减的数列必定有极限这一数学定理，由于生产资料优先增长而形成的两大部类比例数列必定有极限，也就是收敛。[①] 以 φ^0 表示数列的极限，有：

$$\lim_{t \to \infty} \varphi^{(t)} = \varphi^0 \tag{16}$$

根据每个部类的新创造价值增长率式（9），生产资料优先增长是通过第 I 部类的高积累率达成。为了清晰明确，这里用"使生产资料部类获得最高积累率"来明确界定"生产资料优先增长"的具体含义。需要指出：作为一种持续性长期性资本积累政策，"生产资料优先增长"并不排除在某些年份消费资料部类的增长率高于生产资料部类；只要"生产资料优先增长"具有持续性长期性，某些年份的另类情形并不改变长期的总体过程和结果。

使生产资料部类获得最高积累率，就是在式（13）或者式（15）表示的社会扩大再生产持续进行的资本积累可行路径中确定了一种特别的资本积累路径，也就是每年按照式（13）或者式（15）的上限确定第 I 部类积累率，使积累率 $\mu_1^{(t)}$ 取得最大值 $\max(\mu_1^{(t)})$。都是两大部类 $\varphi^{(t)}$ 的函数，记为 $\max(\mu_1^{(t)}) = q_1(\varphi^{(t)})$。根据式（13）和式（15），都可以明确地写出第 I 部类积累率的最大值 $q_1(\varphi^{(t)})$。

---

① 华东师范大学数学系：《数学分析》（上册），高等教育出版社 2010 年版，第 36~37 页。

进一步分析，两大部类比例收敛到常数包含两种不同情形：一种是随着时间推移，两大部类比例无限逼近但是不能成为常数；另一种是随着时间推移，两大部类比例在某年能够成为常数并从此保持不变。笔者的研究曾证明，生产资料优先增长时的两大部类比例收敛是第二种情形，[①] 即证明了必然存在某个正整数 N，使得：

$$\varphi^{(N)} = \varphi^0 = \begin{cases} \varphi^*, & \text{当} \dfrac{e_I}{1+h_I} \leqslant \dfrac{e_{II}}{1+h_{II}}; \\ \varphi^{**}, & \text{当} \dfrac{e_I}{1+h_I} > \dfrac{e_{II}}{1+h_{II}} \end{cases} \tag{17}$$

式（17）中，$\varphi^* = \dfrac{1+e_{II}}{h_{II}(1+e_I)}$。

当生产资料优先增长使第 N 年两大部类比例 $\varphi^{(t)}$ 收敛成为常数，将式（13）和式（15）中的 $\varphi^{(t)}$ 替换成为 φ^* 或者 φ^{**}，并在第 N 年仍将第 I 部类积累率 $\mu_I^{(t)}$ 按照式（13）或者式（15）取最大值 $q_I(\varphi^{(t)})$，能够确定第 N 年的第 I 部类积累率 $\mu_I^{(N)}$。

$$\mu_I^{(N)} \begin{cases} 1, & \text{当} \dfrac{1}{1+h_I} \leqslant \dfrac{e_{II}}{1+h_{II}}; \\ \mu_I^*, & \text{当} \dfrac{e_I}{1+h_I} > \dfrac{e_{II}}{1+h_{II}} \end{cases} \tag{18}$$

将式（17）和式（18）代入第 II 部类积累率函数式（8），能够确定第 N 年的第 II 部类积累率 $\mu_{II}^{(N)}$。

$$\mu_{II}^{(N)} \begin{cases} \dfrac{1}{\mu_I^*}, & \text{当} \dfrac{1}{1+h_I} \leqslant \dfrac{e_{II}}{1+h_{II}}; \\ 1, & \text{当} \dfrac{1}{1+h_I} > \dfrac{e_{II}}{1+h_{II}} \end{cases} \tag{19}$$

将式（18）、式（19）表示的第 N 年的第 I 部类、第 II 部类积累率代入每个部类新创造价值增长率与积累率之间的关系式式（9），能够确定第 N + 1

[①] 陶为群：《基于利润最大化的两大部类比例收敛及其启示》，载于《政治经济学报》2016 年第 7 卷。

年两个部类新创造价值增长率相等，同为资本利润率较低的那个部类的资本

利润率 $\min\left(\dfrac{e_I}{1+h_I},\ \dfrac{e_{II}}{1+h_{II}}\right)$。

　　对于这样的结果不难理解，因为，每个部类的新创造价值增长率，是本部类的资本利润率与剩余价值积累率的乘积；任何一个部类可能达到的最高积累率是100%，因此可能达到的本部类新创造价值最高增长率就是资本利润率；经济平衡增长状态下两个部类的经济增长率相同，所以资本利润率较低的那个部类的利润率必然成为两个部类相同的最高平衡增长率。

　　而前面已经阐明，根据两大部类自动平衡增长的特性，社会扩大再生产的最高平衡增长率就是最高增长率。所以，从第 N+1 年起社会扩大再生产进入最优平衡增长状态，同时也是最优增长状态；从第 N 年起两大部类比例收敛成为最优比例 φ^* 或者 φ^{**} 并从此保持不变。至此，本文推导和证明了：基于两大部类自动平衡增长的特性，生产资料优先增长是社会扩大再生产最优增长的资本积累路径。

　　对于经典的马克思两大部类扩大再生产公式而言，生产资料优先增长能够使两大部类比例在某年收敛成为常数，是一个基础性的重要结果。

　　综合本文的研究结果是，对于经典的马克思两大部类扩大再生产公式，可以把两大部类自动平衡增长的特性作为寻求社会扩大再生产的最优增长路径的出发点和落脚点。利用这一特性和社会扩大再生产持续进行的资本积累可行路径与相应的充分必要条件，可推导出生产资料优先增长是社会扩大再生产最优增长的资本积累路径。

（原文发表于《当代经济研究》2018 年第 11 期）

两大部类增长速度对比关系的探讨

——对生产资料优先增长问题的考察

朱殊洋[*]

一、引言

马克思扩大再生产理论中有两个命题闻名于世，一个是关于扩大再生产实现条件的命题，另一个是关于两大部类不变资本增长率关系的命题。后一个命题首先是由列宁提出来的。该命题习惯地表述为，在资本有机构成提高的情况下，"增长最快的是制造生产资料的生产资料生产，其次是制造消费资料的生产资料生产，最慢的是消费资料生产"[①]。这句话被简称为生产资料优先增长命题，习惯上称之为生产资料优先增长规律。由于制造生产资料的生产资料生产和制造消费资料的生产资料生产在该命题中具有决定作用，因此该命题的基本含义又被表述为，第一部类不变资本增长率大于第二部类不变资本增长率。

生产资料优先增长是不是扩大再生产永恒的经济规律？换句话说就是，无论何时，只要是扩大再生产，那么该命题就成立。对于这一问题的探讨，在我国最早可以追溯到 20 世纪 50 年代，直至今日，对这一问题的探讨从未间断。归纳起来，大致有两种观点。一种观点认为这一规律是不存在的[②③④⑤]。尽管持这一观点者只是用图示或数据来说明而不是证明自己的观

---

 * 朱殊洋：广州行政学院。

 ① 《列宁全集》第 1 卷（中译本），人民出版社 1984 年版，第 66 页。

 ② 朱家桢：《生产资料生产优先增长是适用于社会主义的经济规律吗？》，载于《经济研究》1979 年第 12 期。

 ③ 鲁从明：《两大部类生产增长速度是不断交替的过程》，载于《经济研究》1980 年第 5 期。

 ④ 刘恩钊：《两大部类关系和生产资料优先增长》，载于《经济研究》1980 年第 2 期。

 ⑤ 鲁济典：《生产资料生产优先增长是一个客观规律吗？》，载于《经济研究》1979 年第 11 期。

点，因而其立论的基础还不牢固，但是作者们提出的丰富多彩的直觉对后人的研究还是很有启发的。另一种观点认为生产资料优先增长规律是存在的①②③④⑤⑥⑦⑧⑨。存在性的证明有两种，一种是图示法，这种方法不具有一般性，因此说服力有限，但是学者们借助于图示而进行的推导和分析，为严格数学模型的建立奠定了基础。还有一部分数理经济学工作者采用数学方法来证明优先增长的存在性。这些数学论证的意义不仅在于它们把优先增长问题的证明引向深入并使之更加科学，更为重要的是，它们为我们研究马克思经济理论开拓了一个广阔的领域。

不过，上述数学论证有几个需要深入探讨之处：第一，假设多个参数不变，导致模型失真。这些论文普遍假设剩余价值率、积累率、两大部类投资比例等参数不变，在这种条件下导出的模型会失去很多有用的信息，以此为基础导出的第一部类优先增长的结论也会失去一定的说服力。退一步说，为了简化建模，假设一些参数不变也常常是必要的，但是这一假设的合理性却需要符合经济学理论，或者需要予以说明，甚至证明。所以，只有在没有上述假设的情况下证明了该命题的存在才更加逼近现实世界，才更有意义。第二，这些论文的理论基础是 $V_1 + M_1 > C_1$ 及其变形。这一公式只表明第一部类在满足了两大部类生产资料的需求之后还有剩余，而没有表示出交换均衡的含义。事实上，我们不是分析任何一种状态下两大部类不变资本增长率的关

① 孙冶方：《社会主义经济理论问题》，人民出版社 1979 年版，第 20 页。

② 诺特金：《社会再生产的速度和比例》，生活·读书·新知三联书店 1964 年版，第 172 页。

③ 罗季荣：《马克思社会再生产理论》，人民出版社 1982 年版，第 162～165 页。

④ 何祚庥：《马克思主义再生产理论的数学分析》，载于《力学学报》1957 年第 1 期。

⑤ 丁肖遠：《从马克思扩大再生产公式来研究生产资料优先增长的原理》，载于《经济研究》1956 年第 4 期。

⑥ 周方：《扩大再生产理论中两条客观规律的数学证明》，载于《系统工程理论与实践》1984 年第 1 期。

⑦ 余永定：《试论生产资料生产优先增长问题》，载于《改革与战略》1985 年第 4 期。

⑧ 贾凤和：《两部类结构比与第 I 部类优先增长等之间关系的数学证明》，载于《数量经济技术经济研究》1990 年第 2 期。

⑨ 吴栋：《生产资料优先增长规律及其数学论证》，载于《数量经济技术经济研究》1990 年第 6 期。

系，而是分析在均衡状态下两大部类不变资本增长率的关系，只有建立在均衡条件下的分析才有实际意义。因此建模的理论基础应该是马克思两大部类交换均衡条件，即 $C_2 + C_2 = V_1 + V_1 + M_{x1}$（在这方面吴栋（1990）的证明值得肯定）。第三，这些论文都没有涉及长期动态问题，至多只是两个时期的比较，因此也就不可能分析均衡稳定问题。事实上，无论是第一部类不变资本增长率还是第二部类资本增长率，都是时间的函数，因此它们之间的关系不是一成不变的。在不同的时间区间可能会有不同的关系，而这一点是非常重要的。把瞬时研究或静态研究的结果作为普遍规律是不可靠的，因为瞬时研究或静态研究的结果与稳定均衡的结果可能会很不相同。

据此，本文试图对上述数理论证方法做如下改进：第一，把模型的推导建立在马克思交换均衡公式之上。第二，放松假设条件，甚至不对资本有机构成予以假定。用稳定均衡参数来替代参数不变假设。作为分析方法，假设某参数不变和收敛于该参数是两种不同的分析方法。后者更注重长期分析，同时避免了信息的丢失。第三，着重于稳定均衡分析，附带过程分析。这样我们不仅具有过渡过程的瞬时信息，而且还有稳定均衡信息。通过两种分析方法的结合找到两大部类不变资本增长率之间的关系式，进而给出结论。

二、两大部类不变资本增长率一般关系的导出

（一）定义

这里的定义均是马克思在他的扩大再生产理论中给出的。为了确定各个变量发生的时间，有必要把各个变量加上时间坐标。此外，在下面的分析中，我们将把这些变量看成连续的，这样既不失一般性又有利于理论研究。

$V_i(t)$ 为第 t 年第 i 部类可变资本存量。其中 i = 1 表示第一部类，i = 2 表示第二部类；下同。

$\dot{V}_i(t)$ 为第 t 年第 i 部类可变资本变化率。

$\dfrac{\dot{V}_i(t)}{V_i(t-1)}$ 为第 t 年第 i 部类可变资本增长率。

$C_i(t)$　为第 t 年第 i 部类不变资本存量。

$\dot{C}_i(t)$　为第 t 年第 i 部类不变资本变化率。

$\dfrac{\dot{C}_i(t)}{C_i(t-1)}$ 为第 t 年第 i 部类不变资本增长率。

$M_i(t)$　为第 t 年第 i 部类创造的剩余价值量。

$M'(t)=\dfrac{M_i(t)}{V_i(t-1)}$ 为第 t 年第 i 部类的剩余价值率。值得注意的是，第 t−1 年初投入的可变资本 $V_i(t-1)$，到第 t 年初才会创造出剩余价值 $M_i(t)$，所以剩余价值率应该是这两个不同期量的比值。

$M_i(t)$　为第 t 年剩余价值中用于第 i 部类资本家消费的量。

（二）积累的过程

我们讨论的资本积累过程是在满足均衡条件下进行的。由马克思扩大再生产理论得到两大部类扩大再生产的均衡条件：

$$C_2(t-1)+C_2(t)=v_1(t-1)+\dot{V}_1(t)+M_{x_1}(t) \tag{1}$$

（1）式表明，两大部类之间的均衡交换的条件是，第二部类不变资本的补偿和追加之和应该等于第一部类可变资本补偿、可变资本追加及资本家消费之和。该均衡式是马克思扩大再生产理论的特色，离开该均衡式的分析就不再是马克思的了，因此我们的推理应该建立在该均衡式之上。马克思在他的著名的图示分析中，以劳动价值论为基础从剩余价值的创造、剩余价值的分配和剩余价值积累的角度考察了在均衡条件下资本积累的过程。本文试图根据马克思分析过程将图示分析一般化，并从中找到一些规律。

下面我们分三个步骤来导出第二部类不变资本积累在均衡条件下的表达式，在这一表达式中我们试图建立第二部类不变资本增长率和第一部类可变资本增长率之间的一般关系式，为后面的分析奠定基础。为了书写方便，令 $C_2(t)=C_2(t-1)+C_2(t)$。

第一步：根据（1）式的均衡条件，我们首先推导出 $t \sim t+3$ 年的均衡交换的结果。由（1）式得

第 t 年：

$$C_2(t) = V_1(t-1) + V_1(t) + M_{x_1}(t)$$

第 $t+1$ 年：

$$C_2(t+1) = [V_1(t-1) + V_1(t)] + [V_1(t-1) + V_1(t)]M_1'(t+1)\frac{V_1(t+1)}{M_1(t+1)}$$

$$+ [V_1(t-1) + V_1(t)]M_1'(t+1)\frac{M_{x_1}(t+1)}{M_1(t+1)}$$

其中，等式右边第一项为第 $t-1$ 年可变资本存量与第 t 年可变资本追加量之和，因此是第 t 年可变资本存量，即 $V(t) = V_1(t-1) + \dot{V}_1(t)$。等式右端第二项的因子 $\dot{V}_1(t+1)/M_1(t+1)$ 表示第 $t+1$ 年第一部类追加可变资本占该部类剩余价值的比例，因子 $[V_1(t-1) + \dot{V}_1(t)]M_1'(t+1)$ 表示第 t 年创造的剩余价值，因此 $[V_1(t-1) + \dot{V}_1(t)]M_1'(t+1)\frac{\dot{V}_1(t+1)}{M_1(t+1)}$ 表示第 $t+1$ 年可变资本追加量。以此类推，第三项表示第 $t+1$ 年资本家生活消费量。

第 $t+2$ 年：

$$C_2(t+2) = \left\{ [V_1(t-1) + \dot{V}_1(t)] + [V_1(t-1) \right.$$

$$\left. + \dot{V}_1(t)]M_1'(t+1)\frac{\dot{V}_1(t+1)}{M_1(t+1)} \right\}$$

$$+ \left\{ [V_1(t-1) + \dot{V}_1(t)] + [V_1(t-1) \right.$$

$$\left. + \dot{V}_1(t)]M_1'(t+1)\frac{\dot{V}_1(t+1)}{M_1(t+1)} \right\}M_1'(t+2)\frac{\dot{V}_1(t+2)}{M_1(t+2)}$$

$$+ \left\{ [V_1(t-1) + \dot{V}_1(t)] + [V_1(t-1) \right.$$

$$\left. + \dot{V}_1(t)]M_1'(t+1)\frac{\dot{V}_1(t+1)}{M_1(t+1)} \right\}M_1'(t+2)\frac{M_{x_1}(t+2)}{M_1(t+2)}$$

其中右端前两项为

$$V_1(t+2) = \left[V_1(t-1) + \dot{V}_1(t)\right] + \left[V_1(t-1) + \dot{V}_1(t)\right]M_1'(t+1)\frac{\dot{V}_1(t+1)}{M_1(t+1)}$$

表示第一部类第 $t+2$ 年可变资本存量，由此不难知道，第二项是第 $t+2$ 年第一部类对可变资本的追加，第三项是第 $t+2$ 年资本家的生活消费量。

第 $t+3$ 年：

$$C_2(t+3) = \left[V_1(t-1) + \dot{V}_1(t)\right] + \left[V_1(t-1) + \dot{V}_1(t)\right]M_1'(t+1)\frac{\dot{V}_1(t+1)}{M_1(t+1)}$$

$$+ \left\{ V_1(t-1) + \dot{V}_1(t) + \left[V_1(t-1) + \dot{V}_1(t)\right] \right.$$

$$\left. \cdot M_1'(t+1)\frac{\dot{V}_1(t+1)}{M_1(t+1)} \right\}M_1'(t+2)\frac{\dot{V}_1(t+2)}{M_1(t+2)}$$

$$+ \left\{ \left[V_1(t-1) + \dot{V}_1(t)\right] + \left[V_1(t-1) + \dot{V}_1(t)\right]M_1'(t+1)\frac{\dot{V}_1(t+1)}{M_1(t+1)} \right.$$

$$+ \left\{ V_1(t-1) + \dot{V}_1(t) + \left[V_1(t-1) + \dot{V}_1(t)\right]M_1'(t+1)\frac{\dot{V}_1(t+1)}{M_1(t+1)} \right\}$$

$$\left. \cdot M_1'(t+2)\frac{\dot{V}_1(t+2)}{M_1(t+2)} \right\}M_1'(t+3)\frac{\dot{V}_1(t+3)}{M_1(t+3)}$$

$$+ \left\{ \left[V_1(t-1) + \dot{V}_1(t)\right] + \left[V_1(t-1) + \dot{V}_1(t)\right]M_1'(t+1)\frac{\dot{V}_1(t+1)}{M_1(t+1)} \right.$$

$$+ \left\{ V_1(t-1) + \dot{V}_1(t) + \left[V_1(t-1) + \dot{V}_1(t)\right]M_1'(t+1)\frac{\dot{V}_1(t+1)}{M_1(t+1)} \right\}$$

$$\left. \cdot M_1'(t+2)\frac{\dot{V}_1(t+2)}{M_1(t+2)} \right\}M_1'(t+3)\frac{M_{x_1}(t+3)}{M_1(t+3)}$$

由前面的分析不难得到第 $t+3$ 年均衡条件各项的含义。

第二步：资本增长率的稳定性证明。由 $M_i'(t) = \dfrac{M_i(t)}{V_i(t-1)}$ 可知

$$M_1'(t+i)\frac{\dot{V}_1(t+i)}{M_1(t+i)} = \frac{\dot{V}_1(t+i)}{V_1(t+i-1)} \tag{2}$$

因此对于均衡条件，关键是要考察 $\dfrac{\dot{V}_1(t+i)}{V_1(t+i-1)}$ 和 $\dfrac{\dot{C}_2(t+i)}{C_2(t+i-1)}$ 的稳定性问题。引理1给出了这一问题的答案。

引理 1　如果：（1）第一部类对第二部类生产资料的供给是第一部类可变资本增长率的严格增函数，第二部类对生产资料的需求是第二部类不变资本增长率的严格增函数[①]。（2）资本家是理性经济人，因此其生产调整服从供求规律，当第 i 部类的供给大于第 j 部类的需求时，第 i 部类会降低其资本增长率，第 j 部类会保持或提高其资本增长率；当第 i 部类的供给小于第 j 部类的需求时，第 i 部类会保持或提高其资本增长率，第 j 部类会降低其资本增长率[②]。那么 $\forall i$，当 $t \to \infty$ 时，有

$$\frac{\dot{V}_1(t+i)}{V_1(t+i-1)} \to \frac{\dot{V}_1^*}{V_1^*}, \quad \frac{\dot{C}_2(t+i)}{C_2(t+i-1)} \to \frac{\dot{C}_2^*}{C_2^*}$$

证明　由马克思扩大再生产理论可知，$S(t) = V_1(t-1) + \dot{V}_1(t) + M_{x_1}(t)$ 为第 t 年第一部类为第二部类提供的生产资料，$D(t) = C_2(t-1) + \dot{C}_2(t)$ 表示第 t 年第二部类对生产资料的需求。由此得到

$$S(t) = V_1(t-1)\left(1 + \frac{\dot{V}_1(t)}{V_1(t-1)}\right) + M_{x_1}(t) \tag{3}$$

$$D(t) = C_2(t-1)\left(1 + \frac{\dot{C}_2(t)}{C_2(t-1)}\right) \tag{4}$$

于是定义供求函数：

$$S = S(\alpha), \quad D = D(\beta) \tag{5}$$

其中 $\alpha(t) = \dfrac{\dot{V}_1(t)}{V_1(t)}$，$\beta_{(t)} = \dfrac{\dot{C}_2(t)}{C_2(t)}$。

由假设（1）得

$$\frac{dS(\alpha)}{d\alpha} > 0, \quad \frac{dD(\beta)}{d^\beta} > 0 \tag{6}$$

由假设（2）可知

$$S > D \Rightarrow \begin{cases} \dot{\alpha} < 0 \\ \dot{\beta} \geq 0 \end{cases} \tag{7}$$

[①]　罗季荣：《关于马克思再生产理论的基本原理》，载于《厦门大学学报》1980 年第 3 期。
[②]　陈征：《政治经济学》，高等教育出版社 1994 年版，第 86~87 页。

$$S < D \Rightarrow \begin{cases} \dot{\alpha} \geqslant 0 \\ \dot{\beta} < 0 \end{cases} \tag{8}$$

定义增量供求为

$$dS = S(\alpha) - D(\beta), \quad dD = D(\beta) - S(\alpha) \tag{9}$$

则根据上面的结果可以得到如下调整策略：

$$\dot{\alpha} = k_1 dS(\alpha) = k1(S(\alpha) - D(\beta)) \tag{10}$$

$$\dot{\beta} = k_2 dD(\beta) = k2(D(\beta) - S(\alpha)) \tag{11}$$

其中 $k_1 < 0$、$k_2 > 0$ 为常数。

有了这些准备，我们现在来证明 $\alpha(t)$、$\beta(t)$ 的稳定性。为此设定李雅普诺夫函数

$$V(\alpha, \beta) = \frac{[S(\alpha) - D(\beta)]^2}{2} \tag{12}$$

上式对时间求导得

$$\dot{V}(t) = [S(\alpha) - D(\beta)] \left[\frac{\partial S}{\partial \alpha} \frac{d\alpha}{dt} - \frac{\partial D}{\partial \beta} \frac{d\beta}{dt} \right] \tag{13}$$

由 (6) 式、(7) 式、(8) 式可知

$$S(\alpha) - D(\beta) > 0 \Rightarrow \frac{\partial S}{\partial \alpha} \frac{d\alpha}{dt} - \frac{\partial D}{\partial \beta} \frac{d^\beta}{dt} < 0 \tag{14}$$

因此有

$$\dot{V}(t) < 0 \tag{15}$$

同理可知

$$S(\alpha) - D(\beta) < 0 \Rightarrow \frac{\partial S}{\partial \alpha} \frac{d\alpha}{dt} - \frac{\partial D}{\partial \beta} \frac{d^\beta}{dt} > 0 \tag{16}$$

因此有

$$\dot{V}(t) < 0 \tag{17}$$

只有当 $S(\alpha) = D(\beta)$ 时，有 $\dot{V}(t) = 0$。于是 $\forall i$，$\exists N_1$，$\dfrac{\dot{V}_1^*}{V_1^*}$，$\dfrac{\dot{C}_2^*}{C_2^*}$；当 $t > N_1$ 时，有

$$\left| \frac{\dot{V}_1(t+i)}{V_1(t+i-1)} - \frac{\dot{V}_1^*}{V_1^*} \right| < \varepsilon, \quad \left| \frac{\dot{C}_2(t+i)}{C_2(t+i-1)} - \frac{\dot{C}_2^*}{C_2^*} \right| < \varepsilon \tag{18}$$

其中 $\dfrac{\dot{V}_1^*}{V_1^*}$ 为第一部类可变资本的稳定均衡增长率，$\dfrac{\dot{C}_2^*}{C_2^*}$ 为第二部类不变资本稳定均衡增长率。这里我们只画出 $\dfrac{\dot{V}_1(t+1)}{V_1(t+i-1)}$ 的收敛情况（如图 1 所示）。证毕。

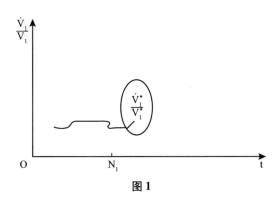

图 1

第三步：导出积累的一般结果。根据上述结果，于是在 t 足够大时，第 t+3 年的交换情况是

$$C_2(t+3) = \left[V_1(t-1) + \dot{V}_1(t)\right]\left[1 + 3\frac{\dot{V}_1^*}{V_1^*} + 3\left(\frac{\dot{V}_1^*}{V_1^*}\right)^2 + \left(\frac{\dot{V}_1^*}{V_1^*}\right)^3\right]$$

$$+ \left[V_1(t-1) + \dot{V}_1(t)\right]\left[1 + 2\frac{\dot{V}_1^*}{V_1^*} + \left(\frac{\dot{V}_1^*}{V_1^*}\right)^2\right]\frac{M_{x_1}(t+3)}{V_1(t+3)} \quad (19)$$

观察（19）式可以发现右端符合二项式定理，由此得

$$C_2(t+3) = \left[V_1(t-1) + \dot{V}_1(t)\right]\left(1 + \frac{\dot{V}_1^*}{V_1^*}\right)^3$$

$$+ \left[V_1(t-1) + \dot{V}_1(t)\right]\left(1 + \frac{\dot{V}_1^*}{V_1^*}\right)^2 \frac{M_{x_1}(t+3)}{V_1(t+3)} \quad (20)$$

结合第 t+1 年、第 t+2 年令 t→∞ 的结果，可以推出第 t+n 年的情况：

$$C_2(t+n) = \left[V_1(t-1) + \dot{V}_1(t) \right] \left[1 + \frac{\dot{V}_1^*}{V_1^*} \right]^n$$

$$+ \left[V_1(t-1) + \dot{V}_1(t) \right] \left(1 + \frac{\dot{V}_1^*}{V_1^*} \right)^{n-1} \frac{M_{x_1}(t+n)}{V_1(t+n)}$$

$$= \left[V_1(t-1) + \dot{V}_1(t) \right] \left(1 + \frac{\dot{V}_1^*}{V_1^*} \right)^{n-1} \left[1 + \frac{\dot{V}_1^*}{V_1^*} + \frac{M_{x_1}(t+n)}{V_1(t+n)} \right]$$

$$(21)$$

由数学归纳法可以证明在时间足够长情况下两大部类交换均衡的一般结果：

$$C_2(t+n+1) = \left[V_1(t-1) + \dot{V}_1(t) \right] \left(1 + \frac{\dot{V}_1^*}{V_1^*} \right)^{n+1}$$

$$+ \left[V_1(t-1) + \dot{V}_1(t) \right] \left(1 + \frac{\dot{V}_1^*}{V_1^*} \right)^n \frac{M_{x_1}(t+n+1)}{V_1(t+n+1)}$$

（三）$\dfrac{\dot{C}_2(t)}{C_2(t^{-1})}$ 与 $\dfrac{\dot{V}_1(t)}{V_1(t^{-1})}$ 之间均衡关系的导出

为了导出第二部类不变资本增长率与第一部类可变资本增长率的关系，还需要给出两个引理。

引理 2 如果：（1）第一部类资本家的消费数量相对第一部类工人追加消费的数量有越来越多的趋势[1][2]。（2）没有发生暴力革命，因此这一趋势仍然保持在某一阈值之内[3]。那么资本家消费与同期工人追加消费之比就是收敛的。

证明 定义第一部类资本家消费与工人追加消费之比为 $\dfrac{M_{x_1}(t)}{\dot{V}_1(t)}$。由条件（1）可知，该比值是单调递增的，由条件（2）可知，该比值是有界的，因此该比值有界且单调递增。由单调有界原理得知 $\exists N_2$，$\dfrac{M_{x_1}^*}{\dot{V}_1^*}$；当 $t > N_2$，

---

① 《马克思恩格斯选集》第 1 卷（中译本），人民出版社 1972 年版，第 367～368 页。

② 程恩富：《现代马克思主义政治经济学的四大理论假设》，载于《中国社会科学》2007 年第 1 期。

③ 鲁从明：《〈资本论〉节选本解析》，中共中央党校出版社 1987 年版，第 247～248 页。

$$\left| \frac{M_{x_1}(t)}{\dot{V}_1(t)} - \frac{M_{x_1}^*}{\dot{V}_1^*} \right| < \varepsilon。$$ 证毕。

引理 3 $\forall n$，$\exists N = \max(N_1, N_2)$，当 $t > N$ 时，有 $\left| \dfrac{M_{x_1}(t+n+1)}{V_1(t+n+1)} - \right.$

$\left. \dfrac{M_{x_1}(t+n)}{V_1(t+n)} \right| < \varepsilon$。

证明 已知 $\dfrac{M_{x_1}(t)}{V_1(t)} = \dfrac{M_{x_1}(t)}{\dot{V}_1(t)} \dfrac{\dot{V}_1(t)}{V_1(t)}$，对该等式两边取极限，并利用引理

1、引理 2 和极限乘法准则，即得到 $\dfrac{M_{x_1}(t)}{V_1(t)}$ 收敛结果。证毕。

定理 $\forall n$，$\exists N$，当 $t > N$ 时，有 $\left| \dfrac{\dot{C}_2^*}{C_2^*} - \dfrac{\dot{V}_1^*}{V_1^*} \right| < \varepsilon$。

证明 由（21）式和积累的一般结果可知

$$\dot{C}_2(t+n+1) = \left[V_1(t-1) + \dot{V}_1(t) \right] \left[1 + \frac{\dot{V}_1^*}{V_1^*} \right]^{n-1} \frac{\dot{V}_1^*}{V_1^*} \left[1 + \frac{\dot{V}_1^*}{V_1^*} + \frac{M_{x_1}(t+n)}{V_1(t+n)} \right]$$

将上式除以（21）式，并考虑引理 3，得到

$$\left| \frac{\dot{C}_2(t+n+1)}{C_2(t+n)} - \frac{\dot{V}_1^*}{V_1^*} \right| < \frac{\varepsilon}{2} \tag{22}$$

又由（18）式可得

$$\left| \frac{\dot{C}_2(t+n+1)}{C_2(t+n)} - \frac{\dot{C}_2^*}{C_2^*} \right| < \frac{\varepsilon}{2} \tag{23}$$

由（22）式、（23）式及三角不等式可知，$\forall n$，$\exists N$，当 $t > N$ 时，有

$$\left| \frac{\dot{C}_2^*}{C_2^*} - \frac{\dot{V}_1^*}{V_1^*} \right| < \varepsilon \tag{24}$$

其中，$\dfrac{\dot{C}_2(t+n+1)}{C_2(t+n)} = \dfrac{C_2(t+n+1) - C_2(t+n)}{C_2(t+n)}$。证毕。

（四）两大部类不变资本增长率的关系

下面设定各个变量均为时间的连续函数。已知第一部类资本有机构成为

$$\frac{C_1(t)}{V_1(t)} = K(t) \tag{25}$$

其中 $K(t) > 0$。事实上，资本有机构成是技术进步、资本节约、人力资本支出等自变量的函数，而这些自变量又是时间的函数，所以我们可以将诸变量集总为时间的函数，这样资本有机构成就成了时间的函数。至于分析这些自变量对资本有机构成的影响，那就有必要给出关于资本有机构成的分布参数形式。不过，这不是本文目的所在。

将（25）式改写为

$$C_1(t) = K(t)V_1(t) \tag{26}$$

对（26）式两边取对数并求导得

$$\frac{\dot{C}_1(t)}{C_1(t)} = \frac{\dot{K}(t)}{K(t)} + \frac{\dot{V}_1(t)}{V_1(t)} \tag{27}$$

对（27）式两边取极限并考虑（24）式，得

$$\frac{\dot{C}_1^*}{C_1^*} = \lim_{t \to \infty} \frac{\dot{K}(t)}{K(t)} + \frac{\dot{C}_2^*}{C_2^*} \tag{28}$$

（28）式就是两大部类不变资本增长率之间的稳定均衡关系式。

三、稳定均衡状态下两大部类不变资本增长率关系的类型

由（28）式我们看到，两大部类不变资本增长率之间的稳定均衡关系的类型取决于第一部类资本有机构成函数的形式。下面我们给出资本有机构成的典型函数形式，进而分析两大部类不变资本增长率的关系。我们不仅给出资本有机构成提高的情况，也给出资本有机构成为常数和水平运动的情况，以便比较在各种情况下两大部类不变资本增长率的关系。

（一）资本有机构成是常数

这时 $\frac{\dot{K}(t)}{K(t)} = 0$，由（27）式得到

$$\frac{\dot{C}_1(t)}{C_1(t)} = \frac{\dot{V}_1(t)}{V_1(t)} \tag{29}$$

对上式取极限得

$$\frac{\dot{C}_1^*}{C_1^*} = \frac{\dot{C}_2^*}{C_2^*} \tag{30}$$

由（30）式可见，这时两大部类平衡增长。马克思在他的著名的扩大再生产图示中假设资本有机构成不变，因此得到的是两大部类自始至终平衡增长的结论，也就是说，瞬时增长和稳态增长都服从平衡增长规律。该结论与（30）式是一致的。资本有机构成的轨迹以及两大部类增长率的关系如图 2-1、图 2-2 所示。

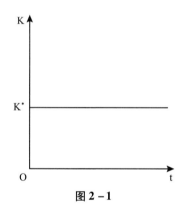

图 2-1

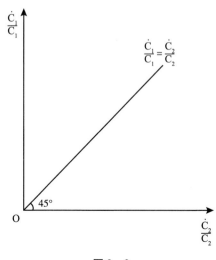

图 2-2

（二）资本有机构成是时间的单调增函数

1. 资本有机构成是多项式

多项式具有良好的逼近性质，大多数函数都可以用多项式来逼近，所以使用范围很广。令

$$L_2 = K(t) = a_n t^n + a_{n-1} t^{n-1} + \cdots + a_1 t + a_0 \tag{31}$$

设 $\forall t$ 有 $K(t)$、$\dot{K}(t) > 0$。进而有

$$\frac{\dot{K}(t)}{K(t)} = \frac{n a_n t^{n-1} + (n-1) a_{n-1} t^{n-2} + \cdots + a_1}{a_n t^n + a_{n-1} t^{n-1} + \cdots + a_1 t + a_0} > 0 \tag{32}$$

当 $t \to \infty$ 时有

$$\frac{\dot{K}(t)}{K(t)} \to \frac{\dot{K}_1^*}{K_1^*} = 0 \tag{33}$$

再考虑到（28）式，得

$$\frac{\dot{C}_1^*}{C_1^*} = \frac{\dot{C}_2^*}{C_2^*} \tag{34}$$

资本有机构成的轨迹和两大部类增长率的关系轨迹如图 3 - 1、图 3 - 2 所示。

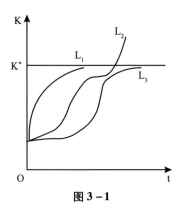

图 3 - 1

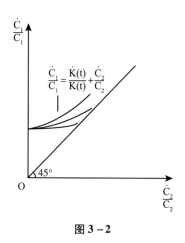

图 3 - 2

图 3 - 1 中 L_2 是资本有机构成多项式曲线，图 3 - 2 最上面的曲线就是两大部类不变资本增长率的实际关系。由图可知，尽管在初始点第一部类不变资本增长率要比第二部类不变资本增长率高出很多，但是随着经济规模的扩张，两大部类不变资本的增长率越来越接近，最终趋于相等。

2. 资本有机构成是饱和函数

所谓饱和函数，就是随着时间的推移，第一部类资本有机构成逼近某一极限。根据轨线的形状又分为简单饱和函数和 Logistic 饱和函数。前者的特点是，随着时间的推移第一部类资本有机构成也随之增加，但是增加的幅度越来越小，最后趋于某一常数。后者的变化呈 S 状：开始随时间的推移第一部类资本有机构成加速提高，但是到了一定点以后增加的幅度越来越小，直至逼近某一常数。这两种函数具有良好的适用性，特别是 Logistic 饱和函数，经济学中大量的增长问题都可以用 Logistic 饱和函数来描述。

（1）资本有机构成是简单饱和函数。令

$$L_1 = K(t) = \frac{at}{1 + bt} > 0 \tag{35}$$

其中各个参数大于零。于是有

$$\dot{K}(t) = \frac{a}{(1 + bt)^2} > 0 \tag{36}$$

$$\Rightarrow \frac{\dot{K}(t)}{K(t)} = \frac{1}{t(1+bt)} > 0 \tag{37}$$

当 $t \to \infty$ 时，有

$$\frac{\dot{K}(t)}{K(t)} = \frac{1}{t(1+bt)} \to \frac{\dot{K}^*}{K^*} = 0 \tag{38}$$

考虑到（28）式，有

$$\frac{\dot{C}_1^*}{C_1^*} = \frac{\dot{C}_2^*}{C_2^*} \tag{39}$$

（2）资本有机构成是 Logistic 函数。令

$$L3 = K(t) = \frac{at^2}{1+bt^2} > 0 \tag{40}$$

其中各个参数大于零，于是有

$$\dot{K}(t) = \frac{2at}{(1+bt^2)^2} > 0 \tag{41}$$

$$\Rightarrow \frac{\dot{K}(t)}{K(t)} = \frac{2}{t(1+bt^2)} > 0 \tag{42}$$

当 $t \to \infty$ 时，有

$$\frac{\dot{K}(t)}{K(t)} = \frac{1}{t(1+bt^2)} \to \frac{\dot{K}^*}{K^*} = 0 \tag{43}$$

考虑到（28）式，有

$$\frac{\dot{C}_1^*}{C_1^*} = \frac{\dot{C}_2^*}{C_2^*} \tag{44}$$

可见，在这三种函数下两大部类不变资本增长率都趋于相等。但是收敛速度大不相同。为了便于比较，将这三条曲线均表示在图 3 - 1、图 3 - 2 中。图 3 - 1 的 L_1 就是简单饱和函数，L_2 是多项式函数，L_3 是 Logistic 函数。图 3 - 2 中最上面的曲线是多项式函数下形成的两大部类不变资本增长率关系的实际轨迹，中间的曲线是简单饱和函数下形成的两大部类不变资本增长率关系的实际轨迹，最下面的曲线是 Logistic 函数下形成的两大部类不变资本增长率关系的实际轨迹。不难看出，简单饱和函数下资本有机构成增长率收敛

速度比多项式函数快近 t 倍。Logistic 函数下的资本有机构成增长率的收敛速度比简单饱和函数快了近 t 倍。由此可见，Logistic 函数下两大部类不变资本增长率的实际轨迹收敛于平衡增长的速度最快，简单饱和函数次之，多项式函数最慢。

3. 资本有机构成是指数函数

令

$$K(t) = ae^{bt} \tag{45}$$

其中 a、b > 0。

当 t→∞ 时，有

$$\frac{\dot{K}(t)}{K(t)} = \frac{\dot{K}_1^*}{K_1^*} = b \tag{46}$$

考虑到（28）式，有

$$\frac{\dot{C}_1^*}{C_1^*} = b + \frac{\dot{C}_1^*}{C_1^*} \tag{47}$$

由（47）式可见，第一部类不变资本增长率大于第二部类不变资本增长率，即 $\frac{\dot{C}_1^*}{C_1^*} > \frac{\dot{C}_1^*}{C_1^*}$，这意味着第一部类一直保持优先增长。资本有机构成的时间轨迹和两大部类增长率的关系如图 4 - 1、图 4 - 2 所示。

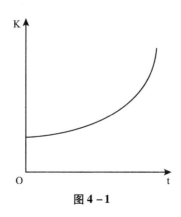

图 4 - 1

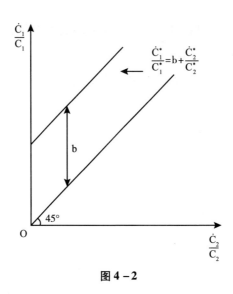

图 4 – 2

（三）资本有机构成在波动中提高

1. 资本有机构成函数围绕直线 $L(t) = k_3t + k_4$ 波动

（1）考察围绕 $L(t) = k_3t + k_4$ 周期波动的情况。令

$$K(t) = a\sin t + k_3t + k_4 > 0 \tag{48}$$

其中各个参数都大于零。于是有

$$\frac{\dot{K}(t)}{K(t)} = \frac{a\cos t + k_3}{a\sin t + k_3t + k_4} \overset{\sim}{\longrightarrow} 0 \tag{49}$$

考虑到（28）式，有

$$\frac{\dot{C}_1^*}{C_1^*} = \frac{\dot{C}_2^*}{C_2^*} \tag{50}$$

（2）考察围绕 $L(t) = k_3t + k_4$ 变动，并收敛于 $L(t) = k_3t + k_4$ 的情况。令

$$K(t) = e^{-at}[k_1\cos(bt) + k_2\sin(bt)] + k_3t + k_4 > 0 \tag{51}$$

其中各参数都大于零。于是有

$$\frac{K(t)}{K(t)} = \longrightarrow \frac{K^*}{K^*} = 0 \tag{52}$$

考虑到（28）式，得到

$$\frac{\dot{C}_1^{\ *}}{C_1^{\ *}} = \frac{\dot{C}_2^{\ *}}{C_2^{\ *}}, \tag{53}$$

其中→表示"在波动中趋于"的意思。两种情况如图 5-1、图 5-2 所示。

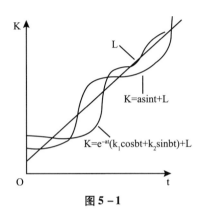

图 5-1

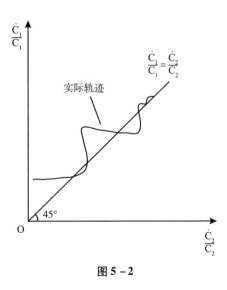

图 5-2

由此可见，最终的结果是，实际两大部类不变资本关系轨迹收敛于平衡路径。值得注意的是，（二）中（1）、（2）与（三）中的（1）、（2）的稳态结果虽然都相同，但是两者的过渡过程不同，前者是在第一部类不变资本增长率大于第二部类不变资本增长率前提下的收敛，也就是在45°线的左下方朝着45°线右上方逼近。而后者虽然也收敛于45°线，但是两大部类不变资本增长率实际轨线却是在波动中收敛，而且可能出现这样的情况：有时在45°线左上方，有时在45°线上方，逐渐降低振幅，最终趋于45°线。也就是说，在（三）中的（1）、（2）情况下尽管总的趋势是两大部类不变资本增长率相等，但是有可能发生这样的情况：有的时段第一部类不变资本增长率大于第二部类，有的时段第二部类大于第一部类。

2. 资本有机构成函数是指数函数与周期函数的乘积形式

令

$$K(t) = e^{bt}[k_1\cos(t) + k_2\sin(t)] > 0 \tag{54}$$

其中各参数大于零。当 $t \to \infty$ 时，有

$$\frac{\dot{K}(t)}{K(t)} = b + \frac{-k_1\sin t + k_2\cos t}{k_1\cos t + k_2\sin t} \tag{55}$$

可见，资本有机构成增长率围绕 b 进行波动。具体说来，有这样两种情况：一是 b 相对较大，这种情况下指数因素对资本有机构成的影响大于波动因素对资本有机构成的影响，以至资本有机构成增长率虽然存在波动但是始终大于零。二是 b 相对较小，这种情况下指数对资本有机构成的影响小于波动函数对资本有机构成的影响，以至资本有机构增长率在正负间摆动。综合上面的情况可见，只有在资本有机构成函数以指数因素为主导的情况下才存在第一部类不变资本优先增长的稳定状态。

（四）资本有机构成函数水平波动

1. 资本有机构成函数在水平波动中收敛

令

$$K(t) = ke^{-at}\sin(bt) + L > 0 \tag{56}$$

其中 L 为常数，且各参数均大于零。资本有机构成函数收敛于 L。

由（56）式得

$$\frac{\dot{K}(t)}{K(t)} = \to \frac{\dot{K}^*}{K^*} = 0 \tag{57}$$

考虑到（28）式，有

$$\frac{\dot{C}_1^*}{C_1^*} = \frac{\dot{C}_2^*}{C_2^*} \tag{58}$$

资本有机构成的时间轨迹和两大部类增长率的关系如图 6-1、图 6-2 所示。可见，如果资本有机构成随时间推移而水平波动并逐渐收敛，那么均衡稳定的结果是，实际两大部类不变资本增长率在波动中趋于平衡增长。

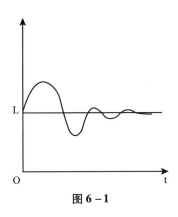

图 6-1

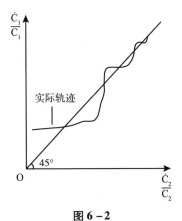

图 6-2

2. 资本有机构成在 t > N 之后为周期函数

令

$$K(t) = \begin{cases} K(t)(t \leqslant N) \\ a\sin bt + L(t > N) \end{cases} > 0 \qquad (59)$$

其中 $K_1(t)$ 为任意函数，a，b > 0。

则当 t → ∞ 时有

$$\frac{\dot{K}(t)}{K(t)} = \frac{abcosbt}{a\sin bt + L} \qquad (60)$$

考虑到（28）式，有

$$\frac{\dot{C}_1^*}{C_1^*} = \frac{abcosbt}{a\sin bt + L} + \frac{\dot{C}_2^*}{C_2^*} \qquad (61)$$

可见，如果第一部类资本有机构成轨线呈水平波动，而且不收敛也不发散，那么两大部类不变资本增长率在不同的时段呈现不同的状态：在一个时段第一部类不变资本增长率大于第二部类，在另一时段第二部类不变资本增长率大于第一部类，而且这一现象交替持续地出现。资本有机构成和两大部类不变资本增长率关系轨迹如图 7-1、图 7-2 所示。

四、实证与结论

（一）第一部类资本有机构成的轨迹

为了说明第一部类资本有机构成函数的多样性，进而说明两大部类不变资本增长率关系的多样性，我们给出两个国家第一部类资本有机构成的轨迹。

1. 美国的情况

根据段进朋和高峰的研究[1][2]，得到 1879~2001 年美国第一部类资本有机构成的数据，如表 1 所示。

---

[1] 段进朋、李刚：《对美国资本有机构成变动趋势的实证分析》，载于《西安电子科技大学学报》（社会科学版）2005 年第 6 期。

[2] 高峰：《马克思的资本有机构成理论与现实》，载于《中国社会科学》1983 年第 2 期。

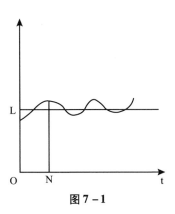

图 7 - 1

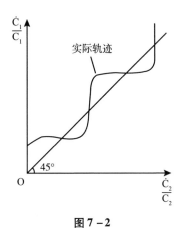

图 7 - 2

表 1					美国 1879~2001 年第一部类资本有机构成						
年份	1879	1889	1899	1909	1919	1928	1929	1933	1939	1948	1949
资本有机构成	2.87	2.58	3.34	4.12	3.24	4.14	1.17	1.71	1.09	0.88	0.99
年份	1959	1969	1973	1979	1980	1983	1987	1990	1995	1999	2001
资本有机构成	1.05	1.03	1.12	1.28	2.78	2.50	2.55	2.64	2.55	2.62	2.63

由表 1 数据得到的散点图不难发现，第一部类资本有机构成的轨线呈水平波动，并稍有收敛势态。鉴于数据还不太完备，因而收敛势态还不能完全确定。如果收敛，则其轨迹如图 6 - 1 类似；如果波动而不收敛轨迹如图 7 - 1

相似。根据前面分析的结果，我们大致可以断定，在目前美国实际两大部类不变资本围绕均衡增长率摆动，有时第一部类不变资本增长率大于第二部类不变资本增长率，有时第二部类不变资本增长率大于第一部类不变资本增长率。如果资本有机构成增长率是收敛的，那么在美国两大部类不变资本增长率会逐渐趋于均衡。

2. 日本的情况

根据郑佩玉[1]的研究，得到 1955～1978 年日本第一部类资本有机构成的数据如表 2 所示。

表 2　　　　　　　日本 1955～1978 年第一部类资本有机构成

年份	1955	1956	1957	1958	1959	1960	1961	1962	1963	1964	1965	1966
有机构成	5.08	5.41	5.47	4.61	5.19	5.50	6.00	5.81	5.86	6.27	6.35	6.49
年份	1967	1968	1969	1970	1971	1972	1973	1974	1975	1976	1977	1978
有机构成	6.91	6.91	7.09	7.33	7.27	7.19	6.70	6.22	6.42	6.69	6.87	7.20

由于这些数据中的一部分采自 20 世纪 70 年代初，而这时日本正发生能源危机，为此需要对这些年份的数据进行必要的滤波与熨平，由此形成的散点图大致呈"S"形，其轨迹与图 3-1 相似。根据前面分析的结果可知，Logistic 曲线收敛速度非常快，从而我们可以推断，在目前日本经济规模很大的情况下，第一部类不变资本均衡增长率与第二部类不变资本均衡增长率大致相等。

（二）结论

如果资本有机构成是时间的单调递增函数，那么就瞬时来看第一部类不变资本增长率快于第二部类不变资本增长率，即第一部类优先增长。也就是说，如果列宁所说的资本有机构成提高指的是单调提高，那么就瞬时而论，

---

[1]　郑佩玉：《论资本有机构成及其战后的变动趋势》，载于《中山大学学报》1986 年第 2 期。

在扩大再生产条件下第一部类不变资本增长率快于第二部类不变资本增长率。这意味着在资本有机构成函数单调递增的条件下瞬时生产资料优先增长规律是存在的。

但是从稳态均衡来看，即使资本有机构成是时间的单调递增函数，第一部类不变资本也未必快于第二部类不变资本增长率。事实上，只有资本有机构成是指数函数的情况下，稳态均衡的结果是第一部类不变资本增长率快于第二部类不变资本增长率，而绝大多数情况下的稳态结果均是两大部类不变资本增长率相等。这意味着只有在资本有机构成函数为指数函数的情况下稳态生产资料优先增长规律是存在的；在其他情况下第一部类不变资本增长率等于第二部类不变资本增长率，即存在稳态平衡增长规律，而不存在稳态生产资料优先增长规律。

因此，就资本有机构成是单调函数而论，只有资本有机构成为指数函数的情况下瞬时增长规律和稳态增长规律是一致的。其他几种情况下瞬时增长规律是优先增长，而稳态规律是平衡增长。现实经济系统中，由于资源、人口和需求等因素的影响，资本有机构成有时会呈正反馈递增运动，有时呈正反馈递减运动，有时呈负反馈寻目标运动①。特别是在资源约束下，资源的增加对资本的增加有利，而资本的增加将强化对资源存量的约束，在这种负反馈的作用下资本有机构成不可能永远呈指数增长。经济实证表明，在经济起飞阶段，因为自然资源等约束不强，所以负反馈环节的作用可以忽略不计，主导经济发展的是正反馈增长环节，这样资本有机构成以指数形式提高，因而生产资料优先增长规律成为主导经济发展的规律。当经济达到一定规模以后，经济增长将会受到自然资源等条件的强约束，这时负反馈成为经济发展的主导环节，于是资本有机构成提高的幅度递减，直到饱和，这意味着平衡增长规律成为主导经济发展的规律。

总之，永恒的生产资料优先增长规律是不存在的。在正常情况下，瞬

---

① 程恩富：《现代马克思主义政治经济学的四大理论假设》，载于《中国社会科学》2007年第1期。

时优先增长规律和稳态平衡增长规律是并存的。就一个国家来说，两个规律的发生存在先后次序，瞬时优先增长规律在先，稳态平衡增长规律在后。至于一个国家或地区究竟采取何种战略，关键在于识别两个规律的切换点。这一切换点的研究具有重大的理论和现实意义。本文只是给出了切换点存在性的证明，而姚洋[1]对此做了开拓性的研究，他的研究既是优先增长规律和平衡增长规律转化过程的详细考察，也可以看成对本文结论的一个有力实证和深化。

（原文发表于《经济学（季刊）》2009 年第 2 期）

---

[1]　姚洋、郑东雅：《重工业与经济发展：计划经济时代的再考察》，载于《经济研究》2008 年第 4 期。

对马克思再生产理论的新认识

胡　钧　唐路元*

再生产在一切社会形态中都占有极其重要的作用，马克思指出："不管生产过程的社会形式怎样，它必须是连续不断的，或者说，必须周而复始地经过同样一些阶段。一个社会不能停止消费，同样，它也不能停止生产。因此，每一个社会生产过程，从经常联系和它不断更新来看，同时就是再生产过程。"①

然而任何再生产又是具体社会形态下的再生产。在不同的社会形态中，再生产过程具有不同的性质和形式，反映了不同的生产关系。如在前资本主义社会中，再生产表现为产品的再生产和只是单纯当作商品来交换的简单商品的再生产，它反映着自然经济和早期商品经济下的生产关系。

马克思在《资本论》中研究的是资本主义再生产。他认为，在资本主义社会中，由于它不仅是商品经济最发达的社会，而且是建立在雇佣劳动基础上的商品生产，这里产品已不单是当作商品来交换，而是当作资本的产品来交换，再生产不仅表现为商品的再生产，还表现为反映着在物的掩盖下资本主义商品经济关系的资本再生产。

资本主义现实再生产过程是直接生产过程和流通过程的矛盾统一体。马克思分析资本主义再生产过程所采取的方法是，先把矛盾一个方面抽出来独立加以分析，之后，再分析矛盾的另一方面，最后，再从总体上加以考察。本文将按照马克思的逻辑进程从以下几个方面来阐述资本主义再生产过程。

---

* 胡钧：中国人民大学经济学院教授。唐路元：重庆工商大学教授。
① 《资本论》第1卷，第621页。

一、资本主义再生产的本质

马克思在《资本论》第 1 卷中把资本在流通领域所经历的形式变换和物质变换假定为前提。对资本主义生产过程，分为两个部分：

在第二篇至第六篇，马克思采取的是解剖麻雀的方法，从静态、单个企业、单个资本家和工人的关系这一角度，把资本主义生产过程作为一个孤立过程进行考察，揭示出资本家剥削工人的秘密和资本主义的本质在于剩余价值的生产。

第七篇则是从动态的、全社会的、宏观的角度，着眼于资本主义社会生产整体，着眼于资本家阶级与工人阶级之间的关系分析资本主义生产过程，也就是资本主义再生产过程。马克思对资本主义再生产的本质、资本的运作方式和运动趋势作了科学的分析。

无论是资本主义的历史和现实，还是理论抽象，简单再生产都是扩大再生产的基础和前提，虽然资本主义再生产是以资本积累为特点的扩大再生产，简单再生产只是生产过程在原来规模上的重复，但是这种重复或连续性，赋予了这个过程以某些新的特征。

劳动力成为商品一定历史条件下的产物，客观劳动条件和主观劳动条件的分离，劳动产品和劳动本身的分离，是资本主义生产过程事实上的基础或起点。但是，这种起初只是作为资本主义生产的基础或起点的事实，仅从简单再生产过程来看，就作为资本主义生产本身的结果而不断地生产出来，并且永久化了。因为，一方面作为过程的结果的产品被资本家占有，产品转化为资本，转化为资本家继续榨取剩余价值的手段；另一方面，每一次生产过程以后，工人走出生产过程时和进入这个过程以前一样，仍然是一无所有，他们获得的工资仅够维持生命的延续和家庭的生活，有时还不能够维持，为了生活，工人不得不继续出卖劳动力。在这里，甚至工人的个人消费的性质也发生了变化，工人的个人消费是资本家生产劳动力的一种必要手段，没有工人的消费，就没有劳动力的再生产，劳动力的再生产对于资本家来说，则是具有极其重要意义的事情。因为，资本家失去了剥削对象，就无法生产剩余价值。"因此，从社会角度来看，工人阶级即使在直接劳动过程以外，也同死的劳动工具一样是资本的附属物。"① 劳动力会由于工人个人消费而不断出现在劳动力市场上。"可见，把资本主义生产过程联系起来考察，或作为再生产过程来考察，它不仅生产商品，不仅生产剩余价值，而且还生产和再生产资本关系本身：一方面是资本家，另一方面是雇佣工人。"②

当资本家把剩余价值也作资本使用，资本主义生产就不是简单再生产，而是以资本积累为特点的扩大再生产。资本主义关系也在以扩大的规模被再生产出来。

在定性分析的基础上进行定量分析，是逻辑考察的一个重要原则。对资本积累的量的考察，又会使问题的研究更进一步。在这里马克思研究资本的增大对工人阶级的命运产生的影响，其中最重要的因素是资本构成和它在积累过程中所起的变化。资本主义社会生产力的变化和与之相对应的生产关系的变化，都像变魔术一样地从资本有机构成的变化中展现出来。

当资本积累进行到一定阶段，劳动生产力的发展就成为决定性的因素。劳动生产力的提高，就必然引起资本有机构成的提高。不变资本部分与积累的增长成正比，可变资本则与积累的增长成反比。这样，加速进行的资本积累，它的积累和集中，就从两方面影响资本的有机构成：一方面使新形成的资本有越来越高的有机构成；另一方面又使旧资本在进行物质更新时有越来越高的有机构成。资本有机构成的提高，意味着可变资本相对量的减少，这是资本积累和劳动生产力发展的必然规律。

这种结果必然会深刻地影响工人阶级的状况，相对过剩人口和产业后备军的形成，就是资本积累的产物；同时它又反过来成为资本积累的杠杆和资本主义生产方式存在的条件。在积累的进程中，一方面较大的可变资本无须招收更多的工人就可以推动更多的劳动；另一方面，同样数量的劳动力就可以推动更多的劳动；最后，通过排挤较高级的劳动力可以推动更多低级的劳

---

① 《资本论》第 1 卷，第 629 页。
② 《资本论》第 1 卷，第 634 页。

动力。因此，相对过剩人口的生产比生产过程随着积累的增进本身而加速的技术变革和与此相适应的资本可变部分比不变部分的相对减少，更为迅速。逐步扩大了的产业后备军的存在，通过竞争使就业工人身上的压力增大，不仅使他们从事过度劳动和听从资本的摆布，而且使他们接受不断降低的工资。工资的降低和对工人剥削程度的相应提高，又会重新加速积累。当然，工资的一般变动仅仅由同工业周期各个时期的更替相适应的产业后备军的膨胀和收缩来调节。在这里马克思揭示了工人的实际工资率的变动规律。但是，资本越是积累，劳动者不管所得的工资是高是低，他的地位总归要以同一比例趋于恶化。至此，马克思总结指出："这种后备军的相对量越大，常备的过剩人口也就越多，他们的贫困同他们所受的劳动折磨成反比。最后，工人阶级中贫苦阶级和产业后备军越大，官方认为需要救济的贫民也就越多。这就是资本主义积累的绝对的、一般的规律。"① 资本越是积累，工人就越是失业和贫困，生存的条件就越没有保证。这个规律深刻地揭示了资本积累的对抗性质。

随着积累过程的不断进行，生产资料通过竞争和信用杠杆日益集中在少数大资本手里。生产日益社会化使得资本主义社会的基本矛盾：社会化的大生产和资本主义私人占有之间的矛盾日益尖锐，造成了消灭资本主义的客观条件。同时，人数不断增加的无产者的贫困、愤怒和反抗也随之而增长，形成了消灭资本主义的主观条件。当资本主义生产资料的集中和劳动的社会化达到同它们的资本主义外壳不能相容的地步，这个外壳就要炸毁了。"资本主义生产由于自然过程的必然性，造成了对自身的否定。"② 加上马克思对资本原始积累的分析，资本主义产生、发展、必然消亡的动态历史过程就清晰地展现在读者面前。

以上分析表明再生产理论在第 1 卷的作用和重要地位，通过再生产理论的分析，资本主义生产过程的本质才得以进一步被揭示。但是《资本论》第

---

① 《资本论》第 1 卷，第 707 页。
② 《资本论》第 1 卷，第 832 页。

1 卷只是揭示资本主义再生产的本质，仅仅停留在这一认识上是不够的，还必须进一步考察这一本质所采取的形式，这就是资本流通过程。

二、资本主义再生产的形式

马克思说资本的流通过程，"这个过程的总体就是再生产过程的形式"①。分析资本主义再生产的本质时，是把再生产形式暂时抽象掉了，现在则要来研究资本再生产形式本身——资本的流通过程，研究资本在流通过程中所经过的价值形式和实物形式的不断更替和补偿的运动，揭示资本流通的本质和规律。

资本主义的总流通过程是由各个独立又互相交错和互相补偿的单个资本的运动组成。这是一个极复杂的过程。为了使问题由简单到复杂，马克思首先从社会资本中抽出单个资本，把它作为在社会总资本中独立执行职能的组成部分来进行分析。

马克思把单个资本的运动表现为资本形式的变化及其循环。产业资本在运动中，依次采取货币资本形式、生产资本形式、商品资本形式。和资本三种形式相适应，资本的循环也有三种：货币资本的循环、生产资本的循环和商品资本的循环。马克思在这里分析了循环形式本身，分析资本在不同阶段所具有的不同形式和所完成的不同职能；并对资本循环的内容作出了完整的规定："产业资本的连续进行的现实循环，不仅是流通过程和生产过程的统一，而且是它的所有三个循环的统一。"② 正是这种特殊的运动形式显示出资本的流通过程不同于一般商品流通过程。一般商品流通只是价值形式的变化，货币只是作为交换的媒介，而资本的流通过程则是作为能自行增殖的独立价值的资本的形式变化，它采取循环的形式，并且是一个不断的循环过程。资本运动的这种特殊形式是资本本质的必然表现形式。这是资本流通的质的规定。

---

① 《资本论》第 2 卷，第 392 页。
② 《资本论》第 2 卷，第 119 页。

资本周转则是从量的方面对资本流通的研究。马克思分析了制约资本周转速度的各种因素和它们在加快资本周转中的作用,深刻揭示了资本家竭力加速资本周转的真正秘密。

马克思进而分析社会总资本的再生产和流通。他给社会资本的运动下了这样的定义:"个别资本的循环是互相交错的,是互为前提的、互为条件的,而且正是在这种交错中形成社会总资本的运动。"① 研究社会资本运动的目的在于揭示既定前提下社会资本运动的内在联系,社会资本运动正常进行所必须具备的条件,亦即社会总资本再生产过程中,在价值上如何实现,在物质方面如何补偿。

由于资本主义社会商品生产不是直接的物物交换,而是要通过货币的媒介作用才能完成交换行为,社会资本在价值上的实现和物质上的补偿,都必须通过交换,通过流通过程,货币资本的作用就是极其重要的。所以,马克思对货币资本、货币流通在交换中的媒介作用作了专门的论述。如果我们忽视了这一点,我们分析的就不是资本主义的再生产,而是再生产一般了。过去的一些文章恰恰在这里忽略了这一重要内容。

马克思指出,货币资本的作用有二:第一,资本主义生产的特征是商品生产成为社会中占统治地位的生产形式,货币形式的资本是发动整个生产过程的第一推动力。特别是流动资本,要求货币资本作为动力经过一段短时间不断地反复出现,全部预付资本价值,即资本的一切由商品构成的部分——劳动力、劳动资料和生产材料,都必须不断的用货币一再购买。第二,适应着生产资本的一定规模,必然要求有一定数量的与它并存的货币形式的资本存在,以便在成品售出之前用来购买生产资料和支付工资,这是保证生产连续性和正常周转的必要条件。

整个商品的交换都是以货币为媒介进行的,所以货币流通起着重要的媒介作用。马克思指出,是在资本主义条件下进行的货币流通,因而它在完成一般商品流通职能的同时,还完成货币资本的职能,即同时完成各个资本的

---

① 《资本论》第 2 卷,第 392 页。

特殊的循环运动。马克思通过七次购买活动的分析展示了社会资本再生产的全过程，这一系列的购买行为，每次都是再生产过程中的一个环节，却具有不同的特殊职能，有的是完成资本的职能，有的是完成一般货币的职能。这样我们可以清楚地看出资本流通与一般商品流通是如何交错在一起的。二者的根本区别在于，一般商品流通，货币总是在第三者手里，而资本流通，货币由以开始的出发点只是资本家。

既然货币资本是社会再生产的第一推动力，那么对社会资本运动的分析起点是否也从货币资本开始呢？马克思在这里并没有这样做，而是以商品资本的循环 W′……W′ 作为对象。因为只有从 W′……W′ 的运动中，从 W′ 的各个组成部分的价值补偿和物质补偿的角度，才能深刻地认识到社会总资本再生产运动得以顺利进行所必须具备的条件。这里，马克思把商品资本的价值分解为 C、V、M 三个部分，又把亿万种商品生产部门归结为生产资料生产和消费资料生产两大部类，社会总产品相应分成两大部分：生产资料和消费资料。

在此基础上，马克思用了较长篇幅详细地阐述了社会资本的再生产过程。由于过去的许多文章著述对此有过详述，本文在这里不再重复，只作一概括。马克思研究得出的结论：社会资本正常再生产正常进行所必须具备的基本条件是，两大部类之间 $I(V+M)=IIC$。马克思为了说明问题，尽管进行了反复的图式演算，但要说明的问题却是单纯的。这就是要求两大部类之间，延伸开来就是要求各生产部门之间的生产必须要有正确的比例，资源必须在各类生产之间进行合理的配置，否则再生产的正常秩序就会遭到破坏。

资本主义再生产客观要求具备以上条件，不等于说在资本主义的现实中经常存在着这些条件。马克思在此只是把各部门有着正确的比例作为一个前提假定了，研究在这个前提下再生产和流通是怎样借助于货币流通实现的。正是后一点表现出社会资本再生产的历史特征，在这里暴露出由于货币流通的介入而引起的一系列矛盾，如买与卖之间、价值补偿和实物补偿之间可能发生的分离。这种分离就包含着资本主义经济危机的可能性。

资本再生产和流通的问题，只是在《资本论》第 2 卷所假定的前提下获得了解决。只有当理论的分析上升到最后一阶段，也就是《资本论》第 3 卷中把资本的运动当作一个整体来考察时，资本主义再生产过程才完全被揭示出来。

三、从总体上考察的资本主义再生产

从再生产的角度来看，资本主义再生产的本质显示资本家为了占有日益更多的剩余价值，有着无限扩大再生产的倾向，而科学技术的发展和应用，也使得这种生产的扩大趋势有着现实的可能性。

再生产形式的分析，特别是社会资本的再生产和流通的分析显示出，扩大再生产只有在产品都能销售出去的前提下才能进行，特别是生产与消费之间必须合乎比例。

但是以上对资本主义再生产的本质和形式的考察都是分别独立进行的。为了理解资本主义再生产的全貌，必须把两者综合起来，这就使我们有可能揭示资本主义再生产过程的现实矛盾。这种研究是在第3卷中完成的。

直接生产过程中和流通过程中所呈现的各种形式都作为要素在资本主义生产总过程中综合为新的具体形式，《资本论》第3卷就是对这些具体形式进行考察。由于是在直接生产过程和流通过程的现实统一中进行研究，这里所考察的具体形式也就更加接近资本主义社会表面上的东西，也就是处于竞争中的那些资本家们的通常意识中所表现出来的形式。当然，这里的研究还是限于本质关系、内部结构的分析，而不能理解为是直接的表面现象。

在资本家的日常意识中，他们生产的直接目的和动机是利润，而不是剩余价值。马克思就把"资本的运动当作一个整体来考察时所产生的各种具体形式"[①] 中最普遍、最抽象的形式——利润，作为第3卷的核心范畴加以研究。

马克思首先分析了成本价格这个资本主义生产中特有的重要范畴，通过价值到成本价格的转化揭示了剩余价值到利润的转化，说明了利润的本质，指出利润只不过是被看作总预付资本产儿的剩余价值。这样就把本卷内容和

———————

① 《资本论》第3卷，第29页。

前面两卷有机地联系起来了。剩余价值这一本质关系，经过流通过程这一中介的掩盖，就取得了利润这一假象。

既然利润表现为总预付资本的产儿，那么必然的结论是：投入生产的每一个资本价值，不论投在什么物质形态上，都会取得一个相同的利润量。等量资本获取等量利润是资本的权利。但是，在现实中各资本之间的有机构成是有极大差别的，这显然是与作为自行增殖价值的资本规定，与利润的本质都是矛盾的。这就决定了利润转化为平均利润、价值转化为生产价格的必然性。

如果说马克思分析剩余价值到利润的转化是以单个资本作为研究的基础，那么研究利润的平均化则是以社会资本作为研究的基础。从而生产资料因资本家彼此之间的关系而更趋于复杂化。资本在各种不同的生产部门之间的分配和再分配、剩余价值从一个部门转移到另一个部门，所有这一切，当然都是产生在最尖锐的竞争斗争中。竞争首先在一个部门内实现，使商品的不同的个别价值形成一个相同的社会价值和市场价格；不同部门资本的竞争，则形成了那种使利润平均化的生产价格。因此，全社会的平均利润就等于社会总资本来除的社会总剩余价值。在这里我们可以看出，价值转化为生产价格，是随着简单商品经济转化为资本主义经济而进行的；价值规律在资本主义经济中，不是表现为市场价格围绕价值波动，而是表现为市场价格围绕生产价格波动。生产价格成为资本主义社会资源配置的基本形式。马克思的生产价格理论，一方面表明了马克思价值理论的完成，另一方面又表现着整个工人阶级的剩余劳动被资本家阶级所共同占有这一事实。

平均利润率变动趋势的分析现在就显得十分重要了。随着资本主义再生产过程的不断进行，社会生产力日益发展，可变资本同不变资本以及同被推动的总资本相比，会相对减少。社会总资本的有机构成不断提高，由此产生的直接结果是：平均利润率会趋于下降。利润和利润率是资本主义生产的目的和促进资本主义发展的根本因素，而利润率却由于劳动生产力的不断提高而趋向下降，这表明资本主义生产的发展只能局限于一定的范围，资本主义关系阻碍了生产的发展。

利润率趋向下降规律的内在矛盾不过是整个资本主义生产的内在矛盾特别地表现在利润的语言上而已。资本主义基本矛盾通过利润率下降同时利润量增长的规律，展现为剩余价值生产和剩余价值实现的矛盾、生产扩大和价值增殖的矛盾、与人口过剩同时并存的资本过剩的矛盾等。

剩余价值生产的条件和其现实的条件是不同的。前者取决于社会的生产力，后者取决于社会的消费力。追求剩余价值的欲望迫使资本家盲目地、无限地扩大生产。反之，社会消费力却受到不同的力量和规律的支配。"社会消费力既不是取决于绝对的生产力，也不是取决于绝对的消费力，而是取决于以对抗性的分配关系为基础的消费力；这种分配关系，使社会上大多数人的消费缩小到只能在相当狭小的界限以内变动的最低限度。这个消费力还受到追求积累的欲望的限制，受到扩大资本和扩大剩余价值生产规模的欲望的限制"，"生产力越发展，它就越和消费关系的狭隘基础发生冲突"。① 马克思在这里揭示了资本主义周期爆发生产过剩危机的深层根源，建立了科学的经济危机和经济周期理论。

资本主义生产和交换的矛盾来源于生产和消费的矛盾，后者又来源于生产和分配的矛盾，这些矛盾的作用再加上一般利润率趋向下降规律的作用，使生产又有着无限扩大的冲动。但是生产扩大又和价值增殖发生冲突，亦即资本主义生产的手段和目的的冲突。资本主义生产的目的是保存现有资本价值和最大限度地增殖资本价值，实现目的的手段则是提高劳动生产力基础上的生产扩大。"而用来达到这个目的的方法包含着：降低利润率，使现有资本贬值，靠牺牲已经生产出来的生产力来发展劳动生产力。"② 所以，资本主义生产的真正限制是资本自身。

当生产力的发展已经不能增殖资本价值，那么，相对于增殖资本价值这一目的，生产力便成为过剩。生产力的资本主义过剩表现为：资本过剩、人口过剩、商品过剩。所有这些过剩都是生产力的相对过剩，是生产力不能增

---

① 《资本论》第 3 卷，第 272~273 页。
② 《资本论》第 3 卷，第 278 页。

殖资本价值的相对过剩。资本主义生产过剩只是意味着"资本主义的、对抗性的形式上的财富,周期地生产得太多了"①。

这些矛盾的激化就爆发为资本主义的经济危机。危机只是矛盾的暴力解决,在资本主义制度只能暂时克服这些矛盾,但又使矛盾更加深刻和尖锐。资本主义加强了国家干预,只是缓和了矛盾爆发的力度,但却不能从根本上改变这一必然趋势。最后马克思总结指出:"发展社会生产力,是资本主义的历史任务和存在的理由。资本正是以此不自觉地为一个更高级的生产形式创造物质条件。"② 至此,马克思对资本主义制度的主要矛盾和历史命运的分析就基本上完成了。

以上分析表明,正是把资本理解为一种关系,一种运动,从资本主义再生产运动的角度,我们才能完整地理解资本主义这种特殊的生产方式,和它的经济运动规律。同时也表明了再生产理论在马克思主义经济学中的重要地位。

马克思的再生产理论既是关于资本主义再生产的研究,其中也包含商品经济生产一般的研究。它的研究方法对于指导社会主义市场经济中的再生产具有重要的现实意义。关于目前消费不足的问题,我们不能仅仅从交换这一角度去分析,还应该从经济结构、分配关系的角度作全面的考察,才有可能从根本上把问题解决。这些我们都能从马克思的再生产理论中得到十分有用的启示。

(原文发表于《当代经济研究》2000 年第 4 期)

---

① ② 《资本论》第 3 卷,第 289 页。

自然力与社会再生产的辩证关系：
基于马克思再生产理论的视角

王朝科*

一、引言

不可否认，政治经济学对于自然力与社会再生产过程之间关系的认识远不如自然科学——生态科学、地球科学、环境科学等——那么深刻、透彻和清晰。马克思本人是先建立了认识世界的方法论——辩证唯物主义和历史唯物主义——然后再去研究资本主义生产方式，从而发现了剩余价值规律的。马克思和恩格斯其实一开始就注意到了自然力与社会再生产过程之间的辩证关系，充分认识到自然力对经济发展的正向作用即对提高生产力的正向作用，如"历史中的资产阶级时期负有为新世界创造物质基础的使命：一方面要造成以全人类互相依赖为基础的世界交往，以及进行这种交往的工具，另方面要发展人的生产力，把物质生产变成在科学的帮助下对自然力的统治"①，又如"科学就是靠这些发明来驱使自然力为劳动服务"②，"自然力不是超额利润的源泉，而只是超额利润的一种自然基础，因为它是特别高的劳动生产力的自然基础"③。这些论断实际上都反映了自然力对生产力的正向作用，也是自然力构成生产力要素的重要理由和依据。同时，恩格斯指出了自然力的其他作用："如果说人靠科学和创造天才征服了自然力，那末自然力也对人进行报复，按他利用自然力的程度使他服从一种真正的专制，而不管社

---

* 王朝科：上海对外贸易学院人文社会科学部教授。

① 《马克思恩格斯全集》第 9 卷，人民出版社 1975 年第 1 版，第 252 页。
② 《马克思恩格斯全集》第 16 卷，人民出版社 1964 年第 1 版，第 140 页。
③ 《资本论》第 3 卷，人民出版社 2004 年第 2 版，第 728 页。

会组织怎样。"① 这也就是自然力对社会再生产过程的负向作用。马克思在建立他的政治经济学理论体系时，是以资本主义生产方式及其与之相适应的生产关系和交换关系为研究对象的，从而揭示资本主义最大限度地榨取剩余价值的天然本质，因此马克思的理论触角没有过多涉及社会再生产过程对自然力的负向作用，是有其历史的必然性的。从历史经验看，随着人类利用自然向纵深发展，一个必然的结果就是自然力对人类进行报复的频率越来越高，强度越来越大，自然力对社会再生产过程的约束力越来越具有刚性，这是一个问题的两个方面。因此，在实现科学发展、建设两型社会的今天，深入研究自然力与社会再生产过程、与人类行为之间的相互关系依然具有重要的理论意义和现实意义。

二、自然力与社会再生产过程的传统模型

应该说，马克思主义政治经济学一开始就为我们正确理解自然力与社会再生产过程之间的辩证关系提供了科学的理论基础和方法论基础，马克思说："劳动首先是人和自然之间的过程，是人以自身的活动来引起、调整和控制人和自然之间的物质变换的过程。"② 这样就在自然力与社会再生产过程之间建立起了天然的逻辑联系。但是，自然力在正统的政治经济学框架内仅仅是人类社会经济活动的自然基础，是一个不费分文、免费向社会再生产过程提供可用自然资源的系统，还没有建立起自然力与社会再生产过程之间双向、互促、彼此约束和制衡的合理关系。传统模型的核心思想是：劳动者利用劳动手段将可利用自然力转化为人类生产生活所需要的各种要素，也可以用更接近现代经济形式的方法表示这个核心思想，即一种经济需要四种基本的资本进行适当的运转——以劳动和智力、文化、组织等形式出现的人力资本，由货币手段构成的金融资本，以基础设施、机器、工具、厂房为主要形式的人造资本，以资源、生命系统、生态系统等自然力为主要形式的自然资本，也

---

① 《马克思恩格斯全集》第 18 卷下，人民出版社 1964 年第 1 版，第 342 页。
② 《资本论》第 1 卷，人民出版社 2004 年第 2 版，第 202 页。

就是以人力资本、人造资本和金融资本的组合形式将自然资本转化为人类生产生活所需的各种要素，所以自然力与社会再生产过程的传统模型可以概括为以下几个方面：

第一，模型的基本假定条件。（1）可知和可用自然力是不可耗竭的，能够永续地为社会再生产过程输出所需要的各种资源；（2）社会再生产过程不会对自然力系统造成破坏或者说自然力系统可以无限承载社会再生产导致的各种压力；（3）整个社会再生产过程依次划分为生产、分配、交换和消费四个环节，生产活动被分为两大部类，即生产生产资料（C）的第一部类和生产消费资料（V）的第二部类，两个部类的产出是异质的，不能互相替代，即第一部类生产的产品不能用来消费，第二部类生产的产品不能用来当作生产资料进行投资；（4）经济系统是封闭的。

第二，基本模型，根据传统模型的核心思想，我们可以将其概括为一个图形模型（如图1所示）。从这个模型可以看出，自然力与社会再生产过程之间唯一的联系是自然力向生产力系统输入可用的各种要素，从而成为决定生产力（劳动生产力）的决定因素之一。

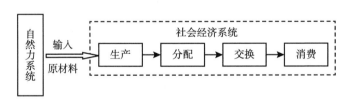

图1　自然力与社会再生产过程的传统模型

在这个传统模型或标准的工业模式中，使用价值和价值的创造都被描述为一种输入、生产、分配、交换、消费的线性过程：原材料是从自然力系统中得到的（自然力系统对经济系统的输入）；劳动者借助劳动手段将这些劳动资料变成有使用价值的商品，商品通过市场销售出去，从而实现其价值，完成对剩余价值的最后攫取；生产过程产生的非产品产出（各种废弃物）被以人们习惯的方式处理掉（习惯的方式及其成本都不是正统经济学关注的问题，只要有足够多的钱、都可以买到足够多的资源投入生产）。

第三，社会再生产的前提和实现条件①。根据马克思的理论，社会再生产（扩大再生产）顺利进行的前提是：

（1）　$Ⅰ(c+v+m) > Ⅰc+Ⅱc$ 或者 $Ⅰ(v+m) > Ⅱc$；

（2）　$Ⅱ(c+v+m) > Ⅰ\left(v+\dfrac{m}{x}\right) + Ⅱ\left(v+\dfrac{m}{x}\right)$；

相应地，可以导出社会再生的实现条件是：

（1）　$Ⅰ(c+v+m) = Ⅰ(c+\Delta c) + Ⅱ(c+\Delta c)$；

（2）　$Ⅱ(c+v+m) = Ⅰ\left(v+\Delta v+\dfrac{m}{x}\right) + Ⅱ\left(v+\Delta v+\dfrac{m}{x}\right)$。

由这两个前提条件和实现条件，我们很容易得出这样的结论：社会再生产是一个在经济系统内部循环进行的过程，自然力被抽象为能为经济系统、单向、永续提供可用资源的无限系统，没有建立起自然力与经济系统之间科学、合理、完整、双向的关系。

三、自然力与社会再生产过程的扩展模型

从自然力与社会再生产过程的传统模型不难发现：传统政治经济学对"劳动首先是人和自然之间的过程，是人以自身的活动来引起、调整和控制人和自然之间的物质变换的过程"这一精辟论述的误解。这种误解集中体现在两个方面：一是将劳动过程简单地理解为人类利用人力资本、金融资本和人造资本将自然力（自然资本）转化为人类生产生活所需的各种要素的过程，忽视了劳动的另一面，即劳动过程对自然力的破坏性。其实，这一点马克思和恩格斯都是看到了的，只不过因为这种破坏性在当时的条件下还不足以威胁和动摇人类自身的生存基础、不足以对社会再生产形成强有力的制约，也由于经济活动主体基于残缺的经济效率理论、基于成本—利润的比较、基于私人成本和社会成本的比较、私人成本可转嫁等客观上可执行的原因，理论和实践上对这种破坏性视而不见罢了。既看到劳动过程的正向作用又看到劳

---

① 本文将社会再生产的前提条件和实现条件视为社会再生产的"马克思条件"。

动过程的负向作用，这正是马克思辩证法的具体表现。二是将生产力简单地理解为人类征服自然、改造自然、利用自然的能力。有学者把这种意义上的生产力理论称之为"致残生产力"或"半边生产力"① 理论，人为地割断了人与自然力之间的联系、将人与自然力对立起来。如何准确完整地理解自然力与社会再生产过程的关系呢？把社会再生产过程理解为生产和消费之间的一种脱离现实的周期性的价值运动，就好比只从循环系统的一个方面来理解一种动物一样，没有考虑这样一个显著的事实：即这种动物还具有一种从两端将它紧密地同环境联系起来的消化系统。所以，只从输入端和输出端的一个侧面来理解经济活动过程是建立在单向逻辑思维基础上的。正确的态度是：既不能凭借马克思的个别论断来否定马克思，也不能以讹传讹式地批判马克思，必须要回到马克思的历史唯物主义和辩证唯物主义的方法论上来。马克思在《资本论》中的确没有系统分析资本主义生产方式与自然力系统之间的双向共建、协同发展问题，这是由资本主义生产方式和生产目的的本质以及当时的历史条件决定的，是由资本主义生产的现实决定的，并不是被马克思有意忽视的。

现代经济过程（无论是资本主义或者社会主义社会的）的"马克思条件"已经发生了根本变化，实际情况是：自 18 世纪中期以来，自然力系统受到的损害要比整个以前时代造成的损害的总和还要大，当大工业生产体系达到一个前所未有的高度、集聚和累积人造资本的成就达到史无前例的顶峰时，人类赖以创造物质文明和精神文明的自然力基础正在急剧发生变化，并开始动摇人类自身生存发展的基础乃至一切生命形式的基础，自然力系统被破坏与物质财富增长相伴而行，且前者遭受破坏的速度比后者增长的速度要快很多，可知自然力和未知自然力在地球范围内都以一种前所未有的速度不断衰减。自然力系统除了向社会再生产过程输入原材料、食物、动物等资源外（我们将这种功能定义为自然力的经济生产功能），它还向人类提供形形色色的服务，这种服务功能对人类生存来说远比不可再生资源重要。哥本哈根气

---

① 详细请参见柯宗瑞：《生态生产力论》，载于《新华文摘》1991 年第 6 期。

候峰会的"硝烟"已经散去，但是公众对气候变化问题的争论还将继续。不管气候变暖是科学的预见还是地球进入"迷你冰河期"时代抑或气候变暖是政治家假借科学之名玩弄的骗局，不过有一点是可以肯定的，即植物和动物之间的二氧化碳和氧的不断转换，是自然力系统中最重要的循环之一，这种再循环服务和自然力系统对人类无偿的碳循环服务至今还没有一种可替代的方法。除气候变化外，生物多样性减少也是不争的事实。在过去半个多世纪中，全球已经丧失了 1/4 的表层土和 1/3 的森林覆盖。在过去 30 年中，地球上 1/3 的资源——自然财富已经消耗殆尽，我们正在以每年 6% 的速度失去淡水生态系统、每年 4% 的速度失去海洋生态系统①。类似这样的证据我们可以列举出很多，也许人们可以就某一个具体的数据进行争论，但是对这种变化的趋势或许不会再有任何科学见解上的分歧——全世界各种生命系统的衰退正在不断加速，并已经开始失去维持生命过程的能力，这种衰退的进程往往因为它们在衰退过程中的相互作用而加快，还被它们之间的一种相互作用机理（一种人类可能根本就没有认识到的机理）所加速。所有这些变化以及其他许许多多的变化，都是马克思所处时代没有发生过的，也就是社会再生产过程的"马克思条件"没有包含在内的，而今天却实实在在出现了，因此必须回到马克思的辩证法唯物主义和历史唯物主义的方法论上来，建立新的模型来理解自然力与社会再生产过程之间的关系。基于此，我们需要建立一个新的有别于传统模型的模型来完整地揭示自然力与社会再生产过程的辩证运动。

第一，基本假定：（1）人类的全部经济活动可以抽象为生产活动和消费活动，生产活动不仅输出产品产出（提供有使用价值的产品和服务），同时也输出非产品产出，即转化为有效产品和服务后的废弃物排放。同样，消费活动不仅通过消费使产品最终成为产品、使消费主体获得满足，也在消费过程中产生各种消费剩余——没有转化为营养和能量的各种排放，如生活垃圾等。

---

① 参见 Paul Hawken，Amory Lovins，L. Hunter Lovins：《自然资本论——关于下一次工业革命》，上海科学普及出版社 2000 年版，第 5 页。

这样，我们对生产和消费的理解就包含正反两个方面，这有别于正统的经济学理论，当然这样理解完全符合马克思的辩证法的方法论。（2）厂商是生产活动的执行主体，家庭是消费活动的执行主体（当然，个人、团体、政府组织和非政府组织等都是事实上的消费活动的执行主体，这里为简化起见，都归并到家庭之中）。（3）自然力系统是一个有限系统，即它提供经济生产和服务生产的能力是有限的，承载生产活动和消费活动对其施加的压力的能力也是有限的。（4）生产函数和消费函数是严格递增的函数。

第二，基本模型（如图2）。

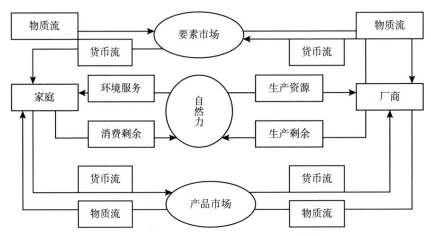

图2　自然力与社会再生产过程的拓展模型 I

由于经济系统是一个开放系统，所以还可以得到一个包含政府部门和国外部门的扩展模型，如图3所示。

在图3中，如果我们不考虑国外部门，就是一个三部门模型。在这个模型中，厂商和家庭与自然力系统之间的关系与图2中厂商、家庭与自然力系统之间的关系相比发生了新的变化。政府在一定时期内的经济社会发展目标，以及在该目标下实行的一系列经济政策都会改变厂商和家庭的行为。政府采取什么样的经济政策，取决于其对中期、近期社会经济发展重点领域和优先

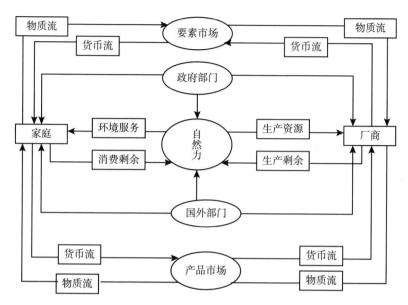

图3 自然力与社会再生产过程的拓展模型 Ⅱ

领域的判断和选择，以及对长期社会经济发展的预期①。政府部门对自然力系统的影响，首先，通过其价值取向向厂商和家庭传递信息，如政府是主张先污染后治理呢还是主张把经济增长与环境保护统一起来，这两种主张的后果是完全不同的；其次，政府通过经济发展目标影响厂商和家庭的行为选择，经济发展目标是政府价值取向的直接表现，追求单一的经济增长以及把经济增长与社会发展、资源节约、环境质量改善、人与自然和谐等多元目标相统一，这是根本不同的；最后，政府通过产业政策、税收政策、消费政策、环境政策等经济政策影响厂商和家庭的行为进而影响自然力系统。通过以上三个方面，政府对自然力胁迫的累积和放大机制或者起刺激加速作用，或者起抑制作用。如果把国外部门纳入分析框架，国外部门主要通过贸易和投资对一国或地区的自然力系统发生作用。贸易包括货物贸易、服务贸易、技术贸

———————

① 通常情况下，政府也有追求即期收益最大化和转移发展成本的偏好，因此政府对长远社会经济发展的预期对其政策选择不会产生什么影响，反而是他们的政绩观和对近期经济发展的目标和对即期收益的偏好会左右其政策选择，从而对厂商、家庭以及对环境系统产生影响。

易以及垃圾贸易等形式，货物贸易是通过商品的位移，使生产地和消费地分离，以消费剩余为介质作用于自然力系统①。服务贸易通常不会造成对自然力的破坏。技术贸易以厂商为介质、以产业为载体作用于一国或地区的自然力系统，或者有益或者有害。垃圾贸易是直接以向他国转移环境成本、破坏他国的环境为目的，因而是一种缺乏国际责任、极端自利的不道德行为。在发达国家与发展中国家的贸易中，直接以垃圾作为贸易对象的行为呈上升趋势，污染物的越境转移成为国际政治经济学和国际贸易学关注的焦点问题。国际直接投资对一国自然力系统的影响主要是伴随产业转移实现的，发展中国家由封闭到开放的过程往往就是发达国家转移落后产业的过程，发展中国家和地区谋求经济增长的内在冲动和外在压力与发达国家对外输出落后产业、对本国产业进行升级、保护本国环境、改善环境质量、协调人与自然之间的关系的目标不谋而合，发展中国家和地区于是成为它们转移落后产业和环境问题的目的地，进一步放大了负外部性累积机制的作用力。通过贸易和投资这两种方式，区域性的环境问题被放大为国际性的问题，完成了环境问题的国际化。

在上述基本假定条件下，自然力与社会再生产的拓展模型可以用数学形式表达如下：设生产活动的产品产出可以用一个生产函数（Y）表示、非产品产品可以用一个生产剩余 P_S 函数表示，消费活动可以消费函数（C）表示，消费剩余用消费剩余函数（C_S）表示，生产剩余和消费剩余之和表示总剩余函数（S），同时假定自然力系统存在一个最大承载力，于是就有：

（1）$Y = F(\cdot)$。

（2）$C = F(\cdot)$。

（3）$P_S = F(Y)$。

（4）$C_S = F(C)$。

---

①　有些影响，不是由于生产系统形成的，在生产地并不明显或者根本就没有，而是通过消费作用于消费地的环境，从而对消费地的环境造成破坏。而有些影响，则是由生产系统本身衍生的，只对生产地的环境造成影响，不对消费地产生影响。还有一类影响，是由生产系统派生的，因而对生产地有影响，同时消费这种产品也会造成环境破坏，因而对消费有影响。

（5）$S = P_s + C_s = F(Y) + F(C)$。

上述数理模型可以用图 4 表示：

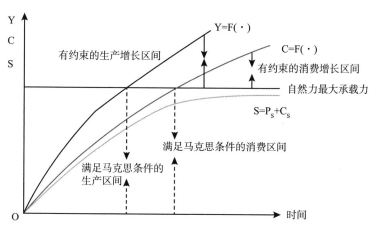

图4　自然力与社会再生产过程的关系

第三，社会再生产的实现条件，包括两种情况。

第一种情况是生产活动和消费活动对自然力系统形成的压力小于自然力系统的最大承载力时社会再生产的实现条件，这时社会再生产（扩大再生产）的实现条件实际上就是再生产的"马克思条件"，即

（1）$\mathrm{I}(c+v+m) = \mathrm{I}(c+\Delta c) + \mathrm{II}(c+\Delta c)$，

（2）$\mathrm{II}(c+v+m) = \mathrm{I}\left(v+\Delta v+\dfrac{m}{v}\right) + \mathrm{II}\left(v+\Delta v+\dfrac{m}{v}\right)$。

第二种情况是，由于任何的生产活动和消费活动都必然会产生废弃物，即使是在循环经济模式下，也就是说 $P_s = F(Y) \neq 0$，$C_s = F(C) \neq 0$，因此 $S = P_s + C_s = F(Y) + F(C) \neq 0$。随着时间的推移，$S = P_s + C_s = F(Y) + F(C)$ 在累积和放大机制的作用下，最终，社会再生产对自然力的压力将超过最大承载力，导致社会再生产过程不可持续。所以要保证经济社会可持续发展，当生产和消费增长进入"有限制条件的增长区间"后，除了满足再生产的"马克思条件外"，还必须同时满足：

(1) $\dfrac{\partial P_S}{\partial Y} \leqslant 0$；

(2) $\dfrac{\partial C_S}{\partial C} \leqslant 0$；

(3) $\dfrac{\partial P_S}{\partial Y} + \dfrac{\partial C_S}{\partial C} \leqslant 0$。

第四，基本命题。由上述模型，我们可以得到关于自然力与社会再生产的几个基本命题，这些命题将对我们重新认识自然力与社会经济之间的关系、重新认识生产力和消费力具有重要的意义。

命题 I：经济增长和消费增长是社会再生产过程的固有逻辑，但是经济增长和消费增长不能破坏 $S = P_S + C_S = F(Y) + F(C)$ 成为 Logsitic 函数的条件，这和很多人主张的节欲式经济和消费零增长有本质区别，有利于在经济增长、消费增长与技术创新之间形成一种"倒逼机制"。

命题 II：自然力不仅是生产力的一个决定因素，而且是具有经济生产、服务生产、消解生产剩余和消费剩余三种功能的系统。

命题 III：对未来经济发展具有强约束力的是自然力的可利用性和功能性，特别是那些不可取代的、在现有经济理论体系中没有价值的、支持生命存续、繁衍的服务性功能，如碳循环服务、光合作用等。

命题 IV：生产力不仅是提供物质财富、精神财富的能力，而且还应包括提供自然财富的能力。生产力提供自然财富通过两种方式：一是直接向自然力投资，如污水净化、土壤改良、植树造林、生物多样性保护等；二是不生产或少生产公害，也就是让 $P_S = F(Y) \equiv 0$ 或 $P_S = F(Y) \Rightarrow 0$，不生产公害就是生产公益。

命题 V：提高资源利用效率是提高生产力和较少生产剩余（提供自然财富）的基石，它在价值链的一端不仅减缓资源消耗速率、用单位资源满足更多的需要，在它的另一端是减少污染和破坏，不再因为自然力系统遭受破坏而使当代人和未来世代人都付出代价。

四、自然力与生产力之间的辩证关系

从图 2 和图 3 可以知道，生产力系统和消费力系统是与自然力系统直接联系的两个节点，所以下面的内容将重点讨论自然力与生产力、自然力与消费力之间的辩证关系。

在《论马克思的自然力思想》①　一文中，笔者曾提出过关于自然力与生产力关系的三个命题（命题 1 为自然力是生产力（社会劳动生产力）的自然基础；命题 2 为能够形成生产力或者说成为生产力构成要素之一的自然力是纯粹自然力和由社会力决定的已知自然力的交集；命题 3 为纯粹自然力成为社会劳动生产力的要素是有条件的）。这里再补充一个命题——命题 4 为生产力系统，其在输出产品产出的同时，也输出非产品产出，从而形成对自然力的压力和对生产力自身的约束力。我们把上述四个命题统一在一个模型中，就是对自然力与生产力之间辩证关系的完整表达，如图 5 所示。

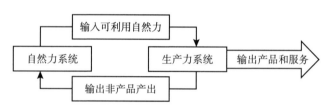

图 5　自然力系统与生产力系统的辩证关系

为了分析方便，不妨设 PNF 表示纯粹自然力（pure nature force）的集合，KF 表示已知自然力（knowable force）的集合，UP 表示不可知自然力（unknown force）的集合，PP 表示能成为生产力构成要素的自然力的集合，则有 PNF = KF∪UF，表示纯粹自然力的集合是已知自然力集合与未知自然力集合的并集；PP = PNF∩KF，表示能成为生产力构成要素的自然力的集合是纯粹自然力集合与已知自然力集合的交集。

但是，PP 这个集合实际上可以被视为由现有认识力条件下，可用自然力的种类和每种可用自然力的已知用途构成的，因为即使是已知的自然力也存在未知的用途。例如，煤炭是我们已知的自然力，煤炭作为燃料和作为化工

---

① 参见王朝科：《论马克思的自然力思想》，载于《教学与研究》2010 年第 6 期。

原料是我们已知的用途，但不是其全部用途，只不过我们没有穷尽罢了。又如，海水不能用于农业灌溉，这是我们已知的结论，但不是最后结论，随着技术的发展，未来可能会直接或经低成本简单处理后，利用海水进行农业灌溉。人类还可能发现新的可用自然力，如沙漠种植等。同时，随着已知自然力不断被输入生产力系统（如不可再生资源），已知自然力将不断减少，所以 PP = PNF ∩ KF 这个集合始终处在变化过程中。由此，我们可以得出结论：自然力对生产力的影响是两方面的。一方面，PP 的几何面积随着可知自然力耗竭而不断缩小，从而对生产力形成刚性约束；另一方面，随着人类认知能力不断提高，不可知自然力转化为可知自然力从而增加了 PP 的集合面积，进而成为生产力的促进力量。所以，自然力对生产力的作用方向（正、负）取决于导致 PP 几何面积缩小与 PP 几何面积扩大之间的力量对比。实际情况是，PP 几何面积缩小的速度要远远大于 PP 几何面积扩大的速度，这已经被人类社会经济活动的实践和经验数据所证明。

克服物质匮乏和最大限度地占有物质财富是人类的本能和本质，所以 Y = F(·) 始终是一个严格递增的函数，又由于 PP = PNF ∩ KF 具有不确定性且 PP = PNF ∩ KF 的几何面积越来越小，可用自然力越来越匮乏几乎是不可逆转的趋势，不管未来世代的人有多么惊世骇俗的发现，至少现在或可预见的未来，人类尚不能摆脱对自然力系统的依赖，因此，如果要继续保持人类文明得以持续发展，那么提高已知可用自然力的利用效率——提高单位可用自然力对生产力的贡献度——就成为人类唯一可行的选择。

自然力系统还是一切生命形式存在的基础，生产力系统通过向自然力系统输出形形色色的非产品产出（废弃物），对自然力系统造成了巨大的破坏，降低了自然力系统对包括人类在内的一切生命形式提供服务的能力，弱化了自然力系统的功能（如碳循环功能、光合作用、生物多样性对生命形式的支持能力）等，所以实现自然力与生产力之间和谐共建的另一可行选择是最大限度减少生产力系统向自然力系统输出非产品产出。不生产公害就是生产公益，这样就赋予了生产力具有提供自然财富的功能或生产力保护和建设自然力系统的功能，这是生产力理论发展的新方向。

五、自然力与消费力之间的辩证关系

自然力与生产力之间的相互关系受到了大多数文献的关注，但是自然力与消费力之间的关系则没有得到应有的重视，可持续消费理论的兴起开始将自然力纳入消费理论的研究视野，考察消费活动对自然力的影响以及通过消费选择和变革消费模式优化消费力与自然力之间的关系。自然力与消费力之间的关系可以抽象为图6所示的模型。

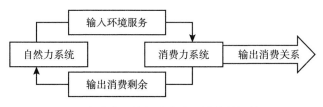

图6　自然力系统与消费力系统的辩证关系

自然力系统向消费力系统提供的环境服务包括：（1）自然力的内在价值①。生命因其目的性和主体性而具有内在价值，自然力是生命体，因而自然力价值是自然力系统内在具有的属性，这种价值存在于人的存在本身并没有什么关系（假设地球上的人全部死亡了，自然力照样存在，照样支撑其他非人类生物的繁衍，并不会因为人类的消亡而消亡，相反，人类则会因自然力的消亡而消亡）。如果一切生命都有内在价值，则自然力也有内在价值，如果一切具有主体性和目的性特征的事物都有内在价值，那么自然力也具有主体特征，有自身的目的性，所以必然具有内在价值。（2）自然力的生态价值。自然力的生态价值是指自然力通过生态功能的发挥维持生态系统功能完整性的属性。自然力不是属于人类独占，而是自然生态系统中许多生物和非生物共同的家园，也可以说是地球生命系统中所有成员的共同家园，将自然力的价值仅仅归结为对人类的有用性显然是错误的，也是十分片面的。自然力的

---

① 这里的价值含义不是劳动价值，而是哲学意义上的。

生态价值不仅为人类生存发展所需要，而且也为自然力生态系统中所有构成要素所需要。（3）自然力的美学价值。自然力不仅是人类可以利用索取的资源宝藏，还是人类的精神家园，为人类提供了思考自身前途和命运的机会，所有这些都表明，自然力所独有的美学价值，隐含着深刻的伦理意蕴。当人类面对自然力具备了一种谦卑的意识后，就不会总是用功利主义的思维去审视自然力存在的意义和价值，而是从更深的层面从文化内涵的层面去审视自然力的存在价值，从而唤醒人类远离正确轨道的人性回归。（4）自然力的生命价值。生命价值的本质是生己又生他：生己是自我演进和自我修复；生他是靠自身生生不息的生命力滋生繁衍其他的生物，为其他生物提供生命的原动力，维持生态链的连续不至于断裂。（5）自然力的科学（研究）价值。自然力蕴含着十分丰富的内涵，有些已经被人们认识到，有些还没有。自然力可以作为科学研究的对象，有着巨大的科学研究价值，几乎所有的学科都可以从自然力生命体上找到适合自身学科特点和研究目的的研究素材。（6）自然力的历史文化价值。自然力承载着厚重的历史，在自然力表象的背后都有着许多精彩的历史和文化，自然力书写着人类文明的华章、灿烂的文化，也记载着人类文明史上许多悲凉的诉说。（7）自然力的教育价值。自然力折射出人类的行为方式和行为结果，当今世界上，自然力无一不被贪婪的人类搞得乌烟瘴气，支离破碎，面对这个满目疮痍的自然力世界，它的教育意义可能比学者们写多少文章的实际作用都要大。自然力系统向消费力系统输出的这些服务是任何生产力系统都不能替代的。

消费力系统主要通过两种途径影响自然力系统：一是消费力系统源源不断地创造出新的需要，这种需要反馈到生产力系统，以生产力系统为介质影响自然力系统，这一点在分析自然力与生产力的关系时已经说得很清楚；二是消费力系统直接向自然力系统输出消费剩余，即没有转化为营养物质的要素，如生活垃圾、生活污水、二氧化碳等。由于 $C = F(\cdot)$ 是一个严格递增的函数，也就是说，随着生产力的不断发展，消费水平和消费质量的提高是必然的，因而在既定的技术水平条件下，$C_s = F(C)$ 不可能等于零，这样消费力系统对自然力系统的压力就具有连续性、加速性、循环累积性等特征。

如果时间足够长的话，自然力系统终将不堪消费力系统的重压而加速度地失去对消费力系统的服务功能。我们不反对提高消费水平和消费质量，但是我们主张消费力系统对自然力系统累积施加的总压力始终小于自然力系统的自净力。现实情况是：消费力系统对自然力系统施加的压力已经远远超过自然力系统的自净力，在这种条件下，唯一可行的解决办法是确保：

$$\frac{\partial C_s}{\partial C} \Rightarrow 0$$

进一步的措施是：（1）构建一个具有刚性约束力的消费力的系统环境，借助系统与系统环境之间的相互作用降低消费剩余；（2）优化消费主体的结构，提高消费主体的责任意识和选择能力，从而降低消费剩余；（3）优化消费客体的结构，使消费客体本身内含着较少的消费剩余，诸如商品过度包装应该用法律形式明确予以禁止。

（原文发表于《海派经济学》2013 年第 3 期）

第四编　模型分析

政府行为对两大部类增长率的影响

——基于一个扩大的马克思再生产模型

齐新宇　　徐志俊[*]

一、导言

作为马克思经济学的最重要内容之一，再生产理论既受到马克思主义学者的重视，也得到了许多非马克思主义学者的高度评价。英国经济学家罗宾逊夫人和伊特韦尔认为，卡拉斯基实际上也是"凯恩斯革命"的发动者之一，而他的分析是依据马克思再生产图示的动态学。[①] 英国学者埃尔提斯则指出，马克思的再生产模型解决了比哈罗德—多马模型更复杂的问题，但前者的写作时间却先于后者 70 年。罗宾逊夫人则认为，凯恩斯所研究的储蓄和投资关系，在马克思扩大再生产模型中已经得到了精辟的论述。就连西方主流经济学家萨缪尔森也承认"马克思很早就察觉到哈罗德在今天所证明的事情"。[②] 在得到上述肯定的同时，也有学者指出马克思的再生产模型存在着某些先天性的缺陷和不足，并试图对这些不足进行修正或完善。对马克思再生产理论的批评包括：模型过于简单，缺少对信用等非物质部门的研究；假设条件过于严格，再生产运行中两大部类的结构不具有一定弹性；均衡条件是一种"刀锋上的均衡"，且没有指出如果达不到不均衡条件将发生什么后果，等等。对其进行修补或完善主要包括用更严密的数学对模型进行重新演绎和证明、通过放松假设条件或增加新的变量使模型对现实的解释更有力、通过计量经济学的方法对马克思再生产理论进行经验性分析等。这些努力扩大了马克思

---

  [*] 齐新宇：上海财经大学经济学院。徐志俊：上海财经大学会计学院。

  [①] 琼·罗宾逊：《现代经济学导论》，商务印书馆 1982 年版，第 62～63 页。

  [②] 保罗·萨缪尔森：《经济学》，商务印书馆 1982 年版，第 329 页。

的研究内容，使经典的再生产模型的表达更严谨，经验分析也验证了马克思再生产模型的科学性。然而，综合已有的相关文献可以发现，尚未有学者利用马克思的再生产模型对马克思模型中所缺少的、但在当代资本主义经济运行中具有非常重要作用的因素，即政府干预对再生产和经济增长的影响进行研究。与马克思所处的 19 世纪不同，当今世界各国政府对宏观经济运行的影响都是巨大的，包括号称实行最自由的资本主义市场经济的美国在内的主要西方发达国家，目前每年的税收总量和政府支出（消费与投资）占 GDP 的平均比重在 20% 左右，而政府投资则占国内总投资的 20% 左右。这些数据表明，虽然在 20 世纪 30～70 年代大行其道的凯恩斯主义的影响力有所减弱，但主要西方国家的政府并没有真正完全放弃政府在经济增长中的作用，适当的财政政策依然是国家调节经济的主要手段。2008 年蔓延全球的金融危机更是将政府的作用推到了顶峰，无论在欧洲各国还是美国政府对经济的干预都达到了前所未有的强度。在这样的现实环境下，如果依然按照马克思再生产理论模型的假设条件之一，即社会上只有两大阶级——工人和资本家来分析社会再生产问题显然是缺乏现实解释力的。为此，本文试图在马克思关于社会再生产的经典模型上加入政府这个经济主体，在不改变其他假定前提的情况下分析社会再生产的实现条件和均衡增长率。

二、基本模型的构建和初步推导结果

（一）模型的基本假设前提与符号说明

（1）社会只存在生产生产资料的部类Ⅰ和生产生活资料的部类Ⅱ；

（2）社会上存在两类经济主体，即资本家、工人；

（3）不变资本的周转周期为一年，因此在这一年中，不变资本的价值完全转移到新产品中去；

（4）市场供求均衡；

（5）没有对外贸易；

（6）剩余价值率为 100%；

（7） I、II部类的资本有机构成分别为 θ_1 和 θ_2。第一部类的积累率为 g_1，第二部类的积累率根据第一部类的积累率确定。两大部类的积累率严格小于零，即资本家的个人消费严格大于零，其他符号与经典马克思模型相同。 I、II为所属部类，n代表年份（n = 1，2，3，…）。

（二）模型的推导

根据上述假设和符号说明，修正后的马克思再生产图示为：

$$\begin{cases} \text{I} & C_{\mathrm{I}}^n + V_{\mathrm{I}}^n + M_{\mathrm{I}}^n \\ \text{II} & C_{\mathrm{II}}^n + V_{\mathrm{II}}^n + M_{\mathrm{II}}^n \end{cases}$$

对于第一部类：当 n > 1 时

$$C_{\mathrm{I}}^n - C_{\mathrm{I}}^{n-1} = \Delta C_{\mathrm{I}}^n = M_{\mathrm{I}}^{n-1} g_1 \frac{\theta_1}{1+\theta_1} = V_{\mathrm{I}}^{n-1} g_1 \frac{\theta_1}{1+\theta_1} = C_{\mathrm{I}}^{n-1} g_1 \frac{1}{1+\theta_1}$$

所以 $\dfrac{C_{\mathrm{I}}^n}{C_{\mathrm{I}}^{n-1}} = 1 + \dfrac{g_1}{1+\theta_1}$，即 C_{I}^n 是以 $1 + \dfrac{g_1}{1+\theta_1}$ 公比的等比数列，即可得：

$$C_{\mathrm{I}}^n = C_{\mathrm{I}}^1 \left(1 + \frac{g_1}{1+\theta_1}\right)^{n-1} \quad (n \in N^*) \tag{1}$$

$$W_{\mathrm{I}}^{n*} = C_{\mathrm{I}}^n + V_{\mathrm{I}}^n + M_{\mathrm{I}}^n = C_{\mathrm{I}}^1 \left(1 + \frac{2}{\theta_1}\right)\left(1 + \frac{g_1}{1+\theta_1}\right)^{n-1} \quad (n \geqslant 1 \text{ 且 } n \in N) \tag{2}$$

据此可以推导出第一部类的产值 W 的年增长率为：

$$G_{\mathrm{I}}^{W*} = \frac{g_1}{1+\theta_1} \tag{3}$$

在《资本论》第2卷中，马克思指出社会扩大再生产的实现条件是：

$\mathrm{I}\left(V + \Delta V + \dfrac{M}{X}\right) = \mathrm{II}(C + \Delta C)$，即第一部类对消费资料的全部需求等于第二部类对生产资料的全部需求。我们将这个公式修正为：

$$V_{\mathrm{I}}^{n-1} + \Delta V_{\mathrm{I}}^n + M_{\mathrm{I}}^{n-1}(1 - g_1) = C_{\mathrm{II}}^{n-1} + \Delta C_{\mathrm{II}}^n \tag{4}$$

对于第二部类：

当 n > 1 时

$$C_{\mathrm{II}}^n - C_{\mathrm{II}}^{n-1} = \Delta C_{\mathrm{II}}^n \tag{5}$$

将公式（4）代进公式（5），可以得到：

$$C_{II}^n - C_{II}^{n-1} = \Delta C_{II}^n = V_I^{n-1} + \Delta V_I^n + M_I^{n-1}(1 - g_1) - C_{II}^{n-1} \qquad (6)$$

整理后可得：

$$C_{II}^n = C_I^1 \left(\frac{2}{\theta_1} - \frac{g_1}{1 + \theta_1} \right) \left(1 + \frac{g_1}{1 + \theta_1} \right)^{n-2} \quad (n \geq 2, \ n \in N^*) \qquad (7)$$

$$W_{II}^{n*} = C_{II}^n + V_{II}^n + M_{II}^n = C_I^1 \left(1 + \frac{2}{\theta_2} \right) \left(\frac{2}{\theta_1} - \frac{g_1}{1 + \theta_1} \right) \left(1 + \frac{g_1}{1 + \theta_1} \right)^{n-2} \quad (n \geq 2, \ n \in N)$$

$$W_{II}^{n-1} = C_I^1 \left(1 + \frac{2}{\theta_2} \right) \left(\frac{2}{\theta_1} - \frac{g_1}{1 + \theta_1} \right) \left(1 + \frac{g_1}{1 + \theta_1} \right)^{n-3} \quad (n \geq 3, \ n \in N) \qquad (8)$$

据此可以推导出第二部类产值 W 的第 n 年增长率为：

$$G_{II}^{W*} = \frac{g_1}{1 + \theta_1} (n \geq 3, \ n \in N) \qquad (9)$$

由于公式（9）反映的是第二部类第三年及以后的长期增长率，所以我们必须单独来分析第二部类第二年的增长率。

由于

$$W_{II}^1 = C_{II}^1 \left(1 + \frac{2}{\theta_2} \right)$$

$$W_{II}^2 = C_I^1 \left(1 + \frac{2}{\theta_2} \right) \left(\frac{2}{\theta_1} - \frac{g_1}{1 + \theta_1} \right) \qquad (10)$$

所以第二年的增长率为：

$$G_{II}^{2*} = \frac{C_I^1}{C_{II}^2} \left(\frac{2}{\theta_1} - \frac{g_1}{1 + \theta_1} \right) - 1 \qquad (11)$$

（三）模型分析

本小节中，我们在马克思再生产理论的经典模型基础上，推导出了多时期的扩大再生产实现条件和两大部类的增长公式。模型推导的结果显示，两大部类实现扩大再生产的前提是两大部类之间的结构均衡，两大部类的长期增长均取决于第一部类的积累率和资本有机构成。在增长速度上，两大部类只有第二年会出现不均衡的增长（第一部类的积累率是第一部类增长率的增函数，是第二部类增长率的减函数。也就是说，两大部类的增长速度是此消彼长的），从第三年开始，两大部类的增长重新恢复均衡。得到这个结论的原因是我们根据马克思的经典模型所做的假设 7，即第二部类的积累率根据第一部类的积累率确定，从而使第二部类的增长率受到了第一部类积累率的限制。关于这个问题，森岛（1973）和张忠任（1995）都得到过类似的结论，本文此处只是用更为清晰而简单的数学方法表达了这一结论，而本文的数学表达方式也将更有利于做以下的模型推导。下文将对基本模型进行扩展，并以基本模型作为基础进行政府宏观政策前后对两大部类产值及增长率的对比分析。

三、模型的扩展一

（一）基本假设条件

（1）社会存在生产生产资料部类Ⅰ、生产生活资料的部类Ⅱ；

（2）社会存在三类经济主体，资本家、工人和政府；

（3）政府的征税只针对Ⅰ部类剩余价值，且征税之后全部用于投入Ⅰ部类的扩大再生产，（后文简称政策 1）税率为 t，且 $t \in [0, 1]$；

（4）其他条件和基本模型相同，此处略去。

（二）模型的推导

为了方便，我们先来考察两时期的再生产情况

第 1 年两大部类产出结果的图示如下：

$$\begin{cases} C_I^1 + V_I^1 + M_I^1 \\ C_{II}^1 + V_{II}^1 + M_{II}^1 \end{cases}$$

在存在政府税收的情况下，两大部类第二年的扩大再生产图示改写为：

$$\begin{cases} C_I^1 + \dfrac{\theta_1}{1 + \theta_1}\{M_I^1 t + M_I^1(1 - t)g_1\} + V_I^1 + \dfrac{1}{1 + \theta_1}\{M_I^1 t + M_I^1(1 - t)g_1\} \\ C_{II}^1 + \Delta C_{II}^2 + V_{II}^1 + \Delta V_{II}^2 \end{cases}$$

$$(12)$$

其中，$\{M_I^1 t + M_I^1 (1-t)g_1\}$ 表示的是积累总量，这个公式的前项代表政府征收税收并投入到第一部类扩大再生产的情况，因此可以看作是政府代替资本家进行的积累，后项代表在扣除政府税收后，资本家自行积累的数量，二者之和即是社会积累总量，为了方便我们在下文中将用字母 k 来表示社会积累率，即 $k = t + (1-t)g_1$。

根据上面这个公式以及两大部类实现再生产的均衡条件 $I\left(V + \Delta V + \dfrac{M}{X}\right) = II(C + \Delta C)$ 可以得到两大部类第二年的产值：

$$\begin{cases} W_I^2 = C_I^1 \left(1 + \dfrac{2}{\theta_1}\right)\left(1 + \dfrac{k}{1 + \theta_1}\right) \\ W_{II}^2 = C_I^1 \left(1 + \dfrac{2}{\theta_2}\right)\left(\dfrac{2}{\theta_1} - \dfrac{k}{1 + \theta_1}\right) \end{cases} \tag{13}$$

根据公式（13）还可以得到两大部类第二年的增长率分别为：

$$G_I^W = \frac{k}{1 + \theta_1}$$

$$G_{II}^W = \frac{C_I^1}{C_{II}^1}\left(\frac{2}{\theta_1} - \frac{k}{1 + \theta_1}\right) - 1 \tag{14}$$

（三）模型分析

我们把这个结果和没有政府税收时两大部类第二年的产值进行比较。根据公式（2），不存在政府税收时进行扩大再生产第一部类第二年的产值是：

$$W_I^{2*} = C_I^1 \left(1 + \frac{2}{\theta_1}\right)\left(1 + \frac{g_1}{1 + \theta_1}\right)$$

$$W_I^2 - W_I^{2*} = C_I^1 \left(1 + \frac{2}{\theta_1}\right)\left(\frac{k - g_1}{1 + \theta_1}\right) \tag{15}$$

根据 $k = t + (1-t)g_1$ 得到 $k - g_1 = t(1 - g_1)$；

由于 $g_1 < 1$，所以有 $k > g_1$，得到 $W_I^2 > W_I^{2*}$。

命题 1： 根据上面的结果可以得到本文的第一个结论，即政策 1 能够使第一部类第二年的产值比政策前有所增大。原因在于，在资本家的积累倾向（或消费倾向）不变的情况下，政府通过征税事实上降低了资本家的个人消费，增加了社会积累总量，从而使产值增大。

再来看征税对第二部类的产值影响。

未征税时第二部类第二年的产值为 $W_{II}^{2*} = C_I^1\left(1 + \dfrac{2}{\theta_2}\right)\left(\dfrac{2}{\theta_1} - \dfrac{g_1}{1+\theta_1}\right)$，和上面征税后的产值比较得到 $W_{II}^2 - W_{II}^{2*} = C_I^1\left(1 + \dfrac{2}{\theta_2}\right)\left(\dfrac{g_1 - k}{1+\theta_1}\right)$。

由于 $k > g_1$，所以 $g_1 - k < 0$，所以 $W_{II}^2 < W_{II}^{2*}$。

命题 2：政策 1 将导致第二部类第二年的产值跟政策前相比较少。造成这一结果的原因是，政府税收提高了第一部类的积累，使更多的社会资源用来进行生产资料的生产，从而制约了第二部类的生产规模扩大。

下面我们将要分析的是征税前后，两大部类增长率的变化情况。

第一部类第二年产值的增长率公式为：$G_I = \dfrac{W_I^2 - W_I^1}{W_I^1}$。

根据上面推导出来的公式，存在政府税收时第一部类的增长速度为：

$$G_I^W = \frac{k}{1+\theta_1} \tag{16}$$

将公式（16）和公式（3）相比较可知 $G_I^W > G_I^{W*}$

命题 3：政策 1 将使第一部类第二年的增长率将比政策前的增长率大，这说明政府的行为能够提高第一部类的增长率。造成这一结果的原因在于，税收提高了第一部类的社会总积累率，从而提高了第一部类的增长率。

再来看第二部类的情况。

第二部类的第二年产值的增长率公式为：

$$G_{II} = \frac{W_{II}^2 - W_{II}^1}{W_{II}^1}$$

根据已知条件整理得到：

$$G_{II}^W = \frac{C_I^1}{C_{II}^1}\left(\frac{2}{\theta_1} - \frac{k}{1+\theta_1}\right) - 1 \tag{17}$$

把公式（17）和公式（9）进行比较，发现 $G_{II}^W < G_{II}^{W*}$。

命题 4：政策 1 导致第二类的增长率将比政策前的增长率小，这说明政府的行为降低了第二部类的增长率。造成这一后果的原因在于，第一部类社会积累率的提高在客观上使第二部类的积累率降低，从而降低了第二部类的增长率。

类似的分析很容易推广至多时期模型。两大部类第 n 年的扩大再生产图示为：

$$\begin{cases} C_I^{n-1} + \dfrac{\theta_1}{1+\theta_1}\{M_I^{n-1}t + M_I^{n-1}(1-t)g_1\} + V_I^{n-1} + \dfrac{1}{1+\theta_1}\{M_I^{n-1}t + M_I^{n-1}(1-t)g_1\} \\ C_{II}^{n-1} + \Delta C_{II}^n + V_{II}^{n-1} + \Delta V_{II}^n \end{cases}$$

(18)

两大部类第 n 年的产值分别为：

$$W_I^n = C_I^1\left(1 + \frac{2}{\theta_1}\right)\left(1 + \frac{k}{1+\theta_1}\right)^{n-1}, \ n \geqslant 1 \ \text{且} \ n \in N \tag{19}$$

$$W_{II}^n = C_I^1\left(1 + \frac{2}{\theta_2}\right)\left(\frac{2}{\theta_1} - \frac{k}{1+\theta_1}\right)\left(1 + \frac{k}{1+\theta_1}\right)^{n-2}, \ n \geqslant 2, \ n \in N \tag{20}$$

比较公式（19）和公式（2），发现命题 1 适用于第二年以及长期。

根据公式（19）、（20）可以推导出多时期的两大部类的产值增长率：

$$G_I^W = \frac{k}{1+\theta_1} \ \text{和} \ G_{II}^W = \frac{k}{1+\theta_1}$$

命题 5：命题 1 和命题 3 同样适用于长期，即长期来看第一部类的产值在长期和短期来看都比政策实施前增大。命题 2、命题 4 则不适用于长期，即从第三年开始，第二部类与第一部类的增长率趋同，即尽管短期第二部类的增长率有所下降，但长期两大部类的增长率跟政策前相比都有所增加。这个命题的现实意义在于，在一定的条件下，对第一部类的政策倾斜在长期提高全社会的经济增长速度。

四、模型扩展二

（一）假设条件

（1）社会存在生产生产资料的部类 I 、生产生活资料的部类 II ；

（2）社会存在三类经济主体，资本家、工人和政府部门；

（3）政府的征税只针对 I 部类的剩余价值，且征税之后全部用于购买生活资料（后文简称政策 2），税率为 t，且 $t \in [0, 1]$；

（4）其他条件和基本模型相同，此处略去。

（二）模型的推导

首先考察政府行为对第一部类长期增长率的影响，第一部类第 n 年的产值为：

$$W_I^n = C_I^{n-1} + \Delta C_I^n + V_I^{n-1} + \Delta V_I^n + (V_I^{n-1} + \Delta V_I^n) \times 100\% , \text{ 由于：}$$

$$\Delta C_I^n = M_I^{n-1}(1-t)g_1 \frac{\theta_1}{1+\theta_1}; \quad \Delta V_I^n = M_I^{n-1}(1-t)g_1 \frac{1}{1+\theta_1}$$

所以

$$W_I^n = W_I^{n-1} + V_I^{n-1}g_1(1-t)\frac{\theta_1}{1+\theta_1} + V_I^{n-1}(1-t)g_1\frac{2}{1+\theta_1} \qquad (21)$$

第一部类第二年的产值年增长率为 $G_I^{W'} = \dfrac{W_I^2 - W_I^1}{W_I^1}$，可以得到：

$$G_I^{W'} = \frac{k'}{1+\theta_1} \qquad (22)$$

其中 $k' = (1-t)g_1$，k' 是第一部类的社会积累率。由于 $k' < g_1$，所以 $G_I^{W'} < G_I^{W*}$。

根据公式（21）可以计算出第 n 年的增长率为：

$$G_I^{W'} = \frac{k'}{1+\theta_1}$$

命题 6：和政策前相比，政策 2 会使第一部类的短期和长期增长率都会降低。原因是税收降低了第一部类的社会积累率，从而降低了第一部类的增长率。

再来看第二部类的情况。根据上述假设条件，可得到社会再生产在第 n 年顺利实现的条件是：$V_I^{n-1} + \Delta V_I^n + M_I^{n-1}t + M_I^{n-1}(1-t)(1-g) = C_{II}^{n-1} + \Delta C_{II}^n = C_{II}^2$，经整理后得到：

$$C_{II}^{n} = C_{I}^{n-1} \left\{ \frac{2}{\theta} - \frac{(1-t)g_1}{1+\theta_1} \right\}$$

所以：

$$W_{II}^{n'} = C_{I}^{1} \left(\frac{2}{\theta_1} - \frac{k'}{1+\theta_1} \right) \left(1 + \frac{2}{\theta_2} \right) \left(1 + \frac{k'}{1+\theta_1} \right)^{n-2} \qquad (23)$$

根据公式（23）先来考察一下第二部类第二年产值的年增长率，由于 $G_{II}^{W'} = \dfrac{W_{II}^{2} - W_{II}^{1}}{W_{II}^{1}}$，所以第二年的增长率为：

$$G_{II}^{W'} = \frac{C_{I}^{1}}{C_{II}^{1}} \left(\frac{2}{\theta_1} - \frac{k'}{1+\theta_1} \right) - 1 \qquad (24)$$

将公式（24）的结果与未征税前相比发现，政策 2 导致第二部类第二年的增长率增加了。

再根据公式（23）推导出第 n 年的增长率为：

$$G_{II}^{W'} = \frac{k'}{1+\theta_1}$$

我们把这一部分所得到的结果和未征税前的长期增长率相比发现：

$G_{II}^{W*} < G_{II}^{W'}$，即第二部类的长期增长率和第一部类趋同，和政策实施前相比，第二部类的增长率也下降了。

命题 7：税收前相比，政策 2 使第二部类的短期增长率提高。原因是第一部类积累率的降低在客观上增加了第二部类的积累率（我们的假设条件是第一部类先确定积累率，第二部类的积累率根据两大部类的交换条件决定）。但第二部类第二年之后的长期增长率将和第一部类趋同，最终将小于政策实施前的增长率。即政策 2 造成两大部类的长期增长率都下降了。

五、模型扩展三

（一）基本假设

（1）社会存在生产生产资料的部类 I、生产生活资料的部类 II；

（2）社会存在 3 类经济主体，资本家、工人和政府部门；

（3）政府针对两大部类的剩余价值征税，且征税之后全部用于第二部类的扩大再生产（后文简称政策3），税率为t，且 $t \in [0, 1]$；

（4）其他条件和基本模型相同，此处略去。

（二）模型的推导

根据假设条件，第一部类第一年的产值可以分解为：

$W_I^1 = C_I^1 + V_I^1 + \Delta C_I^2 + \Delta V_I^2 + M_I^1 (1 - t)(1 - g_1) + M_I^1 t$，其中，

$$\Delta C_I^2 = M_I^1 (1 - t) g_1 \frac{\theta_1}{1 + \theta_1}, \quad \Delta V_I^2 = M_I^1 (1 - t) g_t \frac{1}{1 + \theta_1}$$

第二年的产值为 $W_I^2 = W_I^1 + V_I^1 g_1 (1 - t) \frac{\theta_1}{1 + \theta_1} + V_I^1 (1 - t) \frac{2}{1 + \theta_1}$，增长率为：

$$G_I^{W''} = \frac{g_1 (1 - t)}{1 + \theta_1} \tag{25}$$

这个结果和模型扩展二相同，同样方法计算出来的第二年以后的长期增长率与第二年相同。

再来看第二部类的情况。根据上述假设条件，可得到两大部类第二年顺利实现再生产的条件是：$V_I^1 + \Delta V_I^2 + M_I^1 (1 - t)(1 - g) = C_{II}^1 + \Delta C_{II}^2 = C_{II}^2$

$W_{II}^{2''} = C_I^1 \left\{ \frac{2 - t}{\theta_1} - \frac{(1 - t) g_1}{1 + \theta_1} \right\} \left(1 + \frac{2}{\theta_2} \right)$，第二部类第二年的年增长率为：

$$G_{II}^{W''} = \frac{C_I^1}{C_{II}^1} \left(\frac{2 - t}{\theta_1} - \frac{k'}{1 + \theta_1} \right) - 1 \tag{26}$$

将这个结果和未征税之前相比发现：$W_{II}^{2''} < W_{II}^{2*}$，$G_{II}^{W''} < W_{II}^{W*}$。

即政策实施后第二部类第二年的产值和增长率都小于政策实施前。再来看第二年之后的长期情况。

$$W_{II}^{n''} = C_I^1 \left(\frac{2 - t}{\theta_1} - \frac{g_1 (1 - t)}{1 + \theta_1} \right) \left(1 + \frac{(1 - t) g_1}{1 + \theta_1} \right)^{n - 2} \left(1 + \frac{2}{\theta_2} \right) \tag{27}$$

根据这个公式可以得到长期增长率为 $G_{II}^{W''} = \frac{(1 - t) g_1}{1 + \theta_1}$ 结果和第一部类的长期增长一样。

命题8：上述结果显示，政策3的实施导致两大部类的短期增长率和政策

实施前都有所下降。政策 3 的实施使两大部类的长期增长率也下降，且第二部类的长期增长率与第一部类相同。

导致这个看似不合理结论的原因是，模型的假设条件之一是先满足第一部类的扩大再生产，即第二部类的积累率根据第一部类的积累率决定。如果对第一部类征税而没有用于第一部类的扩大再生产，那么第一部类对第二部类的消费资料的需求就会减少，因此即使政府把资金投入第二部类，第二部类也会由于市场对消费资料的需求不足而出现生产过剩，从而有部分商品的价值无法实现，也就没有办法实现理论上的规模扩大，同税收前相比反而会出现增长速度下降的情况。而长期来看，第二部类的增长率会和前面两种政策实施时一样，增长率与第一部类趋同。

六、结论

本文初步探讨了加入政府行为后的两大部类增长率的情况，并得到了以下两个初步结论：

首先，政府部门的行为对两大部类的增长是存在影响的，政府可以通过税收和直接投资政策对第一部类进行强制性的积累，即让社会总积累大于资本家的积累，从而加快第一部类的增长速度；但是，在短期，第一部类快速增长是以降低第二部类的生产规模和增长速度为条件的，即两大部类的短期增长存在着此消彼长的关系；而在长期，政府能够通过对第一部类的倾斜政策提高全社会的经济增长率，即两大部类增长率的同时增加。

其次，对第二部的政策倾斜政策会最终降低两大部类的长期增长率。第二部类虽然能够通过政府投资的方式提高其社会积累率，却由于两大部类必须均衡发展这一内在要求而在长期缩减规模。模型扩展三的结果同样也说明了这个问题，而且更进一步地表明，马克思的经典模型对两大部类均衡增长的核心是，两大部类要顺利实现再生产就必须要保持供求结构的平衡。

最后需要指出的是，本文所得到的所有结论都和马克思经典模型中有关第一部类积累率优先确定的假设有关，这个较为严格的假设使本文结论的可靠性受到了一定的影响，而由于限于篇幅，本文没有通过计量的方法对模型结论进行检验，因此尚不能通过经验数据证实本文的上述结论。另外，本文尚未探讨向两大部类分别征税，并同时存在政府对两大部类投资这一一般性情况。

（原文发表于《马克思主义研究》2010 年第 3 期）

日本马克思学界对社会再生产
理论研究的新阐释及启示

——基于最优经济增长模型视角

孙世强　大西广[*]

近期，日本马克思学界运用近代经济学理论和方法对社会再生产进行了新的研究，创立了最优经济增长理论模型，并且推导出诸多新的结论。认真总结、评价这些新内容不仅对正确认识、理解、坚持和维护马克思主义，实现马克思主义现实化具有重要意义，而且可有效搭建一个中西方马克思文本理论研究跨国界、跨学科的对话平台，会极大地扩展马克思文本研究的对话空间和社会效应。

一、日本马克思学界最优经济增长模型

1. 最优经济增长模型假设条件

（1）对生产力贡献程度差异取决于工具和机械差异。相对机械而言，增加工具不能带来生产力的提高。一位劳动者，使用一把斧头，生产力水平是一定的，若增加这位劳动者的斧头数量，也不会带来生产力水平的提升。所以，封建社会的生产力提升是有限度的。而在机械工业时代，同样一位劳动者，若增加机械台数可直接提升生产力水平。所以，相对工具和机械而言，对生产力的贡献程度存在重大差别。基于此设立生产函数关系式，将生产资料对生产力的贡献系数定为 α，在产业革命前 $\alpha = 0$，产业革命后 $\alpha > 0$。

（2）生产资料生产与消费资料生产都用"劳动"标准衡量。第Ⅱ部类消

---

　* 孙世强：河南大学经济研究所研究员、公共经济研究所所长、经济学院教授；大西广：日本庆应义塾大学经济学部教授，日本京都大学名誉教授。

费资料的生产是最终目的，是直接生产。第Ⅰ部类生产资料生产是为第Ⅱ部
类消费资料生产服务的生产，是间接生产。产业革命后，这种先制造机械后
使用机械生产消费品的生产是普遍形式，即为"迂回生产"。生产资料生产和
消费资料生产都需要劳动投入，都可用相同的"劳动"单位标识。这样劳动
就可分为生产资料生产部门劳动和消费资料生产部门劳动两部分，所有产品
都可用劳动衡量，都可以理解为劳动成果。资本也不例外，也可视为劳动成
果。这就实现了生产过程中对资本和所有产品的评价都统一到劳动量范畴之
中。马克思最优经济增长模型中的"最优"也就统一到总劳动量 L 的多少和
L 在消费资料生产部门 Y 的劳动投入比例（s）和在生产资料生产部门 K 的劳
动投入比例（1 - s）的关系上来。迂回生产模型下总劳动在两部类间分配示
意图见图 1。

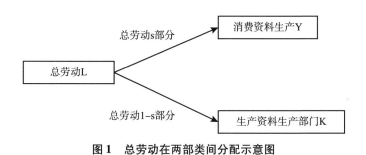

图1 总劳动在两部类间分配示意图

基于此，判定资本和劳动最优比例问题及资本构成效率就要以劳动总投
入量最少时的两部类资源配置结构为最优标准。为生产消费品，因间接劳动
（机械代替人工劳动）和直接劳动（工人直接劳动）投入量不同，存在不同
的劳动组合。所有劳动组合中总劳动量最少的劳动组合是最优组合，该组合
下的资本有机构成是最佳的。假设生产同一数量消费品有 4 种组合方式：

①0 台机械 +1000 小时工人劳动　②5 台机械 +200 小时工人劳动

③10 台机械 +50 小时工人劳动　④20 台机械 +20 小时工人劳动

假定一台机械相当于 10 个劳动量，分析得出：①0 × 10 + 1000 = 1000
（小时），②5 × 10 + 200 = 250（小时），③10 × 10 + 50 = 150（小时），④20 ×

10 + 20 = 220（小时）。相比之下，③10 × 10 + 50 = 150（小时），因为生产同一数量消费品耗用的时间最少，则认定为该机械（资本）和人工劳动的技术构成为最佳，该组合下的两大部类劳动配比［s：（1 − s）］是均衡的和最有效率的。对 s：（1 − s）比例求证也就成了从新经济学视角解释马克思再生产理论的核心内容。

（3）资本和劳动要素价值贡献的非对等性。资本和劳动都是社会再生产最基本的要素，但两者作用程度明显不同。资本（机械等）是一种特殊要素，能对其他要素（人工劳动等）及要素组合发挥支配作用。因为一台机械相当于几个、几十个劳动力创造的价值，并且直接决定劳动配置结构及配置总量，所以人工劳动虽然是资本增殖的动力，又是资本增殖的前提，但并没有改变两者价值贡献的非对等性，尤其是资本逻辑主宰的社会。在迂回生产模型中，资本和劳动力虽然都可用"劳动"标度，但两者对价值创造和对生产力的贡献存在差异，即"非对等价值创造说"。

2. 柯布—道格拉斯生产函数下的最优经济增长模型

创立该模型目的是根据再生产理论和新经济学方法确定总劳动量在两部门间的最优分配比例，即计算出"均衡点"时的消费资料生产部门和生产资料生产部门的最佳劳动投入量，即 s：（1 − s）。1 − s 相当于生产资料生产部门 K 生产机械设备（固定资本）的劳动量，故 s：（1 − s）比例也可视为消费资料生产部门劳动投入量和生产资料生产部门资本劳动投入量（资本投入量）的配比。

依据柯布—道格拉斯生产函数，

$$Y = AK^{\alpha}L^{\beta} \quad （产业革命前 \alpha = 0，产业革命后 \alpha > 0，\beta > 0）$$

Y 表示社会最终财富总量，A 称为全要素生产率（技术系数），K 表示资本投入量。L 表示劳动投入量，α 表示资本投入系数，β 表示劳动投入系数。由此可推导出消费部门生产函数和生产部门生产函数。

消费资料生产部门的生产函数为：

$$Y = AK^{\alpha}(sL)^{\beta} \tag{1}$$

生产资料生产部门的生产函数为：

$$\dot{K} + \delta K = B(1 - s)L \tag{2}$$

其中，$\dot{K} \equiv \dfrac{dK}{dt}$ 表示一定时间的资本投入增量，这里用劳动投入增量表示；

$\delta(0 < \delta < 1)$ 表示折旧率；$B\left(= \dfrac{dL}{dK}\right)$ 表示生产资料生产的劳动生产率。

在消费资料生产部门和生产资料生产部门的劳动投入量"均衡点"上，总劳动的边际增加 ΔL，无论向哪个部门追加都具有同等的效果。立足向消费资料生产部门追加 ΔL，结果是

$$\frac{\partial Y}{\partial L} = s^{\beta}\beta A K^{\alpha} L^{\beta - 1}$$

同样，向生产资料生产部门追加 ΔL，间接对消费资料生产部门的贡献效果是

$$\frac{dK}{dL} \cdot \frac{\partial Y}{\partial K} = B\alpha A K^{\alpha - 1}s^{\beta}L^{\beta}$$

依据"对生产力贡献程度差异取决于工具和机械差异"假设，生产力提高可视为机械设备资本的不断增加，同时，因机械设备资本的追加带来生产力提升的效果在本期和在今后各期都将持续体现。为说明问题，用 ρ 表示时间偏好率，则资本追加带来的生产力提升总效果为：

$$\frac{B\alpha A K^{\alpha - 1}S^{\beta}L^{\beta}}{1 + \rho} + \frac{B\alpha A K^{\alpha - 1}S^{\beta}L^{\beta}}{(1 + \rho)^2} + \frac{B\alpha A K^{\alpha - 1}L^{\beta}}{(1 + \rho)^3} + \cdots + \frac{B\alpha A K^{\alpha - 1}S^{\beta}L^{\beta}}{(1 + \rho)^n} \tag{3}$$

若考虑折旧因素 δ，且折旧具有逐渐降低追加资本效应，（3）式演化为：

$$\frac{B\alpha A K^{\alpha - 1}S^{\beta}L^{\beta}}{1 + \rho + \delta} + \frac{B\alpha A K^{\alpha - 1}S^{\beta}L^{\beta}}{(1 + \rho + \delta)^2} + \frac{B\alpha A K^{\alpha - 1}L^{\beta}}{(1 + \rho + \delta)^3} + \cdots + \frac{B\alpha A K^{\alpha - 1}S^{\beta}L^{\beta}}{(1 + \rho + \delta)^n} \tag{4}$$

根据等比数列求和公式求得

$$\frac{B\alpha A K^{\alpha - 1}S^{\beta}L^{\beta}}{1 + \rho + \delta} - \frac{1}{1 - \dfrac{1}{1 + \rho + \delta}} = \frac{B\alpha A K^{\alpha - 1}S^{\beta}L^{\beta}}{\rho + \delta}$$

整理得：

$$\beta(\rho + \delta)\dot{K} = B\alpha L \tag{5}$$

因为每期折旧使总资本量 K 自然减少，要想维持最优资本存量 K^*，每

期用于维持生产资料生产的资本要以 $\left(\dfrac{\delta K^*}{B}\right)$ 均衡追加，并且要从总劳动中扣

除，（5）式可转变为 $\beta(\rho+\delta)K^* = B\,\alpha\left(L-\dfrac{\delta K^*}{B}\right)$，整理得到最优资本劳动

比率 $\left(\dfrac{K}{L}\right)^*$ 为

$$\left(\frac{K}{L}\right)^* = \frac{B\alpha}{(\alpha+\beta)\delta+\beta\rho} \tag{6}$$

3. 最优经济增长模型与社会再生产理论关联及阐释

（1）不同时期提高劳动生产率的核心要素确认。不同时期提高劳动生产率的要素不同。封建社会提高劳动生产率的手段主要靠劳动熟练程度，依靠工具数量增加并不能提高劳动生产率。所以在封建社会，可以视为没有资本积累，在公式（6）中，可用 $\alpha=0$，$K=0$ 表示。但是，当 $\alpha=0$，$K=0$ 在消费资料生产部门生产函数 $Y = AK^{\alpha}(sL)^{\beta}$ 中是不能被定义的，因为数学上的 0^0 是不成立的，同时 $\alpha=0$，即是说产业革命前的技术为 0，实践中也是说不通的。所以，K 在产业革命前的社会只能是无限地接近于 0，这符合当时社会实际。只有从产业革命开始，资本积累增加或机械增加，生产力水平提升才得到明显体现。该理论为全方位研究唯物史观下不同历史阶段的资本积累作用和资本积累最优均衡点的动态规律拓展了空间。

（2）最优资本劳动比例及影响因素问题。参照公式（6），对于消费资料生产，资本投入 α 和劳动投入 β 的高低直接决定 $\left(\dfrac{K}{L}\right)^*$ 的变动，直接决定资本和劳动要素对消费资料生产部门生产结果的贡献程度。不能否认，在产业革命后，投入生产资料生产部门的资本比例 α 增大，意味着全社会劳动者的平均资本量增加，最优资本劳动比率存在上升趋势。

（3）A 和 B 投入比例对均衡值的影响。在新古典经济增长模型中，A 为全要素生产率，认为是除资本和劳动之外的所有要素的贡献比率，并且认为主要是技术进步贡献，又称技术系数。技术进步对消费资料生产部门的贡献程度是以生产资料生产部门技术系数提升为前提的，只有社会需求对消费资料生产部门消费品的增加，才会倒逼生产资料生产部门追加资本努力实现机

械产品性能的提升，达到提升 $\left(\dfrac{K}{L}\right)^*$ 效果。B 表示生产资料生产的劳动生产率。B 上升意味着投入生产部门的劳动更有效率，会有更多的资本投入生产资料生产部门，资本劳动比率提高。

（4）$\delta(0<\delta<1)$ 对 $\left(\dfrac{K}{L}\right)^*$ 影响。如果提高折旧率 δ，积累的机械设备加速减少，资本积累降低，会产生与 α 减少和 B 下降相同的效果。

（5）时间偏好率 ρ 对 $\left(\dfrac{K}{L}\right)^*$ 的影响，ρ 表示人们在不同时期对消费的喜好程度。就个人而言，时间偏好率受个人兴趣、爱好、当前收入水平和对未来收入预期等要素影响，所以，不同个人的 ρ 存在差异，ρ 对个人消费和投资选择具有重大影响。ρ 不仅因人而异，还因不同地域的人群而异。不同人群的性格差别，积累倾向和消费倾向也存在重大差别。因此，不同社会的最优资本劳动比率是不同的。较高的时间偏好率 ρ 意味着人们喜好消费，对全社会生产资料积累产生挤出效应，导致最优资本劳动比率 $\left(\dfrac{K}{L}\right)^*$ 降低。

（6）在资本劳动比率最优点 $\left(\dfrac{K}{L}\right)^*$ 上的两部门最优劳动分配比率确定。根据（2）式，生产资料生产部门的生产函数是 $\dot{K}+\delta K=B(1-s)L$。在 $\left(\dfrac{K}{L}\right)^*$ 点上，$\dot{K}=0$，得到 $B(1-s)L=\delta K^*$，将整理后的 K^* 代入公式（6）得

$$1-s^*=\frac{\delta\alpha}{(\alpha+\beta)\delta+\beta\rho} \tag{7}$$

（7）式表示的是投向生产资料生产部门的最优劳动分配比率。其中 $\beta\rho>0$、且 $0<\alpha<1$，所以 $0<s^*<1$。

二、最优经济增长模型的应用

1. 对简单再生产公式的转型

（1）马克思简单再生产公式。马克思将社会生产分生产资料生产部门和消费资料生产部门两大部类。两大部类产品的价值构成分别为：

$$W_1 = c_1 + v_1 + m_1$$

$$W_2 = c_2 + v_2 + m_2$$

式中的 W_1、W_2 分别表示生产资料生产部门和消费资料生产部门一年内生产的总产品价值量，c_1、c_2 分别表示两部门的不变资本，v_1、v_2 分别表示两部门的可变资本，m_1、m_2 分别表示两部门的剩余价值。

实现简单再生产的条件：第 I 部类的工资和剩余价值必须同第 II 部类产品中与它们相等的不变资本交换，即 $v_1 + m_{1} = c_2$

（2）应用最优经济增长模型对马克思简单再生产公式的转型及理论阐释。将马克思简单再生产公式转型目的是界定总劳动量在两部门间的分配比例，即确定简单再生产条件下的劳动量分配的"最优"和"均衡值"问题。先将两部门的生产函数转化为均衡条件下的函数关系式，将 K^*、s^* 引入函数关系式，因为简单再生产资本量处于均衡状态，$K = 0$，则有：

$$W_1 = c_1 + (v_1 + m_1) \quad \delta K^* = 0 + B(1 - s^*)L$$

$$W_2 = c_2 + (v_2 + m_2) \quad Y = A(K^*)^\alpha (s^* L)^\beta$$

依据（6）式、（7）式，将 K^* 和 s^* 替换，则：

$$W_1 = c_1 + (v_1 + m_1) \quad \delta K^* = 0 + B\left(\frac{\delta\alpha}{(\alpha+\beta)\delta+\beta\rho}\right)L$$

$$W_2 = c_2 + (v_2 + m_2) \quad Y = A\left(\frac{B\alpha L}{(\alpha+\beta)\delta+\beta\rho}\right)^\alpha \left\{\left(1 - \frac{\delta\alpha}{(\alpha+\beta)\delta+\beta\rho}\right)L\right\}^\beta$$

马克思简单再生产公式转型见表1。

表1　　　　日本马克思学界最优增长模型下两部类最佳劳动投入量构成

部类构成要素	c	v + m
第1部类	0	$\left(\dfrac{\delta\alpha}{(\alpha+\beta)\delta+\beta\rho}\right)L$
第2部类	$\left(\dfrac{\delta\alpha}{(\alpha+\beta)\delta+\beta\rho}\right)L$	$\left(1 - \dfrac{\delta\alpha}{(\alpha+\beta)\delta+\beta\rho}\right)L$

2. 对扩大再生产公式的转型及实践应用

应用最优经济增长模型对马克思扩大再生产公式转型。遵循马克思再生产理论，日本马克思学界将扩大再生产公式改写为：

$$W_1 = c_1 + v_1 + m_1(c) + m_1(v) + m_1(k)$$
$$W_2 = c_2 + v_2 + m_2(c) + m_2(v) + m_2(k)$$

为了更深入反映资本家是资本的人格化本质特征和专门考察由剩余价值转化为劳动力和生产资料而进行扩大再生产目的，假定 $m_1(k) = m_2(k) = 0$。另因主要注重考察追加的生产资本要素作用，假定总劳动力数量不变，只是在两部门间转移并全部参加劳动，即 $m_1(v) + m_2(v) = 0$。扩大再生产表达式 W_1、W_2 转换为：

$$W_1 = c_1 + v_1 + m_1(c) + m_1(v)$$
$$W_2 = c_2 + v_2 + m_2(c) + m_2(v)$$
$$m_1(v) + m_2(v) = 0$$

如此转换，不仅便于直接分析剩余价值如何转化为固定资本的问题，而且结合效用函数还可以总结出资本积累规律，即资本积累过程就等于增值的过程，为进一步研究资本积累过程与经济增长动态规律的关联奠定基础。

为研究资本积累过程与经济增长动态规律间的关联，日本马克思学界依据消费资料生产效用最大化函数和消费边际效用递减规律，以消费资料生产部门为例对扩大再生产下的"最优"和"均衡值"求证。将瞬间的边际效用以 $\ln(Y)$ 表示，ρ 表示消费偏好率，将未来所有消费效用换算为现在的总效用公式[①]为：

$$U = \int_0^\infty e^{-\rho t} \ln Y(t) \, dt$$

U 表示总效用，Y 表示 t 时间点的消费品总量。

———————————

① 推导过程：假设时间偏好率 ρ 表示年利，$\rho = 0.1$，t 期间瞬时效用为 $\ln Y(t)$。0 期间、1 期间、2 期间、3 期间…t 期间各个时间点的瞬时效用分别表示为 $\ln Y(0)$、$\ln Y(1)$、$\ln Y(2)$、$\ln Y(3)$ … $\ln Y(t)$，折算现在价值是 $\ln Y(t) \left(\dfrac{1}{1+0.1} \right)^t$。

以两大部类的生产函数作为条件，两大部类生产的效用最大化公式可表示为：

$$U = \int_0^\infty e^{-\rho t} \ln Y(t)\, dt$$

$$Y(t) = AK(t)^\alpha (s(t)L)^\beta$$

$$K(t) + \delta K(t) = B(1 - s(t))L$$

s.t. 表示两个公式的持续性制约条件，$K(t)$、$s(t)$ 分别表示 K 和 s 在 t 时间内的变化量。对该模型求解，设定经常价值 $Hc \equiv \ln Y(t) + \mu(t)[B\{1 - s(t)\}L - \delta K(t)] = \ln A + \alpha \ln K(t) + \beta \ln s(t) + \beta \ln L + \mu(t)B[1 - s(t)]L - \mu(t)\delta K(t)$，为了更能直观地说明问题，省略 Y、K、s、$\mu$ 的 (t)，最优化一阶条件变为横切条件：

$$\frac{\partial Hc}{\partial s} = 0 \Leftrightarrow \frac{\beta}{s} - \mu BL = 0$$

$$\frac{\partial Hc}{\partial k} = \rho \mu - \dot{\mu} \Leftrightarrow \frac{\alpha}{K} - \mu \delta = \rho \mu - \dot{\mu}$$

$$\frac{\partial Hc}{\partial \mu} = \dot{K} \Leftrightarrow \dot{K}(t) + \delta K(t) = B(1 - s(t))L \tag{10}$$

由于 $\frac{\beta}{s} - \mu BL = 0$，$1/s$ 与 μ 必然同比例变化，所以：

$$\frac{\dot{\mu}}{\mu} = -\frac{\dot{s}}{s}, \ \mu = \frac{\beta}{sBL}$$

将这两个式子代入（10）式得：

$$\dot{s} = \frac{BL}{K}\frac{\alpha}{\beta}s^2 - (\rho + \delta)s = s\left\{\frac{BL}{K}\frac{\alpha}{\beta}s - (\rho + \delta)\right\}$$

因为 $s \neq 0$ 且 $0 < s < 1$，则得到满足 $\dot{s} = 0$ 条件下的关系式：

$$s = \frac{(\rho + \delta)\beta}{\alpha \beta L}K$$

把 $\dot{K} = 0$ 代入生产资料生产部门的生产函数：

$$B(1 - s)L = \delta K$$

求解 $\dot{s} = 0$ 和 $\dot{K} = 0$ 的稳定值得

$$\left(\frac{K}{L}\right)^* = \frac{B\alpha}{(\alpha+\beta)\delta+\beta\rho}, \quad 1-s^* = \frac{\delta\alpha}{(\alpha+\beta)\delta+\beta\rho}$$

这一结果与（6）式、（7）式相同，表示扩大再生产条件下与简单再生产条件下的资本劳动均衡值和劳动分配均衡值是相同的。但是，不同生产条件下的均衡值虽然相同，但却体现不同的意义。一是通过指标变化可分析不同生产类型。当 $\dot{K}=0$ 时，分析的是简单再生产的稳定状态，当打破这种稳定状态，即 $\dot{K}>0$，分析的是扩大再生产状态；二是可总结出资本积累过程的长期趋势，即不断地扩大再生产后的生产特征；三是可总结资本积累与经济增长的动态发展规律。

3. 最优经济增长模型与马克思再生产理论结合的理论扩展与实践证明

理论扩展：资本积累的长期动态规律——简单再生产和"零增长"[①]。结合（13）式和第Ⅰ部类的积累动态发展过程说明，见图2：

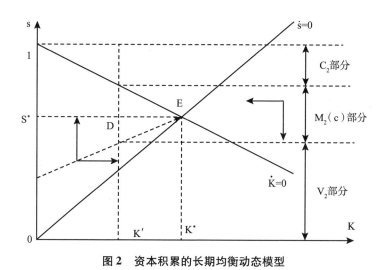

图2 资本积累的长期均衡动态模型

图2中，$\dot{s}=0$ 线和 $\dot{K}=0$ 线的交叉点 E，代表 K^* 和 s^* 的均衡点。任一消费资料生产的资本和劳动组合 D，在未达到均衡点 E 以前，存在利润空间，

---

① 日本马克思主义学者大西广教授认为经济增长率在 $-0.5\% \sim 0.5\%$ 间的都视为 0 增长。

$M_2(c)$ 部分有增加余地，追求剩余价值和竞争需要迫使 $M_2(c)$ 继续增加，即图 2 中的 D 点对应的资本 K′点要向 E 点移动，积累不断增加，同时用于分配生产消费资料部门的劳动比例增加，相应地意味着用于生产资料生产部门的劳动比例缩小。基于此，可总结出，随着资本积累的进行，消费资料生产部门劳动比率上升，生产资料部门使用的劳动比率下降。社会扩大再生产要实现均衡发展，其归着点只有在符合简单再生产的 $\dot{s}=0$ 和 $\dot{K}=0$ 条件下进行。如若 D 点超越 $\dot{K}=0$ 线，则没有利润空间，也就没有 $M_2(c)$ 增加的内在驱动力，资本积累停止。所以说资本积累过程就是经济增长的过程。资本积累和经济增长的长期趋势是体现"零增长"特征，即扩大再生产后的阶段必然是简单再生产的发展路径。

发展中国家的经济增长率平均都高于发达国家，原因在于资本积累率不同。当发达国家处于"零增长"、"微增长"时，发展中国家的资本积累保持着旺盛的增长势头，展现的正是发达国家过去资本积累的特征。以日本为例，日本是一个由 20 世纪六七十年代的高增长过渡到世界范围内典型的"零增长"国家。日本资本积累率和经济增长率存在一种同向变化关系，即日本经济增长率的长期低迷与现在国内纯投资率的长期低落直接相关，见图 3。

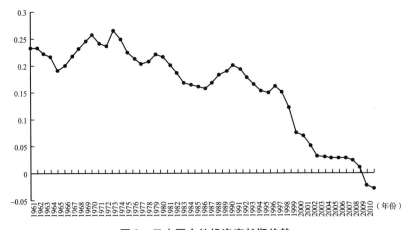

图 3　日本国内纯投资率长期趋势

注：纯投资率 = (国内总固定资本 + 净增加 − 国内总折旧)/国内生产总值（GDP）。

资料来源：日本总务省统计局《国民经济计算年报》各年版。

三、启示

（1）日本最优经济增长模型与马克思社会再生产理论结合的方法论意义。日本马克思学界创立的最优经济增长模型对马克思再生产理论研究具有重要意义，体现在三方面：一是视角创新。日本马克思学界系统地运用了历史唯物论思维，立足经济增长与资本积累的关联，依据新经济学方法动态地研究并阐释了马克思再生产理论，扩大了马克思再生产理论的适用范围。二是平台构建。本项研究构建了一个跨学科的对话平台。在这一平台上实现了从多角度研究马克思文本理论，可更好地促进中西方学者对马克思文本理论的深度挖掘和广度延伸，便于揭示马克思文本理论的本源性和指导性。三是跳跃效应。通过日本最优经济增长模型和马克思再生产理论的结合，使马克思再生产理论在认识上实现了一个新的"跳跃"。

（2）提出了新的"劳动二重性学说"劳动资源最优配置理论。马克思创立具体劳动和抽象劳动这一"劳动二重性"学说，是为解释和说明资本有机构成理论、资本积累理论、社会资本再生产理论，最终目的是应用这些理论揭示资本家剥削本质。日本马克思学界基于迂回生产模型，提出了直接生产劳动和间接生产劳动新的"劳动二重性"学说，其目的是要实现两大部类生产在"劳动"基准上的统一，目的是从另一角度解释和说明资本有机构成、资本积累、劳动资源最优化配置理论。在迂回生产条件下，任一单位的最终消费品的价值都由直接生产劳动和间接生产劳动两部分内容构成。这一点与马克思价值构成理论并不矛盾，马克思将第Ⅰ部类生产资料生产劳动称为"消失的劳动"或"死亡的劳动"，最终要形成第Ⅱ部类消费资料的价值（C＋V＋M）。但两者不同的是，马克思分析再生产理论用的是价值标准，而非"劳动"标准。两大部类生产在"劳动"基准上的统一不仅为全社会总劳动投入量最小确定为社会再生产最优标准奠定理论基础，更能给人们分析宏观整体劳动比例配置、劳动效率、市场失灵状况等问题提供理论上和方法上的支持。

（3）提出了消费资料生产优先发展理论。新经济理论研究的前提是需求产生供给，是因消费需求的扩大而产生支撑消费需求要素——机械设备等的增加。消费资料生产部门消费品量的增加才客观需要生产资料生产部门资本投入比例增大，即因消费资料生产部门对生产工具的需求，才产生生产资料生产部门供给生产资料的增加。这一点是与"生产资料生产部门"优先发展的理论相悖的。马克思认为，只有优先发展生产资料生产，才有可能实现扩大再生产。列宁进一步指出，在技术进步条件下扩大再生产时，生产资料生产优先增长是普遍规律。而该项研究依据西方经济学方法提出了与马克思、列宁主张的"第Ⅰ部类优先发展"理论相悖的理论。这不能不说是一个应该面对的新问题，我们应提升对马克思主义社会再生产理论的新认识。

（4）提出简单再生产是扩大再生产归宿理论。资本逻辑促使资本家不断进行资本积累，但资本积累的长期目标是趋向"稳态"均衡点。偏离均衡点，就失去了资本积累的内在动力。从公式推导、图示说明及实证分析三个角度都可证明这一点。只要在资本逻辑下，这一规律是任何社会再生产及任何社会发展的铁律。马克思总结出了先简单再生产，后扩大再生产的发展规律，而日本马克思学界提出先简单再生产——后扩大再生产——最后必然归结为简单再生产的发展路径。马克思总结了扩大再生产必然要随着资本主义灭亡而消失的规律，而日本马克思学界则更详细地阐释了扩大再生产后的资本主义必然要经历简单再生产而不是消亡的发展特征，至少是对后资本主义的社会再生产理论的细化和补充。这些创新理论对动态认识社会增长规律、"增长速度迷信"及后现代资本主义经济发展重心分析等都具有重要参考价值。

【参考文献】

　　[1] 大西广：《关于生产力的历史性格》，载于《经济理论学会年报》1991年第28辑。

　　[2] 山下裕步、大西广：《马克思理论最优经济增长论解释——作为迂回生产体系的资本主义数学模型》，载于《政治经济学研究》2002年第78号。

　　[3] 田添笃史、大西广：《对于马克思学派最优经济增长模型的价值分割

和倾向法则》，载于《季刊经济论丛》2011 年第 48 卷第 3 号。

[4] 池田信夫：《失去的二十年：日本经济长期停滞的真正原因》，胡文静译，机械工业出版社 2012 年版。

[5] 孙世强：《完整人性理论：构建和谐社会的基础研究》，社会科学文献出版社 2008 年版。

（原文发表于《马克思主义研究》2014 年第 8 期）

第五编　实践与应用

马克思的再生产理论和我国社会主义建设的实践

陈　征*

一

各项经济工作都是在一定的经济方针、经济政策的指导下进行的，而经济方针、经济政策都是以经济理论为基础来制定的，理论不同，方针政策也就不同。

我国社会主义经济建设，是以马克思主义经济理论为指导的。马克思的经济理论，主要包含在他的伟大著作《资本论》中。恩格斯曾说，《资本论》是"工人阶级的圣经"，是所有无产阶级战士的必修课程。《资本论》第 2 卷着重研究关于再生产的理论，它不仅揭示了资本主义制度下个别资本和社会资本再生产的条件和规律，而且也揭示了在社会化大生产的商品经济中再生产的一般条件和规律。因此，马克思的再生产理论，如果撇开资本主义实质，其基本原理，对于我国社会主义建设也有重要的现实意义。我国三十年来的社会主义建设实践证明：凡是依据马克思再生产理论来进行经济建设时，经济工作就比较符合客观规律，就会取得显著的成效；如果与上述理论相违背，经济工作就往往会导致失误，产生不良后果。

三十年来，由于我们对《资本论》第 2 卷，即马克思的再生产理论，学习不够，实际运用不够，有时产生了片面的甚至是错误的理解，从而导致思想上的某些偏差，这是造成经济建设工作失误的原因之一。那么，如何从总结经验教训的角度，理解马克思的再生产理论对我国社会主义经济建设的现实意义呢？

---

* 陈征：福建师范大学教授。

马克思对社会资本再生产从社会总产品的物质形式上划分为两大部类，揭示了在简单再生产和扩大再生产条件下，两大部类之间以及部类内部的比例平衡关系。可是我们有时却片面理解这些关系，把生产资料优先增长当作一切条件下都适用的绝对的规律，错误地认为：生产资料生产得越多越好，重工业发展得越快越好，要以钢为纲。这样做的结果是：生产资料的生产和消费资料的生产不相适应，市场上的消费品供应不足，人民生活水平的提高受到很大的限制。有人还认为：生产资料优先增长的规律是马克思在《资本论》中提出来的。其实，马克思在《资本论》中并没有绝对地肯定两大部类产品的增长究竟谁快谁慢的问题。他只是论述了：在简单再生产条件下，第 I 部类与第 II 部类的平衡条件是：$I(V + M) = IIc$，即第 I 部类可变资本加剩余价值之和必须与第 II 部类的不变资本相等。在扩大再生产条件下，第 I 部类与第 II 部类的平衡条件是：$I\left(V + \Delta V + \dfrac{M}{X}\right) = IIc + \Delta c$，即第 I 部类的可变资本，加追加的可变资本，加资本家用于个人消费的剩余价值部分之和，必须与第 II 部类的不变资本加追加的不变资本之和相等。至于谁先谁后、谁快谁慢的问题，马克思认为，要根据不同国家的具体历史条件、技术条件、经济条件来决定。可能在有的年份里，生产资料的生产增长得快一些、多一些；也可能在有些年份里，消费的资料生产增长得快一些、多一些，并没有固定的模式和绝对的规律。至于生产资料的生产要比消费资料的生产增长得快，是列宁首先提出来的，但列宁也并没有说是绝对规律，他只是指出：在技术发展、有机构成提高的情况下，用机器代替手工劳动，就要加紧用于制造生产资料的铁、煤等生产资料生产。这只是就资本主义初期，由手工劳动发展到机器大工业阶段，由机器体系代替手工劳动的特定的历史条件而言，也并没有把它当成是任何历史时期、任何条件下的绝对规律。从我国当前的情况看，由于前些年，在生产资料优先增长是绝对规律、优先发展重工业、以钢为纲等流行理论的指导下，造成国民经济比例严重失调。从 1949 年到 1978 年的 29 年中，重工业增加了 90 倍，轻工业只增加了 19 倍，在重工业内部，投资大量涌向冶金、机械工业部门，而动力工业、运输业又发展缓慢。因此，必须大力抓好调整工作，在当前一个时期，使消费资料的生产超过生产资料的生产，逐步调整两大部类之间的比例关系，是完全必要的。这就要求我们认真研究马克思关于再生产理论中的比例和平衡的原理，用来指导"四化"建设。

马克思把扩大再生产区分为外延上和内含上的扩大再生产。所谓外延上的扩大再生产，就是单纯指增投资、增设备、增劳力、办新厂、扩大生产场所等；内含上的扩大再生产，主要是依靠技术进步，提高活劳动的效率，加强对生产资料的利用效率等。前者是粗放的，着重在数量上扩大；后者是集约化的，着重在质量上扩大。这两种不同类型的再生产，是有区别的，但在现实经济活动中有时是结合在一起，在不同时期的发展情况是不同的，如从当前我国"四化"发展的要求看，着重点应放在内含的扩大再生产方面。可是，在经济工作中却流行着这样的一种看法，认为积累是扩大再生产的唯一泉源，而且有的把它说成是马克思的观点。一提到扩大再生产，就要增加投资，办新企业，开起会来就吵着争钱、争设备、争材料，好像不增加投资，不开办新企业，就不可能扩大再生产似的。在这种思想指导下，忽视了对原有企业的挖潜、革新、改造，不重视改善企业管理，提高经济效果。实际上三十年来，全国已有新旧大小企业近 40 万个，拥有固定资产四千余亿元，存在着巨大潜力。当前经济工作的重点，就是要对这些企业实行挖潜、革新、改造，以充分发挥其生产能力，这是我国当前一段时期内扩大再生产的主要途径。由于把积累作为扩大再生产的唯一源泉，所引申出来的另一个观点，是认为高积累，就能高速度。但脱离实际的过高的积累率，不仅没有高速度，反而是低速度。如"二五"时期，积累率 30.8%，工农业生产的平均增长速度只有 0.6%；"四五"时期，积累率高达 33%，工农业总产值平均每年只增长 7.8%，相反，积累率只有 22.7% 的 1963~1965 年，工农业生产的平均增长速度却是 15.7%（经过困难时期之后，其中带有恢复性质，所以增长较快）。马克思在《资本论》中指出："一定量的资本，没有积累，还是能够在一定界限之内扩大它的生产规模。"[①] 预付资本，"在转化为生产资本之后，

---

① 《资本论》第 2 卷，第 565 页。

包含着生产的潜力，这些潜力的界限，不是由这个预付资本的价值界限规定的，这些潜力能够在一定的活动范围之内，在外延方面或内含方面按不同程度发挥作用。"① 他在《剩余价值理论》中更明确地指出："生产扩大是由于两个原因，第一，由于投入生产的资本不断增长，第二，由于资本使用的效率不断提高。"② 由此可见，所谓"积累是扩大再生产的唯一源泉"的观点绝不是马克思的理论。

二

马克思的再生产理论告诉我们："再生产过程必须从 W′ 的各个组成部分的价值补偿和物质补偿的观点来加以考察。"③ 实际上，这种价值补偿和物质补偿是联系在一起的，如果只是有一定量的价值产品，但在物质形式上得不到补偿，同样，也不可能在价值上得到实现和补偿。如果不能从价值上和实物上得到补偿，不仅不可能实现扩大再生产，即使简单再生产的继续进行也是不可能的。这里所说的价值补偿和物质补偿问题，也就是社会总产品（W′）的实现问题。如果社会总产品的各个组成部分，都能在价值上和在物质上得到补偿，全部社会产品就能顺利地实现，社会资本的再生产就能正常地顺利地进行。但为了社会总产品能顺利实现，它们必须在物质上和在价值上保持一定的客观比例关系，要求达到符合这种客观比例的平衡，要求社会对生产资料和劳动力按客观比例进行分配，进行生产。能否实现，其关键是：比例平衡的问题。所以，实现问题，比例和平衡问题，不仅是简单再生产所要研究的中心问题，也是扩大再生产所要研究的中心问题，是社会资本再生产所要研究的中心问题。

价值补偿和物质补偿的实现问题，并不是资本主义再生产所特有的。只要有商品经济存在，进行再生产，就要有价值补偿。所以，价值补偿，是一切商品经济都存在的共同现象。至于物质补偿，用一种使用价值与另一种使

---

① 《资本论》第2卷，第395页。
② 《马恩全集》第28卷Ⅱ，第598页。
③ 《资本论》第2卷，第436页。

用价值相交换，这又是一切以分工为基础的社会化生产所共有的现象。因此，实现问题，不仅是资本主义再生产理论的重要内容，而且是以社会化大生产和商品经济为特征的社会再生产运动的一般内容和共同规律，它对社会主义经济具有一定的重要意义。

但是，这种价值补偿和物质补偿的实现问题，在资本主义条件下和在社会主义条件下是有所不同的。在资本主义社会里，实现问题，主要是通过市场来进行，即生产和需要之间是否协调，必须通过市场的供求关系来解决，通过价值规律来调节。资本主义制度下的再生产，虽然客观上要求在产品的价值补偿和物质补偿时，必须保持一定的比例关系，但由于生产资料私有制所产生的盲目性和无政府状态，只有通过市场调节和比例平衡的不断破坏而实现。

社会主义制度则不同，由于实现了生产资料公有制，国家可以依据客观经济规律的要求，制订国民经济计划，有计划按比例地把生产资料和劳动力分配到各个国民经济部门，从而使社会总产品的价值补偿和物质补偿，得以有计划按比例地实现，这就是我们通常所说的计划调节。但是，我们过去曾错误地把计划调节与市场调节对立起来，否定社会主义制度下的市场调节，不注意利用价值规律的作用。实际上，社会主义还是商品经济，还要通过市场交换，还要利用价值、价格、货币等经济范畴。如果仅仅依靠一个统一的计划为中心，这千千万万的商品生产和社会上千变万化的需要又怎能协调起来？往往是：一方面，有的商品积压，卖不出去；另一方面，有些商品供不应求，购买者的需要得不到满足，这就使价值补偿和物质补偿都成了问题。所以，社会主义制度下，除去国家利用计划调节以外，还要利用价值规律，进行市场调节，把计划调节和市场调节很好地结合起来，以达到社会总产品的顺利实现，以促使简单再生产和扩大再生产的顺利进行。当前，我国国民经济处在调整时期，国家必须在宏观经济上加强计划调节，并和充分调动基层生产经营单位的积极性结合起来。在加强计划调节方面，一定不能使基建规模、加工工业的发展、工资福利的增长、物价变动和外汇收支四个方面失去控制。同时，也要重视市场调节，把经济搞活。

三

为了实现价值补偿和物质补偿，马克思创建了再生产理论的两个基本前提的原理。第一，从社会总产品的物质形态看，按经济用途划分为生产资料和消费资料这两大部类，即第一部类（Ⅰ）和第二部类（Ⅱ）。第二，从社会总产品的价值形态看，每一部类产品的价值，都是由不变资本、可变资本和剩余价值三个部分构成，即 C + V + M。马克思依据这两个基本前提，研究了简单再生产和扩大再生产的条件，两大部类产品的一部分，如何在其部类内部交换而实现；两大部类之间的产品交换，又如何在价值形式上和实物形式上进行补偿。马克思对这两个基本前提的创建，为科学的再生产理论奠定了基础。

马克思以前的资产阶级经济学家，花了近一个世纪时间的努力，都没有能弄清楚这个基本前提，当然也就不可能建立起科学的再生产理论。如重农学派的伟大代表魁奈，最初创造了资本主义的再生产图式——《经济表》，马克思称之为极有天才的创见，为研究再生产作出了巨大贡献，但是，他只把资本按不同的周转方式划分为"原预付"和"年预付"，相当于固定资本和流动资本划分，由于他不懂得区分不变资本和可变资本，因而不可能有科学的价值构成。他把社会生产划分为农业生产部门和工业生产部门，但不懂得区分两大部类，因而也不可能说明物质补偿问题。古典学派的杰出代表亚当·斯密的再生产理论，比魁奈又退后一步，提出了所谓"斯密教条"，即社会总产品的价值只由 V + M 构成。这就使他犯了两个严重错误，其一是从社会总产品的价值中，去掉了不变资本的价值（C），也就无法说明价值如何补偿的问题；其二是把生产消费和个人消费混为一谈，这就不可能区分两大部类，也就不可能说明物质补偿的问题。只有马克思，批判地继承了前人的研究成果，运用科学的劳动价值、剩余价值和积累的理论，创造了这两个基本前提，从而建立起科学的再生产理论。所以列宁说："纠正了斯密上述两点错误（从产品价值中抛掉不变资本，把个人消费和生产消费混同起来），才使马克思有可能建立起他的关于资本主义社会中社会产品实现的卓越理论。"①

　　这两个基本前提，对社会主义再生产也是基本上适用的。在社会主义社会里，已消灭了剥削，作为剥削手段的资本已不复存在，因而不变资本和可变资本的区分，以及由资本带来的剩余价值，当然也不复存在；但是社会主义经济还是商品经济，有商品存在，当然也有价值存在，因而也要分析其价值构成。从社会主义社会总产品的价值构成看，也可分为三个组成部分，一是已消耗的生产资料转移到新产品中去的价值部分，可以用 C 来表示；二是劳动者在为自己劳动（即必要劳动）的时间里新创造的价值，体现在必要产品上，用以满足劳动者个人及其家庭的生活需要，可以用 V 来表示；三是劳动者在剩余劳动（即为社会劳动）时间内新创造的价值，体现在剩余产品上，其中一部分用于社会性的各种需要，形成集体消费；另一部分作为社会积累，用以扩大再生产，可以用 M 来表示。在这里，C + V 的总和，构成国民经济基金，与作为剥削手段的不变资本和可变资本根本不同；M 代表社会纯收入，与资本家剥削的剩余价值根本不同，它反映了完全不同的生产关系。为了说明社会主义社会产品的价值构成，马克思对资本主义价值构成的分析方法和代表符号，仍然是可以运用的，同样可以作为研究价值补偿和分析社会主义再生产的必要前提。例如，把社会总产品的全部价值用 C + V + M 来表示，称为总产值，把全年新创造的价值用 V + M 来表示称为净产值，即国民收入。总产值和净产值，是分析社会再生产和衡量国民经济发展规模、速度、比例的重要指标。至于社会总产品，如果从其经济用途看，不管是资本主义社会还是社会主义社会，都应划分为生产资料和消费资料，它们的生产，都由第一部类和第二部类构成，只有根据这个科学划分，才能找出再生产的比例关系及其发展规律。在运用这个基本前提的原理来指导社会主义经济建设时，还要弄清楚部类分析和部门分析的关系。把社会产品分为第一部类和第二部类，是按产品的经济用途来确定的，可以简称为部类分析。在第一部类内部，还可分为生产生产资料的生产资料（Ⅰc）和生产消费资料的生产资料（即

①　《列宁选集》第 1 卷，第 173 页。

Ⅱc）；在第二部类内部，可分为必要消费资料的生产和奢侈品的生产。当然在社会主义制度下，第二部类内部不必要再作这样的划分，但仍是有方法论意义。如根据消费品的地位和作用，可分为生存资料、发展资料和享受资料；如从消费方式来看，可分为个人消费资料和集体消费资料。这种部类分析和部门分析是有区别的。按社会生产的部门分类称为部门分析。农业和工业，是两个最重要的物质生产部门。农业、轻工业主要是生产消费资料的部门，重工业主要是生产生产资料的部门，农轻重之间的关系，大体上反映了社会生产两大部类的关系；对农轻重作部门分析，对于具体组织安排社会生产，具有重要意义。但是，不能把部门分析和部类分析等同起来。在重工业产品中，多数属于第一部类，也有属于第二部类，如民用煤、民用电、电视机、洗衣机等，都是消费资料。轻工业和农业，基本上属第二部类，但农业用的种子，轻工业的工业用布、工业用纸，又都是作为生产资料。为了具体地组织社会再生产以及交换和流通，必须把部类关系具体化为各个部门之间的关系，并把两者结合起来，以探索社会生产部门的联系。既要注意部类分析和部门分析的联系点，也要注意它们之间的区别点，才能使马克思关于部类分析的理论在社会主义再生产中得到实际的应用。

（原文发表于《福建论坛》1981 年第 3 期）

社会主义再生产的比例关系与农业、轻工业、重工业的关系

郭继严 *

在讨论按比例地发展国民经济问题时，对社会主义再生产的比例关系有两种不同的分析方法：一种是从生产资料生产与消费资料生产两大部类的关系出发，研究再生产的比例关系；另一种是直接研究农业、轻工业与重工业的比例关系。这就很自然地产生了一个问题，即农、轻、重的关系与两大部类的比例关系是同一个问题的两种提法？还是性质不同的两个问题？分析方法上的不同，反映出对社会生产按比例发展规律存在着不同的认识，对如何运用马克思主义再生产理论指导社会主义建设存在不同的认识。这是一个涉及到马克思主义基本原理的理论问题，也是一个同按比例、高速度地发展国民经济有密切联系的现实问题。

一

有的同志认为，把社会生产划分为生产资料生产和消费资料生产两个部类是理论上的高度概括，在现实经济活动中，是按农业、轻工业、重工业来划分和组织生产的。由于农业、轻工业的产品主要是消费资料，重工业的产品主要是生产资料。因此，农业、轻工业与重工业的比例关系基本上反映了两大部类的比例关系。这种看法实际上是主张用这几个生产部门的比例关系代替两大部类的比例关系。我们认为，这是值得商榷的。

把社会生产分为几个生产部门，还是分为两个部类，这是性质不同的划分，不能混同。农业、工业、交通运输等生产部门是随着生产力的发展而形

* 郭继严：国家计划委员会社会发展研究所所长。

成的社会分工。这些部门的划分是以劳动对象和生产活动方式的特点作为依据的，比如，农业是利用动植物的生活机能，通过人工培育或饲养以取得产品的生产部门；工业是从事自然物质资源的采掘和对各种原料进行加工的生产部门。生产部门间的相互关系是由于社会分工而引起的不同种生产劳动之间的关系。在社会生产发展的不同阶段或不同的国家，对生产部门的划分往往有很大差别。把工业分为重工业和轻工业是工业生产较发达之后才出现的。有些工业发达的国家也并不做如此划分，而是把工业分为采掘工业和加工工业。农业生产的范围也是随着生产的发展而变化的。在古代，工业是农业的副业，后来才从农业中独立出来。所以马克思说："这种纯农业劳动，决不是自然发生的，相反，它本身是社会发展的产物，并且是很现代的、决不是到处都已达到的产物，它是和一个完全特定的生产阶段相适应的。"[1] 这种按劳动对象和生产活动方式的特点来划分的生产部门也是一种理论上的抽象，在现实经济活动中并不完全是按这个标准来组织社会生产的。我们现在通常所说的农业、轻工业、重工业部门，实际上是指从组织生产的角度建立的经济管理部门。如几个机械工业部、冶金部、煤炭部等所属企业算作重工业；轻工业部、纺织工业部所属企业算作轻工业部门，而农村人民公社则算作农业部门。这样划分的农业、轻工业、重工业部门并不够科学，部门间的界线也比较模糊。比如，轻工业同重工业就是"你中有我，我中有你"。有些企业、行业完全是根据管理生产的方便而列入某一部门的，如电子工业中的收音机、电视机，应属轻工业，现在却列入重工业部门。而纺织机械的生产却仅仅因为在行政管理上隶属于纺织工业部，就被列入轻工业部门。显然，这样划分的农业、轻工业、重工业部门根本不同于两大部类。马克思为了揭示社会再生产的运动规律，恰恰是打破了生产部门的界线，而以产品的用途作为依据，把社会生产划分为生产资料生产和消费资料生产两个部类。

　　说农、轻、重的关系基本上反映了两大部类的比例关系，这是不符合马克思关于两大部类的原理的。第一，这三个部门中都既有消费资料生产又有

---

[1] 《资本论》第 3 卷，人民出版社 1975 年版，第 713 页。

生产资料生产。以农业为例，它包括农、林、牧、副、渔等业，其中的"农"又包括粮、棉、油、麻、丝、茶、糖、菜、烟、果、药、杂等业。无论哪一个行业都有部分产品用作生产资料，有些行业的产品则大部分用作原料。因此说，农业对工业的关系远远不是只提供消费资料的关系，把整个农业生产算作消费资料生产是过于笼统了。而且，随着生产的发展，农产品中消费资料所占的比重会大大降低，很难再说它是以生产消费资料为主了。重工业部门中生产的消费资料像汽车、电冰箱、洗衣机等则会越来越多，把整个重工业部门看作生产资料生产，也不符合实际情况。第二，农业、轻工业、重工业是物质生产的主要部门，但是，在研究社会再生产的比例关系时，只讲这三个部门，不讲交通运输、邮电通信等部门，并不能反映社会再生产运动的全貌。积累与消费的比例关系，简单再生产与扩大再生产的比例关系是再生产过程的重要比例关系，只研究农、轻、重的相互关系，也不能包括这些重要方面。第三，工农业比例关系，轻重工业比例关系等提法本身并不确切。一些同志使用工农业比例关系这一提法，并不是指整个农业部门与工业部门的关系，而是指农业部门中生活资料的生产（又主要是指粮食生产）与包括工业部门在内的整个非农业部门对这些产品的需要的关系。这就超出了工农业两个部门的范围了。同样，轻重工业比例关系实际上不是指轻重工业两个部门的关系，而是指轻工业部门生产的消费资料与整个社会对工业消费品的需要的比例。

我们的计划工作应该越做越细，应该力求科学地准确地反映客观经济规律的要求。用类比的、含糊的提法代替科学概念，用描述非本质的联系代替对再生产过程内在联系的研究，就难免对社会主义再生产的运动规律得出片面的认识。

二

研究社会再生产问题，是从两大部类的相互关系入手，还是直接研究生产部门的相互关系，这不是个单纯的如何划分社会生产的问题，实质上是如何正确认识社会再生产运动规律的问题。

为什么说社会生产各组成部分之间的关系是生产资料生产同消费资料生产的关系，而不是直接的这个生产部门同另一个生产部门的关系呢？马克思的再生产理论科学地回答了这个问题。这个理论分析的对象是资本主义再生产，但撇开生产的社会形式，就其关于物质资料再生产规律的分析而言，对研究社会主义再生产仍然具有指导意义。

在社会再生产过程中，各企业间存在着错综复杂的联系，如果我们抽象掉商品交换和商品流通这个中间环节，它们相互间最基本的联系就是生产和消费的关系。任何一个生产企业，要进行生产就要耗费一定的生产资料，就必须用另一个企业生产的产品补偿已被耗费的生产资料，而它自己的产品也要成为其他企业为补偿生产耗费所需要的生产资料。各企业间这种互为条件的关系，从整个社会再生产来看，就是生产资料的生产和生产资料的消费的关系。社会再生产过程不仅包括生产消费，而且还包括个人消费。因为一部分社会产品只能用于个人消费，而劳动者的个人消费同时就是劳动力的再生产。没有劳动力的再生产，社会再生产同样不能继续进行，因此个人消费虽然是在直接的生产过程之外进行的，但它也是社会再生产过程的一个组成部分。列宁把区分生产消费和个人消费看作是马克思建立科学的再生产理论的一个基点。[①] 在商品经济条件下，生产同消费的联系是通过商品交换作媒介而实现的，社会再生产过程也就必然包括商品流通过程。马克思在分析社会资本再生产时说："这个总过程，既包括生产消费（直接的生产过程）和作为其媒介的形式转化……，也包含个人消费和作为其媒介的形式转化或交换。"[②] 所以说，在社会再生产过程中，各企业间（在资本主义再生产中是个别资本间）最基本的联系，就是以商品交换为媒介的生产和消费的关系。正是从各企业间这种最基本的联系出发，马克思把社会总产品，从而把社会生产划分为生产资料生产和消费资料生产两个部类，并通过对两个部类相互关系的分析，科学地阐明了社会再生产的比例关系和现实条件，也就是社会物质资料

---

① 参阅列宁：《俄国资本主义的发展》，引自《列宁选集》第 1 卷，第 173 页。
② 《资本论》第 2 卷，第 390 页。

再生产按比例发展的规律。正如列宁指出的那样，按两大部类划分社会生产是马克思再生产理论的一个重要原理。①

社会生产按比例发展规律同样是社会主义再生产的运动规律。在社会主义再生产过程中，同样存在着两大部类的比例关系。马克思在分析资本主义再生产中第Ⅰ部类内部的交换时，明确地谈道，在社会主义再生产中也存在着第Ⅰ部类内部的相互关系。他说："如果生产是社会公有的，而不是资本主义的，那末很明显，为了进行再生产，第Ⅰ部类的这些产品同样会不断地再作为生产资料在这个部类的各个生产部门之间进行分配，一部分直接留在这些产品的生产部门，另一部分则转入其他生产场所，因此，在这个部类的不同生产场所之间发生一种不断往返的运动。"② 对这个问题，列宁也有同样的看法。他在卢森堡的《资本的积累》一书的评注和为评论此书而写的提纲中，曾运用马克思再生产理论分析过奴隶制和农奴制、资本主义、社会主义等社会形态的再生产问题。③ 1920 年，他在对布哈林的《过渡时期的经济》一书的评注中又指出，两大部类的比例关系"甚至在纯粹的共产主义社会"也是存在的。④ 马克思、列宁的论断是符合社会主义实践的。

在如何把马克思关于两大部类比例关系的原理运用于社会主义经济建设中来上，大家对这个问题之所以会有意见分歧，主要是因为对社会主义生产能否划分为两个部类有不同的看法。

主张用农业、轻工业与重工业的比例关系代替两大部类的比例关系的同志认为，很多企业都既生产消费资料，又生产生产资料，或者同一种产品既可用作生产资料又可用作消费资料，很难把这些企业分别归入哪个部类。这种情况并不是社会主义生产特有的现象，在资本主义生产中也同样存在。但是，事物的内在联系与外部现象不一致是常有的事情。研究社会再生产运动的规律就是要认识社会生产各组成部分间的内在联系。马克思在建立社会资

---

① 参阅列宁：《俄国资本主义的发展》，引自《列宁选集》第 1 卷，第 174 页。

② 《资本论》第 2 卷，第 473 ~ 474 页。

③ 参阅列宁：《论罗·卢森堡〈资本的积累〉一书的文章的提纲草稿和材料》，载于《经济学译丛》1979 年第 2 期。

④ 参阅列宁：《对布哈林〈过渡时期的经济〉一书的评论》，人民出版社 1958 年版，第 3 页。

本再生产理论时，对这一现象做过具体分析。马克思关于社会生产两大部类的原理是在《剩余价值理论》一书中形成的。在这一著作中，他把消费资料生产称为 A 部类，把生产资料生产称为 B 部类，他说："如果有第三部类 C，它的产品既能用于生产消费，又能用于个人消费……那末，这丝毫也不会使问题有所改变。就这些产品加入个人消费的那部分来说，……它们属于 A 部类。就这些产品不加入个人消费的那部分来说，它们属于 B 部类"①。马克思也曾对各生产部门做过专门分析，比如，在研究地租问题时，就详细地分析过农业生产的特点、农业在国民经济发展中的作用等。但是当他分析再生产问题时，就不再把农业作为一个独立的生产部门了。他不仅把用于个人消费的农产品同用于生产消费的农产品区分开来，而且还曾具体地把木材、亚麻、皮革等列为有机原料，把农用种子、种畜列为种子，把金属、石头等工业品列为无机原料，并把这三部分（既有农产品又有工业品）统称为原料，算作生产资料的一部分。② 这些都说明，尽管许多企业或生产部门的产品既有生产资料又有消费资料，但马克思并没有直接按生产单位，而是按产品的用途来划分两大部类。马克思也谈到，每一个部类中都包括有许多生产部门，不过，这时所说的生产部门不是指实际的生产单位，而是按其产品用途而言的单位。"第Ⅱ部类是由种类繁多的产业部门构成的，但是，按它们的产品来说，可分成两大分部类：（a）消费资料……，（b）奢侈消费资料"③。"第Ⅰ部类的不变资本，由大量的不同的资本群构成。它们被分别投入不同的生产资料生产部门，……每个这种资本群或每个这种社会的群资本，又由许多大小不等的独立执行职能的单个资本构成。"④ 从马克思的这些论述中可以看出，社会生产虽然是由许多企业、许多生产部门构成的，但要认识社会再生产的运动规律，却不能直接按生产的组织形式来研究各企业、各生产部门间的相互联系，而必须把社会生产划分为两个部类，研究它们之间的比例关系。

　　社会主义生产是建立在公有制基础之上的，主要产品是有计划生产的，

---

① 《剩余价值理论》，引自《马克思恩格斯全集》第 26 卷Ⅰ，第 244 页。

② 《剩余价值理论》，引自《马克思恩格斯全集》第 26 卷Ⅰ，第 250 页。

③④ 《资本论》第 2 卷，第 448 页、第 472 页。着重点是引者加的。

主要产品的消费（包括生产消费和个人消费）也基本上是有计划分配或调节的，而且又有了现代化的统计计算工具，因此说，不论在理论上，还是在实践上，都有可能按产品的用途把社会总产品划分为两个部类，并且进一步把各部类的产品作更为具体的划分。现在，对国民经济的计划工作来说，这已经不是抽象的理论问题，而是一个十分重要的需要正确解决的实际问题。只有对社会总产品和社会消费进行统计和分析，才能具体地确切地了解社会再生产比例关系的实际情况。这是计划工作的基础。否则，计划工作就带有很大盲目性。当然，社会主义经济建设的实践要比理论抽象复杂得多，不能把马克思关于社会资本再生产的公式照搬过来。深入研究社会主义再生产过程的各种比例关系，应当成为社会主义再生产理论研究的专门课题。

三

　　需要讨论的另一个问题是两大部类比例关系的具体内容是什么。从分析农、轻、重三个部门的比例出发是不能正确说明这个问题的。有的同志先把两大部类的比例关系等同于农、轻、重的关系，然后再分析工业、农业内部的比例关系。在分析农业内部的比例关系时，着重说明的又是粮食生产在农业中的决定性作用；在分析工业内部的比例关系时，则论述钢铁工业是整个工业的基础，以钢为纲是处理工业内部比例关系的指针，发展钢铁工业又必须首先发展采掘工业，等等。当然，任何一个部门或行业，作为社会生产的一个组成部分，都有着不能忽视的作用。但是，说明它们在社会生产中所起的作用，同研究社会再生产的比例关系，是两个问题。某个部门或行业在国民经济中所起的作用只说明其重要性，而比例关系则是各企业相互间的量的关系。认识了某个部门或行业的重要作用，并不能为我们确定再生产的比例关系提供明确依据。如果片面地、孤立地强调某一部门或行业的重要，还容易忽略它同其他部门或行业的联系。粮食生产，钢铁生产固然很重要，但是它们的发展也依赖于其他生产为其提供条件，如果孤立地发展粮食或钢铁，以至它们占用的人力、物力、财力超越一定的限度，就会造成比例关系失调。

这个"条件"和"限度",就是粮食生产或钢铁生产同其他生产间存在的比例关系。而这才是研究再生产比例关系所要回答的问题。

我们认为,两大部类比例关系的具体内容是价值补偿和物质补偿的比例关系。马克思在分析社会资本再生产时指出:"这个运动不仅是价值补偿,而且是物质补偿,因而既要受社会产品的价值组成部分相互之间的比例的制约,又要受它们的使用价值,它们的物质形式的制约。"① 在商品经济条件下,再生产条件的物质补偿与价值补偿是结合在一起的,得不到价值补偿,也无法实现物质补偿。马克思对两大部类比例关系的分析,始终是围绕着如何既按价值又按实物形态实现社会总产品并补偿再生产条件这个问题展开的。各种比例关系,质的规定性是生产资料同消费资料之间,不同种类的生产资料之间,以及不同种类消费资料之间的交换;其量的规定性是实物量和价值量的比例关系。以简单再生产的实现条件为例,$Ⅰv+m=Ⅱc$ 这一比例关系的具体内容是:(1) 第一部类的产品中相当于 $v+m$ 的部分,必须在实物量上等于第二部类为更新已被耗费的生产资料所需要的产品;(2) 第二部类的产品中相当于 c 的部分必须在实物量上能满足第一部类对消费资料的要求;(3) $Ⅰv+m$ 与 $Ⅱc$ 这两部分又必须在价值量上相等。

物质补偿和价值补偿也是社会主义再生产中两大部类比例关系的具体内容。所谓按比例发展社会生产,具体说来就是要安排好两大部类再生产条件的价值补偿和物质补偿。如果再生产条件得不到补偿,也就不可能有协调的比例关系,而没有两大部类的协调的比例关系,就不会有生产的高速度发展。决定社会生产发展速度的,不是个别产品(哪怕是像钢和粮这样十分重要的产品)的增长速度,而是整个社会生产的协调的比例关系。50 年代末期出现的国民经济的严重比例失调,其重要原因之一就是只求个别产品的发展速度,因而破坏了社会再生产的补偿关系。

社会再生产条件的补偿,不同于个别企业再生产条件的补偿,它是同社会总产品的实现密切相连的。在资本主义条件下,社会资本再生产能否继续

---

① 《资本论》第 2 卷,第 437~438 页。

进行，能以怎样的规模继续进行，取决于社会总产品能否实现，所以马克思、列宁都把社会资本再生产的条件（即按价值和按实物形式补偿再生产条件）称为再生产的实现条件。在社会主义再生产过程中，原有生产条件的补偿和扩大再生产，主要是通过有计划地分配社会总产品实现的。社会总产品的分配是否得当直接关系到下一年度或以后一个时期两大部类比例关系是否协调。在现实经济活动中，社会总产品的实际情况同再生产比例关系的要求经常存在矛盾，有时是社会总产品中的某些部分不能够满足现有生产能力的需要，有时是社会剩余产品不能满足扩大再生产的需要。社会主义计划经济的优越性在于我们能够依据客观经济规律的要求，自觉地、及时地调整和解决这些矛盾。但是，也必须看到，如果我们的计划工作违背了客观经济规律，如果我们对这些矛盾处理不当，也会造成社会再生产的比例失调。如何处理好这些矛盾，要考虑到多方面的因素和条件，是一项十分复杂的事情。总结我们这些年来的经验教训，很重要的一条就是应当以社会总产品的实际情况为主要依据，按照补偿关系的要求来安排再生产的比例关系。这样做看起来是"消极"平衡，实际上只有从社会总产品的实际情况出发才能形成一个切实可靠的再生产的补偿条件。

目前我国原料、燃料和动力的生产不能满足加工工业的需要，许多企业在原有规模上进行再生产的条件得不到补偿。据估计，由于电力不足，全国有百分之二三十的工业生产能力没有发挥应有的效益。这说明第一部类内部比例关系失调是很严重的。对这个早已存在的矛盾，由于种种原因，过去是采取"三个人的饭，五个人吃"的办法处理的，在制订生产计划时就留有"缺口"。表面上看似乎大家都有"饭"吃，实际上谁也"吃"不饱，都有一部分生产能力没有被利用。我国加工工业的生产能力同社会需要相比是很落后的，但是必须承认这种比例关系失调，主要是加工工业发展过快造成的。那些没有补偿条件，因而不能实际发挥效能的机器设备以及劳动力，不生产任何产品，还会造成社会劳动的浪费。这部分生产能力在现有条件下，实际上是"过剩"的生产能力。要解决这个矛盾，从近期讲，只能根据社会总产品（就当前的例子来说，是原料、燃料和动力）的实际情况安排再生产的比例关系，充分保障大部分企业的需要，使其能正常地进行再生产；而对另一部分企业进行必要的调整，或是转产具备补偿条件的产品，或者是停产减产。这样做，表面上看来似乎是减少了一部分生产，实际上是社会劳动的极大节约。要从根本上改变这种比例关系失调的状况，就需要通过扩大再生产的途径，加快原料、燃料和动力生产的发展，以适应加工工业的需要。

社会生产的发展要考虑到社会需要，但是安排扩大再生产的规模，确定社会生产发展的速度，必须以社会剩余产品为依据。这是从社会总产品出发安排再生产比例关系的另一个重要方面。长期来存在的基本建设战线过长的问题，就是因为扩大再生产的规模超过了剩余产品所允许的限度。中央决定，在三年内贯彻调整国民经济的方针，清理在建项目，缩短基建战线是符合客观经济规律和当前实际状况的。扩大再生产的规模以及扩大哪一行业、哪一部门的生产，不仅决定于剩余产品的总量，而且决定于剩余产品的实物构成。因为，并不是任何数量和质量（包括产品的品种、规格等）的剩余产品都能形成新的生产条件。如果在技术水平不变的情况下进行扩大再生产，既需要根据原有生产条件的要求，按比例地增加生产资料（机器设备、原料、材料等），又要按比例增加消费资料，以满足新增劳动力的需要。也就是说，第一部类的剩余产品要构成一个符合生产条件要求的比例，而且，积累的规模还要同第二部类的剩余产品保持平衡。如果扩大再生产的规模和种类同剩余产品的实物构成脱节，就会破坏再生产的比例关系。另一方面，新增生产能力的技术水平，在很大程度上取决于剩余产品的技术水平。扩大再生产所需要的生产资料，主要来源于第一部类的剩余产品，因此，这些剩余产品具有什么样的技术水平，采用这些产品形成的新增生产能力也就具有什么样的技术水平。为了加快实现四个现代化的步伐，我们应当积极引进外国的先进技术，同时也要发扬自力更生的精神，利用现有生产条件，充分发挥现有企业的作用，开展技术革新和技术革命，增加品种，提高质量，生产出具有世界先进技术水平的生产工具和设备。在这方面，第一部类中生产机器设备的企业起着关键作用，应当为实现四个现代化做出更大贡献。

四

前面说过，不能直接从农、轻、重等生产部门的关系来研究再生产的比例关系，这同我国工业化道路，同以农业为基础、工业为主导的发展国民经济的总方针是不是相矛盾呢？能不能说只要贯彻执行了发展国民经济总方针就解决了按比例发展社会生产的问题呢？

毛泽东同志把马克思主义的基本原理运用于我国社会主义建设的实践，丰富和发展了马克思主义关于社会主义建设的理论。他对农业、轻工业、重工业相互关系的精辟分析就是其中的重要内容之一。我国开始进行社会主义建设时，自己缺乏经验，很多事情照搬了当时的社会主义国家苏联的做法。按当时苏联流行的观点，社会主义工业化就是发展大工业，首先是发展重工业；从发展轻工业开始是资本主义工业化的道路，而从重工业开始才是社会主义工业化的道路。毛泽东同志总结了国内、国际的经验教训，针对当时很多同志都存在的忽视农业和轻工业的倾向，阐明了要发展重工业，必须同时发展农业和轻工业的辩证关系，指出："工业化道路的问题，主要是指重工业、轻工业和农业的发展关系问题。"进而又提出了"以农业为基础、工业为主导的发展国民经济的总方针"。这些分析使我们对社会主义建设的客观规律有了一个新的更加正确的认识，对发展国民经济起了很大推动作用。今后，在实现四个现代化的过程中，仍要以这些理论为指导，继续贯彻执行发展国民经济的总方针。

从毛泽东同志的论述中可以看出，工业化道路与再生产的比例关系是两个问题，前者比后者要广泛得多。工业化道路是一个经济方针，它要考虑多方面的条件。我国工业化的正确道路必须是符合我国的实际情况，主要是工农业落后，人口众多，而农村人口又占绝大多数这一实际情况。确定工业化的方法，既要考虑到经济条件，又要考虑到巩固工农联盟等政治条件，要体现调动国内外一切积极因素，为社会主义事业服务的基本方针。显然，作为工业化道路来说的农、轻、重的关系与再生产的比例关系不是一个范畴的问题，把二者混同或对立起来都是不对的。例如，毛泽东同志曾从轻工业的原料来源、重工业的重要市场、积累的重要源泉等方面强调加快农业发展对实现工业化的重要意义，这无疑是完全正确的。可是，反过来说，重工业对农业、轻工业也有同类性质的作用：重工业为农业提供生产资料，是农产品的市场，也是积累的来源之一。而且，这里讲的也不是农、轻、重的比例关系。

农业是国民经济的基础这一经济规律是发展国民经济总方针的客观依据，为了弄清上面的问题，需要分析一下这个规律同社会生产按比例发展规律有什么区别和联系。

农业是国民经济发展的基础，有两个方面的含义：第一，农业中生活资料的生产在整个国民经济发展中起着基础的作用。就是说，只有生产必要生活资料所需的社会劳动不至于占用全部社会劳动，其他生产、其他事业才能存在和发展。马克思说："超过劳动者个人需要的农业劳动生产率，是一切社会的基础，并且首先是资本主义生产的基础。"① 正是在这个意义上，马克思又把农业劳动称作整个社会劳动中的必要劳动。当然，能够成为"基础"的农业，并不是我们现在所说的那种包括农、林、牧、副、渔的农业，而是指直接为社会提供必要生活资料的纯农业劳动。马克思又指出：整个社会劳动中的"必要劳动决不是只包括农业劳动，而且也包括生产其他一切必然进入工人平均消费的产品的劳动。② 工业劳动的一部分和农业劳动的必要部分一样也是必要劳动"③。（这部分生产生活资料的工业，大部分包括在轻工业之内，它同农业一样，也是整个社会必要劳动的一部分，我们常常忽视这部分工业的这一重要地位是不应该的）由于这部分工业劳动是农业的继续，也要以农业劳动为前提，所以说，最终起"基础"作用的仍然是农业劳动。第二，农业的这种作用是相对于整个国民经济而言，更广义地说是相对于整个社会的发展而言，一切非农业活动都是在一定的农业劳动生产率的基础上存在和发展的。

弄清了农业是国民经济发展的基础这一经济规律的内容，就可以看出，

---

① 《资本论》第 3 卷，第 885 页。
② 《资本论》第 3 卷，第 713 页。
③ 《资本论》第 3 卷，第 714 页。

它同社会生产按比例发展是两个不同的客观经济规律。第一，社会生产按比例发展是社会再生产运动的规律，而农业是基础则是整个国民经济发展的规律。国民经济既包括物质资料生产领域，又包括消费服务部门、文化教育部门等非物质生产领域。第二，这两个规律有着不同的内容。一个是社会生产各组成部分在再生产过程中，在实物量和价值量方面存在着互为条件的比例关系；另一个是农业生产在国民经济发展中起着基础作用。第三，农业的"基础"作用在生产力发展的不同阶段有不同的表现，这也不同于社会生产按比例发展规律。在农业生产力水平较低的情况下，非农业生产的发展受到很大限制，我国当前正面临着这种状况。尽管如此，我们在认真贯彻执行发展国民经济总方针的同时，仍然必须依据社会生产按比例发展规律的要求，安排好两大部类的比例关系，这既是加快国民经济发展速度的前提，也是加快农业生产发展速度的前提。当农业生产力发展到一个很高的水平，农业部门生产的生活资料已经很丰富之后，农业仍是国民经济的基础，不过已不再表现为对非农业生产的制约作用了。到那时，以农业为基础来发展国民经济，按农、轻、重的次序安排国民经济计划的客观必要性已不存在。但是，发展社会生产仍然要正确处理两大部类的比例关系。

（原文发表于《经济研究》1979 年第 11 期）

社会再生产实现条件及其特点

叶大绰 *

社会再生产实现问题是马克思主义社会再生产理论的核心问题。其研究对象虽然是资本主义社会的总资本的再生产和流通，但其原理却完全适用于社会主义社会的社会再生产过程。长时期来，论述社会再生产实现条件的专著、文章很多，但对什么是马克思阐明的社会再生产实现条件，认识却不尽一致。因此，这个问题尚需进一步探讨。下面谈谈我的看法。

一、分歧情况

马克思在阐述社会再生产实现条件时，是分别从简单再生产和扩大再生产加以阐明的，而且对只是理论抽象的简单再生产实现条件的阐述较为详密。这是因为搞清简单再生产实现条件，是理解扩大再生产实现条件的基础。因而，后人在论述社会再生产实现条件的专著、文章中，对简单再生产实现条件和扩大再生产实现条件，一般都有相对应的表述。

对马克思阐明的社会再生产实现条件理解的分歧，根据对简单再生产实现条件的表述，似可归为两类：

一类是认为有三个条件：第一，$I(v+m)=IIc$；第二，$I(c+v+m)=Ic+IIc$；第三，$II(c+v+m)=I(v+m)+II(v+m)$，相对应的扩大再生产实现条件也有三个：第一，$I\left(v+\Delta v+\dfrac{m}{x}\right)=II(c+\Delta c)$；第二，$I(c+v+m)=I(c+\Delta c)+II(c+\Delta c)$；第三，$II(c+v+m)=I\left(v+\Delta v+\dfrac{m}{x}\right)+$

---

* 叶大绰：福建省社会科学院经济研究所助理研究员。

$\mathrm{II}\left(v+\Delta v+\dfrac{m}{x}\right)$。在这一类中，由于不同程度地强调 $\mathrm{I}(v+m)=\mathrm{II}c$ 的作用，基本上可分为三种观点：

（1）强调第二条件和第三条件的作用，附带提出第一条件的作用。如卢森堡认为："为了使再生产继续下去而不受干扰——我们仍然假设在原来规模的简单再生产——第一部类的总生产（ $\mathrm{I}\,6000$ ）必须具有与两部类的不变资本总和（ $\mathrm{I}\,4000c+\mathrm{II}\,2000c$ ）相等的价值。……第二部类所提供的生活用品总量在价值上等于社会上所雇用工人和资本家的全部所得。"[1] 他还认为："在生产生产资料中，可变资本和剩余价值的总和必须等于在生产生活资料中的不变资本。"[2]

（2）强调第一条件的特殊作用，认为它可以引申出第二条件和第三条件。这种看法比较普遍，如郭大力在 1957 年即提出："' $\mathrm{I}(v+m)$ 一定要 $=\mathrm{II}c$ '，这就是资本主义简单再生产实现条件。"同时，"从 $\mathrm{I}(v+m)=\mathrm{II}c$ 这个公式，又可以演变成为下面的两个公式：$\mathrm{II}(c+v+m)=\mathrm{I}(v+m)+\mathrm{II}(v+m)$；$\mathrm{I}(c+v+m)=\mathrm{I}c+\mathrm{II}c$。"[3]

林子力、刘国光等也认为："在上述简单再生产的三个平衡条件的公式中，第一公式即两大部类之间的交换平衡公式 $\mathrm{I}(v+m)=\mathrm{II}c$，是基本的。其他两个公式不过是第一公式两端分别加上本部类内部交换的部分。第一公式两端分别加上 $\mathrm{I}c$，则可以得到第二公式；第一公式两端分别加上 $\mathrm{II}(v+m)$，则可以得到第三公式。因此，简单再生产的实现条件一般是用第一公式来表示。"[4]

（3）同样强调三个条件的作用。如张魁峰认为："简单再生产的实现条件有三个：

①两大部类之间的交换的实现条件是 $\mathrm{I}(v+m)=\mathrm{II}c$，……

---

[1]　卢森堡：《资本积累论》，生活·读书·新知三联书店 1959 年版，第 46 页。

[2]　卢森堡：《资本积累论》，生活·读书·新知三联书店 1959 年版，第 47 页。

[3]　郭大力：《关于马克思的〈资本论〉》，生活·读书·新知三联书店 1978 年版，第 200 页。

[4]　《学习马克思关于再生产的理论》，人民出版社、中国社会科学出版社 1980 年版，第 281 页。

②第Ⅰ部类生产的产品必须能够补偿两大部类消耗的不变资本：$Ⅰ(c + v + m) = Ⅰc + Ⅱc$。……

③第Ⅱ部类生产的产品必须和两大部类新创造的国民收入相等：$Ⅱ(c + v + m) = Ⅰ(v + m) + Ⅱ(v + m)$。"[①]

另一类是郭继严提出的："马克思并未把$Ⅰ(c + v + m) = Ⅰc + Ⅱc$和$Ⅱ(c + v + m) = Ⅰ(v + m) + Ⅱ(v + m)$这两个公式作为简单再生产中实现社会总产品的条件。他阐明的实现条件有四，除了$Ⅰ(v + m) = Ⅰc$之外，还包括Ⅰc在第Ⅰ部类内部实现的条件；$Ⅱ(v + m)$在第Ⅱ部类内部实现的条件；补偿固定资本的产品的实现条件。"[②]

此外，还有用不等式叙述扩大再生产实现条件的。如苏联《政治经济学教科书》认为，"第一部类的可变资本加剩余价值应当大于第二部类的不变资本：$Ⅰ(v + m)$应当大于Ⅱc。这就是资本主义扩大再生产下的基本实现条件"[③]。实际上，这不能是扩大再生产的实现条件。

所以产生这些分歧，主要是因为对实现社会总资本的再生产和流通所需要的三类交换之一（即两大部类之间的交换）在实现过程中的作用的理解不恰当，也和对什么是社会再生产的实现问题的理解有关。

二、社会再生产实现问题的性质

要正确理解实现条件，首先要正确理解什么是社会再生产的实现问题。马克思在说明考察社会资本的再生产过程为什么要从商品资本循环着手时，指出："在 W′…W′ 运动中，正是要通过说明总产品 W′ 的每一价值部分会变成什么，才能认识社会再生产的条件。"[④] 同时，在说明社会总资本的流通同单个资本的流通所必需的不同假设时，指出："直接摆在我们面前的问题是：生

---

① 张魁峰：《马克思的再生产理论》，载于《山西财经学院学报》1981 年第 3 期。

② 郭继严：《马克思的社会资本简单再生产实现条件的研究》，载于《中国社会科学》1983 年第 1 期。以下凡引郭文，均见此篇。

③ 苏联科学院经济研究所编：《政治经济学教科书》，人民出版社 1955 年版，第 222 页。

④ 《马克思恩格斯全集》第 24 卷，第 436 页。

产上消费掉的资本，就它的价值来说，怎样由年产品得到补偿？这种补偿的运动怎样同资本家对剩余价值的消费和工人对工资的消费交织在一起？"① 所以，在社会再生产中，一方面存在社会再生产的成果、社会总产品的每一个价值部分会变成什么，会满足什么需要，会卖给什么人；另一方面存在社会再生产的物质条件，消耗掉的资本，不变资本和可变资本，以及资本家对剩余价值的消费怎么得到物质补偿，从什么地方买到。②

要解决这两方面的问题，就要把它们结合起来。因而社会再生产的实现问题，也就是社会生产的各种产品的生产量，同补偿各个资本要素对各种产品的需要量，两者之间的相互平衡问题，即产需平衡问题。当生产量同需要量平衡时，说明生产的总产品能够全部卖出去，补偿资本要素的各种产品能够全部买到。这样，社会再生产就能够顺利循环，得到完全的实现。当生产量同需要量不平衡时，如果生产量大于需要量，说明有一部分产品卖不出去；如果生产量少于需要量，说明补偿资本要素的产品有一部分买不到。这样，社会再生产就不能得到完全的实现。

不等式，如 $I(v+m) > IIc$，不能表述以生产量与需要量相互平衡为内容的社会再生产实现条件。要实现扩大再生产，固然需要 $I(v+m) > IIc$，但是具备 $I(v+m) > IIc$，并不能保证扩大再生产一定能得到完全的实现。因为它只反映生产量同部分需要量之间的关系，没有反映生产量同另一部分需要量之间的关系；它可能包含生产量同需要量的平衡，也可能包含生产量同需要量的不平衡。在我国社会主义生产建设实践中，出现过生产资料产品积压、消费资料产品相对不足，也证明了 $I(v+m) > IIc$ 并不一定反映生产量同需要量的平衡。$I(v+m) > IIc$ 不可能是扩大再生产的实现条件，只能

---

① 《马克思恩格斯全集》第 24 卷，第 436 页。

② "关于社会资本再生产的条件，可以分为两方面来说：

第一，社会产品价值的各个部分是如何实现的呢？这里说'实现'，意思就是指价值由商品形态转化为货币形态。换句话说，这里的问题，也就是社会产品的各个部分究竟卖给谁的问题。

第二，社会产品的各个部分消耗掉了以后，又如何在实物形态上得到补偿呢？换句话说，就是：工人和资本家从哪里再取得（买来）自己的消费品，资本家从哪里再取得（买来）他所需要的生产资料。

要说明社会全部资本怎样能反复进行生产，就要解决这样两个问题。"（郭大力：《关于马克思的〈资本论〉》，三联书店 1978 年版，第 190 页。）

是扩大再生产的前提条件。

郭继严认为："社会总产品的实现包含两方面的意思：一是相互交换的产品在价值量上要相等，即价值补偿；一是相互交换的产品在实物形态上要能相互替换，即物质补偿。"这种理解，对于商品同商品的直接交换行为，或许是可行的；但是对于资本主义社会，根本不存在商品之间的直接交换，因而是没有根据的。在资本主义社会，由于生产分工的发展，不存在"相互交换的产品"，即使暂不考虑作为交换媒介的货币流通，能真正处于相互交换地位的产品是小量的，相互交换的产品能够在价值量上相等的，更是凤毛麟角。至于两大部类之间的交换，那是大量的不同的货币同商品交换的集中概括，才表现为这种形式上处于产品相互交换的地位。

对"价值补偿和物质补偿"的含义，必须根据社会再生产实现问题是产需平衡问题，理解为任何一个货币同商品的交换，都同时包含着价值补偿和物质补偿，对于卖方是实现价值补偿，对于买方是实现物质补偿。

三、社会再生产实现条件及公式

马克思在《资本论》第 2 卷第二十章，对简单再生产的实现条件作了周密的科学的论证。

首先，一方面对复杂的社会再生产因素进行适当的舍象，另一方面根据不同用途，将社会总产品划分为两大部类。即生产资料（第Ⅰ部类）产品和消费资料（第Ⅱ部类）产品；又根据产品的价值构成，将两大部类产品进一步划分为不变资本 c、可变资本 v 和剩余价值 m 三个部分。

其次，指出实现简单再生产的三大类型的交换及其内容：

（1）第Ⅱ部类内部的交换。即"第Ⅱ部类的工资和剩余价值，将在第Ⅱ部类内部同第Ⅱ部类的产品交换。"① 用公式可表示为 $Ⅱ(v+m)=Ⅱ(v+m)$。不过，这个公式的一方必须表示第Ⅱ部类生产的相当于可变资本和剩余价值部分的产品，另一方必须表示第Ⅱ部类的工资和剩余价值，即第Ⅱ部类工人

---

① 《马克思恩格斯全集》第 24 卷，第 441 页。

对工资的消费和资本家对剩余价值的消费所持有的货币，所以，用更准确的公式，应表示为$Ⅱ(v+m)[W]=Ⅱ(v+m)[G]$。通过这个交换，第Ⅱ部类生产的相当于（$v+m$）部分的产品卖给了本部类的工人和资本家，第Ⅱ部类生产支付的可变资本和剩余价值的消费，从本部类产品中得到了物质补偿。

（2）两大部类之间的交换，即第Ⅰ部类生产的相当于$Ⅰ(v+m)$部分的产品，同第Ⅱ部类生产的相当于$Ⅱc$部分的产品相交换，或$Ⅰ(v+m)=Ⅱc$。在这里，马克思把作为交换媒介的货币流通省略了。所以，这个公式包含的内容不同于$Ⅱ(v+m)[W]=Ⅱ(v+m)[G]$，它不是货币同商品交换，而是商品同商品交换。实际上，$Ⅰ(v+m)=Ⅱc$的交换，也一样要通过货币作为媒介，因而它必然包括第Ⅱ部类资本家用它销售产品所得的相当于$Ⅱc$部分的货币，购买第Ⅰ部类生产的相当于$Ⅰ(v+m)$部分的产品，和用第Ⅰ部类的工资和剩余价值购买第Ⅱ部类生产的相当于$Ⅱc$部分的产品。也就是$Ⅰ(v+m)=Ⅱc$包含两个交换内容：$Ⅰ(v+m)[W]=Ⅱc[G]$和$Ⅱc[W]=Ⅰ(v+m)[G]$。通过前者，第Ⅰ部类生产的相当于$Ⅰ(v+m)$部分的产品，卖给了第Ⅱ部类资本家，而第Ⅱ部类在生产中消费掉的生产资料，从第Ⅰ部类产品中得到了物质补偿；通过后者，第Ⅱ部类生产的相当于$Ⅱc$部分的消费资料，卖给了第Ⅰ部类的工人和资本家，而第Ⅰ部类生产支付的工资和剩余价值的消费，从第Ⅱ部类产品中得到了物质补偿。

（3）第Ⅰ部类内部的交换，即第Ⅰ部类资本家为了补偿消耗掉的生产资料，向本部类资本家购买所生产的生产资料，用公式可表示为$Ⅰc=Ⅰc$。这个公式包含的内容同$Ⅱ(v+m)=Ⅱ(v+m)$相同，它一方表示第Ⅰ部类生产的相当于$Ⅰc$的产品，另一方表示第Ⅰ部类在生产中消耗掉的生产资料转化的货币。所以用准确的公式应表示为$Ⅰc[W]=Ⅰc[G]$。通过这个交换，使第Ⅰ部类生产的相当于$Ⅰc$部分的产品得以卖出，而第Ⅰ部类在生产中消费掉的不变资本，从本部类生产中得到了物质补偿。

进而，一方面把$Ⅱc[W]=Ⅰ(v+m)[G]$和$Ⅱ(v+m)[W]=Ⅱ(v+m)[G]$，综合为$Ⅱ(c+v+m)[W]=Ⅰ(v+m)[G]+Ⅱ(v+m)[G]$，所以马克思指出："每年生产的消费资料的总价值，等于当年再生产的第Ⅱ部类的可变资本价值和新生产的第Ⅱ部类的剩余价值……，加上当年再生产的第Ⅰ部类的可变资本价值和新生产的第Ⅰ部类的剩余价值"。① 等式的一方，是消费资料的生产量；等式的另一方，是补偿两个部类的可变资本和剩余价值对消费资料的需要量。只有两方相等，生产的消费资料才能全部卖出去，同时，两个部类的工资和剩余价值对消费品的补偿需要才能全部买到。所以，这个公式可以称作消费资料实现条件公式。

另一方面把 $Ⅰc[W] = Ⅰc[G]$ 和 $Ⅰ(v+m)[W] = Ⅱc[G]$，综合为 $Ⅰ(c+v+m)[W] = Ⅰc[G] + Ⅱc[G]$，因而马克思又指出，"生产资料（Ⅰ）的总价值，等于以生产资料（Ⅰ）形式再现的不变资本价值同以消费资料（Ⅱ）形式再现的不变资本价值之和"。② 等式的一方，是生产资料的生产量；等式的另一方，是补偿两个部类生产中消耗掉的不变资本对生产资料的需要量。只有两者相等，生产的生产资料才能全部卖出去，同时两个部类消费掉的不变资本对生产资料的补偿需要才能全部买到。所以，这个公式可以称作生产资料的实现条件公式。③

郭继严认为，"马克思并未把 $Ⅰ(c+v+m) = Ⅰc + Ⅱc$ 和 $Ⅱ(c+v+m) = Ⅰ(v+m) + Ⅱ(v+m)$ 这两个公式作为简单再生产中实现社会总产品的条件"。这是因为："这两个公式并不能说明物质补偿关系，在'第二公式'即 $Ⅱ(c+v+m) = Ⅰ(v+m) + Ⅱ(v+m)$ 公式中，等式两端从实物形态来看是，第Ⅱ部类生产的全部产品同第Ⅰ部类产品中的 v+m 部分加上本部类产品中的 v+m 部分相交换。在这一等式中仅Ⅱc同Ⅰ(v+m) 的交换是物质补偿关系：而这一等式中的另一部分，即Ⅱ(v+m)，同时出现在等式两端，自身与自身'交换'，实际上是没有交换。'第二公式'并未说明（v+m）这部分产品能

① 《马克思恩格斯全集》第 24 卷，第 474 页。

② 《马克思恩格斯全集》第 24 卷，第 481 页。

③ "Ⅱ(c+v+m) = Ⅰ(v+m) + Ⅱ(v+m) 这是上述第三种交换（指两大部类之间的交换——引者）和第一种交换（指第Ⅱ部类内部的交换——引者）合起来看的实现条件，即全部第二部类产品的实现条件。""Ⅰ(c+v+m) = Ⅰc + Ⅱc，这是上述第三种交换和第二种交换（指第Ⅰ部类内部的交换——引者）合起来看的实现条件，即全部第一部类产品的实现条件。"（刘国光等：《马克思的社会再生产理论》，中国社会科学出版社 1981 年版，第 33~34 页。）

否在实物形式上得到实现。"

由于错误地把公式的两端看作是相同的内容（都是实物量或都是价值量），才会把第Ⅱ部类内部的交换，误认为"Ⅱ(v + m)，同时出现在等式两端，自身与自身'交换'，实际上是没有交换"。也才会把公式两端是不同的内容（一端是生产量即实物量，一端是需要量即价值量）这种解释，说成是不同于马克思对这两个公式的分析，但这正是马克思所要阐明的道理。这点上面已经作了说明。

马克思在《资本论》第 2 卷第二十一章阐述了扩大再生产的实现条件。但是对扩大再生产实现条件没有作文字的阐述，只是在所举的例式中加以说明。根据扩大再生产例式的说明和简单再生产实现条件的叙述，可以认为扩大再生产的实现条件也有两个：

（1）生产资料实现条件：它是每年生产的生产资料价值，等于以生产资料形式再现的不变资本价值和以消费资料形式再现的不变资本价值，加上扩大生产资料生产需要追加的不变资本价值和扩大消费资料生产需要追加的不变资本价值。用公式可表示为 $I(c + v + m) = I(c + \Delta c) + II(c + \Delta c)$。

（2）消费资料实现条件：它是每年生产的消费资料价值，等于当年再生产的第Ⅰ部类的可变资本价值和第Ⅱ部类的可变资本价值，加上扩大第Ⅰ部类生产需要追加的可变资本价值和扩大第Ⅱ部类生产需要追加的可变资本价值，加上供第Ⅰ部类资本家生活消费的那部分剩余价值和供第Ⅱ部类资本家生活消费的那部分剩余价值。用公式可以表示为 $II(c + v + m) = I\left(v + \Delta v + \dfrac{m}{x}\right) + II\left(v + \Delta v + \dfrac{m}{x}\right)$。

社会总产品划分为生产资料产品和消费资料产品。因而，具备了生产资料实现条件和消费资料实现条件，即当生产资料的生产量与需要量相互平衡，和消费资料的生产量与需要量相互平衡时，也就是社会总产品的生产量与需要量的相互平衡。表示社会总产品 W' 的每一价值部分，都会变成社会再生产的各种要素，都可以卖出去，社会再生产消耗掉的各种生产要素，以及剩余价值的消费，都可以从年产品中得到补偿。所以说，生产资料实现条件公式和消费资料实现条件公式，完整反映社会再生产的实现条件。

四、社会再生产实现条件的特点

马克思阐明的社会再生产实现条件的特点有四：

（1）实现条件所反映的产需平衡，不仅是总量的产需平衡，而且是所包括的各个品种的产需平衡。

对于马克思进一步详细分析的第 II 部类内部交换和第 I 部类内部交换，不能限于理解所阐述的交换的具体内容，应该进而认识三种类型的交换所表示的不仅是总量上的相等，而且必须是品种构成上相适应。

马克思在阐述第 II 部类的内部交换时，曾把消费资料划分为必要消费资料和奢侈消费资料两个分部类，并指出两个分部类生产的相当于（v＋m）部分的必要消费资料数量和奢侈消费资料数量，必须分别同两个分部类的工人和资本家对必要消费资料的需要量和奢侈消费资料的需要量相等，第 II 部类内部交换才能实现。

与此相适应，第 I 部类生产的相当于 I（v＋m）部分的生产资料，也必须相应分割为一定数量的生产必要消费资料的生产资料，和一定数量的生产奢侈消费资料的生产资料。第 II 部类生产的相当于 IIc 部分的消费资料，也要划分为必要消费资料和奢侈消费资料，其量要与第 I 部类的工人和资本家对必要消费资料和奢侈消费资料的需要量相等。这样，两大部类之间的交换才能实现。[①]

在阐述第 I 部类内部交换时，马克思指出："第 I 部类的每个资本家按照他作为这 4000 不变资本的共有者所占的比例，从这个商品总量中取出他所需要的相应的生产资料。"[②] 也就是第 I 部类生产的相当于 Ic 部分的各种生产资料数量，必须与第 I 部类资本家为补偿消耗的不变资本所需要的各种生产资料数量相适应，第 I 部类内部交换才能实现。

---

① 参看《马克思恩格斯全集》第 24 卷，第 449～452 页。
② 《马克思恩格斯全集》第 24 卷，第 473 页。

所以，实现社会再生产所需要的三种类型的交换，它们所表示的，不仅是总的生产量与需要量的平衡，也不仅是两个分部类产品的生产量与需要量的平衡，而且是它们所包括的各种产品的生产量与需要量的平衡。因而，由它们综合而成的生产资料实现条件和消费资料实现条件，也不仅表示它的总的生产量与需要量的平衡，而且表示它们所包括的各种产品的生产量与需要量的平衡。

（2）两个实现条件只是社会再生产的基本实现条件，因为它不反映被舍象的社会再生产因素的作用。

在建立社会再生产表式、论述社会再生产实现条件时，马克思曾经把一些社会再生产因素加以舍象。例如，他指出："在考察单个资本的产品价值时，我们讲过，固定资本因损耗而失去的价值，会转移到在损耗期间生产的商品产品中去，不管这个固定资本在此期间是否有任何部分由于这种价值转移而得到实物补偿。相反地，在这里，在考察社会总产品及其价值时，我们不得不撇开，至少是暂时撇开固定资本在当年因损耗而转移到年产品中去的那部分价值，因为这种固定资本不会在当年重新得到实物补偿。"① 还指出："资本主义生产离开对外贸易是根本不行的。……在分析年再生产的产品价值时，把对外贸易引进来，只能把问题搅乱，而对问题本身和问题的解决不会提供任何新的因素。因此，我们把它完全撇开"。②

马克思对固定资本的补偿所作的假定，也就是假定因损耗而转移到年产品中去的那部分固定资本的价值，同需要得到实物补偿的固定资本价值相等。马克思在进一步论述简单再生产的固定资本的补偿时也指出了这一点："第Ⅱ部类不变资本的这个固定组成部分，即按自己的全部价值再转化为货币。因而每年要用实物更新的固定组成部分（第Ⅰ部分），应该等于第Ⅱ部类不变资本中另一个固定组成部分的年损耗，也就是等于以旧的实物形式继续执行职能，而其损耗（即转移到所参与生产的商品中去的价值损失）先要用货币来

① 《马克思恩格斯全集》第24卷，第440页。
② 《马克思恩格斯全集》第24卷，第528~529页。

补偿的那个固定组成部分的年损耗。"①

实际上，固定资本因损耗而转移到产品中去的价值量，同需要用实物补偿的价值量，是难以相等的，特别是在扩大再生产条件下。这种不相等，使生产资料实现条件包含着不平衡的因素。以实物补偿的固定资本的实际需要数量，代替因损耗而转移其价值于产品中的固定资本价值量，才是真正的生产资料的生产量与需要量的平衡，才是消除这种不平衡因素的生产资料实现条件。同样的，如果消费资料的出口多于进口，就会减少消费资料的供应量；进口多于出口，就会增加消费资料的供应量。因而消费资料进出口不平衡，也会改变消费资料实现条件；生产资料进出口不平衡也会改变生产资料实现条件。

所以，马克思阐明的社会再生产实现条件，只是社会再生产的基本实现条件；把被舍象的社会再生产因素的作用包括在其中才是社会再生产的完全实现条件。

（3）消费资料实现条件包含着双重的平衡关系。

"资本家为使用劳动力而支付给工人的货币，实际上只是工人必要生活资料的一般等价形式。就这一点说，可变资本在物质上是由生活资料构成的。但是在这里，在我们考察周转时，问题却在于形式。资本家购买的，不是工人的生活资料，而是工人的劳动力本身。……资本家在劳动过程中生产地消费的，是劳动本身，而不是工人的生活资料。是工人自己把出卖劳动力所得的货币转化为生活资料，以便把生活资料再转化为劳动力，以维持自己的生命"。②

资本家支付可变资本，购买的是劳动力，而不是消费资料；而将资本家支付的可变资本当作货币购买消费资料的是劳动者本身。所以，消费资料实现条件，实际上包含着双重的平衡。一是劳动力的实现条件，即劳动力的供应量和需要量的平衡；二是消费资料的生产量，同工人用工资和资本家用剩

---

① 《马克思恩格斯全集》第 24 卷，第 521 页。
② 《马克思恩格斯全集》第 24 卷，第 185 页。

余价值对消费资料需要量的平衡。

（4）生产资料基本实现条件的一方是生产资料生产量，一方是补偿已经消耗的生产资料数量和追加的生产资料数量。由于补偿生产过程已经消耗的生产资料数量和追加的生产资料数量，也就是以后社会再生产消耗的生产资料数量，因而，在社会再生产连续过程中，上一周期的第Ⅰ部类产品量，同下一周期的两大部类生产对生产资料的消耗量，也就是生产资料需要量，总是相等的。这在马克思所举的所有扩大再生产例式中都可以明显地看出。如第一例：第二年生产资料消耗量，第Ⅰ部类为4400，第Ⅱ部类为1600，总共6000。与第一年第Ⅰ部类产品量相等；第三年生产资料消耗量，第Ⅰ部类为4840，第Ⅱ部类为1760，总共6600，与第二年第Ⅰ部类产品量相等。第二例：第二年生产资料消耗量，第Ⅰ部类为5417，第Ⅱ部类为1583，总共7000，与第一年第Ⅰ部类产品量相等。[①]

五、正确认识 Ⅰ (v + m) = Ⅱc

Ⅰ(v + m) = Ⅱc 是马克思指出的"研究简单再生产基础上的各种必要的交换"[②] 的三大要点之一，它反映两大部类之间的交换，只具备这一条件，当然不能保证简单再生产的实现。不然，马克思就不会同时提出实现简单再生产的三大要点的交换。

Ⅰ(v + m) = Ⅱc 所以被认为是简单再生产的实现条件，是因为被误认为

---

① 参看《马克思恩格斯全集》第 24 卷，第 576～588 页。

一些论著在运用连续性社会再生产表式论述某些论题时，有的忽略了这一点。鲁济典在《生产资料生产优先增长是一个客观规律吗？》（《经济研究》1979 年第 11 期）一文中，为论述两大部类积累率相同的条件下，社会再生产可能出现的情况，在马克思建立的表式即

$$\begin{cases} Ⅰ\ 4000c + 1000v + 1000m = 6000 \\ Ⅱ\ 1500c + 750v + 750m = 3000 \end{cases}$$

基础上，列出下一年社会再生产表达式：

$$\begin{cases} Ⅰ\ 4228c + 1057c + 1057m = 6342 \\ Ⅱ\ 1642c + 822v + 822m = 3286 \end{cases}$$

这里 4228 + 1642 ≠ 6000。这说明第一年生产资料产品得不到完全的实现，也说明第二年社会再生产也是不合理的。以之论证所述论题，显然不够充分有力。

② 《马克思恩格斯全集》第 24 卷，第 441 页。

它可以引申出 Ⅰ（c＋v＋m）＝Ⅰc＋Ⅱc 和 Ⅱ（c＋v＋m）＝Ⅰ（v＋m）＋Ⅱ（v＋m）。其实，无论从理论上还是从实践上，都不可能作出这种引申。

从 Ⅰ（v＋m）＝Ⅱc，要引申出 Ⅰ（c＋v＋m）＝Ⅰc＋Ⅱc，好像只在公式两端随意加上Ⅰc 就可以了。其实，加上的是Ⅰc＝Ⅰc，它不是没有内容的东西，而是代表第Ⅰ部类内部的交换；要引申出Ⅱ（c＋v＋m）＝Ⅰ（v＋m）＋Ⅱ（v＋m），同样要加上代表第Ⅱ部类内部交换的Ⅱ（v＋m）＝Ⅱ（v＋m）。

从量上看，Ⅰc＝Ⅰc 要反映第Ⅰ部类内部交换的量，Ⅰ（v＋m）＝Ⅱc 反映两大部类之间交换的量。那么，要从 Ⅰ（v＋m）＝Ⅱc 引申出 Ⅰ（c＋v＋m）＝Ⅰc＋Ⅱc 就一定要明确Ⅰc＝Ⅰc 所反映的量。可是Ⅰc 所代表的量不是随意出现的，而是受一定的社会再生产条件制约的。假设，代表不同的社会再生产条件的两个简单再生产表式如下：

$$（a）\begin{cases} Ⅰ\,4000c＋1000v＋1000m＝6000 \\ Ⅱ\,2000c＋500v＋500m＝3000 \end{cases}$$

$$（b）\begin{cases} Ⅰ\,3000c＋1000v＋1000m＝5000 \\ Ⅱ\,2000c＋666\frac{2}{3}v＋666\frac{2}{3}m＝3333\frac{1}{3} \end{cases}$$

在这两个表式里，Ⅰ（v＋m）都是 1000＋1000，Ⅱc 也都是 2000。要在 1000 Ⅰv＋1000 Ⅰm＝2000 Ⅱc 这个条件。引申出反映特定的生产资料基本实现条件，必须明确第Ⅰ部类生产消费掉的不变资本数量；或是明确第Ⅰ部类生产的不变资本同可变资本的比例：只有已经明确第Ⅰ部类生产的不变资本同可变资本的比例为 3∶1 时，才会引申出（b）式的生产资料基本实现条件。同样的，要在 Ⅰ（v＋m）＝Ⅱc 这个条件上，引申出反映特定的消费资料基本实现条件，必须明确第Ⅱ部类生产的不变资本同可变资本的比例以及剩余价值率。

所以，要从 Ⅰ（v＋m）＝Ⅱc 引申出生产资料基本实现条件或消费资料基本实现条件，就要明确相当的社会再生产条件；否则，引申的结果将与实际情况相背离。但是 Ⅰ（v＋m）＝Ⅱc 公式本身，并不包含这些社会再生产条件，因而从量上，Ⅰ（v＋m）＝Ⅱc 不可能引申出Ⅰ（c＋v＋m）＝Ⅰc＋Ⅱc 和 Ⅱ（c＋v＋

m) = Ⅰ(v + m) + Ⅱ(v + m)。

　　Ⅰc = Ⅰc，不仅表示第Ⅰ部类内部交换的量，而且表示第Ⅰ部类内部交换在品种构成上是适应的。从品种构成上说，Ⅰc = Ⅰc反映第Ⅰ部类生产的作为生产生产资料的各种产品的生产量与需要量的平衡；Ⅰ(v + m) = Ⅱc反映第Ⅰ部类生产的作为生产消费资料的各种产品的生产量与需要量的平衡，以及第Ⅱ部类生产的相当于Ⅱc部分的各种产品的生产量与需要量的平衡。事实上，两大部类之间和第Ⅰ部类内部，在需要量的品种构成上，其变化原因大不相同。因而要把两大部类之间交换在品种构成上是否适应，同第Ⅰ部类内部交换在品种构成上是否适应绝对地联系起来，是不可能的。所以，从品种构成上说，Ⅰ(v + m) = Ⅱc也不可能引申出Ⅰ(c + v + m) = Ⅰc + Ⅱc和Ⅱ(c + v + m) = Ⅰ(v + m) + Ⅱ(v + m)。

　　即使在理论上假定Ⅰ(v + m) = Ⅱc可以引申出Ⅰ(c + v + m) = Ⅰc + Ⅱc和Ⅱ(c + v + m) = Ⅰ(v + m) + Ⅱ(v + m)，这个结论在社会再生产实践上也不能发挥作用。Ⅰ(v + m) = Ⅱc，其中包含第Ⅰ部类工人和资本家购买消费资料这种交换。我们知道，在市场上，第Ⅰ部类工人和资本家购买消费资料的交换，同第Ⅱ部类工人和资本家购买消费资料的交换，是混在一起、无法区分的。因而第Ⅰ部类工人和资本家购买消费资料这个交换是否实现，在社会经济统计中无法直接获得。而且，当消费资料的生产量同需要量不平衡时，也不能肯定它是与第Ⅰ部类交换部分不平衡，还是本部类内部交换部分不平衡。所以，只有在Ⅱ(c + v + m) = Ⅰ(v + m) + Ⅱ(v + m)时，才能间接确定Ⅱc[W] = Ⅰ(v + m)[G]的实现。在社会再生产实践中，无法直接获得Ⅰ(v + m) = Ⅱc，又如何据以引申出Ⅱ(c + v + m) = Ⅰ(v + m) + Ⅱ(v + m)呢？

　　Ⅰ(v + m) = Ⅱc，也不要作为简单再生产实现条件的附属条件。虽然在简单再生产过程中，不能违背Ⅰ(v + m) = Ⅱc条件，但是Ⅰ(c + v + m) = Ⅰc + Ⅱc和Ⅱ(c + v + m) = Ⅰ(v + m) + Ⅱ(v + m)这两个实现条件公式，已经包含了Ⅰ(v + m) = Ⅱc所代表的交换内容。所以把Ⅰ(v + m) = Ⅱc作为简单再生产实现条件之一，显然是多余的。而且，实现简单再生产所必须遵守的局部条件，不止 $I(v+m)=IIc$ 这一个；当消费资料生产划分为必要生活资料和奢侈生活资料两个分部类时，两个分部类之间的交换条件，即 $(IIb)v+(IIb)m$（必要）$=(IIa)m$（奢侈），也是局部的交换条件，两大部类之间交换相应划分为两个部分，即 $(IIa)c=I(v+m)$（必要），$(IIb)c=I(v+m)$（奢侈），也都是局部的交换条件。其实，$Ic=Ic$ 和 $II(v+m)=II(v+m)$ 也都是局部的交换条件。如果把这些局部的交换条件，全部列为简单再生产的实现条件，谁都会认为是多余的。

六、"四个实现条件"不能保证简单再生产的实现

郭继严认为："马克思阐明的实现社会总产品的基本条件有如下四个：

第一，第 I 部类产品中 $(v+m)$ 部分和第 II 部类产品中 c 这一部分的实现条件是 $I(v+m)=IIc$。……

第二，……第 II 部类 $(v+m)$ 的实现条件是：$(IIb)v+\dfrac{(IIb)m}{x}=\dfrac{(IIa)m}{x}$，……

第三，第 I 部类 c 这部分产品的实现条件是，在本部类内部各生产部门之间相互交换的产品在价值量和实物形式上要相互平衡。……

第四，补偿第 II 部类固定资本的产品的实现条件是：$IIc(1)=IIc(2)$。"

这四个实现条件，不能全面反映简单再生产的实现条件，也不尽符合马克思关于简单再生产实现问题的论述。

（1）我们知道，马克思对简单再生产实现条件的阐述，是在对社会再生产一些因素作了舍象后进行的。马克思在社会再生产理论的阐述中，究竟舍象了哪些因素，从一些论著看，观点还大不相同。① 被舍象的因素有一个是，固定资本的特殊周转产生的固定资本的实现问题。马克思直接指明的被舍象

---

① 参看董辅礽：《社会主义再生产和国民收入问题》，三联书店 1980 年版，第 3~6 页；章奇顺：《论马克思舍象了的十个社会再生产理论问题的现实意义》，载于《南京大学学报》1982 年第 2 期；罗季荣：《马克思社会再生产理论》，人民出版社 1982 年版，第 29~35 页。

的因素，当然不仅仅是固定资本的实现问题。如果要把第Ⅱ部类固定资本的实现条件作为社会再生产实现条件之一，那就意味着要取消对社会再生产实现条件所作的舍象。这样，除了把固定资本的实现条件作为社会再生产实现条件之一以外，也必须把其他被舍象的因素对实现简单再生产的作用，列为实现条件的组成内容。不然，即使固定资本的实现条件存在，也会因为其他被舍象因素的作用条件的破坏而使简单再生产得不到实现。

此外，既然认为第Ⅱ部类固定资本的实现条件，也适用于第Ⅰ部类的固定资本，那么作为实现条件内容之一的固定资本的实现条件，必须是全面反映第Ⅰ部类和第Ⅱ部类固定资本的实现条件，或是第Ⅰ部类固定资本的实现条件和第Ⅱ部类固定资本的实现条件并列，而不能单是第Ⅱ部类固定资本的实现条件：

（2）"$(Ⅱb)v + \dfrac{(Ⅱb)m}{x} = \dfrac{(Ⅱa)m}{x}$"不能全面反映第Ⅱ部类的内部交换。它只是反映马克思指出的"在（Ⅱa）400m 中，以必要生活资料形式存在的100，和以奢侈品形式存在的等额的（Ⅱb）v 相交换，此外，以必要生活资料形式存在的60，和以奢侈品形式存在的（Ⅱb）60m 相交换"[①] 这个内容。但是，当消费资料划分为必要消费资料和奢侈消费资料两个分部类时，第Ⅱ部类内部的交换，不仅只是两个分部类之间的交换，还有Ⅱa 分部类内部的交换，即"在Ⅱa，通过资本家和他们自己的工人的交换，已经有400v 又以货币形式存在于资本家手中"，和"分部类Ⅱa 的资本家以其剩余价值收入400m 的$\dfrac{3}{5}$，就是说240，用于他们自己的产品即必要生活资料"。还有Ⅱb 分部类内部的交换，即"分部类Ⅱb 的资本家也按同样的比例，来分配他们的剩余价值 = 100m，以$\dfrac{3}{5}$ = 60m 用于必要生活资料，以$\dfrac{2}{5}$ = 40m 用于奢侈品。后者是在他们自己的分部类内部生产和交换的"。[②]

---

① 《马克思恩格斯全集》第24卷，第450页。
② 《马克思恩格斯全集》第24卷，第449页。

因而可以看到，当第 II 部类生产分成 II a 和 II b 两个分部类后，第 II 部类内部的交换，也有三种类型：II a 分部类内部的交换，II a 和 II b 两个分部类之间的交换，II b 分部类内部的交换。"$(IIb)v + \dfrac{(IIb)m}{x} = \dfrac{(IIa)m}{x}$，" 反映两个分部类之间的交换能够实现，但能否以它的实现推论两个分部类内部的交换也能实现呢？这是不可能的。不然，$I(v+m) = IIc$ 这个说明两大部类之间的交换能够实现的公式，即可推论第 II 部类内部的交换也能够实现了，也无须列出 "$(IIb)v + \dfrac{(IIb)m}{x} = \dfrac{(IIa)m}{x}$" 这个实现条件了。所以，"$(IIb)v + \dfrac{(IIb)m}{x} = \dfrac{(IIa)m}{x}$ '是不能表现' 第 II 部类（v + m）的实现条件" 的。

（3）郭继严在文章中提出 "第 I 部类 c 这部分产品的实现条件是，在本部类内部各生产部门之间相互交换的产品在价值量和实物形式上要相互平衡" 之后，接着认为他表述的条件，"用马克思的话来说就是：'第 I 部类的每个资本家按照他作为这 4000 不变资本的共有者所占的比例，从这个商品总量中取出他所需要的相应的生产资料'"。其实，郭文所表述的第 I 部类内部的实现条件，同马克思所阐明的第 I 部类内部的实现条件，是大不相同的。其一，马克思阐明的实现条件，包括重新进入自己生产部门的产品和不再直接进入自己生产部门的产品；而郭表述的实现条件不能包括重新进入自己生产部门的产品，因为这部分产品没有同 "在价值量和实物形式上要相互平衡" 的其他产品相互交换。其二，对 "在价值量和实物形式上要相互平衡" 的 "各部门之间相互交换的产品"，根据郭文所述："这种交换是一种实物形式的不变资本和另一种实物形式的不变资本的交换，是一种生产资料与另一种生产资料的交换。" 它不能包括交叉补偿的产品，即用甲产品补偿生产乙产品，用乙产品补偿生产丙产品，再用丙产品补偿生产甲产品。而马克思阐明的实现条件也包括这些交叉补偿的产品，所以，郭文表述的第 I 部类内部的实现条件，也不能全面反映第 I 部类内部的交换。

总之，即使具备四个实现条件，社会再生产也并不一定会得到实现。

由于错误地把实现问题理解为产品在价值量和实物形式上能够互相交换，从而否定两大部类内部的交换，否定两个分部类内部的交换，否定重新进入自己的生产部门的产品的补偿，都是实现社会总产品所需要的交换的一部分，因而提出的简单再生产的实现条件，只能是残缺不全的，而且，固定资本的实现条件 II c(1) = II c(2)，不是产品之间的交换，不符合所谓实现必须是产品能够互相交换。

其实，对社会再生产实现问题的理解，不能停留在能够实现交换这个假定上，还应该看到产生交换的基础是生产与需要的统一。一方面有生产，一方面有需要，才会出现交换。在社会再生产中，一方面有一定数量的补偿消耗掉的生产资料的需要，另一方面有一定数量的生产资料的生产；一方面有工人和资本家对一定数量消费资料的需要，另一方面有一定数量的消费资料的生产，才会有种种不同的交换。交换只是社会再生产实现的手段，而社会总产品的生产量与需要量的平衡，才是社会再生产实现的基础。

（原文发表于《中国社会科学》1985 年第 3 期）

国民经济三大部类结构演化规律

——马克思的社会再生产理论继承与创新

郑志国[*]

马克思的社会再生产理论把社会总产品及其生产部门分为两大部类，生产资料及其生产部门为第一部类，消费资料及其生产部门为第二部类，在此基础上研究了简单再生产和扩大再生产，分析了两大部类实物补偿和价值补偿的条件，揭示了生产、消费和积累之间的内在联系。作为马克思主义政治经济学的重要内容，社会再生产理论对指导我国经济结构调整具有重要现实意义，同时也需要根据现代社会生产实践来创新和发展。事实上，国内外一些学者在马克思的两大部类划分基础之上探讨了三大部类划分问题，把包括知识、技能和各种服务在内的非物质资料及其生产部门称为第三部类。[①] 本文拟应用国内外有关统计数据，分析国民经济三大部类结构演化规律，力求在坚持和继承马克思的社会再生产理论基础上有所创新。

一、人类对各种产品的需要与三大部类的形成

人类生存和发展必然产生对各种社会产品（含服务）的需要，这是社会生产发展的内在动力。对一个国家来说，社会总需要由社会成员对各种产品的需要构成，社会总产品和社会总生产必须在规模结构等方面同社会总需要保持一致。从世界范围来看，国民经济的部类结构是由人类对社会产品的需要和生产力水平决定的。

---

  * 郑志国：广东省委党校中国特色社会主义研究所教授。

① 关于国内外学者对三大部类划分的研究现状，笔者在其他文章中做了介绍和分析，本文不再综述，以免重复。参见郑志国：《社会生产三大部类划分与经济结构调整》，载于《当代经济研究》2013 年第 10 期。

（一）人类对各种产品的需要

在不同历史条件下，人类对各种社会产品的需要强度和依赖程度有差异，大体可以把各种需要分为三种类型。

（1）对食物、衣服、住房和用品等消费资料的需要。现代社会的消费资料品种数以百万计，就其满足人类生活需要的基本用途而言可以用五个字概括：吃喝住穿用。各种食物、饮料、服装和住房主要是用于满足人们的物质需要，在质量和数量方面多少也能满足某种精神文化需要；用品一部分主要满足物质需要，包括餐具、家具、卫生用品和交通工具等，另一部分主要满足精神文化需要，包括电脑、电视机、手机等。从总体上看，消费资料在人类生存和发展中发挥最直接的作用。

（2）对工具、土地、能源和原材料等生产资料的需要。人类劳动产品或经过人类劳动改造过的自然资源被用于生产其他产品，称为生产资料，包括各种工具、机器设备、土地、厂房、能源和原材料等。当某些生活用品被用来生产其他产品时，也具有生产资料性质。生产资料不仅构成从事社会生产的基本物质条件，而且其所有制关系决定人们在社会中的地位。人类对生产资料的需要在很大程度上是由对消费资料的需要引发出来的，目的在于更有效地利用各种资源，生产更多更好的消费资料和其他产品。

（3）对知识、技能和各种服务等非物质资料的需要。人类为了生存和发展，必须不断认识、改造和利用自然，由此形成各种知识和技能。掌握和运用这些知识，不断提高劳动技能，能够更好地从事生产活动，从而更好地生活。人类通过教育活动把知识和技能不断传授给后代，逐步形成了专门生产、传授知识和培养劳动技能的部门或行业。人类生存和发展还需要安全的环境，躲避自然灾害，抵御敌人侵袭；还需要健康的体魄，能够防治各种疾病；还需要交通运输和各种商业服务、公共服务；还需要从事各种娱乐活动，等等。这些服务都可以纳入非物质资料范畴。

包括生产资料和消费资料在内的物质资料大都是实物产品，具有可检测的物理化学生物等方面的特征，依靠其物质技术性能来满足生活或生产需要；知识、技能和各种服务通常不是实物产品，或者虽然以一定的实物为载体，但是其使用价值主要不在于这种实物的物质技术性能如何，而在于借助这些实物发挥作用的知识、技能和服务的社会经济功能，因此把这些知识、技能和服务统称为非物质资料。① 人类对有关生存的基本知识和技能的依赖程度很高，但是那些近乎本能的知识和技能还不属于社会产品，只有在一定社会分工体系中产生的知识和经过社会专门教育培养而形成的能力才具有社会产品属性。人类生存对非物质资料的依赖程度总体上低于对消费资料和生产资料的依赖程度；只有当消费资料和生产资料生产发展到一定水平，才有条件发展非物质资料生产。随着现代社会不断进步，人类对知识、技能和各种服务的依赖程度日益提高。

（二）三大部类的形成

在原始社会后期就已经初步形成了第一、第二部类，第三部类也有了萌芽；经过奴隶社会、封建社会和资本主义社会，逐步形成了完整的三大部类结构。任何一个部类都包含多种产品及其生产部门或行业，判断一个部类是否在社会经济发展的某个历史阶段上形成，主要看社会范围内是否有专门生产该部类产品的部门或行业。

大约在 400 万年前，某些猿类或灵长类动物学会了打造和使用石器（旧石器），从而进化为原始人。② 作为生产工具的石器和棍棒是最早的生产资料，这时原始人获得的食物有一部分不再是纯天然物品，而在一定程度上是生产劳动的产物。用石器和棍棒从地下挖出的植物根茎、使用这些工具集体狩猎而获得的肉食，都带有社会产品的性质。如果说原始人学会制造工具是第一部类的萌芽，那么利用这些工具去采集和狩猎则可以视为第二部类的生产活动。旧石器时代后期已经有采集与狩猎或捕鱼之间的分工，但是还没有专门的生产资料生产活动。大约在 15000 年前，一些原始部落进入新石器时代。③

---

① 哲学意义上的物质范畴是指客观实在，经济学意义上的物质资料和非物质资料都属于社会产品，二者同样具有客观实在性。

② ［美］斯塔夫里阿诺斯：《全球通史》（上），吴象婴等译，北京大学出版社 2005 年版，第 4~7 页。

③ 马世力主编：《世界史纲》（上册），上海人民出版社 1999 年版，第 23 页。

后来有了专门用于耕作、狩猎的工具，土地被开垦出来用于种植，成为固定的生产资料。公元前 10000 年左右，人类学会了制造陶器，部分当作生活用品，部分当作生产资料。公元前 6000 年左右，人类掌握了开采和冶炼金属铜的技术，并用来制造工具。原始制陶业、冶金业和带有一定专业性的生产工具制造业可以视为第一部类雏形。① 第一部类的每一点发展都能直接促进第二部类发展，而第二部类的发展则带来更多的剩余产品，从而为更多的人专门从事生产资料生产创造了条件。新石器后期以种植养殖为主要生产内容的农业出现，标志着人类社会从采集和狩猎经济过渡到农耕经济，后来又出现了农业和手工业的分工。种养业和手工业的形成，使人类得到食物、衣着和用品的相对稳定的供给，居住条件也大大改善，这标志着消费资料部类即第二部类的形成。相比之下，第一部类虽然也有雏形，但是发育程度低于第二部类。两大部类经过奴隶社会的发展，到封建社会已经比较完整。

既然人类生存对消费资料的依赖强于对生产资料的依赖，消费资料生产作为一个部类更早育成熟，那么能否改变两大部类次序，把消费资料及其生产称为第一部类，把生产资料及其生产称为第二部类呢？回答是否定的。人类从猿进化出来的基本标志是学会制造和使用生产工具等劳动资料，这是人类第一个社会形态即原始社会形成的起点。虽然消费资料在人类生存和发展中发挥最直接的作用，但是只有当人类学会制造和使用工具后，获取消费资料的活动才从社会范围内成为生产活动（在此之前属于动物本能）。因此，马克思把生产资料和消费资料及其生产分别称为第一、第二部类是有特定科学依据的，应当坚持和继承。

同第一、第二部类相比，第三部类的萌芽和形成晚得多。在原始社会后期，出现了农业、手工业与商业的分工，一些地方形成相对稳定的集市，有人专门从事商业活动。大约在公元前 3000 年前后，人类发明了用牛马拉动的车辆，道路被拓宽，牛马驮运、人力搬运和车船装运等专业运输活动陆续出

---

① ［美］杰里·本特利、赫伯特·齐格勒：《新全球史》（上），魏凤莲等译，北京大学出版社 2007 年版，第 24～26 页。

现，这是第三部类的萌芽。奴隶社会的雅典、罗马等地方的城邦，有了在当时比较繁华的商业区，一些商业服务也发展起来。据此可以认为，第三部类从新石器后期开始萌芽和生长，到奴隶社会的一些古代文明比较发达的国家和地区基本形成。知识生产、技能培训等行业的产业化较晚，直到资本主义社会才形成比较完整的第三部类。

二、现代国民经济中的非物质资料与第三部类

近代及其以前的人类经济活动以获取物质资料为主，非物质资料所占比重较小，可以不视为一个独立的部类，两大部类划分大体反映了当时的社会生产结构。但是现代国民经济中的非物质资料所占比重充分大，把它列为第三部类是必要的。

（一）现代国民经济中的总产品或总产出中的非物质资料及其生产行业

对一个国家或地区来说，社会总产品是全体从业人员在一定时间内比如一年生产的所有产品和服务，包括各种物质资料和非物质资料，这是三大部类划分的产品对象。其中非物质资料大体分为四种类型：（1）知识，包括科技产品、信息产品，具体内容主要是各种新思想、新观点、新技术、新方法、新信息，其物质载体和传播媒介主要是实验样品、模型、书刊（论文、著作）、报章、电视广播节目、网络信息、学术报告等；（2）人才技能，表现为经过教育培训所形成的劳动能力；（3）服务或劳务，通常以活劳动形式提供，包括交通运输服务、商业服务、金融服务、健康服务等；（4）艺术和体育表演活动，主要用于满足人们的精神需要。艺术产品过去部分划入消费资料，部分划入服务，但是它同一般物质产品相比具有非物质资料特征。

社会总生产是一个国家或地区所有产业或行业的生产活动，包括各种物质资料和非物质资料生产活动。农业、制造业和建筑业等行业属于物质资料生产部门；交通运输、邮电通信、商业、金融保险等服务业和科学技术、教育、文化艺术、新闻出版、医疗卫生则属于非物质资料生产部门。在传统政治经济学中没有三大部类划分，交通运输等行业列入物质生产部门，但是就

其服务性特点来看列入非物质生产部门更为恰当。这些部门是三大部类划分的产业对象。

现代国民经济各行各业的生产活动紧密交织在一起，产品和产业分类标准不同，有些行业生产单一产品，有些行业则生产多种产品，产品与行业并非一一对应。有的行业生产属于不同部类的产品，有的产品则由多种行业来生产。尽管如此，各种产品的最终用途毕竟是有差异的，可以首先按产品实际用途进行分类，进而对各种产品的生产活动进行相应划分。例如，农业生产的粮棉油菜果和肉禽蛋奶鱼绝大部分都是直接供人们消费的，从这些产品的产供销完整过程来看，应当属于消费资料，因此从总体上可以把农业划入第二部类。当然，少数农产品作为工业原材料使用，可以按相应比例划入第一部类。又如，采掘业中的煤炭大部分是作为能源和化工原料使用，少部分是作为燃料用于满足人们的生活需要，可以按两种用途销量的比例分别计入第一二部类。

（二）部分国家的物质资料和非物质资料结构

表1反映了2001～2014年中国社会总产品中物质资料和非物质资料结构。其中物质资料占国内生产总值的比重由2001年的65.31%下降为2014年的59.94%，非物质资料由34.69%上升为40.06%。虽然社会总产品绝大部分是物质资料，但是非物质资料毕竟占1/3以上，比重逐步上升。另外，2014年全国就业人数为77253万人，其中从事非物质资料生产的就业人数为30672.8万人，占全国就业人数的39.7%，[1] 与产出占比相近。

表1　2001～2014年中国社会总产品中物质资料和非物质资料及其占比变化

年份	国内生产总值（亿元）	物质资料（亿元）	非物质资料（亿元）	物质资料占比（%）	非物质资料占比（%）
2001	110657.4	72265.4	38392.0	65.31	34.69
2002	121576.8	78459.0	43117.8	64.53	35.47

---

① 《中国统计年鉴（2015）》表4-1、表4-4，中国统计出版社2015年版。

年份	国内生产总值（亿元）	物质资料（亿元）	非物质资料（亿元）	物质资料占比（％）	非物质资料占比（％）
2003	137457.3	89280.5	48176.8	64.95	35.05
2004	161616.4	106172.5	55443.9	65.69	34.31
2005	187767.2	123514.4	64252.8	65.78	34.22
2006	219424.6	143407.6	76017.0	65.36	34.64
2007	269486.4	173753.3	95733.1	64.48	35.52
2008	315974.6	201422.5	114552.1	63.75	36.25
2009	348775.1	221073.9	127701.2	63.39	36.61
2010	402816.5	253355.0	149461.5	62.90	37.10
2011	472619.2	294772.3	177846.9	62.37	37.63
2012	529399.2	327154.4	202244.8	61.80	38.20
2013	586673.0	357001.9	229671.1	60.85	39.15
2014	640696.9	384024.1	256672.8	59.94	40.06

资料来源：中华人民共和国国家统计局：《中国统计年鉴（2015）》国民经济核算，表3-6、表3-13，中国统计出版社2015年版。

表2反映了部分国家物质资料和非物质资料生产部门的就业结构，其中美国等发达国家从事非物质资料生产的人数占全部就业人员的60%左右，伊朗和印度尼西亚等发展中国家也占40%左右。非物质资料的比重如此之大，在现代国民经济结构中的地位显然是不可忽视的。

表2　　　　　　　部分国家物质资料和非物质资料部门的就业结构

国家	年份	总就业人数（万人）	物质资料生产（万人）	非物质资料生产（万人）	物质资料占比（％）	非物质资料占比（％）
美国	2005	14175.8	5821.4	8354.4	41.07	58.93
德国	2011	3973.7	1370.9	2602.8	34.50	65.50
法国	2011	2577.8	851.5	1726.3	33.03	66.97

国家	年份	总就业人数（万人）	物质资料生产（万人）	非物质资料生产（万人）	物质资料占比（%）	非物质资料占比（%）
意大利	2011	2296.7	876.8	1419.9	38.18	61.82
加拿大	2010	1704.1	711.0	993.1	41.72	58.28
西班牙	2011	1810.5	620.1	1190.4	34.25	65.75
俄罗斯	2010	6980.4	3067.3	3913.1	43.94	56.06
巴西	2009	9268.9	4605.1	4663.8	49.68	50.32
伊朗	2010	2065.7	1153.5	912.2	55.84	44.16
印度尼西亚	2010	10820.8	6730.4	4090.4	62.20	37.80

资料来源：中华人民共和国国家统计局编：《2014 国际统计年鉴》，第 108～125 页，中国统计出版社 2014 年版。

（三）将非物质资料列为第三部类的必要性

虽然非物质资料归根到底也是用于生产和生活，但是除非改变第一、第二部类内涵和外延，否则不可能把各种非物质资料直接划入第一、第二两大部类。

设想以社会总产品的不同用途为标准，将用于生产消费和生活消费的非物质资料分别计入第一部类和第二部类，即第一部类包括供生产消费的各种物质资料和非物质资料，第二部类包括供生活消费的各种物质资料和非物质资料。这种划分可以囊括全部社会产品，但是未能坚持马克思以物质资料为对象所做的两大部类划分，实际上改变了两大部类内涵和外延。如果以物质资料和非物质资料的划分为基础，将物质资料及其生产部门称为第一部类，将非物质资料及其生产部门称为第二部类，则无异于否定马克思的两大部类划分，实不可取。对物质资料生产来讲，两大部类的划分是严谨而适用的，有它特定的存在价值和现实意义，不宜改变。

为了既继承马克思关于两大部类的划分，又在此基础上进行创新，全面反映现代国民经济结构，所以引入第三部类概念。三大部类划分统筹考虑社会总产品和社会总生产的物质形态、用途差别，按照产品、产业和社会需要的内在联系来进行分类，有利于根据社会产品同社会需要相适应的程度来判断国民经济结构是否合理；三大部类划分坚持以产品用途和物质形态差异为划分标准，这种标准任何时候都不会过时，不论将来出现多少新产品和新产业，都可以划入三大部类中的某个部类；三大部类的划分拓展了马克思对两大部类的划分，全面反映了社会产品和生产结构，有利于坚持、发展和应用马克思主义政治经济学，指导经济发展实践。

三、三大部类的行业构成和产品价值

三大部类在历史上不是一次形成的，在逻辑上也不是一次划分的结果，而是在马克思的两大部类划分基础上通过增加第三部类所形成的序列，历史和逻辑是统一的。同两大部类相比，三大部类的层次结构更加复杂，产品价值构成也有所不同，需要以创新思维加以探讨。

（一）三大部类的行业构成

现代国民经济体系具有多层次结构，各行各业分工日趋精细，每个部类都包含许多行业。第一部类主要有采掘、冶金、装备制造、能源、化工、工业用电和建筑、农用生产资料等行业；第二部类主要有粮棉油菜果种植和肉禽蛋奶鱼生产、餐饮、住宿、纺织服装、生活供水供电、日用工业品和住宅建设等行业；第三部类主要有交通运输、邮电通信、商业、金融保险等服务业和科学技术、教育、文化艺术、新闻出版、医疗卫生、体育等行业。国家机关提供公共服务，可以划入第三部类。有些行业同时提供多种产品，在定量分析时可以按这些行业产品比例分别计入不同部类。由于第三部类包含的行业多，根据特定需要可以进行某些次级划分，但是从理论上对国民经济基本结构的划分不是越细越好，各种技术性、知识性、艺术性产品和服务都具有非物质资料特征，归为第三部类，同第一、第二部类一起并称三大部类，具有结构简明的特点，有利于研究和揭示国民经济结构演化规律。

三大部类划分标准综合考虑了社会总产品的物质特征和用途差异，分两个步骤和层次划分：首先以物质形态差异为标准把社会总产品分为物质资料和非物质资料，然后以产品用途差异为标准把物质资料分为生产资料和消费资料，分别称为第一、第二部类；非物质资料则不进行次级划分，统称为第三部类。这样把采用不同标准进行两个层次划分的结果排列为第一、第二、第三部类，既涵盖了社会所有产品及其生产，又突出了特定层次，在经济学研究中是可取的。在科学文献中，有时为了既反映某种事物的全体对象，又突出其特定层次，允许把用不同标准划分的结果排列为一个序列，不严格遵循形式逻辑关于划分根据要同一的规则。① 当然，如果把社会总产品中的生产资料、消费资料分别称为第一、第二部类，剩余部分称为第三部类，则符合形式逻辑规则。

（二）三大部类与三次产业的行业构成异同

为了借助三次产业统计数据来估算三大部类产出，需要分清三大部类与三次产业的行业构成异同。两种划分对行业的归类标准不同，有部分行业交叉。从产品属性看，第一部类的多数产品出自第二产业，少数出自第一产业；第二部类的产品部分出自第一产业，部分出自第二产业；第三部类中的产品绝大部分出自第三产业，少部分出自第二产业。从行业属性看，第一部类多数行业属于第二产业，少数行业属于第一产业；第二部类各行业大部分属于第一、第二产业，少量属于第三产业；第三部类和第三产业的大部分行业相同，但是在外延上也有差别。例如，按照中国现行产业分类，第三产业包括交通运输和邮政业、批发和零售业、住宿和餐饮业、金融业、房地产业、科学研究和技术服务业、教育卫生文化体育娱乐业、公共管理等。这些行业大部分属于第三部类，但是有几个行业属于第二部类：住宿业是以客房出租方式给消费者提供住房，满足消费者居住需要，住房作为消费品应当列入第二

---

① 例如，生物学对各种生物的分类有"五界系统"之说，将全部生物分为原核生物和真核生物两大类，其中原核生物为一界，真核生物分为四界，即原生生物界、真菌界、植物界、动物界，这四界同原核生物并列为五界。

部类；餐饮业是给消费者提供熟食和其他食品及相关服务，基本产品是食物，也应当列入第二部类；房地产业的主要产品是城乡居民住宅，总体上可以列入第二部类。

（三）三大部类产品的价值构成

三大部类的产品用于多个层次交换，包括各部类内部交换、各部类之间的交换、各部类与国内消费者之间的交换、各部类的国际交换。显然，各部类是紧密联系的，彼此必须保持适当比例，才能全面协调发展。三大部类产品在交换中形成各自的价格，实现各自的价值，从而可以用价值指标进行统计核算。

按照马克思的分析，两大部类的产品价值由生产资料价值 C、劳动力价值 V 和剩余价值 M 构成，即 C + V + M。现代国民经济中的产品价值依然包含这三个部分，但是因为第三部类产品独立存在于生产资料和消费资料之外，所以需要在 C + V + M 基础上增加反映某些非物质资料消耗的项目。例如，企业购买技术专利和各种生产性服务的费用属于第三部类产品消耗，计入生产资料消耗和劳动力消耗都不是很确切，应当作为一个独立的价值构成项目。劳动力本来属于非物质资料，但是马克思用 V 表示劳动力价值，为了既突出这个项目，又避免重复，用字母 U 表示除劳动力价值以外的非物质资料消耗价值，则三大部类中的产品价值构成可用下列公式表示：

$$W = C + V + U + M \tag{1}$$

式中 W 表示三大部类中的产品价值，C 表示物质资料即生产资料消耗，V + U 表示劳动力和其他非物质资料消耗，M 表示剩余价值。

（四）三大部类产出的统计方法

三大部类的产品都是经济社会发展成果，各部类产出可以从产品和生产行业两个方面来统计。

（1）产品分类统计法。按一定时空范围内生产的各种产品用途和物质形态差异，分别归入生产资料、消费资料和非物质资料三大类，每个大类又分为多层次小类。例如，生产资料分为固定资产、中间产品（能源、原材料）等，消费资料分为食品、饮料、服装、住宅、日用工业品等，非物质资料分为交通运输服务、商业服务、科技产品、文化产品、人力资源（劳动力）等。每个部类的产品价值均可由生产单位或企业从三个层次统计：一是直接把各种产品价值加起来得到总产出或总产值，其中含有大量重复计算；二是统计各种产品价值包含的增加值，即总价值减去中间消耗后剩余的部分，这也就是国民经济核算中的生产法；三是从各种产品价值中减去所消耗的各种生产要素转移的价值，剩余部分为净产值。

（2）行业分类统计法。按一定时空范围内各行业的部类属性差异，分别归入三大部类，由各行业或部门分别统计它们的产品产值或销售额，加总得到总产出或总产值，扣除中间消耗就是部类增加值，再扣除固定资产消耗就得到部类净产值。有的行业具有跨部类特点，或者部类属性不明朗，可按产品的生产和消费两种用途比例分别计入相应部类。

当三大部类产品作为生产要素被用来生产其他产品时，会发生价值转移，直接把各部类的产品价值加起来视为社会总产品价值，包含大量重复计算，这是应当避免的。用价值指标反映社会总产品，只应计算各部类、各行业新创造的价值。根据马克思主义政治经济学中的劳动价值论，商品价值构成中的转移价值和新价值是清楚的，但是目前国内外采用的国民经济核算体系并没有完全遵循劳动价值论，国内生产总值作为反映产出总量的指标只是扣除原材料等中间消耗价值，没有扣除固定资产转移价值，因此含有固定资产价值的重复计算。从国内生产总值中扣除固定资产消耗价值，剩余部分为国内生产净值，是反映一个国家或地区一定时期新创造价值的总量指标。[①] 从部分国家国民经济核算数据来看，历年国内生产总值中包含的固定资产价值比例变化不大，在缺乏更准确的统计数据的情况下，可以把国内生产总值作为反

---

① 郑志国：《国民经济核算中固定资产价值重复计量问题》，载于《华南师范大学学报》（社会科学版）2016 年第 2 期。

映社会总产品或总产出价值的近似值。社会总产品价值等于三大部类产品价值之和，这种关系可以表达为：

$$GDP = Z_1 + Z_2 + Z_3 \qquad (2)$$

式中的 GDP 为国内生产总值，Z_1、Z_2、Z_3 分别表示三大部类在核算期内创造的增加值，它们占 GDP 的比例能够反映三大部类结构：

$$\frac{Z_1}{GDP} + \frac{Z_2}{GDP} + \frac{Z_3}{GDP} = 1 \qquad (3)$$

如果能够从国内生产总值中扣除固定资产折旧价值，求出国内生产净值，就能较为准确地反映价值总量。在这种条件下，（2）式和（3）式中的 GDP 可以改为 NDP 即国内生产净值，Z_1、Z_2、Z_3 则分别表示三大部类创造的净产值。

四、三大部类的产出估算

目前国内外没有按照三大部类划分来进行国民经济核算和产出统计，缺乏直接反映三大部类结构的数据。如何借助现有统计资料来估算三大部类产出并用于分析其结构，是需要探讨的问题。

（一）借助生产法和支出法核算数据估算三大部类产出的方法

现行国民经济核算体系中的生产法是核算国内生产总值的方法之一，即用总产出减去中间消耗得到国内生产总值，对三次产业及其所属行业增加值核算比较清楚，据此可以估算第三部类产出。如前所述，第三产业绝大部分行业的产出属于非物质资料，少数行业的产出属于物质资料。根据第三部类与第三产业中多数行业相同的特点，从第三产业的产出中扣除属于物质资料的价值，加上第三产业未包含的某些非物质资料的价值，就是第三部类的产出，表1和表2的非物质资料数据就是采用这种方法估算出来的。

支出法是通过统计最终消费支出、资本形成总额和净出口得到国内生产总值，对最终消费核算比较明确。中国和其他一些国家居民消费中衣食住行用的调查统计资料比较详尽，政府消费和净出口数据也是清楚的，利用这些资料，可以估算第二部类的产出。城乡居民和政府购买的消费资料加上出口消费资料，就等于第二部类产出。根据（2）式，用国内生产总值减去第二、第三部类产出，就得到第一部类产出。

有些年份的资料比较详尽，可以相对准确地估算三大部类产出；还有些年份的资料不足，可以利用其他年份的有关参数来估算这些年份的三大部类产出。例如，根据一个时期消费资料占社会最终消费总额的比例和另一个时期的最终消费总额，可以估算后一个时期的消费资料价值，根据一个时期第三部类占第三产业的比例和另一个时期第三产业产出，可以估算后一个时期第三部类产出。对多种方法估算结果进行比较、验证和调整，有助于提高估算结果的准确性。当然，某些历史时期的资料极为有限，对问题的研究又需要了解当时的有关情况，只能在资料约束条件下做更为粗略的估算。

（二）以中国情况为例对三大部类产出的估算

从国家统计局公布的相关资料来看，估算第二、第三部类产出的可用数据较为清楚齐全，因此首先估算这两个部类的产出，然后应用（2）式求第一部类产出。

按照中国现行统计口径，根据生产法核算结果，从第三产业增加值中扣除住宿餐饮和房地产行业的增加值，剩余部分就是第三部类产出，见表3。14年间，第三部类产出占第三产业的产出比例一直保持在83%左右，这表明第三部类外延小于第三产业，后者可以近似反映前者情况。

表3　　　　　2001～2014 年中国第三部类产出（按生产法增加值估算）　　单位：亿元

年份	第三产业	餐饮住宿业	房地产	第三部类	第三部类占第三产业比重（%）
2001	45507.2	2400.1	4715.1	38392.0	84.36
2002	51189.0	2724.8	5346.4	43117.8	84.23

续表

年份	第三产业	餐饮住宿业	房地产	第三部类	第三部类占第三产业比重（%）
2003	57475.6	3126.1	6172.7	48176.8	83.82
2004	66282.8	3664.8	7174.1	55443.9	83.65
2005	76964.9	4195.7	8516.4	64252.8	83.48
2006	91180.1	4792.6	10370.5	76017.0	83.37
2007	115090.9	5548.1	13809.7	95733.1	83.18
2008	135906.9	6616.1	14738.7	114552.1	84.29
2009	153625.1	6957.0	18966.9	127701.2	83.13
2010	180743.4	7712.0	23569.9	149461.5	82.69
2011	214579.9	8565.4	28167.6	177846.9	82.88
2012	243030.0	9536.9	31248.3	202244.8	83.22
2013	275887.0	10228.3	35987.6	229671.1	83.25
2014	306038.2	11198.8	38166.6	256672.8	83.87

资料来源：中华人民共和国国家统计局：《中国统计年鉴（2015）》国民经济核算，表3－6、表3－13，中国统计出版社2015年版，参见中华人民共和国国家统计局门户网站统计资料。

　　国家统计局公布的这个时期城乡居民消费支出项目比较详尽，其中食品类支出、衣着类支出、居住类支出和用品类支出数据齐全，四个项目之和能够反映城乡居民购买的消费资料价值（不含消费性服务），再加上政府部门购买和出口的消费资料，就是第二部类的产出，见表4。

表4　　　　2001～2014年中国第二部类产出（按支出法核算项目估算）　单位：亿元

年份	城乡居民消费资料	政府消费资料	出口消费资料	第二部类
2001	33076.84	11139.23	1427.37	45643.44
2002	35478.11	12058.86	1844.08	49381.05
2003	38068.02	12814.83	1687.03	52569.88
2004	42693.33	14108.45	2304.17	59105.95

续表

年份	城乡居民消费资料	政府消费资料	出口消费资料	第二部类
2005	47161.11	16517.73	5410.82	69089.66
2006	53113.96	19016.14	8460.54	80590.64
2007	62432.01	22459.29	11617.86	96509.16
2008	66693.60	24935.86	12040.72	103670.18
2009	71915.50	26587.73	7518.5	106021.73
2010	81420.10	30863.13	7412.92	119696.15
2011	94999.00	36373.61	5867.63	137240.24
2012	111180.61	39989.04	7435.09	158604.74
2013	121804.20	44328.17	7421.57	173553.94
2014	132451.50	47175.17	8975.98	188602.65

注：城乡居民消费资料等于城乡居民食品支出、衣着支出、住房支出、用品支出之和；政府消费资料按城乡居民消费支出中食品、衣着、住房、用品支出的占比估算，即等于该占比乘以政府消费支出；出口消费资料按支出法国内生产总值中总消费支出的占比估算，即等于该占比乘以净出口。

资料来源：2002~2015年《中国统计年鉴》国民经济核算、城乡居民消费数据。

　　表5反映了2001~2014年中国三大部类产出情况，估算结果难免有误差，但是资料来源可靠，估算方法可行，因此表5数据总体上应当符合实际。

表5   **2001~2014年中国三大部类产出**   单位：亿元

年份	国内生产总值 （亿元）	第一部类 （生产资料）	第二部类 （消费资料）	第三部类 （非物质资料）
2001	110657.4	26621.96	45643.44	38392.0
2002	121576.8	29077.95	49381.05	43117.8
2003	137457.3	36710.62	52569.88	48176.8
2004	161616.4	47066.55	59105.95	55443.9
2005	187767.2	54424.74	69089.66	64252.8
2006	219424.6	62816.96	80590.64	76017.0
2007	269486.4	77244.14	96509.16	95733.1

续表

年份	国内生产总值 （亿元）	第一部类 （生产资料）	第二部类 （消费资料）	第三部类 （非物质资料）
2008	315974.6	102319.22	103670.18	114552.1
2009	348775.1	120488.47	106021.73	127701.2
2010	402816.5	140374.85	119696.15	149461.5
2011	472619.2	166130.66	137240.24	177846.9
2012	529399.2	178683.86	158604.74	202244.8
2013	586673.0	195704.16	173553.94	229671.1
2014	640696.9	195421.45	188602.65	256672.8

注：表中第一部类产出等于国内生产总值减去表1中第三部类产出和表2中第二部类产出。

表3～表5的数据不仅反映了2001～2014年中国三大部类产出总量和结构，而且为估算更长时期三大部类产出提供了一些必要的参数。从社会就业来看，各部类就业人数占全社会就业总人数的比例也是反映三大部类结构的重要指标。

五、中国三大部类结构演化态势

三大部类结构是指各部类在国民经济中的比例关系，主要是社会总产出中生产资料、消费资料和非物质资料所占比例或比重。鉴于中国不同时期统计资料的详尽程度差异很大，分两个时期来考察三大部类结构演化态势：第一个时期为2001～2014年，可用资料较为齐全详尽，估算数据较为准确；第二个时期为1952～2014年，其中1952～2000年的可用资料不够齐全，估算的准确性低一些，但是可以大体反映新中国成立以来的三大部类结构演化态势。

（一）2001～2014年中国三大部类结构演化态势

表6展示了2001～2014年中国三大部类结构演化态势：不同年份三大部类比例有波动，第一部类产出占国内生产总值的比例从2001年的23.93%上升到2011年的34.22%，以后又下降到2014年的30.21%，14年上升6.28个

百分点；第二部类从 2001 年的 41.25% 下降到 2014 年的 29.44%，下降 11.81 个百分点；第三部类从 34.82% 上升到 40.35%，提高 5.53 个百分点。

表6　　　　　　　　2001 ~ 2014 年中国三大部类结构及其演化态势　　　　　单位：%

年份	第一部类	第二部类	第三部类	年份	第一部类	第二部类	第三部类
2001	23.93	41.25	34.82	2008	31.03	32.81	36.16
2002	23.75	40.62	35.63	2009	32.65	30.4	36.95
2003	26.48	38.24	35.28	2010	33.74	29.71	36.55
2004	28.93	36.57	34.5	2011	34.22	29.04	36.74
2005	28.64	36.8	34.56	2012	32.18	29.96	37.86
2006	28.34	36.73	34.93	2013	31.36	29.58	39.06
2007	28.47	35.81	35.72	2014	30.21	29.44	40.35

注：表中数据等于表5中各部类产出与国内生产总值之比。

随着中国经济不断发展，三大部类产出的绝对数都有大幅度增长，其中生产资料占社会总产出的比例在一定时期内上升达到最高点后逐步下降，消费资料占比呈长期下降态势，非物质资料占比呈长期上升态势。这种变化态势是否具有必然性和普遍性，还需要进一步加以考察分析。

（二）1952 ~ 2014 年中国三大部类结构演化态势

按表3和表4中的有关参数估算 1952 ~ 2000 年的三大部类产出，得到如表7所示结果。首先，国家统计局公布的这个时期各年的国内生产总值、三次产业增加值、最终消费数据清楚齐全，可以利用；其次，在表3中，第三部类产出占第三产业产出的比例非常稳定，14 年平均值为 83.5%，按这个比例可以估算 1952 ~ 2000 年第三部类产出：该期各年第三产业增加值分别乘以 0.835，就得到 1952 ~ 2000 年各年第三部类产出的估算值；再次，在表4中，第二部类产出占社会最终消费的比例比较稳定，平均值为 65.9%，按这个比例可以估算 1952 ~ 2000 年第二部类产出，该期各年最终消费分别乘以 0.659，就得到 1952～2000 年各年第二部类产出的估算值；最后，用同期国内生产总值减去第二、第三部类产出，得到第一部类产出。虽然这种估算的准确性低于表 3～表 5 的数据，但是在缺乏相关统计资料的条件下也不失为一种可行的估算方法。采用其他方法对这个时期部分年份三大部类进行估算，验证上述估算结果是基本符合实际的，大体能够反映新中国成立以来三大部类结构演化态势。估算结果的绝对数是用来分析三大部类结构，即三大部类产出占社会总产出的比例。根据表 7 数据制作图 1，从中可以看出三大部类结构演化呈现如下态势。

表 7 　　　　　　　　　　**1952～2014 年中国三大部类结构** 　　　　单位：%

年份	第一部类	第二部类	第三部类	年份	第一部类	第二部类	第三部类
1952	25.64	51.30	23.06	1984	36.96	42.78	20.26
1954	27.62	48.41	23.98	1986	34.02	42.20	23.79
1956	27.19	48.56	24.25	1988	33.53	41.56	24.91
1958	32.84	42.92	24.24	1990	33.97	40.62	25.41
1960	34.03	40.20	25.78	1992	35.75	37.82	26.43
1962	21.71	54.51	23.78	1994	35.25	37.85	26.90
1964	29.48	48.63	21.89	1996	35.24	38.49	26.26
1966	34.69	44.51	20.80	1998	30.02	39.73	30.25
1968	29.24	48.28	22.48	2000	27.12	40.30	32.58
1970	36.25	42.99	20.76	2002	23.75	40.62	35.63
1972	35.64	43.56	20.80	2004	28.93	36.57	34.50
1974	36.99	42.95	20.06	2006	28.34	36.73	34.93
1976	38.63	43.13	18.25	2008	31.03	32.81	36.16
1978	39.43	40.37	20.21	2010	33.74	29.71	36.55
1980	39.58	42.57	17.85	2012	32.18	29.96	37.86
1982	39.43	43.20	17.37	2014	30.21	29.44	40.35

资料来源：国家统计局国民经济综合统计司：《新中国六十年统计资料汇编》，中国统计出版社 2010 年版，第 9～14 页；2015 年《中国统计年鉴》国民经济核算数据。

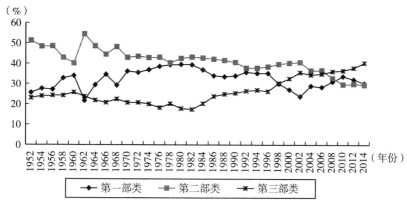

图1　1952～2014 年中国三大部类结构演化态势

（1）第一部类占国民经济比例在波动中缓慢下降。一个国家生产资料占国民经济的比例是反映工业化进程的重要指标。一般来说，在工业化前期，第一部类比重会显著上升，在工业化后期则会明显下降。从表7来看，第一部类比例1952年为25.64%，1980年上升到39.58%，前后5年稳定在39%以上，此后在波动中下降，2014年为30.21%，长期波动幅度很大。这反映了中国工业化的曲折发展过程。不同时期国家发展战略、产业政策和经济形势变化对三大部类结构有直接影响。在1958～1962年期间，由于受"大跃进"时期工作失误和自然灾害影响，第一部类占比从32.84%下降到21.71%，第二部类占比从42.92%上升到54.51%。当时脱离实际搞"大跃进"，欲速则不达，反而影响了工业化进程，不得不倒回去发展消费资料以满足人民基本生活需要，所以有两大部类比重的大起大落。从20世纪90年代到21世纪初，第一部类比例明显下降，后来一个时期国家实行振兴装备制造业发展战略，第一部类比例又有所上升。但是在62年中，第一部类占比累计上升4.57个百分点，可以认为这是中国处于工业化后期的一种表现。

（2）第二部类占国民经济比重在波动中大幅下降。消费资料生产不仅受国家发展战略、产业政策的影响，而且直接同人们的消费结构变化息息相关。一般来说，当一个国家经济比较落后、工业化程度低时，消费资料在社会总产品中的占比较大；随着国民经济发展和人民生活水平逐步提高，消费资料绝对量会增加，但是比重会逐步下降。1952 年，中国第二部类占比为 51.3%，经过长期发展和波动，到 2014 年下降为 29.44%，62 年累计下降 21.86 个百分点，长期下降趋势非常明显。特别是 21 世纪以来，中国进入全面建设小康社会和加快推进社会主义现代化的发展阶段，第二部类占比加速下降。

（3）第三部类占国民经济比重在波动中大幅上升。1952 年，第三部类占 23.06%，经过长期波动，2014 年上升为 40.35%，累计上升 17.29 个百分点，长期上升趋势非常显著。这是经济社会全面发展、工业化程度提高的一个重要标志。

（4）三大部类结构呈现收敛态势。三大部类结构收敛是指各部类占比差异缩小的趋势，发散则是指各部类占比差异扩大的趋势。新中国成立以来三大部类结构总体上呈现收敛态势。由于第一部类占比在长期内先上升后下降，第二三部类占比分别呈现长期下降和上升态势，所以三大部类占比在一定时期内接近乃至趋同和交汇，收敛态势相当明显。将来是否出现发散态势，尚待观察。从发达国家更长时期的情况来看，三大部类结构演化呈现收敛、交汇和发散等阶段。

六、美国和欧洲部分国家三大部类结构演化态势

虽然中国三大结构演化呈现一定的规律性，但是仅仅考察一个国家几十年的情况还不足以揭示这种规律，必须考察其他国家更长历史时期的情况。

（一）1840～2010 年美国三大部类结构演化态势

美国是世界上最大的发达国家，其三大部类结构演化情况有一定的代表性。根据能够收集到的美国不同年代相关数据的详略程度，分两个阶段采用就业和产出指标估算：1840～1940 年期间就业结构资料相对齐全，产出资料不足，因此按就业结构估算；1950～2010 年分别用就业和产出指标估算，结果基本一致，其中产出资料相对齐全清楚，因此采用产出指标估算结果。美国就业结构和产出结构总体变化态势相近，两个时期的估算结果具有连续性，据此制作的图 2 完整而清楚地反映了美国 170 年间三大部类结构的

演化态势:① 第一部类比重从 1840 年的 17.23% 上升到 1920 年的 28%，在 1910～1950 年稳定在 25% 以上，此后明显下降，2010 年降为 13.08%；第二部类比重在 1840 年为 68.45%，表明当时绝大部分经济活动是生产消费资料，以后逐步下降，2010 年降为 32.74%，170 年的累计下降 35.71 个百分点，下降态势非常明显；第三部类比重在 1840 年仅占 14.32%，表明当时国民经济中非物质资料生产并不发达，经过 170 年的发展，到 2010 年上升到 54.18%，累计上升 39.86 个百分点，大于第二部类下降幅度，足见上升态势之显著；1840～1920 年第一、第三部类比重差异不大，基本上同步上升，此后第一部类比重下降，第三部类比重继续上升，二者差异逐步扩大；第二、第三部类比重在 1950 年基本相等，曲线发生交汇，此后两部类比重差异扩大；三大部类结构在 1840～1920 年期间收敛，在 1920～1950 年期间趋同或趋近。

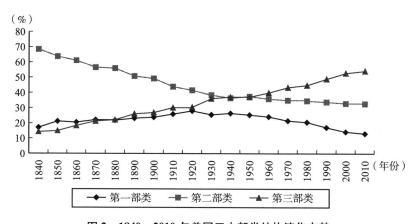

图 2 1840～2010 年美国三大部类结构演化态势

比较图 1 和图 2，可以看出中国 1952～2014 年三大部类结构演化同美国 1840～1970 年的情况有相近态势。众所周知，美国在 1840～1920 年期间完成

① 1840～1940 年就业结构资料来源：[美] 杰里米·阿尔塔、彼得·帕赛尔：《新美国经济史》（下册），罗涛等译，中国社会科学出版社 2000 年版，第 523 页；1950～2010 年产出结构，资料来源：《美国总统经济报告：2012 年》，美国政府出版局 2012 年版（Economic Report of the Resident, United States Government printing office, Washington：2012）。

工业化，在 20 世纪 30 年代出现经济大危机后进行经济结构调整，工业化程度进一步提高，从 20 世纪后期以来进入所谓后工业化时期。中国在 60 多年内完成了美国 130 多年内完成的工业化历史任务。可以认为，三大部类结构在工业化时期会逐步收敛，在工业化后期和后工业化时期则会逐步发散。

（二）1820 ~ 2010 年英国三大部类结构演化态势

英国作为第一次工业革命的发源地，是最早确立资本主义生产方式并实现工业化的国家之一，其三大部类结构演化情况也有一定的代表性。但是从国内能够收集到的近代英国三大部类数据欠详，只能分两个阶段采用就业和产出指标做粗略估算：1820 ~ 1950 年期间采用就业结构数据估算，1960 ~ 2010 年期间采用产出数据估算，结果见图 3。[①]

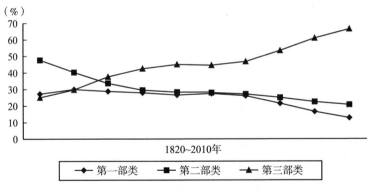

图 3　1820 ~ 2010 年英国三大部类结构演化态势

该图大体反映了 1820 ~ 2010 年英国三大部类结构在 190 年期间的演化态势：第一部类比重从 1820 年的 27.26% 上升到 1870 年的 29.98%，此后缓慢下降，到 2010 年下降为 12.8%；第二部类比重在 1820 年为 47.67%，以后逐

---

① 资料来源：1820 ~ 1950 年数据见 ［英］麦迪森：《世界经济二百年回顾》，李德伟、盖建玲译，改革出版社 1997 年版，第 17 页；1960 ~ 2010 年数据见中国社会科学院世界经济研究所编：《世界经济统计简编（1978）》，生活·读书·新知三联书店 1979 年版，第 33 页；国家统计局编：《国际统计年鉴》1995 年、2014 年卷国内生产总值生产法核算资料。

步下降，2010 年降为 20.73%，190 年累计下降 26.94 个百分点，下降态势非常明显；第三部类比重在 1820 年为 25.08%，表明当时国民经济中非物质资料生产尚不发达，经过 190 年的发展，到 2010 年上升到 66.47%，累计上升 41.4 个百分点，大大超过第二部类下降幅度；三大部类结构在 19 世纪收敛，在 19 世纪末到 20 世纪初交汇，以后开始发散。由于 19 世纪的数据不够详尽，图中第一部类上升态势不够明显。有资料显示，1760～1860 年间，英国固定资本形成年平均额由 368 万英镑增长到 5977 万英镑，固定资本占全国总资本的比例由 30% 上升为 50%，其中工商业固定资本占比由 5% 上升为 25%，[①] 这表明当时第一部类比重明显上升。英国三大部类结构在 19 世纪收敛，交汇发生在 19 世纪末 20 世纪初，早于美国；20 世纪以来处于发散状态。

（三）1906～2010 年法国三大部类结构演化情况

图 4 反映了法国 1906～2010 年期间三大部类结构演化态势（按就业结构制作），[②] 总体上与美国的同期情况相似，特别是第二部类下降、第三部类上升与美国同期同部类变化趋势几乎完全一致。虽然从图 4 可以看出第一部类先上升后下降的变化，但是因为该图缺乏 19 世纪的数据，曲线升降没有图 2 中美国第一部类升降趋势明显。1810～1929 年，法国国内资本形成占国民产值的比重由 8.2% 上升为 15.2%，[③] 这必然引起第一部类比重上升。据此可以判断，法国第一部类也具有在工业化前期和中期逐步上升、实现工业化之后下降的变化趋势。法国三大部类结构在 1906～1956 年期间收敛，此后呈现发散态势；交汇时期同美国的情况相近。

---

① ［英］M. M. 波斯坦、D. C. 科尔曼彼得·马塞厄斯主编：《剑桥经济史》（第七卷），王春法主译，经济科学出版社 2004 年版，第 43、105 页。

② 资料来源：中国社会科学院世界经济与政治研究所综合统计研究室编：《苏联和主要资本主义国家经济历史统计集》，人民出版社 1989 年版，第 691～698 页；国家统计局编：《国际统计年鉴》1995 年、2014 年卷就业数据。

③ ［英］M. M. 波斯坦、D. C. 科尔曼彼得·马塞厄斯主编：《剑桥经济史》（第七卷），王春法主译，经济科学出版社 2004 年版，第 312 页。

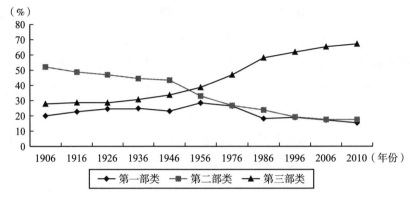

图 4　1906～2010 年法国三大部类结构演化态势

日本、意大利等国家的三大部类结构演化态势同英国和法国的情况大体一致；印度、巴西和墨西哥等发展中国家的三大部类结构演化同中国的情况有阶段性相似，因受资料限制，未做长期比较。限于篇幅，不再列表和作图分析。

七、三大部类结构演化规律及其对中国经济结构调整的启示

所谓三大部类结构演化规律，是指三大部类结构发展变化的必然趋势。以上图表显示的研究结果揭示了三大部类结构演化规律，这可以说是在马克思两大部类研究基础上的一种创新结果，对中国经济结构调整具有值得重视的启示。

（一）三大部类结构演化规律的内容及其解释

生产资料、消费资料和非物质资料生产必须同人类需要相适应，三大部类之间保持合理结构，按比例协调发展。在人类社会发展的不同历史阶段，三大部类结构呈现不同的演化态势。根据前面对中国和美国等国家三大部类结构演化态势的分析，可以对三大部类结构演化规律的内容作出几点概括和解释。

（1）第一部类即生产资料的比重在各国工业化前期和中期逐步上升，在

工业化后期和后工业化时期逐步下降。一个部类的比重取决于社会对该部类产品的需要和生产技术水平以及其他部类的发展状况。在工业化之前，社会生产比较落后，人力和物力资源主要用于生产消费资料，虽然有一些行业专门从事生产资料生产，但是在社会总生产中所占比重较小；工业化进程启动后，大量的人力和物力被用于生产资料生产，特别是用于制造大型工业设备和火车、轮船等运输工具，从而使生产资料比重迅速上升；到工业化后期和后工业化时期，不仅建立起完整的工业体系，而且国民经济中的基础设施经过长期建设趋于完备，各部类固定资产经过长期积累也达到相对稳定的规模，逐年折旧和更新，不再像工业化前期和中期那样进行大规模建设；与此同时，非物质资料生产迅速发展，比重不断上升。所有这些，引起第一部类比重发生规律性变化。

（2）第二部类即消费资料的比重自近代以来随国民经济发展而逐步下降。在各种物质资料中，消费资料是直接用于满足人类生存、发展和享受的需要，生产资料归根到底要用来扩大、改进消费资料和非物质资料生产。但是在近代工业革命之前，由于技术落后，效率较低，人们不得不投入大部分时间、精力和物质资源来直接从事消费资料生产，所以第二部类占社会总生产的绝大部分。近代工业革命之后，随着科学技术的进步和工业化的推进，包括科学技术研究和生产技能培训在内的非物质资料生产逐步发展起来，一方面极大促进了消费资料生产效率的提高，另一方面也有力推动了第三部类发展。这是引起第二部类在规模逐步扩大的同时比重相对下降的原因。

（3）第三部类即非物质资料的比重随国民经济发展而逐步上升，最终超过第一、第二部类比重之和。第一、第二类部类的发展为第三部类发展奠定了物质基础，第三部类发展又为第一、第二部类发展不断提供科技、人才和服务支撑，三大部类协调发展，良性互动，最终使第三部类比重逐步上升。第三部类的发展不仅提供满足社会需要的产品和服务，而且直接促进社会全面进步和人自身全面发展，因此人类得以把越来越多的时间用来从事科技教育文化娱乐活动和休闲，享受经济社会发展成果。

（4）三大部类比重在工业化进程中逐步收敛，到工业化中后期趋近和交汇，然后出现发散。这一点是三大部类比重变化的必然结果。

以上内容是从近代以来欧美国家和中国三大部类结构演化态势中概括出来的，由于各国的具体情况不同，三大部类结构演化规律在不同国家的具体表现和作用也有差异。图5是以各国三大部类结构长期演化趋势为依据制作的，直观地表达了三大部类结构演化规律的内容。

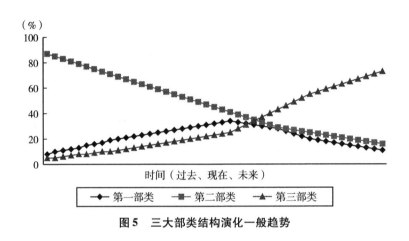

图5 三大部类结构演化一般趋势

（二）按三大部类结构演化规律调整中国经济结构

改革开放初期，中国曾用马克思的社会再生产理论来指导经济结构调整，取得了一定成效。但是由于该理论存在如前所述的局限，难以满足不断发展的实践需要。后来从国外引进了三次产业理论，在国内经济理论研究和实践中得到广泛应用。虽然三次产业理论有一定科学性和实用性，但是也存在一定局限。该理论对三次产业结构演化规律的认识主要是从西方发达国家产业结构变化历史中总结出来的，对中国产业结构调整不一定完全适用。某些发达国家三次产业结构有一定畸形，不是中国三次产业结构调整的样板，不能脱离实际追求所谓产业结构高级化。有必要重新学习和研究马克思的社会再生产理论，结合中国实际进行发展和创新，深化和拓展对三大部类结构演化规律的认识，用于指导实践。

（1）坚持三大部类协调均衡发展。三大部类结构是国民经济的一种重要结构，这种结构是否合理，直接影响经济质量和效益。从前面的分析来看，20 世纪 50 ~ 70 年代，中国三大部类结构起伏较大，以后变化相对平稳，经过长期收敛，目前正处于交汇期。进入 21 世纪以来，三大部类比重差异不大，有的年份基本相等，这是工业化后期三大部类结构演化的必然现象。西方发达国家早已实现工业化，第三部类比重最大，第二部类次之，第一部类比重最小。中国尚处于工业化中后期，正致力于全面建成小康社会，随后还将为实现第二个百年目标而奋斗，目前第一部类比重大于第二部类，第三部类比重大于第一部类，总体上是合理的，不能急于向西方国家的三大部类比重看齐。各部类比重主要取决于人民需要和生产技术水平，判断三大部类结构是否合理，要看它是否同人民需要相适应，必须按照人民需要变化来调整和优化三大部类结构，进行新的社会分工，确立生产资料、消费资料、非物质资料之间的合理比例，打破三次产业界限，促进农业、工业和服务业的融合，理顺三大部类之间及其内部各行业之间的交换关系，保持协调均衡发展。既通过生产资料部类的发展继续推进工业化，又通过消费资料的发展满足城乡居民日益增长的物质文化需要，还通过非物质资料发展促进社会全面进步。建议国家在国民经济核算中设立三大部类统计和分析指标，全面准确反映三大部类结构变化，为制定三大部类协调发展战略和政策提供科学依据。

（2）加快第一部类转型升级，促进生产资料更新换代。根据马克思主义经典作家的研究，第一部类的技术水平和发展状态对整个国民经济发展具有决定性作用，在一定的历史时期内应当优先发展生产资料生产。美国、英国和法国等国家在工业化进程中都曾经历了第一部类比重上升，但是这些国家的第一部类在历史上最高时的比重没有超过 30%。中国第一部类比重曾在较长时期接近 40%，目前仍比发达国家高出 10 多个百分点。这是中国集中资源加速推进工业化的结果，具有一定的历史必然性；同时与某些生产资料过度生产超过市场需求有关，在一定程度上挤压了第二、第三部类的发展空间。同国际先进水平相比，中国第一部类产品的整体技术水平还不高，一些国内急需的重要装备和高端设备还不能自主生产，或者尚未掌握其核心部件制造技术；一般性设备和原材料生产则存在产能过剩。针对这些问题，应当改变过去重数量轻质量的倾向，优先发展先进生产资料，特别是优先发展具有国际先进水平的重要装备和优质原材料，加快淘汰落后产能。大力提高生产资料循环综合利用和清洁化水平，着力构建绿色生态工业体系，争取早日完成新型工业化的历史任务。

（3）按照消费需求变化调整和优化第二部类内部结构。从新中国成立之初直到20世纪90年代中期，由于社会生产水平比较低，绝大多数产品供给不足，人民要求通过迅速发展生产来增加消费资料供给，因而需要的增长突出表现为追求消费资料数量。自进入21世纪以来，人民生活总体上达到了小康水平，需要的增长仍然有量的扩张，特别是贫困者和低收入阶层对增加某些消费品数量的要求依然比较迫切，但是多数人更注重提高产品质量和改善消费结构。例如，对饮食更注重营养和安全，对衣着更讲究品牌和个性，对住房更强调舒适和方便，等等。根据这些变化，要保证消费资料稳定供给，更加注重食品安全和营养结构，讲究服装衣着的款式、质地和品牌，引导房地产业健康发展以满足人们对住房的需要。各种生活用品生产要注重提高质量，不断提高性价比以利于节约资源和保护环境。

（4）稳步发展第三部类。最近十多年来，中国第三部类比重平稳上升，目前按产出计算已经超过40%，按就业计算也接近40%，这同中国经济发展整体水平是相适应的。在社会主义条件下，各行各业都有为经济社会发展服务的责任，但是不同行业的产出或产品有差异，餐饮、旅馆和房地产业的主要产品是食品和住房，而不是服务，应当纳入第二部类来管理，更好地满足人民的饮食和居住需要。第三部类的交通运输、商业、金融等行业的产出属于服务；科学技术研究和教育培训部门的主要产品是知识、人才和技能，在管理上不应混同于一般服务业。有些行业完全从事商业化经营，有些行业以商业性为主兼有公益性，有些行业以公益性为主兼有商业性，应当根据这种行业性质差异，实行不同的发展战略方针，为国民经济和社会发展提供更多更好的服务和科教文卫产品。

【参考文献】

[1]《资本论》第 1~3 卷，人民出版社 2004 年版。

[2] 罗劲柏、何祚庥：《论三大部类划分及其对现代化经济发展的预测的意义》，载于《未来与发展》1981 年第 2 期。

[3] 王晓东：《技术进步对产业结构和再生产比例的影响》，载于《中国社会科学》1985 年第 1 期。

[4] 吴维嵩：《第三产业的兴起和社会再生产两大部类理论的发展》，载于《福建师范大学学报》（哲学社会科学版）1986 年第 2 期。

[5] 宋则行：《社会主义扩大再生产的按比例要求——将社会生产分为投资品、消费品、中间产品三大部类的分析》，载于《辽宁大学学报》1987 年第 3 期。

[6] 刘都庆：《三大部类关系探讨——学习马克思再生产理论一得》，载于《中南财经大学学报》1988 年第 4 期。

[7] 顾宝孚：《第Ⅲ部类与社会再生产》，载于《学术月刊》1991 年第 11 期。

[8] 郑志国：《社会生产第三部类与价值增殖》，载于《岭南学刊》1997 年第 5 期。

（原文发表于《马克思主义研究》2017 年第 2 期）

马克思社会资本再生产理论
中国化探索：回顾与思考

张　衔*

社会资本再生产理论是马克思经济学的重要组成部分，也是马克思对经济学的一项重大贡献。这一理论揭示了资本主义再生产正常进行所必须遵循的客观条件。如果将 C、V 和 M① 这些体现资本主义经济关系的范畴进行社会主义改造，马克思的社会资本再生产理论所揭示的原理就同样适用于社会主义经济。正如列宁所指出的，在纯粹的共产主义里也还是存在 I v＋m 和 II c 的关系以及积累。② 但是，由于马克思的社会资本再生产理论是在高度抽象的层次上展开的，在这个层次上展开的理论原理并不能直接运用于经济运行的具体层次。同时，从《资本论》再现具体的逻辑体系看，社会资本再生产理论也需要随着理论逻辑的展开从抽象上升到具体。因此，运用马克思社会资本再生产理论指导社会主义经济建设，需要遵循从抽象上升到具体的方法展开探索，将这一理论与社会主义经济建设的具体实践结合起来，使这一理论取得具体形式。这样的探索工作被称为社会资本再生产理论的具体化。在这一探索过程中，我国著名的马克思主义经济学家刘国光教授做出了重大贡献，创造了具有中国特色的马克思主义社会资本再生产模型，在一定意义上实现了社会资本再生产理论由具体化探索向中国化探索的转变。

一、历史与理论背景

新中国成立初期，我国是一个经济基础十分薄弱落、贫富悬殊、经济畸

---

* 张衔：四川大学经济学院教授。

① 这里，C、V 和 M 分别代表不变资本、可变资本与剩余价值，下同。

② 《列宁全集》第 60 卷，人民出版社 1990 年版，第 275 页。

形、贫穷落后、一穷二白的农业人口众多的大国。1949 年，在国民经济中，按总产值计算，现代工业只占约 10%～17%，其余是分散的个体农业和手工业。①② 经过三年经济恢复，到 1952 年，我国人均国民生产总值（GNP）仅 50 美元，现代工业占总产值的比重也仅为 26.7%。③ 为了彻底改变这种极端落后的状况，建立起完整的工业体系，实现社会主义工业化，使社会主义制度获得稳固的基础，从 1953 年起，我国开始了有计划的大规模社会主义建设过程，并于 1953 年执行了发展国民经济的第一个"五年计划"。以苏联援建的 156 个重点项目和东欧社会主义国家援建的 68 个项目为中心的"一五"计划的投资重点是重工业，这一方面是彻底改变我国经济落后局面的需要，另一方面也有理论根据和客观条件。伴随"一五"计划的实施，我国建立了高度集中的计划管理体制。"一五"计划的实施，从根本上改变了我国落后的经济结构和生产力水平，建立了社会主义工业化的基础，形成了比较完整的现代工业体系，为日后我国的社会主义建设提供了重要的物质技术基础。

这里有必要对涉及我国社会主义工业化建设的两种流行观点做一简要的回应：

一种观点认为，我国没有经历过资本主义经济的充分发展，不具备搞社会主义的条件。在这种情况下搞社会主义是超越了阶段。④ 这种观点是对历史唯物论原理的机械的、教条式的理解。首先，我国从近代以来就已经不可能再有欧美式资本主义的前途了，留给我国的只能是一种外围的依附的资本主义。这种资本主义不能发展我国的社会生产力。要解放和发展社会生产力，就必须彻底改变这种生产关系，建立社会主义经济制度。我国社会主义建设的实践已经证明了在经济落后的条件下，可以建设社会主义。其次，一种社会生产方式或生产关系赖以建立的生产力条件，与这种生产方式或生产关系得到巩固的生产力条件不是一回事。例如，资本主义产生和初期发展阶段所

---

① 许涤新：《中国过渡时期国民经济分析》，科学出版社 1959 年版，第 4 页。
② 曹尔阶、李敏新、王国强：《新中国投资史纲》，中国财政经济出版社 1992 年版，第 45 页。
③ 刘秀生：《中国经济现代化发展史》，中国商业出版社 2000 年版，第 213 页。
④ 这实际上是早期"二次革命论"在 20 世纪 70 年代末以来的延续和翻版。

依赖的生产力与封建行会没有区别，都是建立在手工工具基础上的。[1] 使资本主义获得巩固的生产力是机器体系，但机器体系不是在封建制度而是在资本主义制度下，由个别资本追求超额剩余价值的竞争创造的，是资本主义生产关系的产物。因此，尽管旧中国的资本主义经济比重很低，但仍然提供了建立社会主义制度的物质条件，而使社会主义制度巩固所需要的物质技术基础也完全可以在社会主义生产关系下创造出来。另一种观点认为，我国通过优先发展重工业来实现社会主义工业化的战略，违反了比较优势原理，改革开放以来所取得的成就是遵循了比较优势原理的结果。[2] 这种观点明显脱离实际，也难以成立。首先，我国是在帝国主义封锁下进行社会主义建设的，没有条件和可能参与由主要资本主义国家所主导的国际贸易和分工体系。即使有条件参与，也只能充当发达国家的原料产地和廉价劳动力市场，不可能靠所谓比较优势解决我国的工业化问题。没有独立完整的工业体系和强大的制造能力，就不可能有真正的民族独立。这是由近期美国发起的中美贸易战再次证明的客观真理。令人费解的是，这种观点一方面承认我国处在帝国主义敌视封锁下，不具备选择所谓比较优势战略的条件，只能选择依靠自己力量的赶超战略；另一方面又断定赶超战略是失败的，而失败的原因又是没有选择比较优势战略。同时，这种观点既找不出在当时环境下、在坚持社会主义制度的前提下，选择比较优势战略而获得成功的任何案例，也没有提出任何在同样条件下选择比较优势战略的理论构想。这种自相矛盾、无所适从的观点是完全违背历史、脱离实际的。其次，在经济基础薄弱的条件下进行工业化建设确实面临资金和技术的困难。但是，这种困难可以在社会主义国家的一定援助下，靠自己的力量解决。工业化需要的人才同样可以通过配套进行的科学教育事业的建设和干中学来解决。这些都是有案可查的成功经验。再次，源于李嘉图实物模型的各种比较优势理论，具有思想实验的性质。在

---

① 《资本论》第 1 卷，中共中央马克思恩格斯列宁斯大林著作编译局译，人民出版社 2004 年版，第 374 页。

② 林毅夫、蔡昉、李周：《中国的奇迹：发展战略与经济改革》，上海三联书店、上海人民出版社 1995 年版。

政策实践上，比较优势理论既没有被当年的英国采用，也没有被后起的美国采用。与李嘉图的实物模型相反，李嘉图的货币模型则是一个标准的部门内竞争的绝对优势模型，其基础是由工艺技术和机器设备决定的劳动生产率。①②李嘉图的这个理论模型是符合真实的国际贸易与国际分工的。这表明李嘉图本质上主张的是在部门内竞争的绝对优势，这种主张与英美等国的实践高度一致。事实上，正是由于我国通过社会主义工业化建立了独立完整的工业体系，具备加工制造能力并具有绝对优势，才能在改革开放后大量出口制成品并通过加工贸易和组装生产参与产品内分工，才谈得上所谓比较优势。最后，即使按照新古典增长理论，为了将来有更高的消费水平，也要首先提高储蓄率即资本积累率。因此，采用优先发展重工业的战略来实现社会主义工业化，不是战略选择的错误，改革开放也不是用比较优势战略来否定这一战略选择。

但是在客观上，由于缺乏大规模社会主义建设的经验，同时，也由于高度集中的计划管理体制本身的弊端，在"一五"建设中也出现了一些具有全局性的问题需要回答。为了总结经验，也为了避免苏联在社会主义建设中走过的弯路，在深入调查研究的基础上，毛泽东分别于1956年4月25日和5月2日，在中共中央政治局扩大会议和最高国务会议上发表了《论十大关系》的重要讲话，系统回答了事关社会主义建设的全局性问题，提出了需要正确处理的十大关系和处理这十大关系的指导思想。《论十大关系》将马克思主义基本原理与我国社会主义具体实践相结合，开启了探索中国特色社会主义道路的起点，也是我国经济体制改革的历史源头。在这篇开创性的重要文献中，毛泽东将重工业、轻工业和农业的关系作为需要正确处理的第一大关系。毛泽东强调必须处理好重工业和轻工业、农业的关系，指出，重工业是我国建设的重点，必须优先发展生产资料的生产，但不能因此忽视生活资料的生产尤其是粮食生产，否则，发展重工业就没有基础。从长

---

① 李嘉图：《政治经济学及财税原理》，郭大力、王亚南译，商务印书馆1976年版，第115~118页。

② 伊曼纽尔：《不平等交换》，汪尧田等译，对外经济贸易出版社1988年版，第250~253页。

远看，多发展一些农业、轻工业反而会使重工业发展得更好更快。虽然我国在"一五"期间没有出现苏联、东欧国家片面注重重工业的问题，但毛泽东还是强调要在重工业为主的基础上，适当调整重工业和农业、轻工业的投资比例，更多地发展农业、轻工业，使重工业的发展有坚实的基础，以使重工业发展得更快更好。

毛泽东的这些思想实际上是结合我国的情况，对马克思社会资本再生产理论中国化的探索和这种探索的重要成果。但是，在实际工作中，由于"一五"计划的超额完成，产生了急于求成的情绪，导致违反客观经济规律，致使国民经济建设出现重大困难，最终不得不对国民经济进行重大调整。正是在上述背景下，我国学术界从 20 世纪 50 年代末至 20 世纪 60 年代初，开始结合社会主义经济建设实践，深入研究马克思社会资本再生产理论，探索马克思社会资本再生产理论的具体化和中国化，并取得了一系列重要成果。

二、马克思社会资本再生产理论的中国化探索

我国学术界从 20 世纪 50 年代末至 20 世纪 60 年代初期，开始结合社会主义经济建设实践，深入研究马克思社会资本再生产理论。这一研究比较集中的是在如下三个方面：第一，用数学方法证明在扩大再生产中生产资料生产的优先增长是一个客观规律，以及发展第 I 部类的最高速度受到的限制；[1][2][3]第二，在肯定生产资料生产优先增长的前提下，将研究的重点放在具体化马克思的两大部类公式，即在两大部类公式的基础上，考虑到马克思进行社会资本再生产分析时所抽象掉的具体因素，仍然从产品的最终用途出发，将抽象的两大部类公式具体化为分部类公式。在分部类公式的基础上，研究再生

---

① 何祚庥、罗劲柏：《马克思主义再生产理论的数学分析（一）——为什么不断实现扩大再生产必须优先发展生产资料》，载于《科学通报》1957 年第 4 期。

② 何祚庥、罗劲柏：《马克思主义再生产理论的数学分析（二）——为什么不断实现扩大再生产必须优先发展生产资料》，载于《力学学报》1957 年第 5 期。

③ 何祚庥、罗劲柏：《马克思主义再生产理论的数学分析（三）——在实现扩大再生产时第一部类和第二部类所必须满足的上升比例关系，以及它们的经济意义的分析》，载于《力学学报》1958 年第 6 期。

产公式所反映的社会再生产的内在联系和不同扩大再生产途径下，社会再生产的各类实物量的比例关系，并将具体化的再生产公式与部门间产品生产、分配和使用平衡表结合起来；①② 第三，将我国在经济实践中采用的农业、轻工业和重工业的三大产业（部门）划分与马克思抽象分析社会资本再生产所创造的两大部类划分结合起来，使农业、轻工业和重工业内含于马克思的两大部类，在此基础上分析社会主义再生产的比例和速度的数量关系，分析规模扩大的再生产受到的制约③④⑤⑥这三个方面的探索，特别是后两个方面的探索，从不同视角在不同程度上实现了马克思社会资本再生产理论的具体化。其中，第二方面的探索在 20 世纪 70 年代末至 80 年代初，形成了在马克思经济学指导下，通过改造里昂惕夫的投入—产出分析，将改造后的投入—产出分析作为马克思社会资本再生产理论具体化的研究进路。但是，与此不同，刘国光教授的研究不仅注重将马克思社会资本再生产理论具体化，而且注重将这一理论中国化。这构成了刘国光研究马克思社会资本再生产理论的一个突出特点。

如前所述，马克思的社会资本再生产理论揭示了资本主义再生产的内在规律。这一理论原理在根据社会主义生产关系重新界定价值构成的基础上，对于社会主义经济同样是适用的。但是，由于马克思的社会资本再生产理论是在高度抽象的层次上展开的，在这个层次上展开的理论原理并不能直接运用于经济运行的具体层次。这就需要遵循马克思从抽象上升到具体的方法，

---

① 董辅礽：《试论社会必要产品和社会剩余产品的生产及其数量关系》，载于《中国经济问题》1963 年第 3 期。

② 董辅礽：《制造生产资料的生产资料生产增长更快的原因何在》，载于《学术月刊》1964 年第 7 期。

③ 这一时期对马克思社会资本再生产理论的研究，特别是关于生产资料生产优先增长、积累与消费的比例问题的研究文献众多。这里只是从其中与本文研究目的非常密切的视角作出的归纳。

④ 刘国光：《关于社会主义再生产发展速度的决定因素的初步探讨》，载于《经济研究》1961 年第 4 期。

⑤ 刘国光：《关于社会主义再生产比例和速度的数量关系的初步探讨》，载于《经济研究》1962 年第 5 期。

⑥ 刘国光：《决定扩大再生产速度的几个基本因素之间的数量关系——有关社会主义再生产速度公式的一个问题》，载于《江汉学报》1962 年第 3 期。

根据马克思经济学的基本原理和社会资本再生产理论所揭示的客观规律，将马克思的社会资本再生产理论具体化，具体化的重点是将马克思基于产品最终用途划分的社会生产两大部类在构成和内容上具体化。同时，根据社会主义经济建设的实践和客观要求，扩大最终产品的使用范围。通过扩大最终产品的使用范围，将马克思从理论上分析社会资本再生产过程所暂时抽象掉的具体因素，再引入到再生产分析。

在将马克思社会资本再生产理论具体化的研究进路上，刘国光的研究进路是将我国在实践中采用的农业、轻工业和重工业的部门划分与马克思的两大部类划分相结合，将农业、轻工业和重工业作为两大部类在经济现实中的具体化。刘国光在 1961 年的《关于社会主义再生产发展速度的决定因素的初步探讨》一文中，结合我国的实际情况指出：两大部类的比例关系，在实际生活中是通过农业、轻工业和重工业的关系来安排的。并认为，我们党"以农业为基础，以工业为主导"和"在优先发展重工业的条件下，实行工业和农业同时并举，重工业和轻工业同时并举"的方针，就是根据社会生产两大部类的内部联系提出来的。[①] 在《论积累对消费资料的需求，和消费资料的生产对积累的制约》[②] 与《关于社会主义再生产比例和速度的数量关系的初步探讨》[③] 两篇文章中，刘国光从国民收入的积累与消费相互制约关系的视角，说明了农业、轻工业和重工业与两大部类之间的内在联系。刘国光指出，为了阐明生产资料积累同消费资料生产之间的关系，需要解决一个方法论上的问题，就是如何利用两大部类划分的原理，并且结合农业、轻工业和重工业的关系，来考察国民收入中积累与消费的关系。由于积累基金中生产资料的积累部分，在价值上等于 $I(v + m) - IIc$，或者等于 $I(c + v + m) - (Ic + IIc)$，消费资料的生产在价值上等于 $II(c + v + m)$，这两者之和恰好等于当年生产的国民收入。所以，分析生产资料积累同消费资料生产之间的关系，实际上是就

① 刘国光：《社会主义再生产问题》，生活·读书·新知三联书店 1980 年版，第 57~58 页。

② 刘国光：《论积累对消费资料的需求，和消费资料的生产对积累的制约》，载于《中国经济问题》1962 年第 1 期。

③ 刘国光：《关于社会主义再生产比例和速度的数量关系的初步探讨》，载于《经济研究》1961 年第 4 期。

国民收入所包含的社会一年生产的最终产品的范围内，分析生产资料的生产即第Ⅰ部类的生产同消费资料的生产即第Ⅱ部类的生产之间的关系，也即两大部类之间的关系。从实物形态上看，积累的生产资料是由生产性基本建设、机器制造业的产品和其他间接生产积累的生产资料生产部门，包括建筑材料部门、冶金部门、动力部门、采掘部门等一系列重工业部门的产品构成的。这样，第Ⅰ部类可以看作是由生产性基本建设部门和重工业部门构成的。全部消费资料是由可以直接供个人消费或其他非生产消费的农产品、轻工业产品和非生产性基建产品，以及为生产消费资料间接提供原料和其他生产资料的产品构成的。这样，第Ⅱ部类基本上可以看成是由农业和轻工业部门构成的。①

刘国光明确指出，将农业、轻工业和重工业与两大部类结合起来的目的，是便于从农业、轻工业、重工业关系的角度来考察生产资料积累同消费资料生产之间的关系。② 就是说，在将两大部类具体化为农业、轻工业和重工业的条件下，从扩大再生产视角对两大部类之间和两大部类各自内部关系的分析，实际上是以农、轻、重三大产业部门之间和各产业部门内部的比例关系为具体内容的。例如，在分析社会主义再生产发展速度的决定因素时，刘国光认为，第Ⅰ部类内部的生产比例，不但影响第Ⅰ部类本身的发展速度，也会影响整个社会生产的发展速度。其中值得重视的主要比例关系是提供固定基金物质要素的部门（基本建设、设备制造部门）同提供流动基金物质要素的部门（原材料、燃料动力生产部门）之间的比例；原材料部门和加工部门之间的联系和比例；重点部门和一般部门的关系。③ 显然，这些关系都是重工业内部不同部门的关系。这就将第Ⅰ部类内部的生产比例关系具体化了。

马克思的社会资本再生产理论是以活动在生产领域、创造剩余价值和国民收入的产业资本为研究对象的，暂时抽象掉了非生产性领域。但是，在现实经济中，这些非生产领域与生产领域存在着密切的相互联系。结合我国经

①　刘国光：《社会主义再生产问题》，生活·读书·新知三联书店1980年版，第114～115页。
②　刘国光：《社会主义再生产问题》，生活·读书·新知三联书店1980年版，第115页。
③　刘国光：《社会主义再生产问题》，生活·读书·新知三联书店1980年版，第57～58页。

济建设的实际来具体化马克思社会资本再生产理论，需要将这些被抽象的因素再引入再生产分析。刘国光认为，社会生产规模的扩大，要求原有劳动者和新增劳动者的消费水平要有一定的提高，因此，要求非生产性的服务领域也要随之有适当的扩大。为此，刘国光根据马克思社会资本扩大再生产的基本条件，在两大部类与农业、轻工业和重工业相结合的基础上，提出了如下平衡公式：

$$P_1 = c_1 + v_1 + m_1 = (c_1 + c_2) + (\Delta c_1 + \Delta c_2)$$
$$P_2 = c_2 + v_2 + m_2 = (v_1 + v_2) + (\Delta v_1 + \Delta v_2) + h$$
$$P_1 + P_2 = P \tag{1}$$

其中 P 是全部社会产品，下标是部类，而 h 就是用来保证非生产领域人员和机构消费需要的社会产品部分。[①] 这部分产品是由农业和轻工业提供的。这样，刘国光就在坚持马克思生产劳动理论的前提下，将非生产性服务引入了再生产理论分析。

列宁根据马克思社会资本再生产理论原理，运用数理方法，提出了在技术逐年进步即资本有机构成不断提高的条件下，生产资料的生产增长最快的命题，这也就是生产资料优先增长规律。但是，列宁同时指出，不能脱离 II 部类单纯依靠制造生产资料的生产资料生产来增长，不能认为生产资料的生产可以完全不依赖消费品生产而发展，也不能说两者毫无关系，否则就是滥用公式。[②] 列宁的论述表明，第 I 部类的优先增长不是没有条件的，它最终会受到第 II 部类的制约。但列宁没有如论证生产资料优先增长那样，进一步给出这种制约的数理关系，这为从理论上探索这种制约关系提供了空间。

同时，在我国计划经济实践中，由于种种原因而急于求成，片面强调生产资料生产的优先增长，表现为片面强调重工业优先增长和追求过高的增长速度，造成经济建设中农业、轻工业和重工业的比例失调。这也迫切要求从理论与实践的结合上，探索生产资料优先增长条件下两大部类的制约关系。

---

① 刘国光：《社会主义再生产问题》，生活·读书·新知三联书店1980年版，第55页。
② 《列宁全集》第1卷，中共中央马克思恩格斯列宁斯大林著作编译局译，人民出版社1984年版，第64~68页。

在这一探索中，刘国光明确将生产资料优先增长条件下，两大部类之间的制约关系的本质，理解为国民收入中积累与消费的相互制约关系。这种制约关系具体体现在积累条件下农业、轻工业和重工业之间的关系上。因此，刘国光提出根据马克思两大部类划分的原理，结合农业、轻工业和重工业的关系，来考察国民收入中积累与消费的制约关系。① 围绕这一制约关系，刘国光根据马克思经济学基本原理，运用数理方法展开了深入的研究，分析了积累条件下农业、轻工业和重工业三大产业部门间的相互制约关系以及这三大产业部门与两大部类之间的内在联系，深入探讨了社会主义再生产发展速度的决定因素、再生产比例和速度的数量关系，特别是分析了积累对消费资料的需求和消费资料的生产对积累的制约，形成了较系统的具有中国特色的马克思主义社会总再生产理论，取得了马克思社会资本再生产理论中国化的重要成果，为发展马克思主义政治经济学的社会资本再生产理论做出了重要贡献。② 刘国光的贡献特别集中地体现在他关于扩大再生产条件下，积累与消费相互制约关系所作的分析。如前所述，这一关系无论在理论上还是在实践上，都是迫切需要解决的重大课题。

刘国光认为，在社会主义经济发展的客观过程中，再生产的速度和比例，在一定范围内，可以有不同的组合。一定时期中比例和速度的不同组合，又会对后续时期的比例和速度发生不同的影响。社会主义经济工作的任务是选择最恰当的比例方案，使社会主义经济能够高速、按比例发展。在各种可能的速度与比例的结合中，做出正确选择的前提是，正确认识速度和比例的不同组合有着客观必然联系，尤其重要的是正确认识、掌握速度和比例之间的数量关系：怎样的比例，必然引起怎样的速度；怎样的速度，又要求怎样的比例。为此，刘国光用马克思《资本论》第 2 卷第三篇扩大再生产第一例来说明社会产品和国民收入的生产增长速度的决定。根据这一例，刘国光从中归纳出如下社会总产品的净增长速度公式：

---

① 刘国光：《社会主义再生产问题》，生活·读书·新知三联书店 1980 年版，第 112～114 页。
② 刘国光：《社会主义再生产问题》，生活·读书·新知三联书店 1980 年版，第 27～97 页。

$$t_p = \frac{\Delta p_n}{p_{n-1}} = \frac{\Delta C}{p_{n-1}} \times \frac{\Delta p_n}{\Delta C} = \frac{\Delta C / p_{n-1}}{\Delta C / \Delta p_n} \tag{2}$$

令 $\alpha = \frac{\Delta C}{p_{n-1}}$，$\beta = \frac{\Delta C}{\Delta P_n}$，上式可以写为 $t_p = \frac{\alpha}{\beta}$。其中 α 是生产资料积累占基期社会产品总额的比重，即生产资料积累的相对潜力；β 是每增产一单位产品所需要的生产资料基金积累，即积累基金占用系数，n 是时期。t_p 与 α 成正比，与 β 成反比。由 $\Delta C = P_1 - c$（c 是两大部类消耗的生产资料）得到 $\alpha = \frac{P_1 - c}{P}$，即 α 与第 I 部类产品占总产品比重 P_1/P 正相关，与生产资料平均消耗系数 c/P 负相关。如果生产资料消耗系数不变，P_1/P 越大，α 越大，扩大再生产的速度也可以越大。但是，刘国光强调，P_1/P 的提高必然会对生产资料消耗系数和资金占用系数产生影响，因此，不能孤立地看两大部类比例结构。从长期看，有决定意义的是生产性固定基金投资在两大部类之间的分配比例。为考察生产资料积累方向对后期积累潜力的影响，可以将 α 变换成（3）式：

$$\alpha = \frac{C_1}{C} \times \frac{f}{f_1} - \frac{c}{P} = \alpha \times \frac{f}{f_1} - \frac{c}{P} \tag{3}$$

其中，$C_1/C(a)$ 是第 I 部类生产基金占全部生产基金的比重，f 和 f_1 分别是全社会和第 I 部类单位产品生产基金占用系数。为简化分析，仍然假定生产资料消耗系数和生产基金占用系数不受两大部类比例改变的影响。这样，生产资料积累的相对潜力就取决于 a 的变化。由于 a 大于社会原有生产基金中第 I 部类的比重 C_1/C，对提高再生产速度的影响只能持续一定时间，因此，如果要不断提高再生产的速度，就要不断提高 a 或生产资料积累基金中投入第 I 部类的比重。但是，积累基金投入第 I 部类的比重，有一个不可逾越的绝对极限。在正常情况下，a 不能大于 1，否则意味着第 II 部类维持简单再生产能力的缩减，而被移用于第 I 部类的扩大再生产。事实上，在社会再生产正常运行的情况下，不仅 a > 1，而且 a = 1 即全部生产资料积累基金都投入 I 部类，都是不能设想的。这是因为，在到达 1 这个绝对极限以前，a 会遇到自己的最高界限，即第 II 部类必要的扩大所需要的最低限度的积累。因此，不断提高是不可能的。不仅生产资料积累投入第 I 部类的份额会受到 II 部类设定的界限，而且用于积累的生产资料的生产，也会受到第 II 部类给予的限制。根据马克思再生产原理，扩大再生产所必要的积累，不但包括生产资料的积累，而且包括一定比例的消费资料的积累。这些都与第 II 部类产品的平衡有关，从而不能不涉及扩大再生产中劳动资源、劳动就业和消费水平问题。

为了说明用于积累的生产资料的生产，从消费资料方面会受到的限制，以及这一限制对再生产速度的影响，刘国光将就业和消费水平引入再生产分析，将现实中农业、轻工业和重工业三大产业部门与马克思的两大部类划分相结合，创造了内含农业、轻工业和重工业的两大部类再生产模型。用数理方法证明了用于积累的生产资料的生产，最终会受到农业和轻工业生产能力的限制，给出了列宁关于第 I 部类的优先增长最终会受到第 II 部类的制约的数理关系。

刘国光假定，全体就业劳动者都从事物质生产，非物质生产领域的需要已经作了必要的扣除，他们一年中生产的最终成果体现为用于当年消费和积累的国民收入，即全部消费资料和用于积累的生产资料。根据生产的最终成果，刘国光将全体劳动者划分为两类：一类是直接或间接生产消费资料的劳动者，即在农业、轻工业部门工作的劳动者，称为消费资料的生产劳动者，用 N'' 表示；一类是直接或间接生产用于积累的生产资料的劳动者，即在生产性基本建设部门、机器设备制造部门和建筑材料、冶金、动力等重工业部门工作的劳动者，称为积累的生产资料的生产劳动者，用 N' 表示。劳动者数量的这种划分将为消费资料的当年生产提供生产资料（主要是农业原料部门）的劳动者归入消费资料的生产劳动者，因此，同原来意义上的两大部类劳动者的划分在口径上略有不同。如果社会劳动力总资源为 N，则 $N = N' + N''$。

在上述假定下，刘国光从积累必须生产出可用于积累的生产资料，从而需要相应追加劳动力出发，论证了扩大再生产的规模和速度最终会受到消费资料的生产和消费的限制。这是因为，无论为扩大再生产而积累的生产资料的生产所需要追加的劳动者的来源如何，这些追加的劳动者的消费，都要从当年生产的消费资料中取得补偿。这也就是列宁所说的，"消费"是跟着"积累"或者跟着"生产"而发展的。① 换句话说，消费资料的生产，要在满足了直接、间接从事当年消费资料生产的劳动者的消费外，还必须有一个剩余以满足追加劳动者的消费需要。要做到这一点，最根本的条件，是消费资料的生产劳动者以最终产品即消费资料的产量来表现的平均劳动生产率，大于劳动者的平均消费水平。令消费资料的生产劳动者的劳动生产率为 h″，社会劳动者的平均消费水平为 i。则消费资料的年生产总额就等于 N″×h″，消费资料的生产劳动者的消费总额等于 N″×i；而消费资料生产部门可以提供的剩余消费资料就等于

$$N'' \times h'' - N'' \times i = N''(h' - i) \tag{4}$$

根据前述条件，能够从事生产积累的生产资料的劳动者人数 N′，可以用下式确定：

$$N' = \frac{N''(h - i)}{i} \tag{5}$$

上式表明，可以从事积累的生产资料的劳动者的人数，是受消费资料的生产劳动者的人数、他们的劳动生产率和社会劳动者的消费水平这样一些数量关系制约的。在社会劳动力总资源为一定的条件下，可以投入积累的生产资料生产的劳动者的人数，相对于消费资料的生产劳动者的人数的比率 N′/N″，从而前者的绝对数量 N′，就取决于消费资料生产部门超过劳动者自身消费的劳动生产率对平均消费水平的比率，即

$$\frac{N'}{N''} = \frac{h'' - i}{i} \quad \text{或} \quad N'i = N''(h'' - i) \tag{6}$$

这是判断两大部类比例和扩大再生产速度是否适度的标准。由上式，刘国光得出了一个十分重要的结论：通过提高 N′ 和 N′/N″ 来扩大生产资料积累的绝对潜力和相对潜力以促进再生产速度的提高，会受到 (h″ - i)/i 的限制，

---

① 《列宁全集》第1卷，中共中央马克思恩格斯列宁斯大林著作编译局译，人民出版社1984年版，第125页。

最终取决于消费资料部门超越劳动者自身消费需要的劳动生产率水平。正是在这个意义上，超越农业劳动者个人消费的农业劳动生产率，对于重工业和生产性基本建设的投资规模的确定，从而对于整个社会生产的发展来说，有不可忽视的重要意义。刘国光分别讨论了 $N'/N'' > (h'' - i)/i$ 和 $N'/N'' < (h'' - i)/i$ 这样两种典型情况。

如果出现 $N'/N'' > (h'' - i)/i$，意味着第 I 部类的生产规模，特别是其中为积累和扩大再生产而提供的生产资料生产的规模超过了消费资料生产所能负担的能力，特别是超过了农业现有劳动生产率所能承担的程度。这就需要调整两大部类的比例，以较多的劳动力资源充实消费资料及其原料部门即农业部门，并利用现有潜力来提高这些部门的劳动生产率，进一步发展消费资料生产。如果出现 $N'/N'' < (h'' - i)/i$，表明消费资料生产部门可以提供的剩余消费资料，能够容纳比现有规模更大的生产资料生产，生产潜力没有被充分利用，再生产比例同样是不恰当的，存在着进一步提高社会生产结构中第 I 部类的比重，从而提高再生产速度的可能。这些情况表明，生产资料积累的相对潜力，从而扩大再生产的速度，同消费资料的生产和消费水平之间，存在着紧密的数量联系。在社会主义经济建设中，计划安排生产资料积累的规模与再生产的速度时，不但要考虑第 I 部类的生产规模，特别是其中生产性基本建设部门和一系列重工业部门的生产规模，能够提供用于积累的生产资料的数量，而且要考虑这样的生产性建设和重工业发展规模，能否为消费资料的生产能力所承担，特别是农业中超越劳动者个人消费需要的农业劳动生产率水平所承担。

在此基础上，刘国光进一步引入消费资料的积累（ΔV）。在这种情况下，前述判断标准发展为：

$$N'i = N''(h'' - i) - \Delta V \tag{7}$$

刘国光将积累对消费资料的需求综合起来，给出了如下公式：

$$P' = \frac{P''(1 - e)}{a + b + \dfrac{1}{c} + d} \tag{8}$$

其中 P'、P''、a、b、c、d 和 e，分别是生产资料积累总额、当年生产的消费资料总额、直接参与积累的生产资料生产的劳动者报酬占其产品产值的比重、间接为积累的生产资料生产提供生产资料的劳动者的报酬占上述产品产值的比重、积累基金的平均系数、与生产资料积累规模扩大有关的非生产机构和人员的消费需求对生产资料积累规模的平均比率、消费资料生产劳动者的报酬占其产品总值的比重。公式表明，生产资料的积累规模受消费资料可供剩余以及与生产资料积累有关的各项消费资料需求系数的制约。

刘国光不仅分析了消费资料生产的负担能力和消费资料的必要积累对生产资料积累潜力的制约关系，证明了 a 有一个受第 II 部类生产的必要扩大所需最低限度投资决定的最高界限，而且采用数量方法，分析了生产资料积累在两大部类之间的投资比例对扩大再生产速度的影响。这实际上也是刘国光的国民收入和消费水平增长模型。根据刘国光的算例，可以将刘国光的分析用模型表示如下。

令劳动人口为 L，劳动人口增长率为 n，第 I 部类生产资料基金为 C_I，第 II 部类生产资料基金为 C_{II}，两大部类生产资料基金占用系数为 f_I 和 f_{II}，生产资料积累投资为 ΔC_I 和 ΔC_{II}，国民收入为 Y，其中表现为生产资料和消费资料的国民收入分别为 Y_m 和 Y_n，平均消费水平为 $X = Y_n / L$，增长率为 x，期初 t = 1，且 t > 10 为时间序列。于是可以构建如下国民收入和消费水平增长模型：

$$
\begin{cases}
L(t) = L(1) e^{nt} \\
C(t) = C_I(t) + C_{II}(t) \\
f_I(t) = f_{II}(t) \\
Y(t) = Y_m(t) + Y_n(t) \\
\Delta C(t) = \Delta C_I(t) + \Delta C_{II}(t) \\
X(t) = X(1) e^{xt}
\end{cases}
\tag{9}
$$

刘国光假定 t = 1 时，L(1) = 400，劳动人口以不变的速率 n = 0.01 增长，C I (1) = 400（单位 = 100，除 f 和 X，其余单位相同），C_{II}(1) = 1600，f_I(1) = f_{II}(1) = 2 且不变，Y_m(1) = 200，Y_n(1) = 800，ΔC_I(1) = 184，

$\Delta C_{II}(1)=16$，$X(1)=200$，$X(1)=X(t)e^{xt}$，消费增长速度 $x=0$，也即平均消费水平保持不变。这些假定是按下期劳动人口增长的最低限度的需要作出的，因此，第 1 年 a 就高达 0.92。在这些假定下，刘国光从期初 $t=1$ 计算到 $t=10$。国民收入环比增长率由第 2 年的 0.1 到第 10 年的 0.42。刘国光指出，尽管国民收入增长率持续提高，但是，在 10 年中劳动者的消费水平没有提高。从社会主义生产目的来看，这种情况是不合理的。这表明，生产与消费之间存在着矛盾：一方面，要使消费水平在近期有较大幅度的提高，就必须提高投入第 II 部类的积累比重，相应降低投入第 I 部类的积累比重；但这又会对以后时期生产资料积累潜力的进一步增长和以后时期的扩大再生产速度，产生限制，对未来人民生活水平的进一步提高，带来一定的限制。另一方面，消费水平的不断提高，只能建立在发展生产的基础上，从长期看，必须以建立雄厚的物质生产基础为前提。这首先要求以积累的较大份额投入第 I 部类，使生产资料的积累潜力和扩大再生产的规模更快增长，为消费资料生产规模的扩大提供更大的可能性。为了说明两大部类投资比例、扩大再生产速度和消费水平三者的相互制约关系，刘国光令

$$a(0,\ 0.1,\ 0.2,\ 0.3,\ 0.5,\ 0.7,\ 0.9),\ t=12$$

采用同样的经济增长模型和期初值进行数值运算，得到不同 a 值下扩大再生产的不同速度和与之相对应的不同的平均消费水平的时间序列数值。这些数值反映了两大部类间不同投资比例对扩大再生产速度和平均消费水平的不同影响。刘国光据此得出结论：a 的数值越大，生产资料积累潜力的增长速度和扩大再生产的速度也越大，未来消费水平也越高于低数值的平均消费水平，但超过低数值 a 的平均消费水平所需要的时间就越长。因此，生产资料积累在两大部类间的投资比例和扩大再生产速度的不同结合，在经济实质上反映的是劳动人民近期消费利益和将来时期消费利益之间的关系。为实现社会主义生产目的，必须权衡近期消费利益和远期消费利益，既不能只限于最近期的消费利益而将积累集中投入第 II 部类，使将来的再生产速度受到损害，从而不利于将提高消费水平；又不能将积累对提高消费水平的最终效果，寄托于过远的将来，而把积累集中投入第 I 部类，从而影响最近时期人民消费

水平的适当提高。刘国光认为，怎样权衡，使两者得到最恰当的结合，是一个有待于进一步从理论上进行探索的问题。这个问题的解决，除了必须考虑前面已经阐明的限制，还必须联系已经达到的社会主义生产力水平和人民消费水平，已经形成的社会生产结构以及一定时期社会主义国家的国内外政治条件和形势来考虑。

刘国光教授结合我国社会主义经济建设的实践，将马克思社会资本再生产理论的两大部类具体化为农业、轻工业和重工业三大产业部门，并从这个角度对两大部类的构成进行了微调；将两大部类之间的比例关系，具体化为农业、轻工业与重工业之间的比例关系，同时保持了马克思社会资本再生产理论的两大部类分析框架。刘国光的这种中国化的方法，不仅实现了马克思社会资本再生产理论的具体化，而且实现了这一理论的中国化，创造了中国化的马克思主义社会资本再生产理论，是对马克思主义政治经济学一个重大贡献。

三、若干思考

以上以刘国光教授为典型代表，回顾了马克思社会资本再生产理论的中国化探索过程和取得的成果。随着改革开放，我国的经济体制发生了根本性变化，集中的计划经济体制转型为社会主义市场经济体制。国民经济计划管理逐步被以总量调控为特征的宏观调控体系所代替，农业、轻工业和重工业及其相互关系的概念逐步退出了理论和政策视野。但是，以刘国光为代表的老一代马克思主义经济学家对马克思社会资本再生产理论的中国化探索不仅具有历史意义，而且具有重要的现实意义。

第一，发展马克思主义，使马克思主义与我国社会主义建设的具体实践相结合，首先必须坚持马克思主义。这就需要认真学习马克思主义，掌握马克思主义的理论体系。同时，必须深入了解我国社会主义实践提出的新问题，并用马克思主义原理进行分析与思考。离开坚持马克思主义，离开在马克思主义指导下对社会主义实践中新问题的思考，很难对发展马克思主义有所作为。

第二，在社会主义市场经济中，生产者之间彼此作为外人来对待的经济关系，决定了生产者的独立性与社会分工形成的生产者之间的相互依赖性的矛盾，以及生产者私人劳动与社会劳动之间的矛盾。这决定了按比例分配总劳动只能采取在价值规律自发作用下的市场竞争来实现。市场竞争是生产者在价格机制的引导下，采取"推测估计"（马克思语）的决策方式，利用私人劳动与社会劳动的矛盾实现自身利益最大化的过程。这一过程在促进生产力发展和技术创新的同时，不可避免地会造成社会再生产比例的周期性破坏。这就需要政府对国民经济进行必要的干预和调控。

根据马克思社会资本再生产理论，再生产的平衡条件包括总量与结构两个相互联系的方面，再生产比例的破坏集中表现为总量与结构的严重失衡。但是，流行的以凯恩斯国民收入决定的总量理论为基础的宏观调控体系，关注的只是总量的均衡与失衡。这类宏观调控体系从根本上说并不适合于社会主义市场经济。社会主义市场经济的宏观调控体系应当以马克思社会资本再生产理论为基础。在这个意义上，刘国光创造的内含农业、轻工业和重工业三大产业部门、总量—结构统一的具有中国特色的马克思主义两大部类再生产理论，对构建社会主义市场经济的宏观调控体系有重要现实意义。事实上，我国现时期形成的供给侧结构性矛盾和一个时期以来的"三农"问题，本质上是农业、轻工业和重工业三大产业及其产业内部失调的反映。

第三，马克思的社会资本再生产理论以创造国民收入的产业资本为分析对象，而排除了各类非产业资本。这体现了马克思的生产劳动思想。刘国光教授遵循了马克思分析社会资本再生产的这一原则，在研究中同样排除了不能创造国民收入的部门，并将这些部门对物质资料的需要作为创造国民收入的农业、轻工业和重工业三大产业部门的产出来分析。这就兼顾了国民收入创造部门与其他部门的再生产关系，也为正确处理生产（国民收入创造）与非生产（不创造国民收入）部门之间的关系提供了思路。

（原文发表于《当代经济研究》2019 年第 12 期）

中国的不平衡增长周期：基于马克思再生产理论的分析

齐　昊　潘忆眉　王小军[*]

一、引言

今年是中国共产党成立一百周年。百年前的中国积贫积弱，而百年后的今天，一个繁荣富强的中国屹立于世界东方。在中国共产党领导下，中华民族实现了从站起来、富起来到强起来的历史性飞跃，中国从一个贫穷落后的国家发展成为全球第二大经济体，社会生产力经历了举世瞩目的发展，人民生活水平发生了翻天覆地的变化。中国共产党带领中国人民取得的长期经济发展具有世界性意义，必将成为人类历史上极其宝贵的发展经验。随着第一个百年奋斗目标的实现，中国将进入新发展阶段，迈向全面建设社会主义现代化国家的新征程。站在"两个一百年"奋斗目标的历史交汇点回顾中国经济发展的规律和特征具有重要的理论和现实意义。为此，本文以中国长期发展过程中产业结构的周期性波动为关注点，探究其背后的政治经济学规律。

现有研究在总结中国产业结构演变时，大多强调1978年前后两大历史阶段在发展战略上的差别。其中，最显著的差别就是中国在计划经济时期采取了优先发展重工业的不平衡发展战略，而改革开放后采取了相对平衡的发展战略。有趣的是，以重工业和轻工业规模之比衡量，两大历史阶段产业结构不平衡的程度都呈现周期性波动，且周期的跨度在10～20年之间。图1用不

---

* 齐昊：中国人民大学副教授。潘忆眉：中国人民大学经济学院研究生。王小军：中国人民大学经济学院研究生。

同指标展示了这种波动。我们把产业结构不平衡程度的周期性波动定义为不平衡增长周期。纵观中国长期发展历程，以重工业更快增长为特征的不平衡增长反复出现，而这种不平衡增长又似乎难以持续，一段时期之后经济就会呈现非重工业更快增长的情况。这种周期具有怎样的规律？其背后的原因是什么？这是本文试图回答的问题。

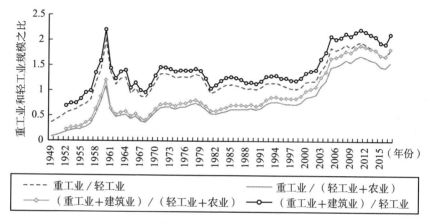

图1　行业总产值之比

资料来源：《新中国50年统计资料汇编》、历年《中国统计年鉴》以及作者估算。估算方法见本文第四部分。

马克思的社会总资本再生产理论为我们分析经济结构的周期性波动提供了理论基础。这一理论强调部类之间通过积累、分配和消费相互影响，价值实现要求部类之间生产结构和分配结构保持一定的比例。马克思的理论也为我们分析中国特色社会主义经济的增长与波动提供了可以借鉴的方法。在马克思理论的基础上，我们结合中国经济的制度特征建立了一个两部类再生产模型。对理论模型的分析说明，不平衡增长会提高经济未来的平衡增长率，但必然要求劳动报酬份额下降。在中国的情境中，无论在计划经济时期还是在市场经济时期，国家对重工业的增长都有强大的控制力，对工资分配也有较强的影响力。国家调节积累和分配的目标是双重的：国家既追求经济发展，也追求人民生活水平的提高。这一双重目标意味着，国家既要通过不平衡增长促进经济发展，也要促进人民收入与经济规模同步增长，避免劳动报酬份额下降。中国将人民生活水平提高作为经济发展的最终目的，而劳动报酬份额的下降一般意味着人民生活水平的提高落后于经济增长。为了让人民群众共享发展成果，国家会努力促使人民生活水平的提高速度赶得上经济增长速度。所以，当不平衡增长导致劳动报酬份额下降到一定程度时，国家会主动降低重工业增长目标，并促使劳动报酬份额回升。[①] 我们认为，正是不平衡增长对分配的影响与国家的双重目标共同导致了不平衡增长的周期性。

在中国长期发展历程中，产业结构的调整总是伴随着分配结构的演变，其背后是国家对发展经济和提高人民生活水平双重目标的权衡。早在 1956 年，毛泽东[②]在《论十大关系》中就阐明了重工业和轻工业、农业发展之间的辩证关系，提出要吸取苏联和一些东欧国家片面发展重工业、不重视轻工业和农业的教训。他指出："（加重农业和轻工业投资比例）一可以更好地供给人民生活的需要，二可以更快地增加资金的积累，因而可以更多更好地发展重工业。"在 20 世纪 60 年代初的国民经济调整时期，国家不仅压缩基本建设规模，恢复和加强农业生产，而且在 1962～1963 年间增加职工补助，提高了 40% 的职工的工资级别。改革开放初期，国家在大力发展农业和轻工业的同时，提高了粮食收购价格并推动了工资制度改革，使劳动报酬占国民收入的比重显著上升。2015 年以来，供给侧结构性改革重点着力解决重工业行业的"去产能"问题；与此同时，在"共享发展"理念的指引下，宏观政策集中力量创造就业机会，各地政府连续提高最低工资标准，使劳动报酬在国民收入中的占比保持稳定上升趋势。在论述"协调发展"理念时，习近平[③]指

---

① 我们认为劳动报酬份额是影响国家发展战略调整的因素之一。劳动报酬份额是初次分配中的重要指标，反映了劳动者与企业及国家之间的分配格局，也是人民生活水平相对于经济增长提高速度的主要影响因素。需要说明的是，在社会主义条件下，资本性收入也可以改善人民生活水平。主要有两种渠道：一是国家通过税收或企业上缴利润形成财政收入，用于各项民生支出；二是资本性收入由国家或企业进行积累，而积累在许多情况下有利于人民生活水平的提高。但是，前一种渠道受财政收入总量的限制，通常无法替代劳动报酬对人民生活水平的主要决定作用；后一种渠道只有经过数年之后才能见效，短期中积累仍然制约了人民生活水平的提高。

② 《毛泽东文集》第 7 卷，人民出版社 1999 年版。

③ 习近平：《深入理解新发展理念》，载于《求是》2019 年第 10 期。

出："协调是发展平衡和不平衡的统一，由平衡到不平衡再到新的平衡是事物发展的基本规律。平衡是相对的，不平衡是绝对的。强调协调发展不是搞平均主义，而是更注重发展机会公平、更注重资源配置均衡。"从中国长期发展的视角总结不平衡增长周期的规律和特征有利于理解中国经济当前所处的阶段，正确处理增长与分配的关系，促进经济以相对平稳的方式运行。

本文共分为五部分。第二部分讨论有关不平衡增长及其周期性的文献，并回顾近年来学界对马克思社会总资本再生产理论的发展与应用。第三部分建立两部类再生产模型，模型分为静态和动态两部分：静态部分用来严格定义不平衡增长，并解释不平衡增长的利弊；动态部分用来分析不平衡增长出现周期性的原因。第四部分是本文的经验研究部分，展示了关键变量的周期性，并用向量自回归方法分析了变量之间的相互影响。结果表明，劳动报酬份额上升会促使重工业增速上升，而重工业发展增速上升会抑制劳动报酬份额的上升，这为我们对不平衡增长周期的解释提供了证据。第五部分是结论。

二、文献综述

从经济结构视角考察经济增长及其波动是一个重要的理论研究角度，不同部门之间的相互联系与相互作用是影响经济增长及其波动的重要因素。这一思想深刻影响了许多国家的经济发展战略。根植于这一思想的生产资料优先增长理论和不平衡增长理论为近代以来许多国家的重工业优先发展战略提供了合理性。生产资料优先增长理论最早可追溯至马克思，他在《资本论》第 1 卷中论述了资本有机构成随资本主义发展而不断提高，不变资本比可变资本增长更快的观点。列宁进一步论证和发展了马克思的理论，并结合当时俄国的环境，提出要在俄国优先发展重工业的思想。费尔德曼、马哈拉诺比斯、多马提出的社会主义增长模型（Feldman – Mahalanobis – Domar 模型，简称 FMD 模型）也体现了重工业优先发展的思想[1]。另一个支持重工业优先发

---

[1]　多马：《经济增长理论》，郭家麟译，商务印书馆 1983 年版。余永定：《从 FMD 模型到社会主义经济增长模型》，载于《世界经济》1982 年第 12 期。

展战略的理论来源于二战后兴起的结构主义思潮①。与 Rosenstein – Rodan② 等的"大推动"平衡增长理论相反，赫希曼③提出的不平衡增长理论认为，发展实际上是一种不平衡的连锁演变过程。他主张集中有限资源优先发展关联度高的产业，充分发挥产业互补性和外部性以带动经济的快速发展。优先发展重工业是能够实现利益最大化的选择。中国学者姚洋和郑东雅④基于重工业比轻工业更具技术和金融外部性的观点，阐明了一定时期内实行重工业优先发展战略的合理性。

同样根植于结构分析的视角，中国经济学界对经济结构与经济周期之间的关系展开了一系列研究。这些研究与本文的关注点密切相关。国内早期研究主要通过描述性统计分析产业结构变动与经济周期波动的相互影响。其中，马建堂⑤、张新华⑥等发现轻工业比例一般在扩张阶段下降，收缩阶段上升，重工业则相反。马建堂认为投资波动会引起投资品生产和建筑部门的扩张或收缩，进而引起周期波动，投资波动又是传统体制下强烈的投资冲动与失衡的产业结构交替作用的结果。张新华指出，在传统社会主义经济中，投资结构一般有"重型化"趋势，而当结构失衡严重影响经济增速时，国家会抑制重工业投资。随着计量方法的普及，学界对周期与结构之间的关系进行了更为精确的分析。孙广生⑦、赵旭杰和郭庆旺⑧研究了三大产业对经济周期波动的影响，分别从产值和投资数据以及劳动力市场数据入手，发现第二产业对

---

①　林晨、陈斌开：《重工业优先发展战略对经济发展的长期影响——基于历史投入产出表的理论和实证研究》，载于《经济学（季刊）》2018 年第 2 期。

②　Rosenstein – Rodan, P. N. Problems of Industrialisation of Eastern and South – Eastern Europe. *The Economic Journal*, 1943, 53 (210 – 211): 202 – 211.

③　赫希曼：《经济发展战略》，曹征海、潘照东译，经济科学出版社 1991 年版。

④　姚洋、郑东雅：《重工业与经济发展：计划经济时代再考察》，载于《经济研究》2008 年第 4 期。

⑤　马建堂：《周期波动与结构变动》，湖南教育出版社 1990 年版。

⑥　张新华：《经济波动中的产业结构变化》，载于《管理世界》1988 年第 2 期。

⑦　孙广生：《经济波动与产业波动（1986～2003）——相关性、特征及推动因素的初步研究》，载于《中国社会科学》2006 年第 3 期。

⑧　赵旭杰、郭庆旺：《产业结构变动与经济周期波动——基于劳动力市场视角的分析与检验》，载于《管理世界》2018 年第 3 期。

经济周期波动具有显著影响，制造业和建筑业是推动经济周期波动的主要来源。干春晖等[①]认为产业结构合理化和高级化进程对经济增长的影响有明显的阶段性特征。龚刚和林毅夫[②]利用投资优化模型证明了过度投资会造成生产能力过剩，政府宏观调控之后又会造成经济波动，使中国经济陷入"缩长"的失衡局面。龚刚和高阳[③]在此基础之上引入价格方程，证明经济的稳定（价格行为）和非稳定机制（投资行为）共同引起了经济波动。袁江和张成思[④]认为强制性技术变迁是造成经济不平衡结构的重要因素。陈璋和黄彪[⑤]认为引进式技术进步造成高低端两部门结构不平衡，与 GDP 一同呈现周期性变化，且中国高速增长离不开这种不平衡增长方式。此外，一些研究对历史上两大工业发展规模及速度、每一阶段增长战略转变的具体原因进行了定性分析[⑥][⑦]，另一些研究就轻重工业比例协调问题进行了定性分析[⑧]或定量分析[⑨]。

　　我们还关注到，已有研究大多依据新古典经济学方法进行分析，应用马克思社会总资本再生产理论的研究相对较少。但事实上，马克思社会总资本再生产理论对本文的关注点有重要指导意义。马克思的理论说明，社会总资本再生产运动的核心问题是社会总产品的实现问题，这就产生出总量分析和结构分析的必要性。马克思以最终经济用途把社会总产品划分为生产资料和消费资料两大部类进行考察。具体到实际应用中，马克思的划分一般对应于

①　干春晖、郑若谷、余典范：《中国产业结构变迁对经济增长和波动的影响》，载于《经济研究》2011 年第 5 期。

②　龚刚、林毅夫：《过度反应：中国经济"缩长"之解释》，载于《经济研究》2007 年第 4 期。

③　龚刚、高阳：《理解商业周期：基于稳定和非稳定机制的视角》，载于《经济研究》2013 年第 11 期。

④　袁江、张成思：《强制性技术变迁、不平衡增长与中国经济周期模型》，载于《经济研究》2009 年第 12 期。

⑤　陈璋、黄彪：《"引进式技术进步方式"下的中国经济增长与不平衡结构特征》，载于《经济理论与经济管理》2013 年第 3 期。

⑥　简新华：《论中国的重新重工业化》，载于《中国经济问题》2005 年第 5 期。

⑦　武力、温锐：《1949 年以来中国工业化的"轻、重"之辨》，载于《经济研究》2006 年第 9 期。

⑧　杨坚白：《试论农业、轻工业、重工业比例和消费、积累比例之间的内在联系（下）》，载于《经济研究》1962 年第 1 期。

⑨　邓宏图、徐宝亮、邹洋：《中国工业化的经济逻辑：从重工业优先到比较优势战略》，载于《经济研究》2018 年第 11 期。

重工业和轻工业①。近年来，马克思主义政治经济学相关研究不断涌现，给本文所研究的问题带来一系列启示。朱殊洋②以马克思扩大再生产动态均衡模型为基础建立了一个双线性状态方程，以最优控制方法将状态方程与社会福利最大化目标结合，推导出两大部类积累率的计算公式。李海明和祝志勇③将马克思扩大再生产实现条件作为资本家进行资本积累的一般均衡约束，并把资本积累引入资本家偏好中，构造最优化问题。崔晓露④引入部类优先增长系数，考察两大部类增速的不同情况，讨论两大部类的积累率以及增长速度之间互相影响和制约的关系。冯金华和孟捷⑤利用两部类再生产图式，对投资品部类自主积累和增长的边界条件进行考察，指出存在投资品部类单独积累和增长的可能性。此外，马克思社会总资本再生产理论对卡莱茨基的理论有较大影响。Fujita⑥构建了一个两部门卡莱茨基模型，分析了多种需求体制的存在可能性。本文所建立的模型在不同方面借鉴了以上研究成果，并根据本文的主题对模型进行了扩展。

综上，已有研究主要关注产业结构变动与经济周期的关系，产业结构又偏重三大产业划分，涉及本文不平衡增长周期性的研究较少。在不平衡增长的背后，产业结构周期与分配结构波动具有怎样的关系，仍是有待研究的重要问题。以下，本文从国家的双重目标出发，考察中国经济结构变动的内在逻辑，运用经过扩展的马克思两部类再生产模型研究中国的不平衡增长情况，并用经验方法刻画中国不平衡增长的周期性波动。

――――――――――――

① 杨坚白：《试论农业、轻工业、重工业比例和消费、积累比例之间的内在联系（上）》，载于《经济研究》1961年第12期。

② 朱殊洋：《两大部类最优均衡积累率的确定——基于马克思双线性模型的考察》，载于《探求》2008年第5期。

③ 李海明、祝志勇：《扩大再生产的动态最优模型——马克思经济增长理论的一个解说》，载于《经济科学》2012年第6期。

④ 崔晓露：《两部门扩大再生产模型探讨——基于马克思社会再生产理论》，载于《经济问题》2013年第5期。

⑤ 冯金华、孟捷：《投资品部类的自主积累和增长在何种条件下是可能的——基于马克思再生产图式的考察》，载于《中国经济问题》2019年第4期。

⑥ Fujita. Mark-up Pricing, Sectora Dynamics, and the Traverse Processina Two – Sector Kaleckian Economy. *Cambridge Journal of Economics*, 2019, 43 (3)：465 – 479.

三、基于马克思社会总资本再生产理论的两部类模型

（一）模型设定

首先需要说明，我们把不平衡增长周期视为一种中期波动。在这种波动中，生产能力可以随着积累而变化，分配结构也可以通过国家干预进行调整。[1] 这种波动不同于短期波动，它抽象掉了价格波动和产能利用率波动的问题，假设每个部类都满足了价值实现条件；它也不同于长期波动，即由于重大技术创新、利润率动态、制度演变等因素引起的长达 30~50 年的波动。

我们在马克思两部类再生产模型的基础上进行了调整和扩展。分配结构与产业结构之间的协同演进是我们对中国经济长期历史的一个观察，也是本文试图在理论和经验上进行分析的研究假说。两部类框架可以揭示分配结构和产业结构之间的关系及其对增长的影响。[2] 我们假设，经济中存在两个部类（部类 I 和部类 II），分别生产两种产品（产品 1 和产品 2）。每个部类的产品都可以用作生产资料，但只有产品 2 可以用作消费资料。令部类 I 和部类 II 的产品数量分别为 X_1 和 X_2。不考虑固定资本，生产 1 单位产品 1 需要投入 a_{11} 单位的产品 1 和 a_{21} 单位的产品 2，还需要投入 l_1 单位的活劳动；生产 1 单位产品 2 需要投入 a_{12} 单位的产品 1 和 a_{22} 单位的产品 2，还需要投入 l_2 单位的活劳动。部类 I 和部类 II 在净产品意义上的劳动生产率分别为 q_1 和 q_2，产品价格分别为 p_1 和 p_2。由于我们假设产品 2 既可用作消费资料，也可用作生产资料，所以，以部类 I 为例，生产既需要投入产品 1 用作生产资料（$p_1 a_{11} X_1$），也需要投入产品 2 用作生产资料（$p_2 a_{21} X_1$）。根据以上定义，可得两部类产

---

[1]　后凯恩斯主义经济学家 Skott（1989）曾将经济波动时期划分为"超短期"（对应价格调整）、"短期"（对应产出调整）和"长期"（对应生产能力调整）。我们所说的中期波动相当于 Skott 所说的"长期"。

[2]　本文没有采用古德温模型等古典单部门模型（Goodwin，1967；Foley et al.，2018）。此类模型的特点之一是利润直接转化为积累，从而抽离了价值实现问题。这也是一些后凯恩斯主义经济学家认为此类模型不考虑"有效需求"的原因（Lavoie，2014；Skott，1989）。要明确考虑价值实现和再生产条件，有必要引入马克思社会总资本再生产的分析框架。

品总产值的表达式:

$$p_1X_1 = p_1a_{11}X_1 + p_2a_{21}X_1 + p_1l_1X_1q_1 \qquad (1)$$

$$p_2X_2 = p_1a_{12}X_2 + p_2a_{22}X_2 + p_2l_2X_2q_2 \qquad (2)$$

以上模型设定意味着存在 $q_1 = \dfrac{1 - a_{11} - a_{21}p_2 / p_1}{l_1}$ 和 $q_2 = \dfrac{1 - a_{12}p_1 / p_2 - a_{22}}{l_2}$,
说明劳动生产率的提高可以由单位产品生产资料投入的减少所引起,也可以由单位产品劳动投入的减少所引起。如果中间投入系数和产品价格不变,那么 q_1l_1 和 q_2l_2 也都保持不变。[①] 令 Y_1 和 Y_2 分别为两部类的净产值:

$$Y_1 = p_1l_1X_1q_1 \qquad (3)$$

$$Y_2 = p_2l_2X_2q_2 \qquad (4)$$

我们的模型设定与马克思经典两部类模型主要有六处不同。这些不同在本质上继承或扩展了马克思的模型,使两部类模型更贴近本文所关注的现实问题,并对下文的模型分析起到了简化作用。

其一,马克思模型中只有产品 1 可以用作生产资料,即 $a_{21} = a_{22} = 0$,而我们假设产品 2 也可以用作生产资料,即 $a_{21} \geq 0$ 且 $a_{22} \geq 0$。同时,我们保留了马克思经典模型中两部类的不对称性,产品 1 只能用作生产资料,不能用作消费资料。引入这一新假设主要是因为本研究讨论的是一个现实问题;在现实中,有许多产品属于既可用作生产资料,也可用作消费资料的情况,例如汽车、煤炭、粮食等。这种做法在文献中也有先例(多马,1983;Fujita,2019)。虽然引入新假设会使模型稍显复杂,但也增强了模型的现实性。马克思的经典模型以资本主义经济为背景,但在社会主义计划经济或社会主义市场经济条件下,各部门之间也存在投入产出关系,因而也适用两部类模型。

其二,马克思通常假设资本有机构成和剩余价值率保持不变,而我们假

---

① 我们可以根据模型设定表现马克思的资本有偏型技术进步。该技术进步方式具有两个特点:一是资本有机构成提高,二是劳动生产率提高。以部类 I 为例,其资本产出比表示为 $\dfrac{a_{11} + a_{21}p_2 / p_1}{l_1q_1}$。因此,在给定分配情况下,资本有偏型技术进步的特点表现为:a_{11} 或 a_{21} 上升,但同时 l_1 以更大幅度下降,乃至抵消了生产资料投入系数上升的影响,从而在 l_1q_1 下降的情况下使 q_1 上升。

设两部类中间投入与净产值之比保持不变。以 C 代表不变资本，V 代表可变资本，S 代表剩余价值，该假设用马克思的表述方式即 C/(V + S) 保持不变，而马克思通常假设 C/V 和 V/S 不变。由马克思的假设也可得到 C/(V + S) 保持不变。因此我们的假设比马克思的假设更为宽泛，是马克思假设的必要非充分条件。① 从适用性来说，C/(V + S) 反映了实际生产过程中生产资料转移价值和活劳动之间的一种技术关系。这一假设也能得到既有文献的支持。例如，以马克思理论为基础的 FMD 模型②、古德温模型③都采取了类似的假设；后凯恩斯主义经济学中的增长与分配模型也通常假设技术性的资本产出比保持不变④。

其三，马克思假设两部类剩余价值率相等，而我们假设两部类劳动报酬份额相等。劳动报酬份额是工资总额占净产值的比重，而工资总额不仅包括初始可变资本，还包括当年追加的可变资本，用马克思的表示方式即 (V + ΔV)/(V + S)。马克思的经典模型通常假定两部类剩余价值率相等，即 S/V 相等。由于马克思区分了初始可变资本 V 和追加可变资本 ΔV，而统计上的劳动报酬是指一年中全部劳动报酬，即 V + ΔV，因此两部类劳动报酬份额相等并不等同于两部类剩余价值率相等。采取这一假设原因有二。一方面，劳动报酬份额能直接用统计数据衡量，是国家调整发展战略直接参考的变量；而剩余价值率需要对统计数据进行加工才能得到，且没有直接的政策影响。另一方面，如果坚持假定两部类剩余价值率相等，模型将会更为复杂。这是因为，假设剩余价值率相等则无法保证两部类劳动报酬份额相等，有关劳动报酬份额的变量就要从 1 个（两部类统一的劳动报酬份额）增加为 2 个（两部类各自的劳动报酬份额）。为了使模型更为简洁直观，我们采用了两部类劳动报酬份额相等的假设。我们令两部类的劳动报酬份额都为 w，工人储蓄率

---

① 从下文的分析将会看出，作出这一假设的原因主要是模型将分配变量视为内生变量，而如果假设剩余价值率不变的话，那么分配内生就无从谈起了。

② 多马：《经济增长理论》，郭家麟译，商务印书馆 1983 年版。

③ Goodwin, R. M. A Growth Cycle. in C. H. Feinstein, eds., *Socialism*, *Capitalism and Economic Growth*, Cambridge：Cambridge University Press, 1967.

④ Lavoie, M. *Post – Keynesian Economics*：*New Foundations*. Cheltenham：Edward Elgar, 2014.

为 s_w。[1]

其四，马克思假设每个部类的剩余价值只能在本部类内部积累，而我们假设两部类的剩余价值可以通过计划系统或金融系统实现跨部类积累。也就是说，每个部类的追加资本不受本部类剩余价值的限制，但两部类追加资本总额受剩余价值总额的限制。采用这一假设主要是因为不平衡增长必然涉及资源向某个部类的集中；如果无法实现跨部类积累，某个部类优先发展就无从谈起了。并且，这一假设与现实是相符的：在现实的计划经济中，国家可以通过资金、物资和劳动力的调配实现剩余跨部类转移积累；在现实的市场经济中，金融系统通过市场机制也起到了类似的作用。

其五，马克思假设存在资本家消费，我们不考虑资本家消费。但根据中国的实际情况，我们假设对两部类产品都存在外生需求。这一需求可以是国家支出，也可以是净出口，还可以是某个社会群体的奢侈型消费。令外生需求占两部类净产值的比重分别为 s_1 和 s_2。设定外生需求是为了使模型更加贴合实际，使模型能考虑除劳动者消费和投资以外的其他需求形式。

最后，马克思在模型中直接使用价值量，或者说马克思假设产品价格与价值成比例，而本模型全部为价格量。模型不对产品价格与价值的关系进行限定，价格可以由于计划经济下的价格剪刀差或由于市场垄断而偏离价值。设定这一假设是为了简化分析，避免涉及价格量与价值量存在差别的问题。这一假设在本质上与马克思并不矛盾。马克思在讨论社会总资本再生产时同样未涉及价格量与价值量存在差别的问题。我们进一步假设，两部类贸易条件 $p = p_1/p_2$ 是一个保持不变的模型参数。[2]

两部类要在给定价格下实现供求平衡，需要满足扩大再生产的必要条件，即 $p_2 a_{21} X_1 + p_1 l_1 X_1 q_1 > p_1 a_{12} X_2$。并且，任何一个部类追加的产品 1 不能超过 $p_1 a_{21} X_1 + p_1 l_1 X_1 q_1 - p_1 a_{12} X_2$，否则另一部类将无产品 1 可供追加。从部类平衡

---

① 需要说明的是，本文在模型部分用工资总额的概念，但在经验研究部分我们考虑了农业，因此经验研究部分的劳动报酬是工人工资和农民务农收入之和。

② 当出现技术进步或有关价格的政策发生变化时，两部类贸易条件就会变化。这种参数变化可以通过比较静态分析判断其对模型内生变量的影响。

来看，对产品 1 的需求来自三个方面：两部类简单再生产需要补偿的用作生产资料的产品 1；两部类追加的用作生产资料的产品 1（分别为 ΔC_{11} 和 ΔC_{12}）；对产品 1 的外生需求。对产品 2 的需求来自四个方面：两部类简单再生产需要补偿的用作生产资料的产品 2；两部类追加的用作生产资料的产品 2（分别为 ΔC_{21} 和 ΔC_{22}）；两部类工人对消费资料的需求；对产品 2 的外生需求。两部类的供求平衡条件分别为：

$$p_1 X_1 = p_1 a_{11} X_1 + p_1 a_{12} X_2 + \Delta C_{11} + \Delta C_{12} + s_1 Y_1 \tag{5}$$

$$p_2 X_2 = p_2 a_{21} X_1 + p_2 a_{22} X_2 + \Delta C_{21} + \Delta C_{22} + w(1 - s_w)(Y_1 + Y_2) + s_2 Y_2 \tag{6}$$

令 $x = \dfrac{pX_1}{X_2}$，该变量反映了产业结构。由于中间投入系数和产品价格不变，所以，令 $\Delta C_{21} = \dfrac{p_2 a_{21}}{p_1 a_{11}} \Delta C_{11}$，$\Delta C_{22} = \dfrac{p_2 a_{22}}{p_1 a_{12}} \Delta C_{12}$。令 $\dfrac{\Delta C_{11}}{p_1 a_{11} X_1} = g_1$，$\dfrac{\Delta C_{12}}{p_1 a_{12} X_2} = g_2$。$g_1$ 和 g_2 这两个变量可以分别代表部类 I 和部类 II 的总产值增速。（5）式和（6）式结合（1）式和（2）式，经过化简可得：

$$a_{21} \frac{x}{p} + l_1 q_1 x(1 - s_1) = pa_{12}(1 + g_2) + a_{11} x g_1 \tag{7}$$

$$pa_{12} + l_2 q_2 \left[1 - s_2 - w(1 - s_w) \right] = a_{21} \frac{x}{p}(1 + g_1) + a_{22} g_2 + w(1 - s_w) l_1 q_1 x \tag{8}$$

给定产业结构、贸易条件和投入系数，（7）式和（8）式存在 g_1、g_2 和 w 三个内生变量。求解内生变量需要增加一个条件。以下我们说明两种增加条件的方式，这两种方式分别对应平衡增长和不平衡增长。

（二）平衡增长

平衡增长是指两部类以相同的速度增长。在平衡增长的状态下，两部类的总产值也以同样的速度增长，因此 x 保持不变。两部类的净产值、可变资本和剩余价值都以相同的速度增长。平衡增长需要满足的条件是：

$$g_1 = g_2 = g_b \tag{9}$$

其中 g_b 为平衡增长率。根据（7）式和（9）式可得：

$$g_b = \frac{a_{21}\dfrac{x}{p} + l_1 q_1 x(1 - s_1) - pa_{12}}{a_{11}x + pa_{12}} \tag{10}$$

在满足扩大再生产必要条件的情况下，$g_b > 0$。令平衡增长情况下劳动报酬份额为 w_b。由（8）式和（10）式可得：

$$w_b = \frac{pa_{12} + l_2 q_2(1 - s_2) - a_{21}\dfrac{x}{p} - \left(a_{21}\dfrac{x}{p} + a_{22}\right)g_b}{(1 - s_w)(l_1 q_1 x + l_2 q_2)} \tag{11}$$

我们用马克思的经典数值例子对平衡增长的存在性进行验证。这一数值例子相当于 $s_1 = s_2 = s_w = a_{21} = a_{22} = 0$ 的情况。第一年的情况表示为：

$$\text{I}.\ 4000c + 2000y = 6000$$
$$\text{II}.\ 1500c + 1500y = 3000$$

由于劳动报酬份额在模型中是内生变量，因此以上等式中净产值是一个整体 y。根据（10）式和（11）式计算可得 $g_b = 0.091$，$w_b = 0.857$。令 W 代表工资总额，它是原有可变资本与追加可变资本之和。第一年的情况可重新表示为：

$$\text{I}.\ 4000c + 1714W + 286\Delta c = 6000$$
$$\text{II}.\ 1500c + 1286W + 214\Delta c = 3000$$

两部类用于追加不变资本的积累基金总计 500，其中部类 I 追加不变资本为 364，部类 II 追加不变资本为 136。这里每个部类的积累与本部类剩余价值不相等，但积累总额与剩余价值总额相等。由于中间投入与净产值之比不变，所以第二年情况变为：

$$\text{I}.\ 4364c + 2182y = 6546$$
$$\text{II}.\ 1636c + 1636y = 3272$$

所有参数均未变化，因此第二年的平衡增长率和劳动报酬份额都保持不变，整个经济将保持平衡增长率持续增长下去。

（三）不平衡增长

平衡增长并不是国家最优的选择。首先，当经济处于工业化的初级阶段时，x 比较小，平衡增长只能维持而不能发展产业结构，无法实现工业化。并且，当 x 非常小时，会出现不满足扩大再生产必要条件的情况，导致 $g_b < 0$，此时平衡增长显然是无从着手的。其次，由（10）式可以证明，当 x 越高时，对应的 g_b 就越高。如果国家希望在未来达到一个更高的平衡增长率，那么就会在发展的初级阶段选择偏离平衡增长。再次，不平衡增长会导致两部类增长率都上升，[①] 因此它是一种更为有效的稳增长政策，也更有利于实现高速经济增长。所以，即使在经济已经完成工业化的情况下，当经济遭受负面冲击因而国家需要稳增长时，不平衡增长也可能出现。

按照 g_1、g_2、g_b 三者之间的关系，我们区分经济增长的三种状态。第一，当 $g_1 > g_b$ 时，经济处于不平衡增长状态。为了实现工业化或是提高未来的平衡增长率，国家优先发展部类 I，选择 $\overline{g}_1$ 作为部类 I 的目标增长水平，且 $\overline{g}_1 > g_b$。两部类供求平衡条件（7）和（8）只剩 g_2 和 w 两个内生变量。可以证明，当 $\overline{g}_1 > g_b$ 时必然有 $g_2 < g_b$。第二，当 $g_1 = g_b$ 时，经济处于平衡增长状态，这种状态是不平衡增长的参照基准。第三，当 $g_1 < g_b$ 时，经济处于优先发展部类 II 的状态。这种状态的出现是因为不平衡增长不能持续（下文将讨论不能持续的原因），国家对产业结构进行调整。在这种状态中，国家仍然选择部类 I 的增长目标 $\overline{g}_1$，但 $\overline{g}_1 < g_b$。同样，两部类供求平衡条件决定 g_2 和 w。可以证明，当 $\overline{g}_1 < g_b$ 时必然有 $g_2 > g_b$。

当国家外生给定 $\overline{g}_1$ 时，（7）和（8）变为：

$$a_{21}\frac{x}{p} + l_1 q_1 x(1 - s_1) = pa_{12}(1 + g_2) + a_{11} x \overline{g}_1 \tag{12}$$

$$pa_{12} + l_2 q_2 [1 - s_2 - w(1 - s_w)] = a_{21}\frac{x}{p}(1 + \overline{g}_1) + a_{22} g_2 + w(1 - s_w) l_1 q_1 x \tag{13}$$

得到 g_2 和 w 的表达式：

$$g_2 = \frac{a_{21}\dfrac{x}{p} + l_1 q_1 x(1 - s_1) - a_{11} x \overline{g}_1}{pa_{12}} - 1 \tag{14}$$

---

① 见图 2 数值模拟结果。

$$w = \frac{pa_{12} + l_2 q_2 (1 - s_2) - a_{21} \dfrac{x}{p}(1 + \bar{g}_1) - a_{22} g_2}{(1 - s_w)(l_1 q_1 x + l_2 q_2)} \tag{15}$$

由上式可以看出，只要 $\bar{g}_1$ 不超过一定点，g_2 就为正，且 $\bar{g}_1$ 越大，g_2 就越小。[①]

以下我们仍然用马克思的数值例子对优先发展部类 Ⅰ 的可能性进行验证。在这一例子中，$\bar{g}_1$ 不能超过 0.125 的最高限，[②] 也不能低于平衡增长率 0.091，因此我们假设国家设定的部类 Ⅰ 增速目标为平衡增长率和最高限的均值 0.108。根据（14）式得到 $g_2 = 0.045$。在数值例子中，由于 $a_{21} = a_{22} = 0$，所以劳动报酬份额不受国家政策目标的直接影响，[③] 可得 $w = 0.857$。两部类用于追加不变资本的剩余价值仍然是 500，但其中部类 Ⅰ 追加不变资本为 432，部类 Ⅱ 追加不变资本为 68。第二年情况变为：

$$Ⅰ. 4432c + 2216y = 6648$$

$$Ⅱ. 1568c + 1568y = 3316$$

在第二年，反映产业结构的变量 x 从 2 提高至 2.120，导致平衡增长率从 0.091 上升至 0.108，劳动报酬份额从 0.857 下降至 0.829。$\bar{g}_1$ 的上限从 0.125 上升为 0.146。假设此时国家仍然把部类Ⅰ增速目标设定为平衡增长率和最高限增长率的均值，则增速目标从 0.108 上升为 0.127，g_2 从 0.045 上升为 0.054。

图 2 以马克思的数值例子作为初始情况，分别模拟了优先发展部类 Ⅰ 和优先发展部类 Ⅱ 两种情况。在优先发展部类 Ⅰ 的情况中，我们假设国家根据平衡增长率和最高限增长率的均值设定部类 Ⅰ 的增速目标。可以看到，不平衡增长提高了部类 Ⅰ 在经济中的比重，使平衡增长率上升，劳动报酬份额下降。在优先发展部类 Ⅱ 的情况中，我们假设国家根据 0.9 倍的平衡增长率设

[①] 根据（14）式和（15）式可分析资本有偏型技术进步对部类Ⅱ增速和劳动报酬份额的影响。假定资本有偏型技术进步表现为 a_{11} 上升、l_1 下降、q_1 上升、$l_1 q_1$ 下降。可知，部类Ⅱ增速会下降，劳动报酬份额会上升。但动态来看，部类Ⅱ增速下降会提高 x，最终导致劳动报酬份额下降。

[②] 如果部类Ⅰ的增速为 0.125，那么部类Ⅰ追加的不变资本为 500，而全部可追加的生产资料价值为 500，此时部类Ⅱ的增速为 0。因此，0.125 是部类Ⅰ增速的最大值。

[③] 但在动态过程中，不平衡增长会导致产业结构重工业化程度提高，要求劳动报酬份额下降。

定部类Ⅰ的增速目标。此时，部类Ⅰ的比重下降，平衡增长率下降，劳动报酬份额上升。

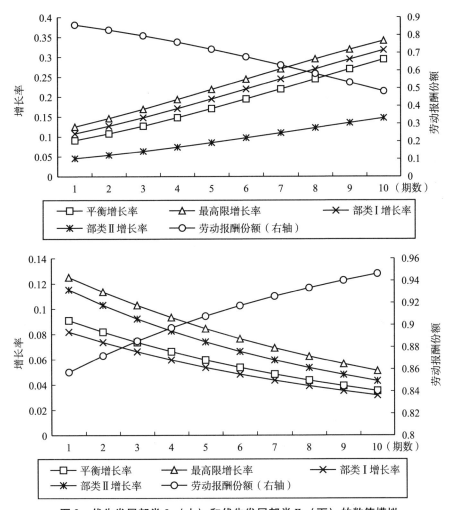

图2　优先发展部类Ⅰ（上）和优先发展部类Ⅱ（下）的数值模拟

以上分析揭示出几点启示。第一，国家的剩余动员能力对工业化至关重要。没有这种能力，中国必然陷入一种低收入陷阱之中。在金融体系不发达的情况下，对剩余的动员必然需要国家的作用。这种动员剩余的能力必然要求国家成为重要的剩余占有者，因此国有企业的存在在很大程度上体现了动员剩余的要求。第二，国家对分配的影响能力对实行不平衡发展战略也很重要。如果国家对分配没有影响，那么重工业增长目标就只能去适应分配，不平衡增长也就无法实行。产业结构和分配结构是相互联系的；国家不能只调整产业结构而不调整分配结构，也不能只调整分配结构而不调整产业结构。第三，以军事支出为代表的国家支出的减少（即降低 s_1）可以在不改变部类 II 增长率和劳动报酬份额的情况下提高部类 I 的增长率。第四，如果部类 II 企业存在出口市场，出口需求扩大的效果等同于 s_2 上升或 s_w 下降，这会降低满足均衡条件的劳动报酬份额。第五，国家实行价格剪刀差（即提高 p）可以在保持劳动报酬份额不变的情况下提高部类 I 增速，但这会导致部类 II 增速下降。

（四）不平衡增长的周期性

不平衡增长状态是无法维持的。这是因为，国家既追求经济发展目标，也追求人民生活水平的提高。后一目标要求劳动报酬份额应保持在一个合理范围内。经济发展的最终目标是提高人民生活水平，但不平衡增长导致产业结构变化，进而要求劳动报酬份额下降。不平衡增长提高了部类 I 占经济的比重，而为了实现部类 I 的供求平衡，必然要相应增加对产品 1 的需求；而在净产值中，对产品 1 的需求即投资，在工人储蓄率不变的情况下，投资与工资总额是此消彼长的关系，投资的增加必然导致劳动报酬份额的下降。投资占净产值的比重增加又会导致产出以更高速度增长。当经济优先发展部类 II 时，劳动报酬份额就会不断上升，产出增速就会越来越低。

不平衡发展会通过产业结构的变化导致劳动报酬份额下降；不仅如此，积累会带来劳动生产率的提高，且部类 I 劳动生产率增速很可能快于部类 II，这会进一步导致劳动报酬份额下降。因此，国家出于追求人民生活水平提高的目的，会随着劳动报酬份额的下降而调整部类 I 的增速目标，逐渐从优先发展部类 I 过渡到优先发展部类 II。我们假设国家有一个可以接受的劳动报酬份额底线 w^*。这一底线可被视为历史形成的结果，它是模型的一个外生变量。[①] 国家根据现实中的劳动报酬份额与该底线之间的差距对部类 I 的增速目标进行调整。对于任意一个变量 Z，我们用 $\dot{Z}$ 表示 $\dfrac{dZ}{dt}$，即变量 Z 随时间的变化；用 $\hat{Z}$ 表示 $\dfrac{\dot{Z}}{Z}$，即变量 Z 随时间 t 变化的变化率。我们把部类 I 增速目标的调整规则表示为：

$$\dot{g}_1 = -\mu_0 + \mu_1(w - w^*) \tag{16}$$

在上式中，$\dot{g}_1$ 表示部类 I 增速目标随时间的变化，μ_0 和 μ_1 都是正的参数。这一规则的含义是：如果劳动报酬份额高于劳动报酬份额底线但已接近该底线时（即 $w^* < w < w^* + \dfrac{\mu_0}{\mu_1}$），那么国家就会下调部类 I 的增速目标（即 $\dot{g}_1 < 0$）；反之，如果劳动报酬份额显著高于劳动报酬份额底线（即 $w > w^* + \dfrac{\mu_0}{\mu_1}$），那么国家就会上调部类 I 的增速目标；劳动报酬份额恰好等于底线的情况是国家调整部类 I 增速目标的临界值。根据（14）式和（15）式，g_2 和 w 可分别表示为关于 $\bar{g}_1$ 和 x 的函数。我们分别用 ϕ 和 v 表示这两个函数。同时，根据 x 的定义，x 的增长率等于 $\bar{g}_1$ 和 g_2 之差。因此：

$$\dot{g}_1 = -\mu_0 + \mu_1(v(\bar{g}_1, \ x) - w^*) \tag{17}$$

$$\hat{x} = \bar{g}_1 - g_2 = \bar{g}_1 - \phi(\bar{g}_1, \ x) \tag{18}$$

以上两式构成了一个动态系统。在一个以 $\bar{g}_1$ 为横轴，以 x 为纵轴的坐标系中，该系统的均衡点表示为 $(\bar{g}_1^0, \ x^0)$。该均衡点满足以下条件：

$$v(\bar{g}_1^0, \ x^0) = \frac{\mu_0}{\mu_1} + w^* \tag{19}$$

$$\phi(\bar{g}_1^0, \ x^0) = \bar{g}_1^0 \tag{20}$$

---

① 我们可以从国家使用资本性收入实行再分配的能力角度对这一底线的存在进行解释。假定国家可以通过资本性收入的再分配提高人民生活水平，但国家的这一能力是有限的。如果劳动报酬份额低于上述底线，即使国家能够实行一定程度的再分配，人民生活水平的提高也不可避免落后于经济增长。此时，国家只能调整增长战略。

（19）式说明均衡点中的劳动报酬份额是一个略高于 w^* 的常数。令 $f(\bar{g}_1, x) = \dot{\bar{g}}_1$，$h(\bar{g}_1, x) = \dot{x}$。经过线性化后，该动态系统的雅可比矩阵表示为：

$$J = \begin{pmatrix} f_{\bar{g}_1}(\bar{g}_1^0, x^0) & f_x(\bar{g}_1^0, x^0) \\ h_{\bar{g}_1}(\bar{g}_1^0, x^0) & h_x(\bar{g}_1^0, x^0) \end{pmatrix}$$

可以判断，矩阵的迹 $tr(J) < 0$，矩阵的行列式 $det(J) > 0$，因此均衡点具有渐进稳定性。图 3 给出了动态系统的相图，说明在 $\bar{g}_1 - x$ 坐标系中应存在逆时针运动的轨线。如果模型参数进一步满足 $tr(J)^2 < 4det(J)$ 这一条件，那么均衡点为焦点。此时，在 $\bar{g}_1 - x$ 坐标系中，任何偏离均衡点的起点都会以逆时针方向螺旋式运动并逐渐趋向于均衡点。因此，下文将展示状态变量在 $\bar{g}_1 - x$ 坐标系内的运动轨迹，该轨迹将在经验上判断模型是否满足 $tr(J)^2 < 4det(J)$ 这一条件。此外，我们还通过参数赋值模拟的方法证明，在正常情况下，该条件成立。[①]

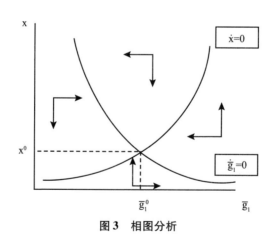

图 3　相图分析

① 有关渐进稳定性和运动轨迹的判定涉及参数的取值，这里限于篇幅，没有列示。我们将相关讨论放在《数学附录》中，对此感兴趣的读者可访问《世界经济》网站（www. jweonline. cn）2021 年第 6 期在线期刊中本文的补充材料。后文类似情况简称"见网站"。

　　需要说明的是：在许多情况下，经济周期模型对应的是极限环情况，但我们在 Barbosa – Filho and Taylor①、Stockhammer and Michell② 的研究中发现，他们将上述螺旋式运动过程也称为"周期"。因此，本文使用了周期的提法，以反映出产业结构和分配结构上升与下降交替变动的历史现象。按照模型预测，我们在现实中应该观察到两种并行的运动。一种是经济从偏离均衡点按逆时针方向旋转并趋向于均衡点，另一种是均衡点随着参数的变化而发生位移。由于两种运动同时发生，实际观察到的很可能是经济尚未达到均衡点之前，均衡点就已经移向了新的位置。

　　之前我们已经说明，本文把不平衡增长周期视为一种中期波动，进而假设 g_2 和 w 能自动满足均衡条件，但是并未讨论是什么机制使它们分别达到均衡点。分析 g_2 和 w 达到均衡点的机制需要把视角从中期波动转向短期波动。我们可以设想一种存在于短期波动中的调整机制。在短期中，g_2 和 w 的大小取决于特定的机制，例如在市场经济中 g_2 取决于部类 Ⅱ 企业的赢利预期，w 则受制于劳动力市场的供求情况。因此短期中它们很可能偏离中期均衡点。假设国家知道 g_2 和 w 在中期波动中的均衡点，并且通过宏观调控对 g_2 和 w 进行调整，使其逐渐趋向于中期均衡点。一种可能的调整机制是 $\dot{g}_2 = \lambda[\phi(\overline{g}_1, x) - g_2]$ 和 $\dot{w} = \gamma[v(\overline{g}_1, x) - w]$，其中 λ 和 γ 为正的参数。这两个方程与（17）式以及（18）式构成了存在于短期波动中的四维动态系统。我们对这一系统均衡点的稳定性分析说明，在参数满足一定条件的情况下，均衡点仍然是渐进稳定的。

　　即使在市场经济中，国家仍然有能力通过宏观调控对 g_2 和 w 进行调整。在市场经济条件下，部类 Ⅱ 企业以非公有制企业为主，但国家在融资、土地等方面制约着部类 Ⅱ 企业的增速。国家仍然有效掌控规模最大的国有企业，这些国有企业集中在关系国计民生的重要行业，国家通过这些国有企

　　① Barbosa – Filho, N. H. and Taylor, L. Distributive and Demand Cycles in the U. S. Economy—A Structuralist Goodwin Model. *Metroeconomica*, 2006, 57 (3): 389 – 411.

　　② Stockhammer, E. and Michell, J. Pseudo – Goodwin Cycles in a Minsky Model. *Cambridge Journal of Economics*, 2017, 41 (1): 105 – 125.

业也能够间接影响部类 II 增速。在分配方面，国家可以通过制定最低工资和工资指导价等政策手段影响企业工资水平。就业优先政策和乡村振兴战略都可以降低劳动者失业成本，间接提高劳动者的市场谈判力。虽然市场经济条件下国家对 g_2 和 w 的调整不可能一蹴而就，但仍然存在有效的调整机制。

四、不平衡增长周期性的经验检验

本文经验分析部分的总体思路是考察部类增速、产业结构和分配结构三者之间是否具有上一节模型所预测的相互作用。为了实现这一目的，本文采用了 Sims[①] 提出的结构向量自回归方法（Structural Vector Autoregression，SVAR）。该方法将相关变量纳入一个线性系统，同时考察不同经济变量之间的联动关系，适合我们的经验分析思路。我们纳入向量的经济变量有三个：g、x、w。需要说明的是，向量中不考虑 g_2，这是因为 x 的变化已经包含了 g_2 的信息。

（一）变量衡量方法和数据来源

"部类"原本是马克思在《资本论》第 2 卷为了理论分析提出的概念，与现实统计中的行业划分有很大不同。使用现实统计数据进行部类划分固然可行[②]，但不得不对数据进行加工，有可能出现不同研究者采用差别很大的加工方法的问题。本文自模型部分起就采用了另一种思路，即通过扩展马克思的两部类模型，使模型更贴近现实统计中的行业划分。所以在模型中，即使一个行业既生产生产资料，也生产消费资料（例如农业），我们也仍然将该行业归为部类 II 的一部分。

在经验研究中，我们采取两种方法定义部类 I 和部类 II。第一种方法将

---

①　Sims C. A. Macroeconomics and Reality. *Econometrica*，1980，48（1）：1–48.

②　李帮喜、赵奕菡、冯志轩：《新中国 70 年的经济增长：趋势、周期及结构性特征》，载于《管理世界》2019 年第 9 期。

部类Ⅰ定义为统计中的重工业，而将部类Ⅱ定义为轻工业和农业之和。① 根据统计定义，重工业就是以生产资料为产品的工业部门，而轻工业主要生产消费资料，但其产品也可用作原材料等生产资料。农产品是劳动力再生产的基础，也是计划经济时期经济剩余的重要来源，因此我们将农业也归入部类Ⅱ。需要说明的是，由于农业只有劳动报酬概念而没有工资概念，纳入农业后，两部类劳动报酬既包含工资，也包含务农收入。第二种方法与第一种的不同之处仅仅在于部类Ⅰ增加了建筑业。重工业投资必然伴随着基础设施建设，后者是部类Ⅰ扩张不可或缺的部分。当然，建筑业也与住房建设相关，而住房属于消费资料。考虑到建筑业的这一特殊性，我们仅把第二种方法用于对第一种方法结果稳健性的检验。

在数据方面，《新中国五十年统计资料汇编》提供了 1949～1998 年重工业、轻工业和农业的总产值。历年《中国统计年鉴》提供了 1999～2017 年的农业总产值。但是 1998 年之后，统计数据只提供规模以上工业企业轻重工业的总产值。因此，我们对 1998 年之后的轻重工业总产值进行了估算。估算方法是假设轻重工业总产值增速与规模以上工业企业轻重工业总产值增速分别相等，根据 1998 年轻重工业总产值推算之后年份的轻重工业总产值。在缺失总产值的年份，我们以主营业务收入增速作为推算参数。在缺失轻重工业划分数据的年份，我们把细分行业进行归类，以此估算轻重工业的数据。由此我们得到 1949～2017 年重工业、轻工业和农业总产值的年度数据，从而得到部类Ⅰ与部类Ⅱ的总产值之比 x 的年度数据。

为了计算部类Ⅰ的增速，我们对重工业总产值进行了价格调整。由于统计数据缺乏重工业价格指标，我们用工业相关价格指标代替。1951～1977 年、1978～1988 年和 1989～2017 年分别使用农村工业品零售价格指数、工业生产者出厂价格指数和工业生产者购进价格指数。这些价格指数越到后期越能反映实际情况。由于计划经济时期价格变动较少，使用以上替代性的价格指数

① 这一对应方法可以得到数据佐证。我们利用 2000 年和 2017 年投入产出表数据，计算了重工业行业和轻工业行业的产品各自用作生产资料和消费资料的比例。结果说明，从行业层面来看，重工业行业的产品绝大多数用作生产资料，轻工业行业的产品既用作消费资料，也用作生产资料。

在早期不会带来较大影响。经过价格调整，我们计算得到 1951～2017 年部类 I 总产值增速 g_1 的年度数据。

中国统计数据没有提供 1949～1977 年整个经济或分行业的劳动报酬份额数据，也没有提供 2005～2017 年分行业的劳动报酬份额数据。[①] 我们使用的分行业劳动报酬份额数据来自 Qi[②] 的估算结果，并依照该研究的方法补齐了最新数据。该研究估算方法的整体思路是：对 1978 年之前的时期，利用行业工资总额、劳保福利费和农村居民消费估算行业劳动者报酬，利用净产值估算行业净增加值；对 2004 年之后的时期，利用行业就业总量、平均工资、农业净增加值和农业税估算行业劳动者报酬，并用长期平均固定资产折旧比重和行业增加值估算行业净增加值。两部类劳动报酬份额是两部类劳动报酬之和与净增加值之和的比例。按照这一方法，我们得到 1952～2017 年两部类劳动报酬份额 w 的年度数据。

（二）描述性统计和数据处理

我们以两种方法展示数据的基本特征。首先，图 4 给出了三个变量在 1952～2017 年间的变动趋势。从图 4 可以看出，部类 I 增速较为平稳，而产业结构和劳动报酬份额可能呈现时间趋势。用产业结构和劳动报酬份额分别对时间回归得到的系数估计值具有统计上的显著性，而用部类 I 增速对时间回归得到的系数估计值统计上不显著。[③] 从理论模型来说，产业结构和劳动报酬份额的长期趋势在很大程度上是参数变化和均衡点位移所导致的结果。本文最终关注的是这些变量的波动及其周期性，而不是它们的长期趋势。所以，我们对产业结构和劳动报酬份额进行去趋势处理，用它们分别对时间回归并取残差。残差项包含了我们所关注的有关波动的信息。以下我们用 $\tilde{x}$ 和 $\tilde{w}$

---

① 个别年份投入产出表提供了分配数据，但没有连续的年度数据。

② Qi, H. Dynamics of the Rate of Surplus Value and the "New Normal" of the Chinese Economy. *Researching Political Economy*, 2017, 32（1）: 105–129.

③ 需要说明的是，直接观察劳动报酬份额可能看不出时间趋势；对此，我们根据回归结果判断其存在时间趋势。

分别代表经过去趋势处理的产业结构和劳动报酬份额，它们与 g_1 共同构成向量自回归分析的对象。对三个变量进行单位根检验，结果显示：在5%的统计显著性水平下，拒绝存在单位根的原假设。因此，三个变量是平稳变量，满足向量自回归分析的前提。

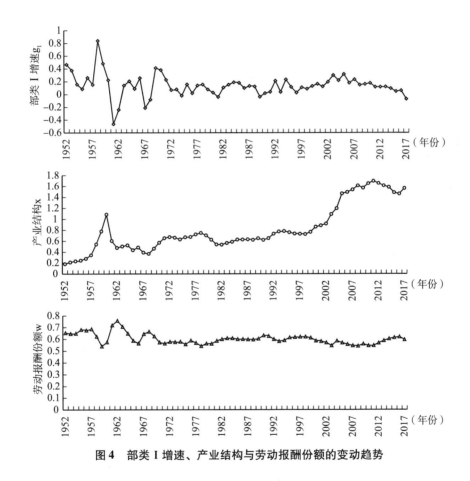

图4 部类 I 增速、产业结构与劳动报酬份额的变动趋势

其次，我们在图5中的 $g_1 - x$ 象限做出二者的动态轨迹，并分四个时期进行展示。根据上一节分析，如果模型参数满足 $tr(J)^2 < 4det(J)$ 这一条件，二者应在 $g_1 - x$ 象限中呈现逆时针旋转的动态轨迹。这一轨迹一方面应在逆时针旋转的过程中趋近于均衡点，而另一方面又会随着均衡点本身的

位移而发生变化。均衡点本身的位移是模型参数变化的结果。现实中投入系数、劳动生产率、部类间的贸易条件、储蓄率、国家税率等发生变化都会导致均衡点的位移。为了让动态轨迹更清晰，我们借鉴 Barbosa – Filho[①]的方法，使用 HP 滤波对 g_1 和 x 变量进行过滤，并使用过滤后的趋势值展示动态轨迹。

从图 5 可以看出，在大多数年份，动态轨迹都呈现逆时针旋转的形状，支持了我们的理论预测，即模型存在螺旋式收敛过程。50 年代初和 90 年代并未呈现逆时针旋转，但这两个时期都是经济体制发生重大变化的时期。50 年代初是社会主义改造时期，而 90 年代是社会主义市场经济正式建立的时期。当发生体制重大变化时，价格、财税等机制都会发生变化，理应出现参数变化以及均衡点的变化。

值得关注的是，中国在建立社会主义市场经济之后，特别是进入新世纪以后，随着非公有制经济和多种分配方式的发展，国家对分配的调整能力已不如计划经济时期；并且，国家对产业结构的调整能力相对来说强于国家的分配调整能力。这一方面使不平衡增长周期相对延长（如图 5 右下图所示），另一方面，由于产业结构必须与分配结构相匹配，国家两种能力的"失调"会引发价值实现问题，反映为产能过剩等现实问题。但需要说明的是，国家分

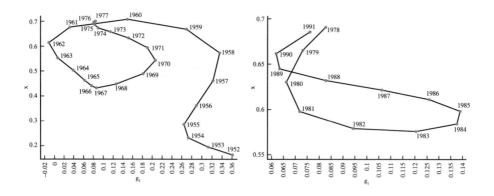

① Barbosa – Filho, N. H. Elasticity of Substitution and Social Conflict: A Structuralist Note on Piketty's Capital in the Twenty – First Century. *Cambridge Journal of Economics*, 2016, 40 (4): 1167 – 1183.

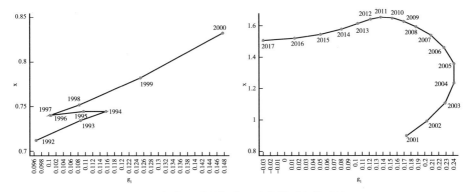

图 5　部类 I 增速与产业结构的时间轨迹线

注：左上为 1952～1977 年，右上为 1978～1991 年，左下为 1992～2000 年，右下为 2001～2017 年。

配调整能力的下降是相对于计划经济时期而言的；国家在初次分配中仍然具备较为强大的分配调整能力。例如，根据国际劳工组织的数据，中国在 2008～2017 年间是全球工资增长最快的国家；其背后的重要原因在于中国自 2005 年以来持续提高最低工资，各地最低工资增长与经济增长保持同步（Qi and Pringle，2019）。

（三）脉冲响应方程及相关检验

向量自回归（Vector Autoregressive，VAR）结果通常以脉冲响应方程、格兰杰因果检验和方差分解三种方式呈现。本文限于篇幅主要报告脉冲响应方程的结果。[1] 根据之前的理论模型，我们对还原形式 VAR 施加因果链 $g_1 \to \tilde{x} \to \tilde{w}$，进而得到结构形式的 VAR。该因果关系意味着 $\tilde{w}$ 对 g_1 与 $\tilde{x}$ 都没有当期影响，而 $\tilde{x}$ 对 g_1 没有当期影响；[2] $\tilde{x}$ 只可能对 $\tilde{w}$ 有当期影响，而 g_1 对 $\tilde{x}$ 和 $\tilde{w}$ 都可能有当期影响。

之前的理论模型预测，当劳动报酬份额上升时，国家实施不平衡增长

---

① 我们将有关格兰杰因果检验和稳健性检验的结果放入《数学附录》，见网站。

② 在理论模型中，（14）式说明部类 II 增速是产业结构和部类 I 增速的函数，（15）式说明劳动报酬份额也是产业结构和部类 I 增速的函数。利用（14）式，给定上一期的产业结构，当期的产业结构就可以表示为关于部类 I 增速的函数。

战略有了更大的空间，因此会提高部类 I 增速目标。由于国家对部类 I 有
较强的控制力，增速目标的提高会反映为现实中增速的提高。模型还预
测，部类 I 增速提高必然会导致产业结构趋向重工业化，这必然要求劳动
报酬份额下降。由于国家有能力对分配结构进行调整，当部类 I 增速提高
时，我们理应观察到现实中劳动报酬份额的下降。所以，在脉冲响应方程
中，我们重点关注 $\tilde{w}$ 的上升冲击对 g_1 产生的影响和 g_1 的上升冲击对 $\tilde{w}$
产生的影响。图 6 是脉冲响应方程的结果。可以看出，$\tilde{w}$ 的上升会导致
g_1 在第 2 期和第 3 期出现明显上升（第 1 行第 2 个图）；反过来，g_1 的上
升导致对 $\tilde{w}$ 在当期有明显下降（第 2 行第 1 个图）。因此，模型的预测得
到了支持。

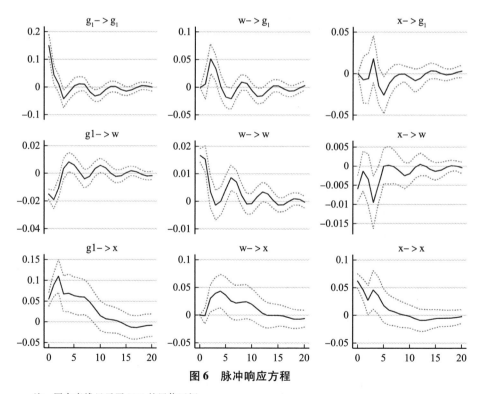

图 6 脉冲响应方程

注：图中虚线显示了 90% 的置信区间。

最后，我们对 SVAR 结果进行了相关检验。首先，格兰杰因果检验显示：在 10% 的统计显著性水平上，g_1 是 $\tilde{x}$ 的格兰杰原因，也是 $\tilde{w}$ 的格兰杰原因；$\tilde{x}$ 是 $\tilde{w}$ 的格兰杰原因，但不是 g_1 的格兰杰原因；$\tilde{w}$ 是 g_1 的格兰杰原因，但不是 $\tilde{x}$ 的格兰杰原因。这些结果与我们的理论相一致。其次，我们对 SVAR 结果进行诊断，说明模型满足稳定性条件，且残差不存在自相关性。再次，我们用前文提到的第二种衡量部类的方法得到的另一组数据重复了以上经验研究，结果证明以上结果具有稳健性。

五、结论

本文从长期历史视角考察中国经济的发展经验，关注产业结构和分配结构的相互影响及其周期性，并基于马克思社会总资本再生产理论进行了分析。我们认为，不平衡增长有利于中国摆脱低水平收入陷阱，能提高未来的平衡增长率，也能满足国家稳增长的宏观目标。不平衡增长具有周期性，这主要是因为国家具有促进经济发展和提高人民生活水平的双重目标，而优先发展重工业不可避免导致人民生活水平的提高落后于经济发展，表现为劳动报酬份额下降，于是国家必须对发展方式进行调整，促进劳动报酬份额的回升。因此重工业增长率、轻工业增长率、产业结构以及劳动报酬份额这四个变量都呈现周期性波动；并且，劳动报酬份额的上升对重工业增速上升具有促进作用，而重工业增速上升对劳动报酬份额具有抑制作用。从这一视角来看，当前中国经济正处于一个不平衡增长周期的后半期，其特点是重工业增速放缓和劳动报酬份额上升。因此，我们现在所面临的经济增长放缓和分配结构有利于劳动要素的变动是中国长期经济发展模式的正常结果，值得我们以积极的态度去面对。本文构建的两部类再生产模型还可以从多个方面扩展，我们将这些扩展留给将来的研究。这些有待扩展的领域也说明了政治经济学基础理论强大的生命力和重要的现实意义。其一，模型可以引入 Kaldor - Verdoon 内生技术进步，把劳动生产率增速刻画为部类增速的函数，用来考察技术进步对不平衡增长周期的影响。① 其二，在中国经济参与全球化背景下，中国企业的国际竞争力受到本国劳动生产率及劳动报酬份额的影响，因此出口需求可以内生化。其三，模型可以进一步设定成本加成价格机制，使部类间贸易条件内生化，以此分析垄断和通货膨胀问题。

（原文发表于《世界经济》2021 年第 6 期）

---

① 本文没有直接考虑技术进步，但这不会影响论文的主要结论。在其他条件不变的情况下，劳动生产率的提高会加剧劳动报酬份额的下降；不同部类劳动生产率提高速度的不同会加剧产业结构的改变。技术进步为分配结构和产业结构的变化增加了新的变数，但并未在本质上改变分配结构和产业结构之间的关系。

论国内国际双循环格局下的
社会总产品实现问题

——基于马克思社会总资本再生产理论的分析

王　俊　苏立君[*]

一、问题的提出

在当前发生深刻变化的国际经济形势下，我国长期实行的市场和资源"两头在外"的发展格局面临严峻冲击和挑战。习近平总书记多次强调，要"逐步形成以国内大循环为主体、国内国际双循环相互促进的新发展格局"。从社会总资本再生产的角度来看，在国内国际双循环格局下要更好利用国内国际两个市场、两种资源，实现更加强劲可持续的发展，就必须首先解决好社会总产品的实现问题，使社会总资本的再生产得以持续。盖凯程和冉梨运用马克思社会再生产理论分析发现，在我国供给侧结构性改革过程中仍要重视供求平衡和结构平衡问题[①]。冯金华和孟捷认为市场扩张中第Ⅰ部类的单独积累和增长存在可能性，扩大内需并不等同于提高消费[②]。朱殊洋认为两大部类不变资本增长率之间存在均衡稳定关系，第Ⅰ部类不变资本优先增长存在限制条件[③]。徐志向和丁任重发现在不同的经济发展阶段第Ⅰ部类投资对经济

---

　　* 王俊，天津商业大学经济学院副教授。苏立君，南开大学经济学院讲师。

　　① 盖凯程、冉梨：《〈资本论〉视域下的供给侧结构性改革——基于马克思社会总资本再生产理论》，载于《财经科学》2019 年第 8 期。

　　② 冯金华、孟捷：《投资品部类的自主积累和增长在何种条件下是可能的——基于马克思再生产图式的考察》，载于《中国经济问题》2019 年第 4 期。

　　③ 朱殊洋：《论马克思两大部类不变资本增长率的均衡稳定关系》，载于《当代经济研究》2018年第 12 期。

增长的拉动作用存在差异①。从长期来看，可持续的经济增长须与两大部类之间结构关系的调整相伴随。乔晓楠、张月莹和吴雨婷则将社会再生产理论的前提假设由封闭经济扩展为开放经济，发现国际贸易的存在显著改变两大部类之间的比例关系②。在国内国际双循环格局下，既要考虑新一轮科技革命和产业变革对两大部类之间比例关系的影响，又要考虑保护主义上升和全球市场萎缩等国际经济环境中不确定因素对国内供求的总量平衡和结构平衡的冲击。探讨国内国际双循环格局下社会总产品实现的基本条件和比例关系，具有理论上与实践上的必要性和紧迫性。

二、国内国际双循环格局下社会总资本的运动

社会总资本的运动，即社会总资本的再生产和流通，最核心的问题就是社会总产品的实现或补偿问题。社会总资本的运动包含社会总产品的价值补偿和物质补偿双重内容，受到社会总产品的价值构成和物质形态的双重制约③。在以国内大循环为主体的国内国际双循环格局下，社会总资本的运动若要持续进行，仍要以社会总产品的实现为前提。这就决定了对国内国际双循环格局下社会总产品生产的分析，仍可以分为第Ⅰ部类（生产资料部类）和第Ⅱ部类（消费资料部类）来展开，每一部类的资本投入也仍可以分为不变资本和可变资本两个组成部分。但在国内国际双循环格局下，社会总资本再生产过程应当包括国内循环和国际循环两个组成部分。两大循环部分通过社会总产品的供给侧与需求侧两个方面的共同作用，形成相互交织、相互影响的密切关系。由此，国内国际双循环格局下社会总资本再生产的运动也具有以下新特征：

① 徐志向、丁任重：《中国经济增长驱动因素识别研究——基于马克思扩大再生产理论的视阈》，载于《政治经济学评论》2020 年第 2 期。

② 乔晓楠、张月莹、吴雨婷：《世界再生产体系研究：理论模型与经验证据》，载于《世界经济》2019 年第 5 期。

③ 《马克思恩格斯文集》第 6 卷，中共中央马克思恩格斯列宁斯大林著作编译局译，人民出版社2009 年版，第 437~438 页。

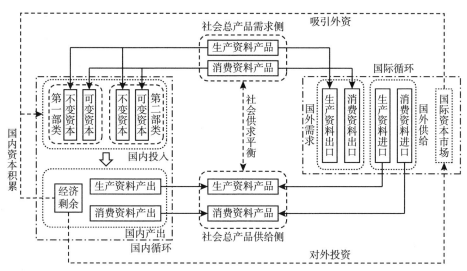

图1　国内国际双循环格局下社会总资本的运动

首先，从社会总产品的需求侧来看，无论是对生产资料的需求，还是对消费资料的需求，都不仅仅是来自国内循环部分，还有来自国际循环部分。一方面，在国内循环部分中，投入再生产的生产资料和消费资料产品在价值形态上分别表现为第Ⅰ部类与第Ⅱ部类中投入的不变资本和可变资本。为在国内循环部分进行扩大再生产而追加到两大部类中的不变资本和可变资本，则反过来在产品形态上会增加对社会总产品的需求。另一方面，在国际循环部分中，对生产资料和消费资料的国外需求也构成了社会总产品需求的组成部分。在国内生产出来的一部分社会总产品，需要通过生产资料出口和消费资料出口的形式加以实现。国外需求的增减并不取决于国内循环部分的扩大再生产，而是取决于国际市场的扩张或收缩。在国际市场的扩张与收缩存在较大不确定性的条件下，国外需求的骤然增减则会带来社会总产品需求的急剧波动。

其次，从社会总产品的供给侧来看，生产资料和消费资料的供给同样来自国内循环部分和国际循环部分。一方面，在国内循环部分中的生产资料和消费资料产出构成了社会总产品供给的重要组成部分。两大部类在产品形态上分别创造生产资料产出和消费资料产出；在价值形态上则要在补偿不变资本和可变资本的基础上，形成以企业利润、生产税余额等形式存在的经济剩余。另一方面，在国际循环部门中的生产资料进口和消费资料进口也是社会总产品供给的来源。国内循环部分在生产资料和消费资料生产上存在的数量和质量短板，在较大程度上对生产资料和消费资料的进口产生影响。但生产资料和消费资料的进口并不仅仅取决于国内循环部分进行社会再生产的要求，还会受到来自贸易禁运等国际政治经济因素的影响，使得国外供给并不总是能够满足来自国内循环部分的进口需求，并带来社会总产品的供给结构与需求结构脱节的巨大风险。

再次，从国内扩大再生产的资金来源来看，扩大再生产所需的资金不仅可以来自国内循环部分的资本积累，也可以来自国际循环部分的外国资本输入。一方面，国内循环部分形成的经济剩余，除去用于劳动力要素以外的各类要素所有者的个人消费以外，既可以用于国内资本积累，也可以用于在国际资本市场上进行对外投资。其中，只有用于国内资本积累的那部分经济剩余，会增加国内循环部分进行扩大再生产的资金来源。另一方面，来自国际循环部分的外国资本输入，也构成国内扩大再生产的资金来源。尽管外国资本在国内循环部分中的第Ⅰ部类和第Ⅱ部类参与程度可以存在差异，但外国资本也要按照一定的资本有机构成将投入资本分为可变资本和不变资本。须注意的是，有国际循环部分参与的国内扩大再生产过程，存在两方面的不确定性因素：一是保护主义等国际政治经济因素会对外国资本流向产生影响，外国资本的突然撤离会造成国内扩大再生产资金来源的骤然减少，形成对经济增长的不利冲击；二是社会总产品供求结构失衡会使得部分社会总产品的物质补偿无法实现，既会导致部分无法进入产业资本循环的外国资本流入虚拟经济部门，也会导致部分国内新增资本流入虚拟经济部门或流向国际资本市场。

总之，国内国际双循环格局下的社会总资本运动既要遵循社会再生产的一般规律，又具有国内国际双循环格局下的特殊性。在"两大部类、两重循环、两个侧面"的分析框架中，可以分别从简单再生产和扩大再生产两种假设条件出发，讨论不同条件下国内国际双循环中社会总产品实现的基本条件和比例关系。

三、国内国际双循环格局下的简单再生产与社会总产品实现

国内国际双循环新发展格局下的社会再生产应以扩大再生产为特点，但以简单再生产条件为起点，有助于厘清国内国际双循环中社会总产品实现的基本途径和规律。由于国内国际双循环发展格局是以国内大循环为主体，因此国内国际双循环中社会总产品的实现问题应以国内社会总资本再生产为讨论的焦点。根据马克思社会总资本再生产理论，将国内社会总资本再生产分为第 I 部类和第 II 部类，即

$$\begin{cases} \text{I } c + \text{I } v + \text{I } m = \text{I } w \\ \text{II } c + \text{II } v + \text{II } m = \text{II } w \end{cases} \tag{1}$$

其中，I c、I v、I m 分别为第 I 部类的不变资本、可变资本和剩余价值，I w 为第 I 部类以生产资料产品形态存在的产出；类似地，II c、II v、II m 分别为第 II 部类的不变资本、可变资本和剩余价值，II w 为第 II 部类以消费资料产品形态存在的产出。

在国内社会总资本再生产中，无论是国内资本还是外国资本，都须根据本部类的资本有机构成状况，将预付资本分为不变资本和可变资本。定义 I c^D、I v^D 为第 I 部类中国内资本预付的不变资本和可变资本，I c^F、I v^F 为第 I 部类中外国资本预付的不变资本和可变资本。类似地，定义 II c^D、II v^D 为第 II 部类中国内资本预付的不变资本和可变资本，II c^F、II v^F 为第 II 部类中外国资本预付的不变资本和可变资本。同时定义 I c' 为第 I 部类资本有机构成，II c' 为第 II 部类资本有机构成，两大部类的预付资本分配分别满足 I $c' = $ I $c/$ I $v = $ I $c^D/$ I $v^D = $ I $c^F/$ I v^F 和 II $c' = $ II $c/$ II $v = $ II $c^D/$ II $v^D = $ II $c^F/$ II v^F 条件，则总预付资本符合以下等式：

$$\begin{cases} \text{I } c = \text{I } c^D + \text{I } c^F \\ \text{I } v = \text{I } v^D + \text{I } v^F \\ \text{II } c = \text{II } c^D + \text{II } c^F \\ \text{II } v = \text{II } v^D + \text{II } v^F \end{cases} \tag{2}$$

在国内国际双循环格局下，两大部类创造的剩余价值也需要分割为国内资本的经济剩余和外国资本的剩余价值。定义 $I m'_D (= I m^D / I v^D)$ 和 $II m'_D (= II m^D / II v^D)$ 分别为第 I 部类和第 II 部类国内资本的经济剩余率，$I m'_F (= I m^F / I v^F)$ 和 $II m'_F (= II m^F / II v^F)$ 分别为第 I 部类和第 II 部类外国资本的剩余价值率。因此，两大部类的剩余价值分配符合以下等式：

$$\begin{cases} I m = I m^D + I m^F \\ II m = II m^D + II m^F \end{cases} \tag{3}$$

在国内国际双循环格局下，国际经济因素通过跨国投资和国际贸易两个渠道参与国内经济循环。这就决定了不同于封闭经济条件下的社会再生产模型，开放经济条件下的社会再生产模型必须考虑到国际经济因素参与国内经济循环的程度。一方面，从跨国投资角度来看，定义第 I 部类外国资本参与比例 $S_I [=(I c^F + I v^F)/(I c + I v) = I c^F / I c = I v^F / I v]$ 和第 II 部类外国资本参与比例 $S_{II} [=(II c^F + II v^F)/(II c + II v) = II c^F / II c = II v^F / II v]$。另一方面，从国际贸易角度来看，则可以定义第 I 部类和第 II 部类的国际贸易依存度分别为 $R_I [= I w^{NX}/(I w^{DC} + I w^{NX})]$ 和 $R_{II} [= II w^{NX}/(II w^{DC} + II w^{NX})]$，其中 $I w^{NX}$ 和 $I w^{DC}$ 分别为第 I 部类生产资料产品的净出口和国内消费，$II w^{NX}$ 和 $II w^{DC}$ 分别为第 II 部类生产资料产品的净出口和国内消费。

与封闭经济类似，社会总产品供求的总量平衡仍是社会总资本再生产得以存续的前提条件之一。从社会总产品的需求侧来看，两大部类的社会总产品需求要么来自国内消费，要么来自对外贸易的净出口。因此，第 I 部类产品可以分为国内消费产品（$I w^{DC}$）和对外净出口（$I w^{NX}$），第 II 部类产品可以分为国内消费产品（$II w^{DC}$）和对外净出口（$II w^{NX}$）。从社会总产品的供给侧来看，两大部类的社会总产品供给要么来自国内资本的投入和组织，要么来自外国资本的投入和组织。因此，第 I 部类产品可以分为国内资本投入的产出（$I w^D$）和外国资本投入的产出（$I w^F$），第 II 部类产品可以分为国内资本投入的产出（$II w^D$）和外国资本投入的产出（$II w^F$）。要在国内国际双循环格局下实现社会总产品供求总量平衡，则必须满足以下条件：

$$\begin{cases} \text{I } w^D + \text{I } w^F = \text{I } w = \text{I } w^{DC} + \text{I } w^{NX} \\ \text{II } w^D + \text{II } w^F = \text{II } w = \text{II } w^{DC} + \text{II } w^{NX} \end{cases} \tag{4}$$

将公式（1）、（2）和（3）代入公式（4），则可以得出：

$$\begin{cases} (\text{I } c^D + \text{I } v^D + \text{I } m^D) + (\text{I } c^F + \text{I } v^F + \text{I } m^F) = \text{I } w^{DC} + \text{I } w^{NX} \\ (\text{II } c^D + \text{II } v^D + \text{II } m^D) + (\text{II } c^F + \text{II } v^F + \text{II } m^F) = \text{II } w^{DC} + \text{II } w^{NX} \end{cases} \tag{5}$$

在两大部类的资本有机构成、国内资本经济剩余率、外国资本剩余价值率、外国资本参与比例和国际贸易依存度已知的情况下，则公式（5）可以进一步转化为：

$$\begin{cases} \dfrac{(1 + \text{I } c' + \text{I } m'_D) \cdot (1 - S_{\text{I}}) + (1 + \text{I } c' + \text{I } m'_F) \cdot S_{\text{I}}}{1 - S_{\text{I}}} \cdot \text{I } v^D = \dfrac{\text{I } w^{DC}}{1 - R_{\text{I}}} \\[3mm] \dfrac{(1 + \text{II } c' + \text{II } m'_D) \cdot (1 - S_{\text{II}}) + (1 + \text{II } c' + \text{II } m'_F) \cdot S_{\text{II}}}{1 - S_{\text{II}}} \cdot \text{II } v^D = \dfrac{\text{II } w^{DC}}{1 - R_{\text{II}}} \end{cases}$$
$$\tag{6}$$

若两大部类的国内资本经济剩余率和外国资本剩余价值率相等（即 I m'_D = I m'_F = I m' 且 II m'_D = II m'_F = II m'），则公式（6）可以进一步简化为：

$$\begin{cases} \dfrac{(1 + \text{I } c' + \text{I } m')}{1 - S_{\text{I}}} \cdot \text{I } v^D = \dfrac{1}{1 - R_{\text{I}}} \cdot \text{I } w^{DC} \\[3mm] \dfrac{(1 + \text{II } c' + \text{II } m')}{1 - S_{\text{II}}} \cdot \text{II } v^D = \dfrac{1}{1 - R_{\text{II}}} \cdot \text{II } w^{DC} \end{cases} \tag{7}$$

在国内国际双循环格局下，社会总资本的简单再生产仍要满足两大部类相互交换的比例关系，即 II c = I（v + m）。结合公式（2）和公式（3），则可以得到国内国际双循环格局下简单再生产得以实现的基本条件：

$$\dfrac{\text{II } c'}{1 - S_{\text{II}}} \cdot \text{II } v^D = \dfrac{(1 + \text{I } m'_D) \cdot (1 - S_{\text{I}}) + (1 + \text{I } m'_F) \cdot S_{\text{I}}}{1 - S_{\text{I}}} \cdot \text{I } v^D \tag{8}$$

在两大部类的国内资本经济剩余率和外国资本剩余价值率相等时，公式（8）可简化为：

$$\dfrac{\text{II } c'}{1 - S_{\text{II}}} \cdot \text{II } v^D = \dfrac{(1 + \text{I } m')}{1 - S_{\text{I}}} \cdot \text{I } v^D \tag{9}$$

联立公式（6）和公式（8），或在特定条件下联立公式（7）和公式

(9)，均可以解出国内国际双循环格局下社会总产品在简单再生产条件下得以实现时，国内资本和外国资本在两大部类中的预付资本量和产品价值总量。

从上述对简单再生产条件下国内社会总资本再生产的讨论可以发现，跨国投资和国际贸易中存在诸多不确定因素，会对国内社会总资本的简单再生产的稳定进行产生冲击。但在资本有机构成和剩余价值率既定的前提下，可以得到两方面结论：第一，只要能在两大部类内部的外国资本参与比例和国际贸易依存度之间保持恰当比例关系，国内简单再生产实现时的经济规模将主要取决于国内资本的可变资本投入量；第二，只要能在两大部类之间的外国资本参与比例之间保持恰当比例关系，国内简单再生产实现所需的社会总产品结构平衡，可通过调节两大部类国内资本的可变资本投入比例来实现。也就是说，即便当国际循环遭遇不利冲击时，增加国内企业的就业吸纳能力，提高国内企业劳动者的薪酬待遇和消费能力，同时优化国内资本在不同产业间的投资结构，就能保证在国内国际双循环格局下社会总产品的总量平衡和结构平衡，保证国民经济的平稳可持续。由此印证了党中央对国内国际双循环相互促进的发展格局应以国内大循环为主体的科学判断。

四、国内国际双循环格局下的扩大再生产与社会总产品实现

"尽可能快地增加生产力的总量"[1]，是社会主义国家在经济建设领域的重要任务。这就决定了在国内国际双循环发展格局下，不仅要能够实现简单再生产，还必须要实现扩大再生产，保持平稳健康可持续的经济增长。从社会总资本再生产角度来看，扩大再生产在任何时候都须以资本积累为前提。在国内国际双循环格局下，扩大再生产所需的资本积累分别来自国内资本的积累和外国资本的积累。为此，定义 $I x^D \in [0, 1]$ 和 $II x^D \in [0, 1]$ 分别为第 I 部类和第 II 部类中的国内资本的经济剩余国内积累率，$I x^F \in [0, 1]$ 和 $II x^F \in [0, 1]$ 分别为第 I 部类和第 II 部类中的外国资本的剩余价值国内积累

---

① 《马克思恩格斯文集》第 2 卷，中共中央马克思恩格斯列宁斯大林著作编译局译，人民出版社2009 年版，第 52 页。

率。无论是国内资本还是外国资本，都按照两大部类中既定的资本有机构成将资本化的剩余价值分成不变资本和可变资本追加到预付资本中去。

因此，对于两大部类中的国内资本而言，须满足公式（10）：

$$
\begin{cases}
\Delta \mathrm{I}\,c^{D} = \dfrac{\mathrm{I}\,c'}{1+\mathrm{I}\,c'} \cdot \mathrm{I}\,x^{D} \cdot \mathrm{I}\,m^{D} = \dfrac{\mathrm{I}\,c'}{1+\mathrm{I}\,c'} \cdot \mathrm{I}\,m'_{D} \cdot \mathrm{I}\,x^{D} \cdot \mathrm{I}\,v^{D} \\[3mm]
\Delta \mathrm{I}\,v^{D} = \dfrac{1}{1+\mathrm{I}\,c'} \cdot \mathrm{I}\,x^{D} \cdot \mathrm{I}\,m^{D} = \dfrac{1}{1+\mathrm{I}\,c'} \cdot \mathrm{I}\,m'_{D} \cdot \mathrm{I}\,x^{D} \cdot \mathrm{I}\,v^{D} \\[3mm]
\Delta \mathrm{II}\,c^{D} = \dfrac{\mathrm{II}\,c'}{1+\mathrm{II}\,c'} \cdot \mathrm{II}\,x^{D} \cdot \mathrm{II}\,m^{D} = \dfrac{\mathrm{II}\,c'}{1+\mathrm{II}\,c'} \cdot \mathrm{II}\,m'_{D} \cdot \mathrm{II}\,x^{D} \cdot \mathrm{II}\,v^{D} \\[3mm]
\Delta \mathrm{II}\,v^{D} = \dfrac{1}{1+\mathrm{II}\,c'} \cdot \mathrm{II}\,x^{D} \cdot \mathrm{II}\,m^{D} = \dfrac{1}{1+\mathrm{II}\,c'} \cdot \mathrm{II}\,m'_{D} \cdot \mathrm{II}\,x^{D} \cdot \mathrm{II}\,v^{D}
\end{cases}
\tag{10}
$$

同理，对于两大部类中的外国资本，则须满足公式（11）：

$$
\begin{cases}
\Delta \mathrm{I}\,c^{F} = \dfrac{\mathrm{I}\,c'}{1+\mathrm{I}\,c'} \cdot \mathrm{I}\,x^{F} \cdot \mathrm{I}\,m^{F} = \dfrac{\mathrm{I}\,c'}{1+\mathrm{I}\,c'} \cdot \mathrm{I}\,m'_{F} \cdot \mathrm{I}\,x^{F} \cdot \mathrm{I}\,v^{F} \\[3mm]
\Delta \mathrm{I}\,v^{F} = \dfrac{1}{1+\mathrm{I}\,c'} \cdot \mathrm{I}\,x^{F} \cdot \mathrm{I}\,m^{F} = \dfrac{1}{1+\mathrm{I}\,c'} \cdot \mathrm{I}\,m'_{F} \cdot \mathrm{I}\,x^{F} \cdot \mathrm{I}\,v^{F} \\[3mm]
\Delta \mathrm{II}\,c^{F} = \dfrac{\mathrm{II}\,c'}{1+\mathrm{II}\,c'} \cdot \mathrm{II}\,x^{F} \cdot \mathrm{II}\,m^{F} = \dfrac{\mathrm{II}\,c'}{1+\mathrm{II}\,c'} \cdot \mathrm{II}\,m'_{F} \cdot \mathrm{II}\,x^{F} \cdot \mathrm{II}\,v^{F} \\[3mm]
\Delta \mathrm{II}\,v^{F} = \dfrac{1}{1+\mathrm{II}\,c'} \cdot \mathrm{II}\,x^{F} \cdot \mathrm{II}\,m^{F} = \dfrac{1}{1+\mathrm{II}\,c'} \cdot \mathrm{II}\,m'_{F} \cdot \mathrm{II}\,x^{F} \cdot \mathrm{II}\,v^{F}
\end{cases}
\tag{11}
$$

在有资本积累的条件下，公式（5）则应当转化为公式（12）：

$$
\begin{cases}
\big[\,\mathrm{I}\,c^{D} + \Delta \mathrm{I}\,c^{D} + \mathrm{I}\,v^{D} + \Delta \mathrm{I}\,v^{D} + (1-\mathrm{I}\,x^{D}) \cdot \mathrm{I}\,m^{D}\,\big] + \\[1mm]
\quad \big[\,\mathrm{I}\,c^{F} + \Delta \mathrm{I}\,c^{F} + \mathrm{I}\,v^{F} + \Delta \mathrm{I}\,v^{F} + (1-\mathrm{I}\,x^{F}) \cdot \mathrm{I}\,m^{F}\,\big] = \dfrac{\mathrm{I}\,w^{DC}}{1-R_{\mathrm{I}}} \\[3mm]
\big[\,\mathrm{II}\,c^{D} + \Delta \mathrm{II}\,c^{D} + \mathrm{II}\,v^{D} + \Delta \mathrm{II}\,v^{D} + (1-\mathrm{II}\,x^{D}) \cdot \mathrm{II}\,m^{D}\,\big] + \\[1mm]
\quad \big[\,\mathrm{II}\,c^{F} + \Delta \mathrm{II}\,c^{F} + \mathrm{II}\,v^{F} + \Delta \mathrm{II}\,v^{F} + (1-\mathrm{II}\,x^{F}) \cdot \mathrm{II}\,m^{F}\,\big] = \dfrac{\mathrm{II}\,w^{DC}}{1-R_{\mathrm{II}}}
\end{cases}
\tag{12}
$$

结合公式（2）、（3）、（10）和（11），经整理后可得公式（13）：

$$
\begin{cases}
\Big[\,(1+\mathrm{I}\,c'+\mathrm{I}\,m'_{D}) + (1+\mathrm{I}\,c'+\mathrm{I}\,m'_{F}) \cdot \dfrac{S_{\mathrm{I}}}{1-S_{\mathrm{I}}}\,\Big] \cdot \mathrm{I}\,v^{D} = \dfrac{\mathrm{I}\,w^{DC}}{1-R_{\mathrm{I}}} \\[3mm]
\Big[\,(1+\mathrm{II}\,c'+\mathrm{II}\,m'_{D}) + (1+\mathrm{II}\,c'+\mathrm{II}\,m'_{F}) \cdot \dfrac{S_{\mathrm{II}}}{1-S_{\mathrm{II}}}\,\Big] \cdot \mathrm{II}\,v^{D} = \dfrac{\mathrm{II}\,w^{DC}}{1-R_{\mathrm{II}}}
\end{cases}
\tag{13}
$$

对比公式（13）和公式（6），发现从简单再生产到扩大再生产，两大部类内部的投入产出比例关系并不会发生改变。但对于国内国际双循环格局下的扩大再生产来说，需要满足两大部类之间交换的特殊比例关系 [即 $IIc + \Delta IIc = Iv + \Delta Iv + Im \cdot (1 - Ix)$]，才能实现社会总产品的结构平衡。结合公式（2）、（3）、（10）和（11），得出国内国际双循环格局下实现社会总资本扩大再生产的基本条件：

$$\left[\left(IIc' + \frac{IIc' \cdot IIm'_D \cdot IIx^D}{1 + IIc'} \right) + \left(IIc' + \frac{IIc' \cdot IIm'_F \cdot IIx^F}{1 + IIc'} \right) \cdot \frac{S_{II}}{1 - S_{II}} \right] \cdot IIv^D =$$

$$\left[\left(1 + Im'_D - \frac{Ic' \cdot Im'_D \cdot Ix^D}{1 + Ic'} \right) + \left(1 + Im'_F - \frac{Ic' \cdot Im'_F \cdot Ix^F}{1 + Ic'} \right) \cdot \frac{S_I}{1 - S_I} \right] \cdot Iv^D \quad (14)$$

当两大部类中的两类资本的剩余价值率和剩余价值积累率相等时（即 $Im'_D \cdot Ix^D = Im'_F \cdot Ix^F = Im' \cdot Ix$ 且 $IIm'_D \cdot IIx^D = IIm'_F \cdot IIx^F = IIm' \cdot IIx$），公式（14）可以简化为：

$$\left(IIc' + \frac{IIc' \cdot IIm' \cdot IIx}{1 + IIc'} \right) \cdot \frac{IIv^D}{1 - S_{II}} = \left(1 + Im' - \frac{Ic' \cdot Im' \cdot Ix}{1 + Ic'} \right) \cdot \frac{Iv^D}{1 - S_I}$$

$$(15)$$

与国内国际双循环格局下实现社会总资本简单再生产的基本条件对比，有以下发现：第一，在外国资本参与比例和国际贸易依存度既定的情况下，国内资本的可变资本投入量增加仍是两大部类分别实现产出规模扩大的直接决定因素。增加国内企业的就业吸纳能力、提高劳动者薪酬待遇与消费能力对社会总产品总量平衡的促进作用依旧有效。第二，在扩大再生产中，两大部类之间的比例关系进而社会总产品供求的结构平衡，不仅取决于两大部类的资本有机构成和外国资本参与比例，还会受到两大部类的资本积累速度的影响。要在扩大再生产条件下实现社会总产品供求的结构平衡，就必须使两大部类的资本积累速度保持恰当比例。第三，国际政治经济中的不确定因素对国内国际循环格局下扩大再生产的不利冲击，不仅可以通过增减国内资本的可变资本投入量来加以调节，还可以通过调节扩大再生产过程中国内资本和外国资本的资本积累速度来对冲。第四，当国内国际双循环格局面临不利需求冲击并带来较大就业压力时，应保持国内资本的可变资本投入量基本稳定，为此需要通过一定手段暂时降低经济剩余率。要实现这一点，就需要充分发挥公有制经济主体地位和国有经济主导作用，同时加大政府运用财税货币政策等手段进行宏观调控的力度。

五、我国探索国内国际双循环格局下处理社会总产品实现问题的实践过程

受国际政治经济环境的影响，我国在改革开放前的很长一段时期内处于单一国内循环的经济发展格局之下。改革开放后，我国就开始逐步探索形成国内国际双循环的经济发展格局。如何处理好社会总产品实现问题，一直在我国探索国内国际双循环格局的改革实践中占据重要地位。我国探索国内国际双循环格局的改革实践大致经历了三个发展阶段，在处理社会总产品实现问题上形成了较为丰富的历史经验：

第一阶段（1978～2001年）是由单一国内循环格局向国内国际双循环格局过渡的阶段。这一阶段我国社会总产品实现呈现出以下三个方面特征：第一，在向国内国际双循环格局过渡的过程中，国内循环仍是经济循环的主体，居民消费在社会总产品实现中所占的比重比较稳定。如图2所示，在1978～2001年间，我国居民消费占GDP的比重长期维持45%～55%。尽管相较于20世纪80年代的水平有所下降，但我国居民消费占GDP的比重在加入WTO的2001年仍达到45.72%。第二，20世纪80年代中后期至90年代初期我国投资与出口在经济循环中的作用虽逐步提升，但也存在较大波动，对这一时期社会总产品的平稳实现造成较大干扰。20世纪80年代中后期我国频繁出现贸易逆差，固定资本形成总额占GDP比重也在80年代末90年代初出现急剧下滑，这导致我国GDP增长率从1984年的15.2%急剧下降到1990年3.9%，但随着投资和出口的复苏，GDP增长率又在1992年迅速回升到14.2%。第三，我国进出口规模和外国资本输入规模在向国内国际双循环格局过渡的过程中都呈现出快速增长的态势，但国际贸易依存度和外国资本参与比例的上升并不同步，也对社会总产品的实现带来一定干扰。20世纪90年代中期以前，外国资本输入存量规模较少导致实际利用外商直接投资占全社会固定资产投资的比重上升较快（见图3）。我国进出口贸易总额占GDP比重的提升由

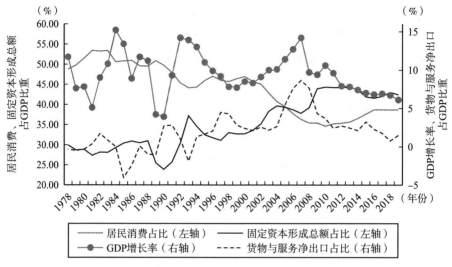

图 2　1978～2019 年 GDP 增长率以及三大需求占 GDP 比重变化

资料来源：国家统计局，https：//data. stats. gov. cn/easyquery. htm?cn＝C01。

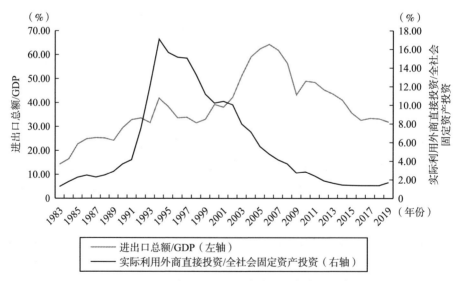

图 3　1983～2019 年国际贸易依存度和外商直接投资变化

注：由于国家统计局提供的实际利用外商直接投资金额以美元计价，故在计算"实际利用外商直接投资/全社会固定资产投资"这一指标时，须先利用国家统计局提供的年平均汇率将实际利用外商直接投资换算成以人民币计价的数据。

资料来源：国家统计局，https：//data. stats. gov. cn/easyquery. htm?cn＝C01。

于受到国际市场波动的影响，则在 20 世纪 80～90 年代处于波动上升态势。国际贸易依存度和外国资本参与比例的非同步上升，是导致这一阶段投资和出口波动较大的重要原因之一。总的来看，在这一阶段对形成国内国际双循环格局的探索中，虽保持了经济较快增长，但处理社会再生产中比例关系的经验欠缺导致社会总产品的实现不够平稳。

第二阶段（2002～2008 年）是"市场和资源两头在外"的国内国际双循环格局的迅速形成发展阶段。这一阶段我国社会总产品的实现过程呈现以下三方面特征：第一，"市场和资源两头在外"的国内国际双循环格局迅速形成和发展，国际经济循环对我国社会总产品实现的影响空前增强。由于加入 WTO 后国际循环渠道被打通，我国迅速成为外国资本主导下全球产业链的重要一环。外商投资企业进出口金额占我国进出口总额的比重在 2000 年时仅为 20.5%，到 2006 年已达到 58.86%（见图 4）。我国进出口总额占 GDP 比重由 2002 年的 42.21% 迅速上升到 2007 年的 61.8%，同期货物与服务净出口占 GDP 比重由 2.55% 上升到 8.66%。第二，"市场和资源两头在外"的国内国际双循环格局加速了国内资本积累，形成了投资和出口拉动的经济增长模式。国际循环渠道的打通为我国国内企业提供了空前广阔的国际市场，刺激国内企业提高积累率以扩大产能。我国固定资本形成总额占 GDP 比重由 2002 年的 35.17% 升至 2008 年的 39.2%；而在我国投入产出表中，中间投入与劳动者报酬之比由 2002 年的 3.25 倍增至 2007 年的 5.02 倍（见图 5）。这表明这一阶段我国社会总资本的扩大再生产显现出生产资料部类优先增长的典型特征。第三，"市场和资源两头在外"的国内国际双循环格局的形成和发展虽然充分发挥了我国劳动力资源丰富的优势，但也限制了我国居民消费潜力的释放，加大了社会总产品实现中的困难和风险。由于我国出口企业在外国资本主导的全球产业链中处于低附加值、低技术含量的生产制造环节，只能依靠劳动力价格低廉优势参与国际分工，导致我国劳动者报酬增长相对缓慢，居民消费潜力得不到充分挖掘。2002 年我国生产税净额和营业盈余之和相当于劳动者报酬的 74.92%，到 2007 年则上升到 107.9%，表明我国相对工资水平处于下降趋势。受劳动者报酬增长相对缓慢的影响，我国居民消费占 GDP 的比重

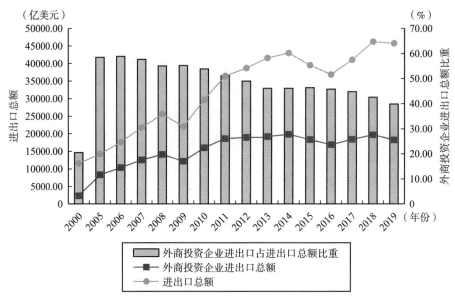

图 4 2000~2019 年外商投资企业进出口占进出口总额的比重变化

资料来源：国家统计局，https：//data. stats. gov. cn/easyquery. htm?cn = C01。

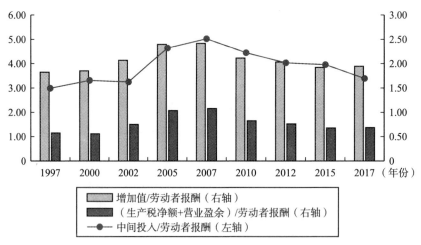

图 5 1997~2017 年投入产出比例与收入分配比例变化

资料来源：国家统计局，https：//data. stats. gov. cn/easyquery. htm?cn = C01。

由 2002 年的 45.06% 下降到 2008 年的 35.42%。总的来看，这一阶段我国实现了社会再生产的快速扩大，但"市场和资源两头在外"的国内国际双循环格局也加大了我国经济增长对国际市场的依赖，居民消费比重的下降使得我国社会总产品的实现过程比过去更容易受到国际市场波动的影响。

第三阶段（2009 年至今）是由"市场和资源两头在外"的国内国际双循环格局向以国内大循环为主体的国内国际双循环格局过渡的阶段。2008 年世界金融危机的爆发给我国经济带来较大冲击，使得"市场和资源两头在外"的国内国际双循环格局存在的风险逐渐显现，我国不得不开始探索向以国内大循环为主体的国内国际双循环格局过渡。这一阶段的探索对我国社会总产品实现过程产生的影响有以下三个方面：第一，我国国内大循环的主体地位得到巩固和提升，通过扩大投资刺激内需，实现了平稳较快的扩大再生产。2009 ~ 2019 年间，我国固定资本形成总额占 GDP 比重始终维持在 40% 以上的水平，货物与服务净出口占 GDP 比重由 4.33% 下降到 1.49%，我国进出口总额占 GDP 比重由 43.23% 下降到 31.84%。这一期间我国 GDP 保持高于 6% 的增长率，经济增长也空前平稳：2009 ~ 2019 年间我国 GDP 增长率的标准差为 1.43，而 2002 ~ 2008 年间为 1.84，1978 ~ 2001 年间为 3.03。第二，随着"一带一路"倡议的实施，我国参与国际循环的主动权和话语权不断增强。2009 ~ 2019 年间，实际利用外商直接投资占全社会固定资产投资的比重由 2.74% 下降到 1.7%。越来越多深耕中国市场的外商投资企业加快了本土化步伐，将企业利润转化为在华新增投资。与此同时，我国国内企业通过加大自主创新力度提升了在全球产业链中的地位，增强了我国拥有自主知识产权的产品与服务的出口竞争力。外商投资企业进出口占我国进出口总额的比重由 2009 年的 55.15% 下降到 2019 年的 39.86%。第三，在向国内大循环为主体的国内国际双循环格局的过渡过程中，我国劳动者报酬加快增长，被压抑的居民消费潜能开始得到释放，对我国社会总产品的平稳实现起到"托底"作用。增加值与劳动者报酬之比由 2007 年的 2.42 倍下降到 2017 年的 1.94 倍，2017 年生产税净额与营业盈余之和相当于劳动者报酬的 68.43%，低于 2002 年 74.92% 的水平。我国居民消费占 GDP 的比重也由 2010 年最低谷时的

34.63%回升到 2019 年的38.79%。总的来看，2008 年世界金融危机爆发后，我国通过提升和巩固国内大循环的主体地位为在扩大再生产过程中解决社会总产品实现问题夯实基础，同时我国也通过进一步扩大开放为解决社会总产品实现问题创造有利外部条件。实践已经证明，以国内大循环为主、国内国际双循环相互促进的发展格局有利于在扩大再生产条件下解决社会总产品的实现问题。

根据前文的分析，可以得出以下结论：第一，国内国际双循环格局只有坚持以国内大循环为主，才能有效应对国际政治经济局势突变对社会再生产和社会总产品实现的冲击，才能保持国民经济平稳健康较快增长的良好态势；第二，坚持国内国际双循环格局决不能放弃参与国际经济循环，但必须在进一步对外开放中正确处理好经常项目开放与资本项目开放的关系，始终把握对外开放主动权；第三，坚持以国内大循环为主的国内国际双循环相互促进发展格局，必须坚持社会主义基本经济制度，必须坚持增加劳动者特别是一线劳动者的劳动报酬，提高劳动报酬在初次分配中的比重，积极提高居民消费能力和挖掘居民消费潜能。

（原文发表于《当代经济研究》2020 年第 11 期）

相关文献

[1] 李学曾：《苏联经济学界关于社会主义再生产理论中两个问题的争论》，载于《经济学动态》1962年第9期。

[2] 黄仲熊：《马克思对"斯密教条"的分析批判与在社会再生产理论上的科学创造》，载于《经济研究》1963年第1期。

[3] 吴树青：《关于马克思主义再生产理论的两个问题》，载于《教学与研究》1963年第2期。

[4] 郭继严：《社会主义再生产的比例关系与农业、轻工业、重工业的关系》，载于《经济研究》1979年第11期。

[5] 乌家培：《部门联系平衡的理论与方法论》，载于《财经问题研究》1980年第2期。

[6] 邓秀玲：《对讲授"生产资料优先增长规律"的一点意见》，载于《教学与研究》1980年第2期。

[7] 罗季荣：《关于马克思再生产理论的基本原理》，载于《厦门大学学报》（哲学社会科学版）1980年第3期。

[8] 吴树青：《学习马克思关于社会总资本再生产的理论——〈资本论〉第二卷第三篇内容简介》，载于《经济研究》1980年第12期。

[9] 陈征：《马克思的再生产理论和我国社会主义建设的实践》，载于《福建论坛》1981年第2期。

[10] 李秉忠：《学习马克思关于社会总资本扩大再生产的理论》，载于《学习与研究》1981年第6期。

[11] 李岩：《什么是马克思的再生产理论?》，载于《理论学习》1981年第10期。

[12] 张薰华：《论提高资金使用效率的途径——学习马克思关于再生产理论的体会》，载于《复旦学报》（社会科学版）1981年第5期。

[13] 吴树青：《社会总资本的再生产和流通——〈资本论〉第二卷第三

篇的基本内容》，载于《教学与研究》1981 年第 5 期。

[14] 陶文达：《政治经济学　第七章　资本主义再生产和经济危机》，载于《学习与研究》1983 年第 10 期。

[15] 谭乃彰：《马克思关于社会再生产两种类型的理论及其现实意义》，载于《理论学习》1983 年第 5 期。

[16] 王慎之：《马克思的再生产理论和社会主义建设的实践》，载于《中央财政金融学院学报》1984 年第 3 期。

[17] 康亦农，许昌明：《马克思的社会资本再生产理论不阐明生产的比例关系吗?》，载于《中国社会科学》1984 年第 3 期。

[18] 彭力：《马克思何时开始研究社会资本再生产问题? ——读〈政治经济学批判〉（1857～1858 年草稿）札记》，载于《教学与研究》1985 年第 1 期。

[19] 叶大绰：《社会再生产实现条件及其特点》，载于《中国社会科学》1985 年第 3 期。

[20] 薛英：《对马克思扩大再生产理论作进一步规律性的探讨》，载于《南开经济研究》1986 年第 3 期。

[21] 王晓东：《列宁对马克思再生产理论的卓越贡献》，载于《马克思主义研究》1986 年第 2 期。

[22] 蔡钤：《社会主义个别再生产的集中形式——横向经济联合——兼论马克思主义个别再生产理论在我国的运用和发展》，载于《经济研究》1986 年第 10 期。

[23] 薛英：《对马克思再生产理论和模型的再认识》，载于《数量经济技术经济研究》1987 年第 8 期。

[24] 徐成生：《马克思扩大再生产原理的模型化分析及对"基数大速度小"问题的认识》，载于《数量经济技术经济研究》1987 年第 12 期。

[25] 石景云：《马克思社会再生产理论中的增长公式》，载于《中国社会科学》1988 年第 2 期。

[26] 余永定：《马克思再生产数例的一般数学形式》，载于《数量经济

技术经济研究》1988 年第 4 期。

[27] 苏星：《用马克思的再生产理论指导我国社会主义经济建设》，载于《科学社会主义》1991 年第 1 期。

[28] 王辅民：《马克思的社会资本再生产理论与〈经济学手稿（1857～1858 年)〉——问题和争论》，载于《经济学家》1991 年第 4 期。

[29] 钱津：《深入研究马克思再生产理论的几个基本问题》，载于《经济评论》1992 年第 1 期。

[30] 钱津：《马克思再生产理论需作三方面的拓展》，载于《马克思主义与现实》1992 年第 3 期。

[31] 钱德三：《以再生产理论思考国民经济的起落》，载于《经济问题探索》1994 年第 3 期。

[32] 王健：《马克思的再生产理论与价值规律》，载于《教学与研究》1995 年第 6 期。

[33] 胡钧：《马克思再生产理论与社会主义市场经济体制建设》，载于《当代经济研究》1996 年第 1 期。

[34] 王健：《马克思再生产论与中国宏观经济理论模型》，载于《学术月刊》1997 年第 8 期。

[35] 王国刚：《社会再生产理论不应忽视投资环节》，载于《经济学家》1998 年第 3 期。

[36] 李玲娥：《马克思社会资本再生产和流通理论的系统论》，载于《当代经济研究》1999 年第 3 期。

[37] 刘思华：《马克思再生产理论与可持续经济发展》，载于《马克思主义研究》1999 年第 3 期。

[38] 胡钧、唐路元：《对马克思再生产理论的新认识》，载于《当代经济研究》2000 年第 4 期。

[39] 刘玉珂、孙中叶、苏晓红．马克思规模缩小再生产理论对国企改革的启示》，载于《当代经济研究》2002 年第 6 期。

[40] 万文丽：《马克思的社会再生产理论与宏观经济调控》，载于《当

代经济研究》2004 年第 2 期。

[41] 张忠任：《马克思再生产公式的模型化与两大部类的最优比例问题》，载于《政治经济学评论》2004 年第 2 期。

[42] 有林：《陈云对马克思社会资本再生产理论的运用和发展》，载于《马克思主义研究》2005 年第 5 期。

[43] 刘晓华：《马克思"资本主义再生产周期"与西方"经济长周期论"比较研究》，载于《经济经纬》2006 年第 6 期。

[44] 肖泽群、文建龙：《马克思社会再生产理论与投资率问题的研究》，载于《马克思主义研究》2006 年第 12 期。

[45] 许崇正：《马克思再生产理论与社会主义市场经济》，载于《海派经济学》2007 年第 1 期。

[46] 朱殊洋：《马克思扩大再生产系统的二重均衡》，载于《海派经济学》2007 年第 3 期。

[47] 孙承叔：《一种被忽视的生产——马克思社会关系再生产理论的当代意义》，载于《学习与探索》2007 年第 4 期。

[48] 吴易风：《马克思的经济增长理论模型》，载于《经济研究》2007 年第 9 期。

[49] 朱殊洋：《就业问题的动力学分析——基于马克思再生产理论的考察》，载于《海派经济学》2008 年第 4 期。

[50] 刘坤：《马克思扩大再生产理论的数学解释》，载于《当代经济》2008 年第 10 期。

[51] 朱殊洋：《两大部类增长速度对比关系的探讨——对生产资料优先增长问题的考察》，载于《经济学》（季刊）2009 年第 2 期。

[52] 陈长：《环境视角下的马克思再生产模型构建》，载于《海派经济学》2010 年第 4 期。

[53] 朱殊洋：《程恩富双约束假设与两大部类双寡头模型——基于马克思扩大再生产理论的考察》，载于《海派经济学》2010 年第 4 期。

[54] 陶为群、陶川：《马克思两部类扩大再生产模型中的投资乘数》，

载于《当代经济研究》2011 年第 6 期。

［55］陈长、卢文璟：《马克思再生产理论视阈中的"环境问题"》，载于《江汉论坛》2012 年第 7 期。

［56］大谷祯之介、陈浩：《从新 MEGA 第 II 部门第 11 卷来看马克思对再生产理论的推进——以〈资本论〉第 2 部的艰辛创作历程为视角》，载于《政治经济学评论》2013 年第 4 期。

［57］刘伟、方兴起：《马克思社会资本再生产理论的再认识——基于均衡与非均衡的一种解析》，载于《当代经济研究》2013 年第 4 期。

［58］崔晓露：《两部门扩大再生产模型探讨——基于马克思社会再生产理论》，载于《经济问题》2013 年第 5 期。

［59］杨玉春、吴春雷：《加快我国产业结构转型升级的理论基础与路径导向——基于马克思再生产理论的视角》，载于《山东社会科学》2013 年第 7 期。

［60］裴小革：《马克思社会总资本再生产理论的若干问题》，载于《河北经贸大学学报》2013 年第 4 期。

［61］王朝科：《自然力与社会再生产的辩证关系：基于马克思再生产理论的视角》，载于《海派经济学》2013 年第 3 期。

［62］陶为群、陶川：《运用马克思社会再生产理论研究享受型消费》，载于《海派经济学》2013 年第 4 期。

［63］孙世强、大西广：《日本马克思学界对社会再生产理论研究的新阐释及启示——基于最优经济增长模型视角》，载于《马克思主义研究》2014 年第 8 期。

［64］刘海莺、张华新：《论房地产市场的通货膨胀效应——基于马克思两大部类平衡理论的判断》，载于《经济学家》2014 年第 11 期。

［65］何练、麻彦春：《论社会再生产和利润率平均化的理论衔接》，载于《当代经济研究》2014 年第 12 期。

［66］陶为群：《两大部类扩大再生产的按比例发展定理》，载于《经济数学》2015 年第 2 期。

[67] 张衔:《马克思的社会资本再生产模型:一个技术性补充》,载于《当代经济研究》2015年第8期。

[68] 付清松:《资本再生产批判视阈的反向延展——大卫·哈维的剥夺性积累理论探赜》,载于《马克思主义与现实》2016年第1期。

[69] 许梦博、李世斌:《基于马克思社会再生产理论的供给侧结构性改革分析》,载于《当代经济研究》2016年第4期。

[70] 宋友文:《推进马克思主义整体性研究的当代思考——〈马克思再生产理论及其哲学效应研究〉评析》,载于《山东社会科学》2016年第6期。

[71] 安帅领、于金富:《论马克思"社会总资本再生产理论"的拓展与深化》,载于《海派经济学》2016年第2期。

[72] 施月新:《马克思的社会资本再生产理论及其现实意义》,载于《商》2016年第26期。

[73] 张俊山:《用社会再生产理论分析经济发展的"新常态"及结构调整方向》,载于《当代经济研究》2016年第7期。

[74] 严金强、马艳、赵治成:《互联网的基础理论与再生产模型探讨》,载于《教学与研究》2016年第7期。

[75] 卫兴华:《澄清对马克思再生产理论的认识误区》,载于《中国社会科学》2016年第11期。

[76] 郑志国:《国民经济三大部类结构演化规律——马克思的社会再生产理论继承与创新》,载于《马克思主义研究》2017年第2期。

[77] 李繁荣:《马克思主义经济学视域下的供给侧结构性改革解读——基于社会总资本再生产理论》,载于《当代经济研究》2017年第4期。

[78] 杨怀中、黄凯茜:《马克思主义再生产理论下的产业结构转型路径研究》,载于《当代经济》2017年第22期。

[79] 张衔:《社会总资本的再生产和流通:理论原理与意义》,载于《政治经济学评论》2017年第5期。

[80] 何干强:《货币流回规律和社会再生产的实现——马克思社会总资本的再生产和流通理论再研究》,载于《中国社会科学》2017年第11期。

[81] 赵峰、赵奕菡、李帮喜：《固定资本、生产资料优先增长与工业化——基于三大部类再生产图式的结构分析》，载于《教学与研究》2018年第3期。

[82] 贺娜：《马克思扩大再生产理论视阈下的产业演进与结构失衡》，载于《经济纵横》2018年第6期。

[83] 朱鹏华、王天义：《马克思的社会资本再生产理论创作历程》，载于《马克思主义理论学科研究》2018年第3期。

[84] 邵利敏、王建秀、阎俊爱：《社会总资本再生产理论与供给侧结构性改革——基于生产持续性视角》，载于《经济问题》2018年第9期。

[85] 李徽：《论马克思社会再生产理论与社会消费行为价值形成的关系》，载于《全国流通经济》2018年第27期。

[86] 乔晓楠、王璟雯：《社会再生产视角下的经济波动：一个马克思主义RBC模型》，载于《南开经济研究》2019年第1期。

[87] 杨小勇、徐寅：《马克思社会总资本扩大再生产实现条件理论在社会主义市场经济条件下的拓展及启示》，载于《毛泽东邓小平理论研究》2019年第2期。

[88] 吴义刚：《供给侧结构性改革：均衡增长的理论与逻辑——基于马克思扩大再生产理论的研究》，载于《当代经济研究》2019年第8期。

[89] 陈少克：《最优宏观税负的总量和结构模型分析——马克思平衡发展理论的分析视角》，载于《海派经济学》2019年第3期。

[90] 陶为群：《小国开放经济的进出口与经济增长——基于马克思再生产公式的分析》，载于《当代经济研究》2019年第10期。

[91] 张衔：《马克思社会资本再生产理论中国化探索：回顾与思考》，载于《当代经济研究》2019年第12期。

[92] 严金强：《基于再生产理论的生态与经济协调发展理论探讨》，载于《政治经济学报》2019年第3期。

[93] 冯娟：《我国高质量供给体系建构研究：基于马克思再生产理论考察》，载于《当代经济管理》2020年第6期。

［94］徐志向、丁任重：《中国经济增长驱动因素识别研究——基于马克思扩大再生产理论的视阈》，载于《政治经济学评论》2020 年第 2 期。

［95］杨文宇：《马克思〈资本论〉再生产理论对当前经济发展的启示》，载于《〈资本论〉研究》2020 年第 16 期。

［96］李丽辉、王吉：《马克思社会资本再生产理论对我国经济高质量发展的启示》，载于《〈资本论〉研究》2020 年第 16 期。

［97］徐文斌：《基于马克思再生产理论的两大部类结构不平衡分析》，上海财经大学博士学位论文，2020.

［98］蔡仲旺、徐春华：《马克思总生产原理对国民经济调控的启示——新冠疫情冲击下的恢复再生产问题》，载于《当代经济研究》2020 年第 6 期。

［99］殷林飞：《马克思主义劳动力再生产理论：价值旨趣、二重建构与时代转向——基于国内学界 40 余年来的研究》，载于《中共杭州市委党校学报》2020 年第 4 期。

［100］刘永凌：《马克思人的再生产理论对破解我国人口老龄化趋势的启示》，载于《学习与探索》2020 年第 9 期。

［101］王俊、苏立君：《论国内国际双循环格局下的社会总产品实现问题——基于马克思社会总资本再生产理论的分析》，载于《当代经济研究》2020 年第 11 期。

［102］任颖洁、李成勋：《马克思再生产理论视角的供给侧结构改革与中国产业升级研究》，载于《科学管理研究》2020 年第 6 期。

［103］王艺明：《对马克思主义再生产理论的分析与阐释》，载于《经济资料译丛》2021 年第 1 期。

［104］齐昊、潘忆眉、王小军：《中国的不平衡增长周期：基于马克思再生产理论的分析》，载于《世界经济》2021 年第 6 期。

［105］徐志向、丁任重、张敏：《马克思社会再生产理论视阈下中国经济"双循环"新发展格局研究》，载于《政治经济学评论》2021 年第 5 期。

［106］何祚麻、罗劲柏：《马克思主义再生产理论的数学分析（一）——为什么不断实现扩大再生产必须优先发展生产资料的生产》，载于《清华政治

经济学报》2014 年第 1 期。

　　［107］张俊山：《用马克思再生产理论指导我国的"供给侧结构性改革"》，载于《当代经济研究》2017 年第 7 期。

　　［108］葛扬、尹紫翔：《我国构建"双循环"新发展格局的理论分析》，载于《社会科学文摘》2021 年第 4 期。

后　记

　　经典著作的恒久魅力，在于其所蕴含的思想能够穿透时空而抵达当下，超越时代而指向未来。《资本论》就是这样的经典之作，无论时代如何变迁，它都始终站在人类思想之巅。

　　1983 年马克思逝世一百周年，陈征先生主编了一套《资本论》教学研究参考资料以表示对这位伟大革命导师的纪念。该套丛书选编了新中国成立后 30 余年国内研究《资本论》的论文和译文，分五册由福建人民出版社出版，分别是：《〈资本论〉创作史研究》《〈资本论〉的对象、方法和结构》《〈资本论〉第一卷研究》《〈资本论〉第二卷研究》以及《〈资本论〉第三卷研究》。这套资料的出版受到了学界的一致好评。

　　斗转星移，现在距离《资本论》教学研究参考资料丛书的出版已经整整过去了四十年。四十年来，中国从低收入国家一跃成为世界第二大经济体，发生了天翻地覆的变化。然而，作为中国的主流经济学，马克思主义政治经济学经历了一个从一统天下到多元并存再到强势重建的否定之否定的发展历程。曾经有一段时期，马克思主义经济学"失语、失踪、失声"问题非常突出，一些年轻人缺乏理论自信，认为马克思经济学过时了，《资本论》过时了。对此，陈征先生在接受采访时郑重指出："我始终对《资本论》研究充满信心和动力。"他还表示："《资本论》没有过时，也永远不会过时。因为《资本论》分析了资本主义的问题，预见了资本主义一定要向更高级社会形态演变的规律，对现在依然有很强的指导意义。"在一次题为《关于马克思主义经济学研究的几个问题》报告中，李建平先生强调必须重视对马克思经济学经典著作的现代解读，因为"《资本论》揭示了资本主义市场经济乃至所有市场经济的一般规律，如价值规律、资本积累规律、平均利润率下降规律等，在现代依然具有指导意义，依然能够指导我国的社会主义改革和建设实践"。

党的十八大以来，习近平总书记高度重视马克思主义政治经济学的学习和应用。在主持十八届中央政治局第二十八次集体学习时的讲话中，总书记指出，在我们的经济学教学中，不能食洋不化，还是要讲马克思主义政治经济学，当代中国社会主义政治经济学要大讲特讲，不能被边缘化。作为马克思主义最厚重、最丰富的著作，习近平非常重视《资本论》的教学与研究。早在 2012 年 6 月，他在中国人民大学调研时就特地考察了该校的《资本论》教学研究中心，并发表重要讲话，他指出：马克思主义中国化形成了毛泽东思想和中国特色社会主义理论体系两大理论成果，追本溯源，这两大理论成果都是在马克思主义经典理论指导之下取得的。《资本论》作为最重要的马克思主义经典著作之一，经受了时间和实践的检验，始终闪耀着真理的光芒。

福建师范大学一直以来都非常重视《资本论》以及马克思主义政治经济学的教学与研究。即便在《资本论》研究处于低潮时，我们都始终坚持给经济学专业的本科生开设《资本论》课程。几代人薪火相传，几十年砥砺奋进。我们在政治经济学教学研究尤其是《资本论》研究领域取得了蜚声学界的研究成果，被誉为"南方坚持马克思主义经济学教学与科研的重要阵地"。显然，这一地位的取得与陈征和李建平两位"大先生"长期潜心于《资本论》教学、研究和传播是分不开的。陈征先生的《〈资本论〉解说》是"我国第一部对《资本论》全三卷系统解说的著作"。李建平先生的《〈资本论〉第一卷辩证法探索》是国内最早运用文本分析研究马克思经济理论和方法的专著。一代又一代福建师大经济学人在马克思主义经济学领域辛勤耕耘，奠定了学校作为政治经济学学术重镇的地位。

2021 年 9 月，经济学院成立了《资本论》的理论、方法和结构及其当代价值研究团队。在李建平先生的倡议和指导下，鲁保林教授开始组织团队的骨干力量编写一套新的《资本论》教学研究参考资料，旨在反映改革开放以来中国学者在《资本论》研究对象、劳动价值论、生产力理论、资本主义基本矛盾理论、工资理论、重建个人所有制、社会再生产理论、一般利润率趋向下降规律研究上所取得的代表性成果。这套丛书由李建平先生和黄瑾教授担任主编，一共八册。各分册的负责人为：（1）陈晓枫：《资本论》研究对象；（2）陈美华：劳动价值论；（3）陈凤娣：生产力理论；（4）许彩玲：资本主义基本矛盾及其当代表现；（5）杨强、王知桂：工资理论；（6）孙晓军：重建个人所有制；（7）魏国江：社会再生产理论；（8）鲁保林：一般利润率趋向下降规律。

为保持入选论文原貌，入选论文的作者简介以论文发表时为准。我们对作者的授权和支持表示衷心感谢！不过，由于工作单位变动等因素的影响，一些入选论文未能联系到原作者，敬希望作者见书后及时与我们联系，以便奉寄样书和支付稿酬。由于本书篇幅有限，还有许多佳作尚未入选，我们深表遗憾。经济科学出版社孙丽丽编审为本套书的出版付出了辛勤劳动，在此一并感谢。

2023 年是马克思逝世一百四十周年。本套丛书历经一年半的编写和审改也即将问世，这套丛书的编写饱含了我们对马克思这位伟大思想家的崇高敬意和深厚感情。跟随马克思的足迹前进，是对这位伟大革命导师最好的缅怀和纪念。作为"南方坚持马克思主义经济学教学与科研的重要阵地"，我们将进一步增强责任感和使命感，做《资本论》研究的继承者和发展者，为繁荣发展中国马克思主义经济学贡献力量。

福建师范大学《资本论》的理论、方法和结构及其当代价值研究团队

2023 年 3 月